Inhaltsverzeichnis

1. Anmeldungen
Diese Formalitäten müssen Sie als Selbstständiger erledigen ... 3

- Behördliche Anmeldungen und Auflagen – Haben Sie an alles gedacht? ... 4
- Freiberufler, Kleinunternehmer oder Kaufmann – Ihr Status entscheidet über den Rechtsrahmen Ihrer Geschäftsbeziehungen ... 21

2. Außendarstellung
So haben Sie einen guten Auftritt gegenüber Kunden, Geschäftspartnern & Co. ... 27

- Corporate Identity – Damit Ihre Kunden Sie wiedererkennen ... 28
- Der Name Ihres Unternehmens – Diese rechtlichen Vorgaben müssen Sie kennen ... 30
- Geschäftsbriefe und E-Mails – Diese Angaben müssen draufstehen ... 32
- Visitenkarte – Ihre Eintrittskarte zu Kunden und Geschäftspartnern ... 38
- Internet-Auftritt – So finden Sie eine geeignete Agentur für die Erstellung einer professionellen Website ... 39
- Persönliche Netzwerke bilden – So gewinnen Sie Adressen potenzieller Kunden und Geschäftspartner ... 42

3. Finanzierung
Profi-Tipps, mit denen Sie die Finanzen jederzeit im Griff haben ... 49

- Preise kalkulieren – So lassen Sie sich Ihre Leistungen angemessen bezahlen ... 50
- Liquiditätsplanung – So sichern Sie dauerhaft Ihre Zahlungsfähigkeit ... 55
- Liquidität gewinnen – Mit diesen Maßnahmen erhöhen Sie Ihre verfügbaren Mittel ... 60
- Kredite bekommen – 10 Schritte, mit denen Sie Ihre Chancen auf einen Kredit verbessern ... 71
- Kreditkonditionen vergleichen – Der billigste Kredit ist nicht automatisch der günstigste ... 77
- Günstige Kreditkonditionen – Wählen Sie die richtigen Sicherheiten ... 83
- Förderdarlehen – Günstige Kredite für kleine Unternehmen ... 87
- Zuschüsse vom Staat – Geld, das Sie nicht zurückzahlen müssen ... 91

4. Kunden gewinnen
Steigern Sie Ihren Umsatz durch gezielte Werbung und passgenaue Angebote für Ihre Kunden ... 97

- Alleinstellungsmerkmal (USP) finden – Sagen Sie, was Sie besser können als Ihre Wettbewerber ... 98
- Kundendaten nutzen – Wie Sie eine Adressdatenbank aufbauen und für Ihre Werbung optimal einsetzen ... 101
- Werbemix planen – Schritt für Schritt die passenden Maßnahmen vorbereiten ... 103
- Empfehlungen erhalten – Werbung, die nichts kostet, aber enorm wirkt ... 107
- Suchmaschinen-Anzeigen im Internet – Kunden in 5 Schritten gezielt und günstig erreichen ... 109
- Werbebriefe schreiben – Wie Sie auch Gelegenheits-Kunden direkt erreichen ... 113
- E-Mail-Newsletter – So kommen Sie schnell und günstig mit Kunden in Kontakt ... 119

ÜBERBLICK — INHALTSVERZEICHNIS

- Verkaufsgespräch führen – Finden Sie heraus, was Ihr Kunde will, und kommen Sie mit ihm ins Geschäft 124
- Angebote erstellen – Mit diesen Schreiben bekommen Sie den Zuschlag 129
- Kostenvoranschlag erstellen – Nutzen Sie Ihren Spielraum bei Preisen für Werkleistungen 134

5. Geld von Kunden bekommen
Wie Sie dafür sorgen, dass Kunden für Ihre guten Leistungen pünktlich zahlen 137

- Forderungen sichern – So beugen Sie Zahlungsausfällen vor 138
- Auftragsbestätigung schreiben – Sichern Sie sich gegen Missverständnisse ab 147
- Korrekte Ausgangsrechnungen – Geben Sie keinen Anlass zu Zahlungsverzögerungen 151
- Forderungen eintreiben – Mit diesen 6 Schritten legen Sie Bummelzahlern das Handwerk . 155

6. Betriebsausgaben
Senken Sie Ihre Steuerlast deutlich – mit Betriebsausgaben, die Ihnen das Finanzamt nicht streitig macht 163

- Arbeitszimmer – Trotz Einschränkungen setzen Sie Ihr Heim-Büro ab 164
- Telefonkosten – Alle Kosten rund um den Telefonanschluss optimal geltend machen 168
- Geschäftswagen – Lassen Sie das Finanzamt Ihr Auto mitfinanzieren 175
- Reisekosten – Die Regeln für den Abzug betrieblicher Auswärtsaufenthalte 183
- Abschreibung – So senken Investitionen Ihre Steuerlast 191
- Investitionsabzugsbetrag – Steuerabzug für künftige Anschaffungen geltend machen 196

7. Buchführung und Steuern
Wie Sie Ihre Steuererklärungen schnell erledigen und keinen Cent zu viel an das Finanzamt zahlen 199

- Buchführung organisieren – Warum Belege und Aufzeichnungen für Ihre Steuererklärung so wichtig sind 200
- Abgabefristen einhalten – Wie Sie Ihre Steuerzahlungen ganz legal hinauszögern 209
- Umsatzsteuer selbst berechnen – So machen Sie bei Vorauszahlungen und der Jahreserklärung alles richtig 214
- Einkommensteuer erklären – Die Abrechnung mit dem Finanzamt über Ihren Gewinn ... 220
- Gewerbesteuer – Wann Sie die Steuer zahlen müssen 224
- Steuerberater finden – Der Weg zum Berater Ihres Vertrauens 228

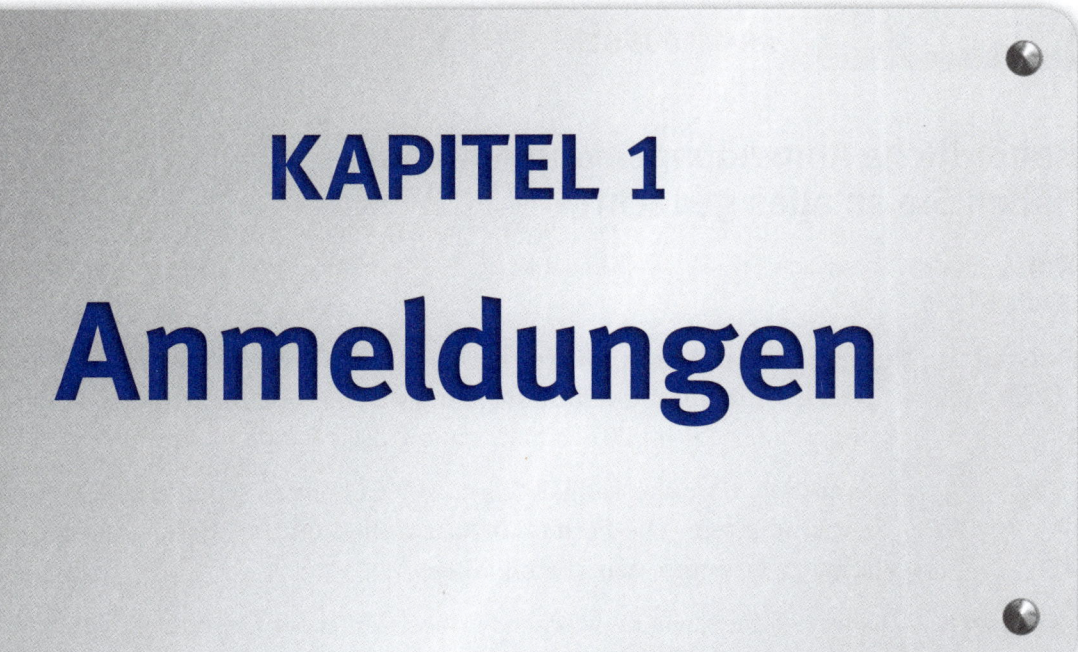

KAPITEL 1
Anmeldungen

Diese Formalitäten müssen Sie als Selbstständiger erledigen

Das Grundgesetz garantiert Ihnen in Artikel 12 die freie Entscheidung darüber, welchen Beruf Sie ausüben wollen und auch, dass Sie sich selbstständig machen dürfen. Aber natürlich gibt es dennoch einige Auflagen zu beachten – schon bevor Sie in die Selbstständigkeit starten. Vor allem müssen Sie sich bei verschiedenen Institutionen anmelden. In diesem Kapitel erfahren Sie

- **welche Anmeldungen** für Sie notwendig sind,
- welche **Besonderheiten bei bestimmten Anmeldungen** zu beachten sind,
- wie Sie **Anmeldungen auch noch nachholen** können.
- Dazu finden Sie **Musterformulare**, die Sie für Anmeldungen bei den genannten Institutionen verwenden können.

1. KAPITEL — ANMELDUNGEN

Behördliche Anmeldungen und Auflagen – Haben Sie an alles gedacht?

> **Quick-Tipp**
>
> **Kosten** ● ● ○ ○
> Einige Anmeldungen sind gebührenpflichtig. In der Regel sind die Kosten jedoch gering – für eine Gewerbeanmeldung ca. 20 € bis 60 €, für einen Antrag auf Nutzungsänderung von Wohnraum ca. 4 € bis 6 € pro Quadratmeter.
>
> **Zeit** ⏰ ⏰ ⏰ ⏰
> Je nachdem, welche Tätigkeit Sie ausüben, können schon einige „Behördengänge" notwendig sein. Die Formulare auszufüllen und die dafür erforderlichen Unterlagen zu besorgen, dauert einige Tage.
>
> **Anspruch** ★★☆☆
> Viele Städte haben inzwischen Service-Center für Gründer eingerichtet. Sie helfen bei den Anmeldungen. Erkundigen Sie sich bei der Stadt- oder Kreisverwaltung danach.

Gewerbeanmeldung (Formular auf Seite 10)

Selbstständiger ist nicht gleich Selbstständiger. Das Gesetz unterscheidet hier zunächst zwischen

- Gewerbetreibenden und
- Freiberuflern.

Eine abschließende Definition für Gewerbetreibende gibt es nicht. Als Gewerbetreibende gelten deshalb alle Selbstständigen, die keine Landwirtschaft betreiben und keine Freiberufler gem. § 18 EStG sind (die Abgrenzung von Freiberuflern finden Sie auf Seite 21).

Gewerbetreibende mit fester Betriebsstätte müssen ihre Tätigkeit beim Gewerbeamt der Stadt oder des Landkreises anmelden. Besser gesagt müssen sie die Tätigkeit anzeigen. Denn damit ist kein Zulassungsverfahren verbunden. Im Prinzip darf jeder ein Gewerbe betreiben (§ 1 GewO). Ausnahmen gelten lediglich für einige erlaubnispflichtige Tätigkeiten und für Ausländer, die keine Aufenthaltsgenehmigung und keine Arbeitserlaubnis haben.

Für die Gewerbeanmeldung gibt es ein einheitliches Formular, das Sie bei der Stadt oder beim Landkreis bekommen. Dort tragen Sie Ihre persönlichen Daten sowie Daten zu Ihrer Tätigkeit als Selbstständiger ein, u. a. Art der Tätigkeit, Beginn der Selbstständigkeit und Betriebsstätte. Die Anmeldung ist kostenpflichtig. Wie hoch die Gebühr ist, legt jede Kommune selbst fest. In der Regel liegen die Gebühren zwischen 20 und 60 €.

Das Gewerbeamt bestätigt Ihnen in der Regel innerhalb von 3 Tagen, meistens aber sofort die Gewerbeanmeldung. Diese Bestätigung wird auch als Gewerbeschein bezeichnet. Außerdem meldet das Amt die Gewerbeeröffnung an andere Behörden wie das Finanzamt, die Agentur für Arbeit sowie an die Berufsgenossenschaft (gesetzliche Unfallversicherung) und die Industrie- und Handelskammer (IHK) bzw. die Handwerkskammer (HwK) usw.

Beachten Sie: Haben Sie Ihr Gewerbe bislang noch nicht angemeldet, sollten Sie das umgehend nachholen. Liegt der Beginn des Gewerbebetriebs erst kurze Zeit zurück, ist das nicht tragisch. Bis zu 3 Monate wird das Gewerbeamt eine nachgereichte Anmeldung noch problemlos akzeptieren. Danach kann es allerdings teuer werden. Dann wird entweder ein Verwarnungsgeld- oder sogar ein Bußgeldverfahren eingeleitet. Liegt die Gewerbeanmeldung erst nach 6 Monaten oder noch später vor, verhängt die Behörde in jedem Fall ein Bußgeld. Das kann bis zu 1.000 € betragen.

Gewerbeerlaubnis

Einige gewerbliche Tätigkeiten sind nicht nur melde-, sondern auch genehmigungspflichtig. Sie brauchen dafür zusätzlich eine Gewerbeerlaubnis. Erlaubnispflichtig sind u. a. folgende Tätigkeiten:

- Betrieb von Gaststätten und Spielhallen
- Maklertätigkeit
- Taxi und Mietwagengewerbe
- Betrieb von Fahrschulen
- Bewachungsgewerbe
- Zulassungspflichtige Handwerkstätigkeiten

Beachten Sie: Wer ohne notwendige Genehmigung ein Gewerbe betreibt begeht eine Ordnungswidrigkeit. Wird das aufgedeckt, hat das ein Bußgeldverfahren zur Folge. Es können Bußgelder bis zu 5.000 € festgesetzt werden!

TIPP Erkundigen Sie sich vorab beim Gewerbeamt, ob Ihre Tätigkeit erlaubnispflichtig ist und wenn ja, welche Unterlagen wie Führungszeugnis, Bescheinigung des Finanzamts, Bescheinigung des Gesundheitsamts etc. Sie mit Ihrem Antrag einreichen müssen.

Anmeldung bei Kammern

Melden Sie ein Gewerbe an, werden Sie Pflichtmitglied in der Industrie- und Handelskammer (IHK). Handwerker werden Pflichtmitglieder in der Handwerkskammer (HwK). Handwerksbetriebe, die auch Handel betreiben, werden in beiden Kammern Mitglied, z. B. ein Autohaus, das sowohl Autos verkauft, also auch repariert. Die entsprechenden Anmeldungen übernimmt das Gewerbeamt.

Als Kammermitglied müssen Sie natürlich auch Beiträge zahlen. Diese setzen sich aus einem Grundbeitrag und einer Umlage zusammen. Deren Höhe richtet sich nach Ihrem Gewerbeertrag bzw. Gewinn. In den ersten Jahren Ihrer Selbstständigkeit können Sie sich jedoch befreien lassen, wenn

- Sie ein Einzelunternehmen betreiben, das nicht im Handelsregister eingetragen ist,
- Ihr Gewerbeertrag bzw. Gewinn nicht über 25.000 € pro Jahr liegt und
- Sie in den 5 Jahren vor Ihrer jetzigen Selbstständigkeit nicht schon einmal selbstständig oder zu mehr als 10 % an einer Kapitalgesellschaft beteiligt waren (§ 3 Abs. 3 Satz 4 IHK-Gesetz).

In den ersten beiden Jahren nach der Gründung entfallen der Grundbeitrag sowie die Umlage vollständig. Im dritten und im vierten Jahr sind Sie noch von der Umlage befreit und zahlen also nur den Grundbeitrag. Analoge Befreiungsregelungen gibt es auch für Handwerksbetriebe.

Beachten Sie: Auch einige freiberufliche Tätigkeiten sind verkammert. Das bedeutet, dass sich auch in diesen Berufen nur selbstständig machen kann, wer Mitglied der zuständigen Kammer ist. Zudem geben die Kammern die Voraussetzungen für die Berufsausübung und zum Teil Gebührenordnungen vor. Die Kammerpflicht gilt u. a. für Architekten, Rechtsanwälte, Steuerberater, Ingenieure und Apotheker.

1. KAPITEL — ANMELDUNGEN

Anmeldung beim Finanzamt (Formular auf Seite 11)

Für das Finanzamt müssen Sie einen „Fragebogen zur steuerlichen Erfassung" oder „Betriebseröffnungsbogen" ausfüllen. Haben Sie sich als Gewerbetreibender angemeldet, wird Ihnen das Formular automatisch zugeschickt. Sind Sie dagegen Freiberufler, müssen Sie sich selbst an das Finanzamt wenden und die Aufnahme Ihrer selbstständigen Tätigkeit anzeigen.

Im Betriebseröffnungsbogen geben Sie neben persönlichen Daten und Informationen zu Ort und Art Ihrer selbstständigen Tätigkeit vor allem an, mit welchem Umsatz und mit welchem Gewinn Sie im Jahr der Eröffnung und im darauf folgenden Jahr rechnen. Die wichtigsten Angaben:

❶ **Art des ausgeübten Gewerbes/der Tätigkeit:** Sie erläutern dem Finanzamt unter Punkt 2, womit Sie Ihr Geld verdienen wollen. Die Beschreibung ist vor allem dann wichtig, wenn Sie sich als Freiberufler sehen. Denn das Finanzamt entscheidet danach, ob die Tätigkeit tatsächlich als freiberuflich eingestuft wird und Sie die damit verbundenen steuerlichen Vorteile in Anspruch nehmen können. Zur Abgrenzung einer freiberuflichen Tätigkeit lesen Sie mehr auf Seite 21.

❷ **Angaben zur Festsetzung der Vorauszahlungen:** Anhand Ihrer Angaben setzt das Finanzamt fest, ob und in welcher Höhe Sie Einkommensteuer-Vorauszahlungen zu leisten haben. Dafür geben Sie unter Punkt 3 des Betriebseröffnungsbogens den erwarteten Gewinn (nicht den Umsatz!) nach Abzug aller Kosten an.

Wählen Sie die Beträge mit Bedacht: Zu niedrige Angaben ersparen Ihnen zwar möglicherweise zunächst die Einkommen- und ggf. Gewerbesteuer-Vorauszahlungen. Dafür folgen dann später evtl. hohe Steuernachforderungen, die Sie in Liquiditätsschwierigkeiten bringen können. Andererseits sollten Sie Ihren Gewinn auch nicht zu optimistisch schätzen, um keine unnötig hohen Vorauszahlungen leisten zu müssen.

> **TIPP** Stellen Sie später fest, dass Ihre Prognose deutlich zu hoch oder zu niedrig war, können Sie jederzeit eine Änderung der Vorauszahlungen beim Finanzamt beantragen.

❸ **Angaben zur Anmeldung und Abführung der Umsatzsteuer:** Eine Umsatzprognose für das laufende und das Folgejahr geben Sie unter Punkt 7 ab. Natürlich nur, wenn Sie umsatzsteuerpflichtige Umsätze erzielen. Liegt Ihre Schätzung für das erste Jahr nicht über 17.500 € – wobei der Umsatz bei Betriebsgründung im laufenden Jahr auf das gesamte Jahr hochgerechnet wird – zählen Sie als Selbstständiger und müssen zunächst keine Umsatzsteuer-Voranmeldungen erstellen.

Wenn Ihr Umsatz unter der Marke von 17.500 € liegt, können Sie aber freiwillig auf die Kleinunternehmerregelung verzichten. Das tun Sie, indem Sie unter Punkt 7.3. durch Ankreuzen der Option den Verzicht wählen.

> **TIPP** Die Kleinunternehmerregelung bietet Ihnen Vorteile, wenn Ihre Kunden überwiegend Privatleute sind oder Unternehmer, die selbst von der Umsatzsteuerpflicht befreit sind. Weil diese Kunden sich die Umsatzsteuer nicht als Vorsteuer vom Finanzamt erstatten lassen können, sind Ihre Angebote für sie ohne Umsatzsteuer günstiger.

Haben Sie dagegen hohe Anfangsinvestitionen, kann es sich für Sie eher lohnen, freiwillig zur Umsatzsteuerpflicht zu optieren. Dann dürfen Sie selbst nämlich die Umsatzsteuer auf Ihre Ausgaben als Vorsteuer geltend machen und bekommen sie vom Finanzamt erstattet. In diesem Fall sind Sie allerdings 5 Jahre lang an Ihre Wahl gebunden.

❹ **Soll-/Ist-Versteuerung der Entgelte:** Sind Sie umsatzsteuerpflichtig, melden und zahlen Sie die Umsatzsteuer an das Finanzamt normalerweise bereits nach Ablauf des Monats, in dem Sie eine Rechnung ausgestellt haben (Soll-Versteuerung). Wählen Sie dagegen unter Punkt 7.7 des Betriebseröffnungsbogens die Ist-Versteuerung, zahlen Sie die Umsatzsteuer erst nach Ablauf des Monats, in dem der Kunde seine Rechnung bei Ihnen bezahlt hat. Die Ist-Versteuerung können Sie nutzen,

- wenn Sie Freiberufler sind oder
- als Gewerbetreibender – solange Sie im Jahr nicht mehr als 250.000 € (West) bzw. 500.000 € (Ost) Umsatz erwirtschaften (§ 20 UStG; geänderte Regelung bis 31.12.2011). Mehr dazu lesen Sie ab Seite 216.

❺ **Dauerfristverlängerung:** Generell einen Monat länger Zeit haben Sie für die Umsatzsteuerzahlung und -anmeldung, wenn Sie eine Dauerfristverlängerung beantragen. Das können Sie unter Punkt 7.8 des Betriebseröffnungsbogens tun. Dafür wird allerdings eine Sondervorauszahlung in Höhe von 1/11 der geschätzten Umsatzsteuer-Vorauszahlungen für das laufende Jahr fällig. Achtung: Für den Antrag ist ein weiteres Formular erforderlich („Antrag auf Dauerfristverlängerung; Anmeldung der Sondervorauszahlung"). Mehr dazu lesen Sie ab Seite 21.

Antrag auf Erteilung einer Betriebsnummer der Agentur für Arbeit (Formular auf Seite 17)

Eine Betriebsnummer der Agentur für Arbeit benötigen Sie, wenn Sie Mitarbeiter einstellen. Mit der Betriebsnummer werden Sie als Arbeitgeber und Ihre Mitarbeiter identifiziert. U.a. brauchen Sie die Betriebsnummer für die Anmeldung von Mitarbeitern bei deren Krankenkasse, als Einzugsstelle für die Sozialversicherungsbeiträge fungiert. Sie beantragen die Betriebsnummer per Vordruck, auf dem Sie Angaben u.a. zur Art Ihrer Tätigkeit machen sowie Ihre Kontaktdaten übermitteln. Zuständig ist der

Betriebsnummern-Service der Bundesagentur für Arbeit (BA)

Postfach 101844, 66018 Saarbrücken
Telefon: 01801/664466
E-Mail: betriebsnummernservice@
arbeitsagentur.de

Berufsgenossenschaft (Formular auf Seite 18)

Die Berufsgenossenschaft ist die gesetzliche Unfallversicherung für Unternehmen und Selbstständige. In der Berufsgenossenschaft müssen Sie alle Mitarbeiter versichern, die Sie beschäftigen. Aber auch wenn Sie (noch) keine Mitarbeiter eingestellt haben, sind Sie verpflichtet, Ihre Selbstständigkeit innerhalb einer Woche bei der für Sie zuständigen Berufsgenossenschaft anzumelden (§ 192 Abs. 1 SGB VII). Welche Berufsgenossenschaft für Sie zuständig ist, können Sie bei der BG-Infoline unter Tel. 0800/6050404 erfragen.

Bei einigen Berufsgenossenschaften müssen Sie sich zudem als Unternehmer auch selbst versichern. Bei anderen können Sie sich freiwillig versichern. Eine Absicherung über die Berufsgenossenschaft kann für Sie vorteilhaft sein, weil Sie für relativ geringe Beiträge einen umfassenden Versicherungsschutz erhalten. Die Beiträge und auch die Höhe der Leistungen werden auf Grundlage der Versicherungssumme festgelegt. Die können Sie bis zum gesetzlichen Höchstrahmen frei wählen. Je nach Berufsgenossenschaft liegt der Rahmen zwischen ca. 62.400 und 84.000 €. Richtlinie ist Ihr tatsächliches Einkommen.

Wichtig: Sowohl Gewerbetreibende, als auch Selbstständige müssen sich in jedem Fall selbst bei der zuständigen Berufsgenossenschaft melden. Haben Sie sich bislang nicht angemeldet, müssen Sie etwaige Beiträge bis zu dem Tag an dem Sie Ihre Selbstständigkeit begonnen haben,

1. KAPITEL — ANMELDUNGEN

nachzahlen! Die Berufsgenossenschaft kann Beiträge für bis zu 4 Jahre nachfordern. Haben Sie Beiträge vorsätzlich nicht gezahlt, können Nachforderungen noch bis zu 30 Jahre später erfolgen!

Beachten Sie: Wollen Sie sich als Selbstständiger zusätzlich versichern – ob freiwillig oder laut Satzung der zuständigen Berufsgenossenschaft verpflichtend –, ist ein weiterer Antrag erforderlich. Fragen Sie danach.

Mitteilungen an weitere Versicherungen

Wechseln Sie in eine selbstständige Tätigkeit, hat das nicht nur Auswirkungen auf die Unfallversicherung. Auch bei weiteren Versicherungen können sich Änderungen ergeben:

- **Änderung des Versicherungsstatus:** Waren Sie z. B. bislang in der gesetzlichen Krankenversicherung pflichtversichert, können Sie nun selbst entscheiden, ob Sie freiwillig versichert bleiben oder in eine private Krankenversicherung wechseln. Auch in der Rentenversicherung ist eine freiwillige Weiterversicherung oder eine Pflichtversicherung auf Antrag möglich. Ebenso können Sie sich auf Antrag in der Arbeitslosenversicherung versichern – aber nur innerhalb von 3 Monaten nach Beginn der Selbstständigkeit.

- **Änderung der Beitragserhebung:** Bleiben Sie z. B. in der gesetzlichen Krankenkasse versichert, werden Ihre Beiträge als Selbstständiger bis zur Beitragsbemessungsgrenze aus Ihrem gesamten Einkommen, also nicht nur aus Ihrem Gewinn aus der Tätigkeit als Selbstständiger, sondern u. a. auch aus Kapitaleinkünften, Mieteinkünften etc. berechnet.

- **Änderung des versicherten Risikos:** Mit der neuen Tätigkeit ändert sich evtl. auch das Versicherungsrisiko. Damit es von der Versicherung gedeckt ist und die Beiträge richtig berechnet werden können, brauchen die Versicherungen eine Information über Ihre Tätigkeit. Das gilt u. a. für eine private Krankentagegeldversicherung und eine private Krankenversicherung.

Die Versicherungsbedingungen verpflichten Sie deshalb teilweise, den jeweiligen Versicherer über Änderungen bei der beruflichen Tätigkeit zu informieren. Weisen Sie Versicherungsgesellschaften also frühzeitig auf Ihren Wechsel in die Selbstständigkeit hin, um keine Versicherungslücken zu riskieren. Haben Sie das bislang nicht getan, holen Sie es schnellstmöglich nach.

 Muster für eine Mitteilung an Versicherungsgesellschaften

Änderung der beruflichen Tätigkeit; Versicherungsnummer …

Sehr geehrte Damen und Herren,

ich habe bei Ihnen folgende Versicherungen abgeschlossen:

- *…; Versicherungsnummer: …*
- *…; Versicherungsnummer: …*

Seit dem … übe ich eine Tätigkeit als … selbstständig aus. Bitte teilen Sie mir mit, ob sich dadurch Änderungen für meinen Versicherungsvertrag ergeben.

Mit freundlichen Grüßen

 Mit Beginn der Selbstständigkeit ändern sich die zu versichernden Risiken im privaten wie im beruflichen Bereich. Welcher Versicherungsschutz für Sie sinnvoll und notwendig ist, hängt von zahlreichen individuellen Umständen ab. Lassen Sie sich deshalb unbedingt von einem Spezialisten beraten. Idealerweise wenden Sie sich an einen unabhängigen Versicherungsberater. Dafür zahlen Sie zwar ein Honorar erhalten aber auch eine objektive Beratung.

Adressen von Beratern in Ihrer Nähe erhalten Sie unter:

BVVB Bundesverband der Versicherungsberater e. V., Rheinweg 24, 53113 Bonn
Telefon: 02 28/3 87 29 29
Internet: www.bvvb.de

Genehmigung der selbstständigen Tätigkeit in der Wohnung
(Formular auf Seite 20)

Die meisten Selbstständigen starten zunächst mit einem Heimbüro. Der Vorteil: Es fallen keine weiteren Kosten für die Miete oder den Kauf weiterer Räume an. In der Regel ist die berufliche Nutzung problemlos möglich. Beachten Sie aber, dass Sie dafür die Zustimmung der Stadt oder des Landkreises und evtl. Ihres Vermieters benötigen.

Ganz gleich, ob Sie für Ihre Selbstständigkeit nur einen Schreibtisch in der Wohnung nutzen oder eine komplette Werkstatt im Keller Ihres Hauses einrichten – sobald Sie zu Hause selbstständig arbeiten, müssen Sie beim Bauamt der Kommune eine Nutzungsänderung für Ihren Wohnraum beantragen. Die Anmeldung ist in der Regel reine Formsache. Selbst wenn das Grundstück in einem reinen Wohngebiet liegt, sind selbstständige Tätigkeiten zulässig (§ 13 BauNVO). Haben Sie bislang keine Nutzungsänderung angemeldet, ist das nicht schlimm. Eine Nachmeldung ist jederzeit möglich. Sie zahlen dann nur evtl. etwas höhere Gebühren.

TIPP Die Anmeldung beim Bauamt ist auch wichtig, um steuerliche Vorteile nutzen zu können. Haben Sie einen oder mehrere Räume für eine selbstständige Tätigkeit angemeldet, ist das für das Finanzamt ein Indiz dafür, dass die Raumkosten steuerlich absetzbar sind.

Wohnen Sie zur Miete, müssen Sie zudem den Vermieter darüber informieren, dass Sie die Räume auch geschäftlich nutzen. Der Vermieter muss das im Regelfall erlauben, wenn Sie weder Mitarbeiter beschäftigen, noch nennenswerter Publikumsverkehr zu erwarten ist (BGH, 14.7.2009, Az: VIII ZR 165/08). Gehört es aber zu Ihrer Tätigkeit, dass Sie des Öfteren Besucher empfangen oder sogar Mitarbeiter ihren Arbeitsplatz in Ihrer Wohnung haben, kann der Vermieter das untersagen.

Handelsregistereintrag

Das Handelsregister ist ein öffentliches Verzeichnis, in dem die Kaufleute aus einer Region eingetragen sind. Darin eingetragen sind mindestens Firma, Sitz des Unternehmens sowie ggf. die genaue Anschrift des Verwaltungssitzes (§ 29 HGB). Das Register wird beim zuständigen Registergericht, meist dem örtlichen Amtsgericht, geführt. Die Anmeldung erfolgt über einen Notar, denn ein Handelsregistereintrag muss in öffentlich beglaubigter Form beantragt werden.

Eine Anmeldung zum Handelsregister brauchen nur Kaufleute. Haben Sie ein Einzelunternehmen, gelten Sie als Kaufmann, wenn Ihre selbstständige Tätigkeit einen gewissen Umfang erreicht. Als sogenannter Kleingewerbetreibender benötigen Sie keinen Handelsregistereintrag. Kleingewerbetreibende können sich aber freiwillig in das Handelsregister eintragen lassen. Dadurch werden sie zu Kaufleuten – mit allen Rechten und Pflichten (Einzelheiten zum Kaufmannsstatus siehe ab Seite 26).

TIPP Sind Sie als Einzelunternehmer nicht sicher, ob Sie noch als Kleingewerbetreibender oder schon als Kaufmann gelten, wenden Sie sich an die für Sie zuständige IHK. Lassen Sie anhand Ihres Businessplans prüfen, wie Ihr Status eingeschätzt wird. So vermeiden Sie unliebsame Überraschungen. Denn: Sollten Sie als Kaufmann gelten und nicht in das Handelsregister eingetragen sein, müssen Sie trotzdem das Handelsrecht beachten und werden danach behandelt!

1. KAPITEL — ANMELDUNGEN

Formular für eine Gewerbeanmeldung

Name der entgegennehmenden Gemeinde: **Musterstadt**	Gemeindekennzahl Betriebsstätte (Sitz):	GewA 1

Gewerbe-Anmeldung nach § 14 GewO oder § 55 c GewO — Bitte vollständig und gut lesbar ausfüllen sowie die zutreffenden Kästchen ankreuzen

Angaben zum Betriebsinhaber: Bei Personengesellschaften (z. B. OHG) ist für jeden geschäftsführenden Gesellschafter ein eigener Vordruck auszufüllen. Bei juristischen Personen ist bei Feld Nr. 3 bis 9 und Feld Nr. 30 und 31 der gesetzliche Vertreter anzugeben (bei inländischer AG wird auf diese Angaben verzichtet). Die Angaben für weitere gesetzliche Vertreter zu diesen Nummern sind ggf. auf Beiblättern zu ergänzen.

1. Im Handels-, Genossenschafts- oder Vereinsregister eingetragener Name mit Rechtsform (ggf. bei GbR: Angabe der weiteren Gesellschafter): **Bertram Beispiel e.K.**
2. Ort und Nummer des Registereintrages: **HRA 1234**

Angaben zur Person

3. Name: **Beispiel**
4. Vornamen: **Bertram**
4a. Geschlecht: männl. [X] weibl. [ ]
5. Geburtsname (nur bei Abweichung vom Namen):
6. Geburtsdatum: **01.12.1969**
7. Geburtsort und -land: **Musterdorf, Deutschland**
8. Staatsangehörigkeit(en): deutsch [X] andere [ ]
9. Anschrift der Wohnung (Straße, Haus-Nr., Plz, Ort; freiwillig: e-mail/web): **Beispielgasse 12, 12345 Musterstadt, beispiel@muster.de**
   Telefon-Nr. **01234/123456**
   Telefax-Nr. **01234/123457**

Angaben zum Betrieb

10. Zahl der geschäftsführenden Gesellschafter (nur bei Personengesellschaften) / Zahl der gesetzlichen Vertreter (nur bei juristischen Personen):
11. Vertretungsberechtigte Person/Betriebsleiter (nur bei inländischen Aktiengesellschaften, Zweigniederlassungen und unselbständigen Zweigstellen) — Name / Vornamen:

Anschriften (Straße, Haus-Nr., Plz, Ort)

12. Betriebsstätte: **Beispielgasse 12, 12345 Musterstadt**
    Telefon-Nr. **01234/123456**
    Telefax-Nr. **01234/123457**
    freiwillig: e-mail/web **beispiel@muster.de**
13. Hauptniederlassung (falls Betriebsstätte lediglich Zweigstelle ist):
14. Frühere Betriebsstätte:
15. Angemeldete Tätigkeit – ggf. ein Beiblatt verwenden (genau angeben: z. B. Herstellung von Möbeln, Elektroinstallationen und Elektroeinzelhandel, Großhandel mit Lebensmitteln usw; bei mehreren Tätigkeiten bitte Schwerpunkt unterstreichen):
16. Wird die Tätigkeit (vorerst) im Nebenerwerb betrieben? Ja [ ] Nein [X]
17. Datum des Beginns der angemeldeten Tätigkeit: **06.09.20__**
18. Art des angemeldeten Betriebes: Industrie [ ] Handwerk [ ] Handel [ ] Sonstiges [X]
19. Zahl der bei Geschäftsaufnahme tätigen Personen (ohne Inhaber): Vollzeit [ ] Teilzeit [ ] Keine [X]

Die Anmeldung wird erstattet für:
20. eine Hauptniederlassung [X] — eine Zweigniederlassung [ ] — eine unselbständige Zweigstelle [ ]
21. ein Automatenaufstellungsgewerbe [ ]
22. ein Reisegewerbe [ ]

Grund:
23./24. Neuerrichtung/Übernahme [ ] — Neugründung [X] — Wiedereröffnung nach Verlegung aus einem anderen Meldebezirk [ ] — Gründung nach Umwandlungsgesetz (z. B. Verschmelzung, Spaltung) [ ]
Wechsel der Rechtsform [ ] — Gesellschaftereintritt [ ] — Erbfolge/Kauf/Pacht [ ]

26. Name des früheren Gewerbetreibenden oder früherer Firmenname:

Falls der Betriebsinhaber für die angemeldete Tätigkeit eine Erlaubnis benötigt, in die Handwerksrolle einzutragen oder Ausländer ist:

28. Liegt eine Erlaubnis vor? Ja [ ] Nein [ ] — Wenn Ja, Ausstellungsdatum und erteilende Behörde:
29. Nur für Handwerksbetriebe — Liegt eine Handwerkskarte vor? Ja [ ] Nein [ ] — Wenn Ja, Ausstellungsdatum und Name der Handwerkskammer:
30. Liegt eine Aufenthaltsgenehmigung vor? Ja [ ] Nein [ ] — Wenn Ja, Ausstellungsdatum und erteilende Behörde:
31. Enthält die Aufenthaltserlaubnis eine Auflage oder Beschränkung? Ja [ ] Nein [ ] — Wenn Ja, sie enthält folgende Auflagen bzw. Beschränkungen:

Hinweis: Diese Anzeige berechtigt nicht zum Beginn des Gewerbebetriebes, wenn noch eine Erlaubnis oder eine Eintragung in die Handwerksrolle notwendig ist. Zuwiderhandlungen können mit Geldbuße oder Geldstrafe oder Freiheitsstrafe geahndet werden. Diese Anzeige ist keine Genehmigung zur Errichtung einer Betriebsstätte entsprechend dem Planungs- und Baurecht.

32. **23.9.20__** (Datum)
33. **Bertram Beispiel** (Unterschrift)

33-1.010/9.06

Download unter: **www.jetzt-selbststaendig.info**
Kapitel 1, Stichwort: **Gewerbeanmeldung**

ANMELDUNGEN — 1. KAPITEL

Formular für die Finanzamtanmeldung 1/6

An das Finanzamt
1 Musterstadt

2 Steuernummer 100/200/300

Fragebogen zur steuerlichen Erfassung

3 [X] Aufnahme einer gewerblichen, selbständigen (freiberuflichen) oder land- und forstwirtschaftlichen Tätigkeit

4 [ ] Beteiligung an einer Personengesellschaft / -gemeinschaft
       Bitte beantworten Sie nur die Fragen zu Abschnitt 1, Abschnitt 2   nur Textziffer 2.8, Abschnitt 3 und Abschnitt 8

1. Allgemeine Angaben
1.1 Steuerpflichtige(r) / Beteiligte(r)

Vor- und Zuname (ggf. Geburtsname)
5 Markus Muster

Ausgeübter Beruf
6 Journalist   Geburtsdatum 01.01.1980

Straße und Hausnummer
7 Beispielstr. 1   Religion RK

Postleitzahl   Wohnort   Religionsschlüssel:
8 12345   Musterstadt   Evangelisch = EV
                                                 Römisch-Katholisch = RK
9 Postleitzahl   Postfach / Ort   nicht kirchensteuerpflichtig = VD

Identifikationsnummer   Identifikationsnummer
10 (soweit schon erhalten)   99 999 999 999

Kommunikationsverbindungen

Telefon (Festnetz, ggf. Mobiltelefon)   Telefax
11 01234/56789   01234/56780

E-Mail
12 beispiel@musteradresse.de

Internetadresse
13 www.musteradresse.de

Familienstand
   Verheiratet seit dem   Verwitwet seit dem   Geschieden seit dem   Dauernd getrennt lebend seit dem
14

1.2 Ehegatte

Vor- und Zuname (ggf. Geburtsname)
15

Ausgeübter Beruf   Geburtsdatum
16

Falls von den Zeilen 7 und 8 abweichend: Straße und Hausnummer
17   Religion
                                                 Religionsschlüssel:
Postleitzahl   Wohnort   Evangelisch = EV
18   Römisch-Katholisch = RK
                                                 nicht kirchensteuerpflichtig = VD

Identifikationsnummer   Identifikationsnummer
19 (soweit schon erhalten)

1.3 Kinder mit Wohnsitz im Inland

Vorname (ggf. abweichender Familienname)   Geburtsdatum
20

21

22

1.4 Bankverbindung(en) für Steuererstattungen / **Lastschrifteinzugsverfahren** (LEV)

      Alle Steuererstattungen sollen an   Kontonummer   Bankleitzahl
23 [X] folgende Bankverbindung erfolgen: 123456789   10020000

Geldinstitut (Name, Ort)
24 Beispielbank

Kontoinhaber(in)
25 Markus Muster

2009FsEEU011NET   April 2009   2009FsEEU011NET
                                                 034250/08

🖥 Download unter: **www.jetzt-selbststaendig.info**
    Kapitel 1, Stichwort: **Betriebseröffnungsbogen**

JETZT BIN ICH SELBSTSTÄNDIG

1. KAPITEL — ANMELDUNGEN

Formular für die Finanzamtanmeldung 2/6

	Steuernummer 100/200/300	
31	**Personensteuererstattungen** (z.B. Einkommensteuer) sollen an folgende Bankverbindung erfolgen:	Kontonummer / Bankleitzahl
32	Geldinstitut (Name, Ort)	
33	Kontoinhaber(in)	
34	**Betriebssteuererstattungen** (z.B. Umsatz-, Lohnsteuer) sollen an folgende Bankverbindung erfolgen:	Kontonummer / Bankleitzahl
35	Geldinstitut (Name, Ort)	
36	Kontoinhaber(in)	
37	Möchten Sie am **Lastschrifteinzugsverfahren,** dem für beide Seiten einfachsten Zahlungsweg, teilnehmen? **X** Ja, die ausgefüllte Teilnahmeerklärung ist beigefügt.	

1.5 Steuerliche Beratung

38	Nein **X** Ja	Name und Anschrift: Steuerbüro Müller
39		Am Beispiel 2
40		12345 Musterstadt
	Kommunikationsverbindungen	
41	Telefon: 01234/45678	Telefax: 01234/45679
42	E-Mail: steuerberater@beispiel.de	

1.6 Empfangsbevollmächtigte(r) für alle Steuerarten (kann nur mit beigefügter Vollmacht berücksichtigt werden)

43	Name und Anschrift: Steuerbüro Müller
44	Am Beispiel 2, 12345 Musterstadt
	Kommunikationsverbindungen
45	Telefon: 01234/45678 Telefax: 01234/45679
46	E-Mail: steuerberater@beispiel.de
47	Zuständigkeit der / des Empfangsbevollmächtigten **X** Feststellungs-/Festsetzungs- und Erhebungsverfahren ☐ nur Feststellungs-/Festsetzungsverfahren ☐ nur Erhebungsverfahren

1.7 Bisherige persönliche Verhältnisse

Falls Sie innerhalb der letzten 12 Monate zugezogen sind:

48	Zugezogen am	Frühere Anschrift (Straße, Hausnummer / Postfach, PLZ, Ort)
49		

Waren Sie (oder ggf. Ihr Ehegatte) in den letzten drei Jahren für Zwecke der Einkommensteuer steuerlich erfasst?

50	Nein ☐ Ja ☐ Finanzamt:
51	Steuernummer:

2. Angaben zur gewerblichen, selbständigen (freiberuflichen) oder land- und forstwirtschaftlichen Tätigkeit

2.1 Art des ausgeübten Gewerbes / der Tätigkeit (Ggf. den Schwerpunkt angeben!)

52	Journalist und Werbetexter

2.2 Anschrift des Unternehmens

53	Bezeichnung: Markus Muster	
54	Straße und Hausnummer: Beispielstr. 1	
55	Postleitzahl: 12345	Ort: Musterstadt
56	Postleitzahl:	Postfach / Ort:

2009FsEEU012NET

Download unter: **www.jetzt-selbststaendig.info**
Kapitel 1, Stichwort: **Betriebseröffnungsbogen**

ANMELDUNGEN 1. KAPITEL

Formular für die Finanzamtanmeldung 3/6

	Steuernummer 100/200/300	
	Kommunikationsverbindungen	
	Telefon (Festnetz, ggf. Mobiltelefon)	Telefax
61	01234/56789	01234/56780
	E-Mail	
62	beispiel@musteradresse.de	
	Internetadresse	
63	www.musteradresse.de	

2.3 Betriebstätten
Werden in mehreren Gemeinden Betriebstätten unterhalten?

64 X Nein   ☐ Ja   1. Anschrift (PLZ, Ort, Straße, Hausnummer)

65

66 Telefon

67 2. Anschrift (PLZ, Ort, Straße, Hausnummer)

68

69 Telefon

70 Bei mehr als zwei Betriebstätten: ☐ Gesonderte Aufstellung ist beigefügt.

71 **2.4 Kammerzugehörigkeit** (Handwerks- / Industrie- und Handelskammer)   ☐ Ja   X Nein

2.5 Handelsregistereintragung

72 ☐ Ja, seit ____   X Nein   ☐ Eine Eintragung ist beabsichtigt.
    Bitte Handelsregisterauszug beifügen!   ☐ Antrag beim Handelsregister gestellt
                                                am ____

2.6 Ort der Geschäftsleitung

73 Bezeichnung

74 Straße und Hausnummer

75 Postleitzahl   Ort

76 Postleitzahl   Postfach / Ort

2.7 Gründungsform (Bitte ggf. die entsprechenden Verträge beifügen!)

77 X Neugründung zum   01.01.2011   ☐ Verlegung zum
78 ☐ Übernahme (z.B. Kauf, Pacht, Vererbung, Schenkung) zum   ☐ Umwandlung zum

79 Name und Anschrift des vorherigen Unternehmens bzw. der Vorinhaberin / des Vorinhabers

80

81 Finanzamt, Steuernummer, ggf. Umsatzsteuer-Identifikationsnummer

82

2.8 Bisherige betriebliche Verhältnisse
Ist in den letzten Jahren schon ein Gewerbe, eine selbständige (freiberufliche) oder eine land- und forstwirtschaftliche Tätigkeit ausgeübt worden oder waren Sie an einer Personengesellschaft oder zu mehr als 10% an einer Kapitalgesellschaft beteiligt?

83 X Nein   ☐ Ja   Art, Ort und Dauer der Tätigkeit / Beteiligung

84

85

86 Finanzamt, Steuernummer, ggf. Umsatzsteuer-Identifikationsnummer

87

2009FsEEU013NET   2009FsEEU013NET

Download unter: **www.jetzt-selbststaendig.info**
Kapitel 1, Stichwort: **Betriebseröffnungsbogen**

1. KAPITEL — ANMELDUNGEN

Formular für die Finanzamtanmeldung 4/6

Steuernummer: 100/200/300

3. Angaben zur Festsetzung der Vorauszahlungen (Einkommensteuer, Gewerbesteuer)

	3.1 Voraussichtliche Einkünfte aus	im Jahr der Betriebseröffnung Steuerpflichtiger EUR	Ehegatte EUR	im Folgejahr Steuerpflichtiger EUR	Ehegatte EUR
91	Land- und Forstwirtschaft				
92	Gewerbebetrieb				
93	Selbständiger Arbeit	20.000,00		42.000,00	
94	Nichtselbständiger Arbeit				
95	Kapitalvermögen	500,00		500,00	
96	Vermietung und Verpachtung				
97	Sonstige Einkünfte (z. B. Renten)				
	3.2 Voraussichtliche Höhe der				
98	Sonderausgaben				
99	Steuerabzugsbeträge				

4. Angaben zur Gewinnermittlung

- 100 Gewinnermittlungsart [X] Einnahmenüberschussrechnung
- 101 [ ] Vermögensvergleich (Bilanz)   Eröffnungsbilanz [ ] liegt bei. [ ] wird nachgereicht.
- 102 [ ] Gewinnermittlung nach Durchschnittssätzen (nur bei Land- und Forstwirtschaft)
- 103 Liegt ein vom Kalenderjahr abweichendes Wirtschaftsjahr vor? [X] Nein [ ] Ja, vom _____ bis _____

5. Freistellungsbescheinigung gemäß § 48b Einkommensteuergesetz - EStG - (!Bauabzugssteuer")

Zu Ihrer Information steht Ihnen das Merkblatt zum Steuerabzug bei Bauleistungen im Internet unter www.bzst.de zum Download zur Verfügung. Sie können es aber auch bei Ihrem Finanzamt erhalten.

- 104 [ ] Ich beantrage die Erteilung einer Bescheinigung zur Freistellung vom Steuerabzug bei Bauleistungen gemäß § 48b EStG.

6. Angaben zur Anmeldung und Abführung der Lohnsteuer

- 105 Zahl der Arbeitnehmer (einschließlich Aushilfskräfte) Insgesamt ___ a) davon Familienangehörige ___ b) davon geringfügig Beschäftigte ___
- 106 Beginn der Lohnzahlungen ___
- 107 Anmeldungszeitraum (voraussichtliche Lohnsteuer im Kalenderjahr) [ ] monatlich (mehr als 4 000 EUR) [ ] vierteljährlich (mehr als 1 000 EUR) [ ] jährlich (nicht mehr als 1 000 EUR)

Die für die Lohnberechnung maßgebenden Lohnbestandteile werden zusammengefasst im Betrieb / Betriebsteil:

- 108 Name
- 109 Straße und Hausnummer
- 110 Postleitzahl   Ort

7. Angaben zur Anmeldung und Abführung der Umsatzsteuer

	7.1 Gesamtumsatz (geschätzt)	im Jahr der Betriebseröffnung EUR	im Folgejahr EUR
111		40.000,00	80.000,00

2009FsEEU014NET   2009FsEEU014NET

Download unter: **www.jetzt-selbststaendig.info**
Kapitel 1, Stichwort: **Betriebseröffnungsbogen**

ANMELDUNGEN — 1. KAPITEL

Formular für die Finanzamtanmeldung 5/6

| Steuernummer | 100/200/300 |

7.2 Geschäftsveräußerung im Ganzen (§ 1 Abs. 1a UStG)
Es wurde ein Unternehmen oder ein in der Gliederung eines Unternehmens gesondert geführter Betrieb erworben:

121 [X] Nein   [ ] Ja   (siehe Eintragungen zu Tz. 2.7 Übernahme)

7.3 Kleinunternehmer-Regelung

122 [ ] Der Gesamtumsatz für das Gründungsjahr wird die Grenze von 17 500 EUR voraussichtlich nicht überschreiten.

123 [ ] Ich nehme die Kleinunternehmer-Regelung (§ 19 Abs. 1 Umsatzsteuergesetz - UStG -) in Anspruch.
Ich weise in Rechnungen keine Umsatzsteuer gesondert aus und kann keinen Vorsteuerabzug geltend machen.
Hinweis: Angaben zu Tz. 7.7 und 7.8 sind nicht erforderlich; Umsatzsteuer-Voranmeldungen sind grundsätzlich nicht abzugeben.

124 [ ] Ich verzichte auf die Anwendung der Kleinunternehmer-Regelung.
Die Besteuerung erfolgt nach den allgemeinen Vorschriften des Umsatzsteuergesetzes **für mindestens fünf Kalenderjahre** (§ 19 Abs. 2 UStG); Umsatzsteuer-Voranmeldungen sind monatlich in elektronischer Form abzugeben.

7.4 Organschaft (§ 2 Abs. 2 Nr. 2 UStG)
Es bestehen folgende organschaftliche Verbindungen zu anderen Unternehmen:

Name, Rechtsform und Anschrift des Unternehmens	Art der Verbindung, Beteiligungsverhältnisse
125	
126	
127	

7.5 Steuerbefreiung
Es werden ganz oder teilweise steuerfreie Umsätze gem. § 4 UStG ausgeführt:

128 [ ] Nein   [ ] Ja   Art des Umsatzes / der Tätigkeit: _____   (§ 4 Nr. ___ UStG)

7.6 Steuersatz
Es werden Umsätze ausgeführt, die ganz oder teilweise dem ermäßigten Steuersatz gem. § 12 Abs. 2 UStG unterliegen:

129 [ ] Nein   [X] Ja   Art des Umsatzes / der Tätigkeit: **Übertragung von Urheberrechten**   (§ 12 Abs. 2 Nr. **7c** UStG)

❹ **7.7 Soll- / Istversteuerung der Entgelte**

130 Ich berechne die Umsatzsteuer nach   [ ] vereinbarten Entgelten (**Sollversteuerung**).
131   [X] vereinnahmten Entgelten. Ich beantrage hiermit die **Istversteuerung**.

❺ **7.8 Dauerfristverlängerung**

132 [X] Ich möchte die **Dauerfristverlängerung** für die Abgabe der Umsatzsteuer-Voranmeldungen nutzen.
Mir ist bekannt, dass bei **monatlicher** Abgabe der Umsatzsteuer-Voranmeldung eine **Sondervorauszahlung** zu berechnen und zu entrichten ist. Die Dauerfristverlängerung werde ich gesondert mit dem Vordruck USt 1 H beantragen.
Hinweis: Den hierfür erforderlichen Vordruck USt 1 H finden Sie auf den Internetseiten der Finanzverwaltung.
Sie können den Antrag auch elektronisch an die Finanzverwaltung übermitteln (www.elster.de).

7.9 Umsatzsteuer-Identifikationsnummer

133 Ich **benötige** für die Teilnahme am innergemeinschaftlichen Handel eine Umsatzsteuer-Identifikationsnummer (USt-IdNr.).
Zusatzangaben für Unternehmer,
die nur steuerfreie Umsätze ausführen, die zum Ausschluss vom Vorsteuerabzug führen,
für deren Umsätze Umsatzsteuer nach § 19 Abs. 1 UStG nicht erhoben wird,
die ihre Umsätze nach den Durchschnittssätzen des § 24 UStG versteuern:

Ich beantrage eine USt-IdNr., weil

134 [ ] innergemeinschaftliche Lieferungen ausgeführt werden (gilt nur für pauschalierende Land- und Forstwirte).

135 [ ] innergemeinschaftliche Erwerbe zu versteuern sind, da die Erwerbsschwelle von 12 500 EUR jährlich

136 [ ] voraussichtlich überschritten wird (§ 1a Abs. 3 UStG).

137 [ ] voraussichtlich nicht überschritten wird, auf die Erwerbsschwellenregelung jedoch für die Dauer von mindestens zwei Jahren verzichtet wird (§ 1a Abs. 4 UStG).

138 [ ] neue Fahrzeuge oder bestimmte verbrauchsteuerpflichtige Waren innergemeinschaftlich erworben werden (§ 1a Abs. 5 UStG).

139 Ich **habe bereits** für eine frühere Tätigkeit folgende USt-IdNr. erhalten:

140 USt-IdNr. _____   Vergabedatum: _____

2009FsEEU015NET   2009FsEEU015NET

Download unter: **www.jetzt-selbststaendig.info**
Kapitel 1, Stichwort: **Betriebseröffnungsbogen**

JETZT BIN ICH SELBSTSTÄNDIG

1. KAPITEL — ANMELDUNGEN

Formular für die Finanzamtanmeldung 6/6

Steuernummer	100/200/300

8. Angaben zur Beteiligung an einer Personengesellschaft/-gemeinschaft

151 Bezeichnung der Gesellschaft / Gemeinschaft
152 Straße und Hausnummer
153 Postleitzahl / Ort
154 Postleitzahl / Postfach / Ort
155 Finanzamt, Steuernummer der Gesellschaft / Gemeinschaft
156

(Fügen Sie bitte eine Kopie des Gesellschaftsvertrags bei!)

Hinweis: Die mit diesem Fragebogen angeforderten Daten werden aufgrund der §§ 88, 90, 93, 97 und 138 der Abgabenordnung erhoben.

157 Musterstadt, 04.01.2011 — Markus Muster
Ort, Datum — Unterschrift des / der Steuerpflichtigen und ggf. des Ehegatten bzw. des / der Vertreter(s) oder Bevollmächtigten

158 Anlagen: [X] Teilnahmeerklärung für das LEV (Tz. 1.4)
159 [X] Empfangsvollmacht (Tz. 1.6)
160 [ ] Aufstellung über Betriebstätten (Tz. 2.3)
161 [ ] Handelsregisterauszug (Tz. 2.5)
162 [ ] Verträge bei Übernahme bzw. Umwandlung (Tz. 2.7)
163 [ ] Eröffnungsbilanz (Tz. 4)
164 [ ] Gesellschaftsvertrag (Tz. 8)
165

Finanzamt

2009FsEEU016NET   2009FsEEU016NET

 Download unter: **www.jetzt-selbststaendig.info**
Kapitel 1, Stichwort: **Betriebseröffnungsbogen**

ANMELDUNGEN **1. KAPITEL**

Antragsformular für die Erteilung einer Betriebsnummer

Bundesagentur für Arbeit
Betriebsnummern-Service

Betriebsnummern-Service
der Bundesagentur für Arbeit (BA)

Postfach 10 18 44
66018 Saarbrücken

Fax: 0681/ 988 429 1300
E-Mail: betriebsnummernservice@arbeitsagentur.de

ANTRAG AUF ERTEILUNG EINER BETRIEBSNUMMER/ÄNDERUNGSMITTEILUNG
(Bitte den Antrag vollständig ausfüllen, um Rückfragen zu vermeiden. Wichtige Hinweise in den Erläuterungen!)

Sofortmeldepflichtig gemäß § 28a SGB IV und § 7 DEÜV (s. Erläuterungen): ja ☐ nein ☐
ANTRAG AUF ERTEILUNG EINER BETRIEBSNUMMER
☒ Es soll zum ersten Mal eine Meldung zur Sozialversicherung abgegen werden. ☐ Privathaushalt mit Beschäftigten mit einem Einkommen über 400€.
ÄNDERUNGSMITTEILUNG:
☐ Der Betrieb/Privathaushalt ist erloschen und soll abgemeldet werden. (Bitte Ansprechpartner für Rückfragen benennen sowie eine Adresse zur Zustellung des Bescheids.)
☐ Adressänderungen, z.B. bei Umzug innerhalb einer Gemeinde oder von Gemeinde zu Gemeinde. (Jeweils nur die Felder mit der Veränderung ausfüllen.)
☐ Der Inhaber/ Eigentümer/ Pächter des Betriebes wechselt. ☐ Der bereits stillgelegte Betrieb mit der Betriebsnummer wird fortgeführt.
☐ Eine Niederlassung in einer anderen Gemeinde wird eröffnet. ☐ Eine weitere Betriebsnummer für einen anderen wirtschaftlichen Schwerpunkt ist erforderlich.
☐ Der Betrieb mit der Betriebsnummer wurde von einem anderen Betrieb übernommen. ☐ Rehabilitationsträger gemäß ☐ §35 ☐ §132 ☐ §136 SGB IX

1. Angaben zum Betrieb

Soweit vorhanden: Betriebsnummer/Kundennummer bei der Agentur:	Veränderung gilt ab/seit dem: 04.01.2011	
Betriebsnummer:	**Betriebssitz** (Adresse, unter der die Beschäftigten tatsächlich arbeiten)	**Anschrift** (Schriftverkehr, wenn abweichend vom Betriebssitz. Nicht Steuerberater!)
Betriebsbezeichnung:	Medienagentur Bruno Beispiel	
Rechtsform:		
Bei Einzelfirma Namen des/der Inhabers/in:	Bruno Beispiel	
ggf. Postfach:		
Straße und Hausnummer:	Beispielstr. 8	
Postleitzahl und Ort:	12345 Musterstadt	
ggf. Ortsteil:		
Telefon:	012345/123456	
Mobil:	0151/1234567	
Fax:	012345/123457	
E-Mail:	beispiel@muster.de	
Homepage:	www.beispiel.de	

03.2010

Download unter: **www.jetzt-selbststaendig.info**
Kapitel 1, Stichwort: **Betriebsnummer, Antrag**

JETZT BIN ICH SELBSTSTÄNDIG

1. KAPITEL — ANMELDUNGEN

Meldung zur Berufsgenossenschaft

Meldung zur gesetzlichen Unfallversicherung nach § 192 SGB VII

1. Wie lautet Ihre Firmenbezeichnung? (z.B. „Gaststätte Sommer", Inhaber Hans Winter)
   Name, Geb.-Datum, Adresse, Telefon, E-Mail
   Brigitte Beispiel, 01.01.1961, Tel. 01234/56789, info@b.beispiel.de

2. Welche Rechtsform hat Ihr Unternehmen? Bitte kreuzen Sie die zutreffende Antwort an:
   - [X] Einzelunternehmer/-in
   - [ ] GmbH
   - [ ] GbR
   - [ ] AG
   - [ ] Limited
   - [ ] GmbH & Co. KG
   - [ ] OHG
   - [ ] KG
   - [ ] Sonstige

3. Ist Ihr Unternehmen Teil eines Konzerns oder Unternehmensverbundes?
   Wenn ja: Name, und Anschrift des beherrschenden Unternehmens:

4. Wer sind die Gesellschafter/-innen des Unternehmens und wie hoch ist deren Anteil am Stammkapital? Diese Frage dient der Feststellung der Zuständigkeit, falls die öffentliche Hand (Kommunen, Gemeinden, o.ä.) Anteilseignerin ist.
   Name, Geb.-Datum, Anteile in Prozenten oder Höhe der Einlagen:

5. Was ist der Gegenstand Ihres Unternehmens? (z.B. Maurerbetrieb, Schlosserei, Kurierdienst, Einzelhändler/-in, Physiotherapeutische Praxis, Immobilienmakler/-in, Gartengestaltung o.ä.)
   Unternehmensgegenstand: *Sekretariatsservice*

6. Wenn Sie verschiedene Tätigkeiten gleichzeitig ausüben (z.B. Fleischerei und Gaststätte, Verkauf von Computern und auch Erstellung von Computerprogrammen u.a.): Bitte unbedingt angeben: Was ist der arbeitsmäßige Schwerpunkt Ihrer Tätigkeit?
   Schwerpunkt ist: *Abwicklung der telefonischen und schriftlichen Korrespondenz für Unternehmen*

7. Wann haben Sie Ihr Unternehmen eröffnet?
   Datum: *01.01.2011*

8. Bei Unternehmensübernahme sowie Ausgliederung oder rechtlicher Verselbständigung eines Unternehmensteiles:
   Wann wurde das Unternehmen übernommen? Datum:
   Von wem wurde das Unternehmen übernommen?
   Name:
   Anschrift:

   Bei welchem gesetzlichen Unfallversicherungsträger war das übernommene, ausgegliederte bzw. rechtlich verselbständigte Unternehmen bisher versichert?
   Name:
   Mitgliedsnummer:

9. Beschäftigen Sie Mitarbeiter/-innen (auch Aushilfen/Minijobber)? Ggf. seit wann und wie viele?
   Wenn ja: Anzahl, Eintrittsdatum in das Unternehmen:

Datenerhebung aufgrund der §§ 199 Abs. 1 Nr. 1, 192 Abs. 1 SGB VII

Download unter: **www.jetzt-selbststaendig.info**
Kapitel 1, Stichwort: **Berufsgenossenschaft, Meldung**

ANMELDUNGEN — 1. KAPITEL

Formular für eine Bauanzeige/Nutzungsänderung in Nordrhein-Westfalen 1/2

Blatt 1

An die untere Bauaufsichtsbehörde
Stadt Musterstadt
Bauordnungsamt

Eingangsstempel der Bauaufsichtsbehörde

[x] **Anzeige einer beabsichtigten Nutzungsänderung**
[ ] **Anzeige zur Errichtung einer Kleingarage**

Bauherrin / Bauherr / Antragstellerin / Antragsteller
Name, Vorname, Firma
Beispiel, Britta

Straße, Hausnummer
Am Musterbach 1

PLZ, Ort
12345 Musterstadt

vertreten durch: Name, Vorname, Anschrift (§ 69 Abs. 3 BauO NRW)

Telefon mit Vorwahl
012345/123456
Telefax

E-Mail
muster@beispiel.de

Entwurfsverfasserin / Entwurfsverfasser (*) Seite 2 unten
Name, Vorname, Büro

Straße, Hausnummer

PLZ, Ort

bauvorlageberechtigt: Name, Vorname (§ 70 Abs. 3 BauO NRW)

Mitgliedsnummer der Architekten- oder der Ingenieurkammer des Landes

Telefon mit Vorwahl   Telefax

E-Mail

Baugrundstück
Ort, Straße, Hausnummer, ggf. Ortsteil

Gemarkung(en)   Flur(en)   Flurstück(e)

Vorhandene Vorgänge für das Objekt / Grundstück	Bescheid vom	erteilt von (Behörde)	Aktenzeichen
☐ Baugenehmigung			
☐ Vorbescheid			
☐ Teilungsgenehmigung			
☐ Befreiungs-/Abweichungsbescheid			
☐ Baulast			
☐			

Bei einer beabsichtigten Nutzungsänderung
Bezeichnung der beabsichtigten Nutzungsänderung
Betrieb eines Übersetzungsbüros

Bestehende Nutzung
Wohnraum

Fortsetzung Blatt 2

63 - 2001/10.09

Download unter: **www.jetzt-selbststaendig.info**
Kapitel 1, Stichwort: **Bauanzeige/Nutzungsänderung (NRW)**

JETZT BIN ICH SELBSTSTÄNDIG

1. KAPITEL — ANMELDUNGEN

Formular für eine Bauanzeige/Nutzungsänderung in Nordrhein-Westfalen 2/2

Blatt 2

Bei Errichtung einer Kleingarage
in grenznaher Bebauung oder an der Grundstücksgrenze zum Grundstück / zu den Grundstücken

Ort, Straße, Hausnummer, ggf. Ortsteil

| Gemarkung(en) | Flur(en) | Flurstück(e) |

Eigentümer / Eigentümerin (Bei mehreren Eigentümern /Eigentümerinnen bitte alle aufführen!): Name, Vorname, Firma

Straße, Hausnummer

PLZ, Ort

Folgende Bauvorlagen sind beigefügt:
1. ☐ Lageplan / amtlicher Lageplan (§ 3 BauPrüfVO)
2. ☐ Auszug aus der Liegenschaftskarte/Flurkarte im Original
3. ☐ Bauzeichnungen, d.h. Grundrisse und Schnitt (§ 4 BauPrüfVO)

Zusätzlich nur bei der Anzeige einer beabsichtigten Nutzungsänderung:
4. ☒ Beschreibung der beabsichtigten Nutzungsänderung
5. ☒ Betriebsbeschreibung auf amtlichem Vordruck (§ 5 Abs. 2 oder 3 BauPrüfVO)
   - für Nutzungsänderung von anderer Nutzung zu Gewerbe oder Landwirtschaft,
   - für Nutzungsänderung zwischen verschiedenen Gewerbearten (z.B. Büro zu Fahrschule),
   - für Nutzungsänderung zwischen verschiedenen landwirtschaftlichen Nutzungen (z.B. Scheune zu Rinderstall),
   - für Nutzungsänderung von Gewerbe oder Landwirtschaft zu anderer Nutzung (z.B. Freiberufler)
6. ☒ Größe der von der Nutzungsänderung betroffenen Fläche
7. ☐

Zusätzlich nur bei der Anzeige zur Errichtung einer Kleingarage:
4. ☐ Baubeschreibung (§ 5 Abs. 1 BauPrüfVO)
5. ☐ Ansichtszeichnungen (§ 4 BauPrüfVO)
6. ☐ Einverständniserklärung des / der Grenznachbarn auf dem Lageplan / amtlichen Lageplan gem. Ziffer 1
7. ☐

Bei Kreisen als unterer Bauaufsichtsbehörde sind die o.a. Unterlagen in 3facher Ausfertigung vorzulegen, ansonsten 2fach.

Hinweise:

Die Bauaufsichtsbehörde kann innerhalb von zwei Wochen nach Eingang der Anzeige und der Bauvorlagen verlangen, dass für das angezeigte Vorhaben - insbesondere wegen der notwendigen Beteiligung anderer Behörden oder aus Gründen des Immissions- / oder Brandschutzes - ein Genehmigungsverfahren durchgeführt wird. Sie hat dann diese Bauanzeige als Bauantrag zu behandeln. Äußert sich die Bauaufsichtsbehörde nicht innerhalb dieses Zeitraums, darf die beabsichtigte Nutzung aufgenommen bzw. mit der geplanten Errichtung der Kleingarage begonnen werden.

Die Anzeige einer beabsichtigten Nutzungsänderung ist nur möglich bei einer geplanten Nutzungsänderung ohne genehmigungsbedürftige bauliche Änderungen, wie z.B. Veränderungen im statischen System, Änderungen der Rettungswege etc. Für bereits ohne Anzeige oder Baugenehmigung realisierte Nutzungsänderungen oder errichtete Kleingaragen ist ein Genehmigungsverfahren durchzuführen.

Für die Prüfung der Bauvorlagen wird eine Gebühr erhoben, welche im Falle eines nach einer Anzeige erforderlichen Genehmigungsverfahrens auf die Genehmigungsgebühr angerechnet wird.

Ort, Datum	Ort, Datum
Musterstadt, 4.1.2011	
Der Bauherr / die Bauherrin:	Der / die bauvorlageberechtigte (*) Entwurfsverfasser/in:
Britta Beispiel	
Unterschrift	Unterschrift

(*) Nach § 70 Abs. 2 BauO NRW oder Nr. 70.11 VV BauO NRW kann in bestimmten Fällen auf die Bauvorlageberechtigung verzichtet werden.

63 - 2001/10.09

Download unter: **www.jetzt-selbststaendig.info**
Kapitel 1, Stichwort: **Bauanzeige/Nutzungsänderung (NRW)**

ANMELDUNGEN 1. KAPITEL

Freiberufler, Kleinunternehmer oder Kaufmann – Ihr Status entscheidet über den Rechtsrahmen Ihrer Geschäftsbeziehungen

> **Quick-Tipp**
>
> **Kosten** keine
>
> **Zeit** Ist nicht eindeutig zu sagen, ob Sie Freiberufler oder Gewerbetreibender sind und wenn Letzteres zutrifft, ob Sie als Kaufmann gelten, prüfen Sie Ihren Status gründlich. Überlegen Sie sich Argumente, die für Ihre Einschätzung sprechen. Das wird einige Stunden in Anspruch nehmen.
>
> **Anspruch** Holen Sie bei Zweifeln unbedingt fachlichen Rat ein. Ansprechpartner sind Ihr Steuerberater, die IHK und das Finanzamt.

Welche Regeln für Ihre Geschäftsbeziehungen zu Lieferanten, Kunden oder dem Finanzamt gelten, hängt entscheidend davon ab, ob Sie als Freiberufler, Kleinunternehmer oder Kaufmann gelten:

- Steuerlich ist die Unterscheidung für Sie wichtig, weil sie u. a. darüber entscheidet, ob Sie Gewerbesteuer zahlen müssen, umsatzsteuerpflichtig sind und statt einer Einnahmen-Überschuss-Rechnung eine Bilanz aufstellen müssen.
- Außerdem ist es für Sie wichtig, zu wissen, ob Sie als Kaufmann gelten. Dann würden Sie strengere Sorgfaltspflichten gegenüber Kunden und Lieferanten treffen. Außerdem müssten Sie sich im Handelsregister eintragen lassen.

Freiberufler zahlen keine Gewerbesteuer

Wer als Freiberufler gilt, hat gegenüber Gewerbetreibenden einige Vorteile:

- Eine Gewerbeanmeldung ist nicht erforderlich.
- Für Freiberufler gibt es keine Pflichtmitgliedschaft in der IHK.
- Es wird keine Gewerbesteuer fällig.
- Unabhängig von Umsatz und Gewinn müssen Freiberufler für ihren Jahresabschluss lediglich eine Einnahmen-Überschuss-Rechnung aufstellen.
- Freiberufler dürfen die Umsatzsteuer generell nach vereinnahmten Umsätzen an das Finanzamt abführen (Ist-Besteuerung). Das heißt: Auf Antrag muss die Umsatzsteuer erst nach Ablauf des Monats an das Finanzamt abgeführt werden, in dem die Kunden die Rechnungsbeträge auch gezahlt haben, und nicht schon, wenn die Rechnungen ausgestellt wurden (§ 20 UStG).

Wer als Freiberufler gilt

Im Einkommensteuergesetz werden verschiedene freie Berufe aufgezählt, die sogenannten Katalogberufe (§ 18 EStG):

- selbstständig ausgeübte wissenschaftliche, künstlerische, schriftstellerische, unterrichtende oder erzieherische Tätigkeiten
- Ärzte
- Zahnärzte
- Tierärzte
- Rechtsanwälte
- Notare
- Patentanwälte
- Vermessungsingenieure

JETZT BIN ICH SELBSTSTÄNDIG

1. KAPITEL — ANMELDUNGEN

- Ingenieure
- Architekten
- Handelschemiker
- Wirtschaftsprüfer
- Steuerberater
- beratende Volks- und Betriebswirte
- vereidigte Buchprüfer (vereidigten Buchprüferrevisoren)
- Steuerbevollmächtigte
- Heilpraktiker
- Dentisten
- Krankengymnasten
- Journalisten
- Bildberichterstatter
- Dolmetscher
- Übersetzer
- Lotsen und ähnlicher Berufe

Üben Sie eine der genannten Tätigkeiten aus, ist die Einordnung als Freiberufler problemlos. Die Liste ist allerdings nicht abschließend, wie der Hinweis am Ende auf „ähnliche Berufe" andeutet. Auch andere Tätigkeiten können also freiberuflich ausgeübt werden. Voraussetzung ist, dass

- sowohl die Tätigkeit selbst als auch
- die Ausbildung – in der Regel ein Studium –

einem der sogenannten Katalogberufe entspricht. Die Entscheidung über den Freiberuflerstatus trifft letztlich das Finanzamt bzw. im Streitfall ein Finanzgericht.

Lassen Sie das Finanzamt entscheiden

Wenn nicht zweifelsfrei feststeht, dass Sie Freiberufler sind – Ihr Beruf also nicht in § 18 EStG aufgelistet ist –, sollten Sie auf jeden Fall bei Ihrem Steuerberater, der IHK und/oder beim Finanzamt anfragen, wie Ihr Status beurteilt wird. Versuchen Sie nicht, sich einfach selbst als Freiberufler einzuordnen. Selbst wenn das Finanzamt dies zunächst akzeptiert, kann es später z. B. im Rahmen einer Betriebsprüfung eine andere Entscheidung treffen. Dann drohen Gewerbesteuernachzahlungen für mehrere Jahre.

TIPP Die Entscheidung des Finanzamtes über den Freiberuflerstatus hängt auch von Ihren Argumenten ab. Sie beschreiben Ihre Tätigkeit im Betriebseröffnungsbogen. Stellen Sie dabei Ihre Ausbildung und Tätigkeit umfassend dar. Je näher die Beschreibung an der eines Katalogberufs ist, desto eher wird das Finanzamt sich Ihrer Auffassung anschließen und Sie als Freiberufler behandeln.

Anhaltspunkte für die Einordnung als Freiberufler

Kriterium	☑
Sie verfügen über eine besondere berufliche Qualifikation – bevorzugt ein Studium.	☐
Bei Ihrer Tätigkeit steht die geistig-schöpferische Leistung im Vordergrund. Das gilt insbesondere für wissenschaftliche, künstlerische, schriftstellerische, unterrichtende oder erzieherische Tätigkeiten. Produktion und Verkauf von Waren sind lediglich eine Folgetätigkeit.	☐
Sie erbringen anspruchsvolle Dienstleistungen eigenständig und individuell für Ihre Kunden.	☐
In der Liste der freien Berufe (§ 18 EStG) ist ein sehr ähnliches Berufsbild wie das Ihre aufgeführt.	☐

So haben die Gerichte über den Freiberuflerstatus verschiedener Berufe entschieden

Tätigkeit	Einstufung	Fundstelle
Altenpfleger	Gewerbetreibender	BFH, 21.7.1994, Az: V R 134/92
Anlageberater	Gewerbetreibender	BFH, 2.9.1988, Az: III R 58/85
Architekt	Freiberufler	BFH, 25.10.1963, Az: IV 15/60 U
Astrologe	Gewerbetreibender	FG Düsseldorf, 20.1.1967, Az: VII 425/66G
Auktionator	Gewerbetreibender	BFH, 24.1.1957, Az: IV 696-697/54 U
Bauleiter	ohne wissenschaftliche Ausbildung: Gewerbetreibender	BFH, 22.1.1988, Az: II R 43-44/87
Baustatiker	Freiberufler	BFH, 11.3.1976, Az: IV R 185/71
Buchführungshelfer	Gewerbetreibender	FG Münster, 15.1.1999, Az: 11 K 7503/97 G
Büttenredner	Gewerbetreibender	BFH, 26.2.1987, Az: IV R 105/85
Datenerfassung	Gewerbetreibender	FG Niedersachsen, 1.8.1973, Az: IV 122/71
Designer	a) übliche Designertätigkeit: Gewerbetreibender; b) bei vorwiegend künstlerischer Tätigkeit: Freiberufler	BFH, 23.8.1990, Az: IV R 61/89
Diätassistent	Freiberufler	BMF, 28.2.2000, Az: IV D 2 – S 7170 – 12/00
Dokumentation	wissenschaftlich: Freiberufler	FG Saarland, 23.3.1999, Az: 1 K 50/99
Familienhelferin	Gewerbetreibender	FG Baden-Württemberg, 27.11.1998, Az: 12 K 158/98
Finanzberater	Gewerbetreibender	BFH, 2.9.1988, Az: III R 58/85
Fotograf	Gewerbetreibender: Ausnahme bei künstlerischer Tätigkeit	BFH, 7.3.1974, Az: IV R 196/72
Grafiker	Gewerbetreibender: nur soweit Tätigkeit als künstlerisch einzustufen ist	BFH, 11.7.1960, Az: V R 96/59 S
Handelsvertreter	Gewerbetreibender	BFH, 31.10.1974, Az: IV R 98/71
Hebamme	Freiberufler	BFH, 23.8.1966, Az: I R 96/66

1. KAPITEL — ANMELDUNGEN

Tätigkeit	Einstufung	Fundstelle
Krankenpflege	Freiberufler: sofern gesetzlich begründete Erlaubnispflicht besteht	FG Niedersachsen, 11.8.1993, Az: XIII 264/91
Kunsthandwerk	wenn Einzelstücke entworfen und hergestellt werden: Freiberufler	BFH, 26.9.1968, Az: IV 43/64
Logopäde	Freiberufler	BFH, 1.9.1988, Az: IV R 195/83
Marketingberater	wenn Beratung auf dem Hauptgebiet der Betriebswirtschaft erfolgt: Freiberufler	BFH, 29.1.1997, Az: XI B 205/95
Marktforscher	wenn wissenschaftlich tätig: Freiberufler, sonst Gewerbetreibender	BFH, 27.2.1992, Az: IV R 27/90
Musiklehrer	Freiberufler	BFH, 12.4.1984, Az: IV R 97/81
Programmierer	Freiberufler	BFH, 4.5.2004, Az: XI R 9/03
Personalberater	Gewerbetreibender	FG Hessen, 5.5.1987, Az: 8 K 5/87
Public-Relation-Berater	Gewerbetreibender	BFH, 25.4.1978, Az: VIII R 149/74
Pharmareferent	Gewerbetreibender	BFH, 14.6.1984, Az: I R 204/81
Raumgestalter	wenn mit Innenarchitekt vergleichbar: Freiberufler	FG Hamburg, 13.8.1976, Az: I 55/73
Sachverständiger	wenn wissenschaftlich tätig oder einem „Katalogberuf": Freiberufler, sonst Gewerbetreibender	BFH, 3.3.1998, Az: IV B 18/97
Synchronsprecher	Freiberufler	BFH, 12.10.1978, Az: IV R 1/77
Unternehmensberater	wenn keine Zulassung als Wirtschaftsprüfer/Steuerberater: in der Regel Gewerbetreibender; aber: der beratende Betriebswirt ist Freiberufler	BFH, 27.2.1992, Az: IV R 27/90
Versicherungsberater	Gewerbetreibender	BFH, 16.10.1997, Az: IV R 19/97
Werbetexter	schriftstellerische Tätigkeit: Freiberufler	FG Rheinland-Pfalz, 25.11.1997, Az: 1 K 1305/96
Zauberer	bei ausreichender Gestaltungshöhe: Freiberufler	FG Rheinland-Pfalz, 13.12.1984, Az: 3 K 244/83
Zollberater	bei Zulassung als Steuerberater oder Rechtsanwalt: Freiberufler	BFH, 15.5.1997, Az: IV R 33/95

ANMELDUNGEN — 1. KAPITEL

Kleingewerbetreibende bleiben von Bilanzen und erhöhten Sorgfaltspflichten verschont

Erkennt das Finanzamt Ihre Tätigkeit nicht als freiberuflich an, sind Sie automatisch Gewerbetreibender. Dabei ist der Umfang der Geschäftstätigkeit vieler Existenzgründer erst noch gering, sodass sie zunächst als Kleingewerbetreibende eingestuft werden. Als solcher müssen Sie nicht ins Handelsregister eingetragen sein. Außerdem gelten für Sie noch nicht die strengen Vorschriften des Handelsgesetzbuchs (HGB).

Für die Beurteilung, ob Ihr Unternehmen ein Kleingewerbe ist oder einen „in kaufmännischer Weise eingerichteten Geschäftsbetrieb" erfordert und Sie damit als Kaufmann gelten, gibt es keinen einheitlichen Maßstab. Es kommt auf die Entscheidung im Einzelfall an. Wichtig sind für die Beurteilung vor allem folgende Kriterien:

- Jahresumsatz
- Höhe des eingesetzten Kapitals
- Art und Anzahl der Geschäftsvorgänge
- Inanspruchnahme und Gewährung von Kredit
- Größe und Beschaffenheit der Geschäftsräume
- Anzahl der Beschäftigten
- Umfang der Lagerhaltung
- Art und Umfang der Werbung
- Übernahme von Gewährleistungspflichten
- Art der geschäftlichen Tätigkeit im Sinne einer Vielfalt von angebotenen Erzeugnissen oder Leistungen

z.B. Ein mobiler Handwerker, der 20.000 € Umsatz pro Jahr erwirtschaftet und keine eigenen Geschäftsräume hat, wird wohl als Kleingewerbetreibender angesehen. Ein Handelsvertreter, der 150.000 € Umsatz erwirtschaftet und ein eigenes Lager für seine Waren angemietet hat sowie eine Sekretärin und einen weiteren Mitarbeiter beschäftigt, wird dagegen wohl als Gewerbetreibender eingestuft.

TIPP Eine generelle Aussage über die genauen Kriterien für eine Kaufmannseigenschaft bzw. die Beurteilung als Kleingewerbetreibender gibt es aber nicht. Die Beurteilung erfolgt immer individuell. Um sicher zu klären, ob Sie als Kaufmann gelten, wenden Sie sich an die IHK oder Handwerkskammer. Dort wird die Frage für Sie geklärt.

Kaufleute treffen verschärfte steuerliche und handelsrechtliche Pflichten

Einzelkaufleute sowie alle Personengesellschaften mit Ausnahme einer stets kleingewerblich tätigen Gesellschaft bürgerlichen Rechts (GbR) sowie alle Kapitalgesellschaften müssen sich ins Handelsregister eintragen lassen. Zudem gelten für Kaufleute deutlich strengere Vorschriften als für Kleingewerbetreibende und Freiberufler. Beachten Sie die Regeln nicht, drohen Ihnen vor allem finanziell weit reichende Folgen.

Wann die Kaufmannsregeln für Sie gelten

- Sie betreiben ein Handelsgewerbe mit kaufmännischer Organisation.
- Sie betreiben ein Kleingewerbe, lassen sich aber freiwillig ins Handelsregister eintragen.
- Ihr Unternehmen hat die Rechtsform einer OHG, KG, UG (haftungsbeschränkt), GmbH oder AG.

Vorsicht: Verhalten Sie sich im Geschäftsverkehr wie ein Kaufmann – z. B., indem Sie zusammen mit Ihrer Unternehmensbezeichnung einen Rechtsformzusatz wie „e. K." oder „mbH" verwenden – müssen Sie sich von Geschäftspartnern auch wie einer behandeln lassen, selbst wenn Sie eindeutig Kleingewerbetreibender ohne Handelsregistereintrag sind! Sie sollten dann die

1. KAPITEL — ANMELDUNGEN

folgenden möglichen Konsequenzen kennen. Die Regelungen für Kaufleute gelten nur für Ihre Handelsgeschäfte. Das sind solche, die zum Betrieb Ihres Handelsgewerbes gehören.

> **z.B.** Schließen Sie einen Vertrag über die Lieferung von Waren, ist das ein Handelsgeschäft. Nehmen Sie privat einen Kredit auf, ist das kein Handelsgeschäft. ∎

Diese strengeren Anforderungen gelten für Kaufleute

Vorschrift	Nichtkaufleute	Kaufleute
Sorgfaltspflicht	Übliche Sorgfaltspflichten	Besondere Sorgfaltspflichten, z. B. bzgl. Aufbewahrung von Geschäftskorrespondenz (§ 347 HGB)
Buchführung und Jahresabschluss	Einfache Aufzeichnungen und Jahresabschluss mit Einnahmen-Überschuss-Rechnung genügen, wenn der Umsatz 500.000 € und der Gewinn 50.000 € nicht übersteigen und das Finanzamt nicht zur Bilanzierung auffordert (§ 141 AO).	Pflicht zur doppelten Buchführung und Bilanzierung (§ 238 ff. HGB, 140 ff. AO); **Achtung:** Wegen der komplizierten Vorschriften sollten Sie den Jahresabschluss unbedingt von einem Steuerberater erstellen lassen. (Grenzwerte für Nichtkaufleute werden auch auf Einzelkaufleute und Personenhandelsgesellschaften angewendet, § 241a HGB).
Gewährleistungsansprüche	Gewährleistungsfrist von 2 Jahren bei Mängeln an gelieferter Ware und ggf. bei Dienstleistungen (§ 433 BGB ff.)	Ware muss umgehend bei Lieferung kontrolliert und eventuelle Mängel beanstandet werden (§ 377 HGB)
Annahme von Vertragsangeboten	Annahme erfolgt in der Regel durch ausdrückliche Erklärung innerhalb einer bestimmten Frist (§ 146 BGB)	Schweigen zu kaufmännischem Bestätigungsschreiben kann als Zustimmung gewertet werden (§ 362 HGB)
Verzinsung einer Forderung	Ist nichts anderes vereinbart, darf ein Gläubiger einen Zinssatz von 4 % p. a. auf Forderungen erheben (§ 246 BGB)	Ist nichts anderes vereinbart, darf ein Gläubiger Zinsen in Höhe von 5 % p. a. auf Forderungen verlangen (§ 352 HGB)
Umsatzsteuer (Ist-Besteuerung)	Auf Antrag für Freiberufler unabhängig vom Umsatz immer möglich (§ 20 UStG) Für Kleingewerbetreibende auf Antrag möglich, wenn der Umsatz im Vorjahr nicht mehr als 250.000 € (West) bzw. 500.000 € (Ost) betragen hat (§ 20 UStG); bis Ende 2011 liegt der Grenzwert einheitlich bei 500.000 €	Auf Antrag möglich, wenn der Umsatz im Vorjahr nicht mehr als 250.000 € (West) bzw. 500.000 € (Ost) betragen hat (§ 20 UStG); bis Ende 2011 liegt der Grenzwert einheitlich bei 500.000 €

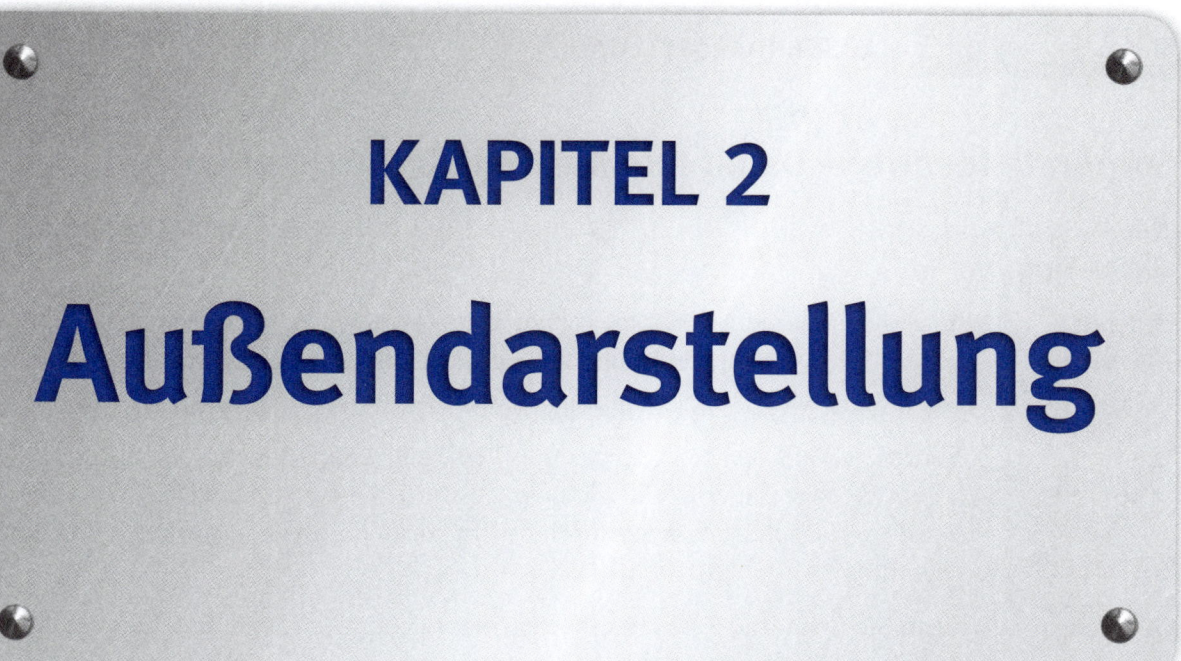

KAPITEL 2
Außendarstellung

So haben Sie einen guten Auftritt gegenüber Kunden, Geschäftspartnern & Co.

Für einen auf Anhieb guten Eindruck haben Sie lediglich Sekunden. Das gilt, wenn Sie selbst z. B. mit einem potenziellen Kunden sprechen, aber genauso, wenn Sie einen geschäftlichen Brief an ihn senden oder jemand Ihre Internet-Seite besucht. Innerhalb von Sekunden kann sich also entscheiden, ob Sie einen erfolgreichen Kontakt knüpfen können.

Mehr denn je zählt für eine erfolgreiche Selbstständigkeit die Außendarstellung. Denn wenn Sie mit Ihrem Unternehmen überzeugend auftreten, gewinnen Sie viel eher das Vertrauen von Kunden und Geschäftspartnern. Lernen Sie dazu in diesem Kapitel,

- was ein **unverwechselbares Corporate Design** ausmacht und wie Sie es sich schaffen,
- wie Sie zu einem **guten und rechtlich einwandfreien Namen für Ihr Unternehmen** kommen,
- welche **Angaben auf Geschäftsbriefen und in geschäftlichen E-Mails** gesetzlich vorgeschrieben sind,
- wie Sie **Visitenkarten gestalten**,
- wie Sie eine gute Agentur finden, die Ihren **Internet-Auftritt** gestaltet,
- wie Sie zu **Adressen möglicher Kunden und Geschäftspartner** kommen – u. a. mithilfe von XING im Internet.

2. KAPITEL — AUSSENDARSTELLUNG

Corporate Identity – Damit Ihre Kunden Sie wiedererkennen

> **Quick-Tipp**
>
> **Kosten** € € € €
> Ein professioneller Auftritt muss kein Vermögen kosten – ist aber auch nicht kostenlos. Viele Druckereien bieten die Logo-Entwicklung günstig an. Ein individuelles Logo mit Schriftzug bekommen Sie bei einem Grafik-Designer für rund 400 €.
>
> **Zeit** ⏰⏰⏰⏰
> Wollen Sie ein Logo und einen optischen Firmenauftritt selbst entwickeln, wird das einige Tage dauern. Viel hängt von Ihrer Kreativität und Ihren Einfällen ab. Wenn Sie feststellen, dass Sie absolut nicht voran kommen, beauftragen Sie besser einen Profi.
>
> **Anspruch** ★★☆☆
> Wenn Sie Logo und Schriftzug für extrem wichtig für Ihren Geschäftserfolg halten, sollten Sie die Entwicklung einem Profi überlassen. Machen Sie sich vorher aber Gedanken darüber,
>
> - welche Symbole Sie ggf. passend finden und
> - welche Farben Sie sich vorstellen.
>
> Je genauer Sie einem Designer Ihre Vorstellungen schildern können, desto schneller kann er Ergebnisse präsentieren und umso eher werden sie zu Ihren Vorstellungen passen.

Für Ihre Kunden, Lieferanten und alle anderen, mit denen Sie geschäftlich zu tun haben, soll Ihr Unternehmen von anderen unterscheidbar sein: Wenn Sie mit jemandem Kontakt aufnehmen, soll der Angesprochene sofort Ihr Unternehmen im Kopf haben.

Wichtig ist das vor allem gegenüber Kunden, denn bei der Masse von Angeboten und Marken, mit denen diese täglich konfrontiert werden, wird es für sie immer schwieriger, sich zu orientieren. Wer war das noch gleich, der mir kürzlich einen Werbebrief geschickt hat …?

So machen Sie sich unverwechselbar

Ihr Unternehmen braucht also eine „Persönlichkeit" – ein Bild, das andere mit ihm verbinden. Im Marketing-Deutsch spricht man von einer Corporate Identity (CI). Schaffen Sie also zunächst die Voraussetzungen für ein einheitliches, in sich stimmiges und damit wiedererkennbares Auftreten, um Kunden und Geschäftspartnern besser im Gedächtnis zu bleiben.

Der erste Eindruck wird meistens schon vom optischen Erscheinungsbild geprägt. Das wird als Corporate Design (CD) bezeichnet und ist ein Teil der Corporate Identity. Ein unverwechselbares Corporate Design entsteht auch dadurch, dass sich eine einheitliche Gestaltung überall dort wiederfindet, wo Ihr Unternehmen nach außen in Erscheinung tritt. Entwickeln Sie deshalb – ggf. zusammen mit einer Agentur oder einem Grafiker – eine einheitliche Gestaltung. Hier findet sich das sogenannte Corporate Design wieder:

- Geschäftskorrespondenz: Briefbogen, Fax, Visitenkarten, E-Mail
- Werbemittel: Prospekte, Faltblätter, Anzeigen, Angebote, Werbung auf Geschäftswagen
- Büro-/Geschäftsausstattung: Farben und Art der Einrichtung, Internet-Auftritt, Schaufenstergestaltung

TIPP Analysieren Sie den Außenauftritt Ihrer Mitbewerber, um Anregungen für Ihr eigenes Corporate Design zu bekommen. Überlegen Sie dabei, ob Sie branchenübliche Farben und Formen verwenden oder sich abheben und auffallen wollen. Welche Farben und Formen verwenden Ihre Wettbewerber? Typisch für die Reisebranche sind beispielsweise die Farben Blau und Orange sowie das Symbol Sonne. Achten Sie mal drauf.

Die zentralen Elemente des Corporate Design

Schriftzug

Den Namen Ihres Unternehmens – ggf. auch die Rechtsform – gestalten Sie am besten als Schriftzug, den Sie immer nur in dieser Form verwenden. So prägt er sich ein. Der Schriftzug soll gut lesbar sein und nach Art der Schrift zu Ihrem Unternehmen passen. Wollen Sie vor allem seriös wirken, sollte er betont sachlich sein, ohne Schnörkel und Verzierungen. Wollen Sie auffallen, darf der Schriftzug verspielter sein.

Logo

Zusätzlich können Sie ein Logo entwickeln oder entwerfen lassen. Dadurch erhält Ihr Firmenbild ein zusätzliches Unterscheidungselement und ist noch einprägsamer. Ein Bild sagt schließlich mehr als tausend Worte. Logos erinnern den Betrachter zudem selbst dann an Ihr Unternehmen, wenn sie nicht mit dem Schriftzug verbunden sind.

Farbe

Teil eines Unternehmensbildes ist auch eine einheitliche Farbe. Sie taucht immer wieder auf, in Werbemitteln, im Logo und Schriftzug, auf Briefpapier und ggf. sogar in den Geschäftsräumen. Auch die Farbe gehört zu einem einheitlichen Auftritt.

TIPP Wählen Sie Ihre Unternehmensfarbe anhand einer standardisierten Farbskala aus, z. B. HKS oder Pantone. Sie können Grafikstudios und Druckereien damit genaue Vorgaben machen. Somit schließen Sie aus, dass versehentlich abweichende Farben verwendet werden. Fragen Sie bei der Druckerei bzw. dem Grafikstudio, mit dem Sie zusammenarbeiten, nach Muster-Farbskalen.

2. KAPITEL — AUSSENDARSTELLUNG

Der Name Ihres Unternehmens – Diese rechtlichen Vorgaben müssen Sie kennen

> **Quick-Tipp**
>
> **Kosten** € € € €
> Es gibt zwar Berater, die sich auf die Entwicklung von Firmen und Produktnamen spezialisiert haben. Das Geld dafür können Sie sich aber sparen.
>
> **Zeit** ⏰⏰⏰⏰
> Recherchieren Sie im Internet, welche Geschäftsnamen es gibt. Sie werden viele Anregungen für Ihren eigenen Geschäftsnamen finden. Außerdem vermeiden Sie durch Recherche, denselben Namen zu verwenden, wie andere Unternehmen. Nehmen Sie sich ein paar Stunden Zeit.
>
> **Anspruch** ★☆☆☆
> Wenn Sie eine Fantasie oder Sachbezeichnung verwenden wollen, fragen Sie sicherheitshalber bei der IHK oder Handwerkskammer, ob Ihre Wunschbezeichnung evtl. bereits vergeben ist. So vermeiden Sie möglichen Ärger wegen Verletzung von Namensrechten anderer Unternehmen.

Der Name Ihrer Unternehmung ist der erste Baustein Ihres Außenauftritts. Er soll Ihren Kunden und Geschäftspartnern im Idealfall

- sofort den Geschäftszweck Ihres Unternehmens deutlich machen (z. B. Maik Meier, Blumenhandel),
- er soll prägnant sein, damit er leicht zu merken und wiederzuerkennen ist,
- ein positives Bild vermitteln,
- am Telefon gut verständlich sein – wenn Sie Kunden im Ausland haben, auch dort.

TIPP Im Internet-Zeitalter gehört zu einem Unternehmen fast zwingend eine Webseite. Damit Ihre Seite optimal zu finden ist, sollte der Name des Unternehmens auch als Domain nutzbar sein. Prüfen Sie unter www.denic.de, ob Ihre Wunschadresse noch verfügbar ist.

Bei der Namenswahl sind Sie jedoch nicht vollkommen frei. Je nach Rechtsform Ihres Unternehmens hat der Name bestimmte gesetzliche Vorschriften zu erfüllen.

Unternehmensbezeichnung ohne Handelsregistereintrag

Sind Sie nicht ins Handelsregister eingetragen, gelten Sie und Ihr Unternehmen als dieselbe Rechtsperson. Ihr Unternehmen trägt Ihren bürgerlichen Namen, also den Nachnamen und mindestens einen ausgeschriebenen Vornamen, Beispiel: „Susanne Becker". Ist Ihnen Ihr bürgerlicher Name nicht aussagekräftig genug, dürfen Sie in Geschäftsbriefen eine Geschäftsbezeichnung ergänzen. Erlaubt sind

- sachliche Begriffe (Branchenbezeichnung, Tätigkeitsangabe) wie z. B. „Videothek", „Reisebüro", „Ernährungsberater" etc. oder
- Fantasiebegriffe wie z. B. „Wollkörbchen", „Heinzelmann-Service" etc.

Zulässig	Unzulässig
Heiner Müller, Computer-Notdienst	H. Müller, Computer-Notdienst (ausgeschriebener Vorname fehlt)
Monika Meier – Dekorationen	Monika Meier – Dekorationen GmbH (falscher Rechtsformzusatz)
Helmut Reimer, Tabakwaren	Tabakwaren, Inhaber: Helmut Reimer (falscher Zusatz)

Allerdings dürfen Sie Ihre Kunden und Geschäftspartner nicht in die Irre führen, indem Sie den Anschein erwecken, Sie würden eine Firma führen:

- Nicht erlaubt ist deshalb der Zusatz einer Abkürzung wie z. B. „mbH". Das würde auf eine Haftungsbeschränkung hinweisen, die für ein Kleingewerbe rechtlich gar nicht möglich ist.
- Ebenfalls zu vermeiden ist der Zusatz „Inhaber/in", denn dieser ist für Unternehmen mit Handelsregister-Eintrag gedacht, die nicht unter ihrem bürgerlichen Namen firmieren.

Eine Firma hat nur, wer ins Handelsregister eingetragen ist

Sind Sie Kaufmann im Sinne des Handelsgesetzbuches, sind Sie verpflichtet, Ihr Unternehmen unter einer Firma zu betreiben und diese ins Handelsregister eintragen zu lassen (§ 29 HGB). Die Firma ist der Name, unter dem Sie am allgemeinen Geschäftsverkehr teilnehmen und Unterschriften abgeben. Mehr zu den Rechten und Pflichten, die ein Handelsregistereintrag mit sich bringt, lesen Sie ab Seite 26.

Die Firma besteht aus einer Firmenbezeichnung und dem Rechtsformzusatz Ihres Unternehmens – als eingetragener Kaufmann (e. K.), als Personengesellschaft (z. B. OHG, KG) oder Kapitalgesellschaft (z. B. GmbH). Die Firmenbezeichnung kann Ihren bürgerlichen Namen enthalten – sie muss es aber nicht. Entscheidend ist, dass sich die Firmenbezeichnung von anderen am selben Ort oder in derselben Gemeinde ansässigen Firmen im Handelsregister unterscheidet und nicht über die Geschäftstätigkeit in die Irre führt.

Folgende Firmenbezeichnungen sind möglich:

- Personenfirma, die auf den bürgerlichen Namen des Inhabers bzw. Gesellschafters zurückgeht (z. B. Mathias Maier e. K.),
- Sachfirma, die sich am Gegenstand des Unternehmens orientiert (z. B. Haustechnik oHG),
- Mischfirma, bei der es sich um eine Kombination aus beidem handelt (Mathias Maier Haustechnik GmbH),
- Fantasiebezeichnung, bei der es sich um eine frei erfundene Firmenbezeichnung handelt (help4you KG),
- Warenzeichen oder Buchstabenkombination (ABC GmbH).

2. KAPITEL — AUSSENDARSTELLUNG

Geschäftsbriefe und E-Mails – Diese Angaben müssen draufstehen

> **Quick-Tipp**
>
> **Kosten** — 4-farbig bedrucktes Briefpapier mit Ihrem Logo und Kontaktdaten bekommen Sie in einer Auflage von 500 Stück auf 90 g Papier für ca. 80 € bis 100 €. Das Design ist darin allerdings noch nicht enthalten.
>
> **Zeit** — Mit etwas Geschick können Sie eine Vorlage für einen Geschäftsbrief mit einem Textverarbeitungsprogramm in einer Stunde selbst basteln. Die gängigen Textverarbeitungsprogramme bieten sogar Vorlagen dafür an.
>
> **Anspruch** — Haben Sie einen guten Drucker, können Sie Ihr Briefpapier zunächst selbst gestalten. Aber Vorsicht: Gerade in Branchen, in denen ein seriöser Eindruck beim Kunden wichtig ist, sollten Sie nicht am Briefpapier sparen und es besser bei einer Druckerei bestellen.

Bevor Sie Geschäfte abschließen, wollen Sie wissen, mit wem bzw. mit welchem Unternehmen Sie es zu tun haben. Dasselbe Interesse haben natürlich auch Ihre Geschäftspartner. Wenn Sie erstmals einen Geschäftsbrief an einen bestimmten Kunden oder Lieferanten schicken, müssen darin – zumindest bei Unternehmen mit Handelsregistereintrag – bestimmte Angaben genannt werden.

Als Geschäftsbrief gilt jedes Schreiben, das Sie an einen bestimmten Empfänger außerhalb Ihres Unternehmens schicken. Dazu gehören z. B. Rechnungen, Angebote, Mahnungen etc. Die Versandform ist im Übrigen unerheblich. Auch E-Mails und Faxe können also Geschäftsbriefe sein!

Keine Geschäftsbriefe sind Schreiben, die nicht an einen konkreten Adressaten gerichtet sind. Dazu zählen z. B. Broschüren, Werbebriefe (soweit sie keine direkte Bestellmöglichkeit enthalten) oder Zeitungsanzeigen. Auch unternehmensinterne Mitteilungen sind keine Geschäftsbriefe.

Das sollte auf Ihren Briefen stehen, wenn Sie nicht ins Handelsregister eingetragen sind

Ist Ihr Unternehmen nicht ins Handelsregister eingetragen, sind für Sie auch keine Angaben vorgeschrieben. Folgende Informationen sollten aber schon deshalb selbstverständlich sein, damit der Empfänger weiß, wer ihm schreibt:

- eine Adresse – eine Postfachangabe genügt nicht,
- Ihr Nachname und
- ein ausgeschriebener Vorname.

Ergänzen dürfen Sie den bzw. die Namen um eine neutrale Branchenbezeichnung oder Geschäftsbezeichnung wie z. B. „Hausmeisterservice" oder „Schreibbüro". Es sollte allerdings nicht der Eindruck entstehen, Ihr Unternehmen wäre im Handelsregister eingetragen, z. B., weil Sie das Kürzel „e. K." (eingetragener Kaufmann) verwenden. Dann dürften Sie nämlich wie ein Kaufmann behandelt werden. Welche Folgen das hat, lesen Sie ab Seite 26.

Pflichtangaben für Unternehmen mit Handelsregistereintrag

Für Unternehmen mit Handelsregistereintrag gelten besondere Pflichtangaben (§ 37 a HGB):

- Firma inkl. Rechtsform
- Sitz des Betriebs
- zuständiges Registergericht
- Nummer, unter der das Unternehmen im Handelsregister eingetragen ist
- bei Kapitalgesellschaften: Namen der Geschäftsführer

Übersicht: Angaben auf Geschäftsbriefen – ohne und mit Handelsregistereintrag

	Rechtsform	Bezeichnung	Zusätze	Beispiel
Ohne Handelsregistereintrag (keine Vorschrift)	Einzelunternehmen, Freiberufler	Nachname Vorname Adresse	Ggf. neutrale Geschäftsbezeichnung ergänzen	Klaus Müller, Handelsvertreter
	Gesellschaft bürgerlichen Rechts (BGB-Gesellschaft)	Nachnamen aller Gesellschafter mit jeweils mindestens 1 Vornamen	• Der Zusatz „GbR" ist möglich aber nicht vorgeschrieben. • Ggf. Geschäftsbezeichnung ergänzen	Agentur Tanja Hansen, Ulf Greiner GbR
Ohne Handelsregistereintrag (Pflichtangaben, § 2 PartG)	Partnerschaftsgesellschaft (nur für Freiberufler)	Name mindestens 1 Partners	Diese Zusätze sind Pflichtangaben: 1. „und Partner" oder „Partnerschaft" 2. Berufsbezeichnungen aller in der Partnerschaft vertretenen Berufe.	Kanzlei Heiner, Willman & Partner, Steuerberater, Wirtschaftsprüfer
Mit Handelsregistereintrag (Pflichtangaben, § 37 a HGB)	• Eingetragene Kaufleute (e. K.) • OHG • KG • UG (haftungsbeschränkt) • GmbH • GmbH & Co. KG • Limited (Ltd.) • AG	1. Firma 2. Sitz des Unternehmens 3. Zuständiges Registergericht 4. Nummer des Handelsregistereintrags **GmbH und UG (haftungsbeschränkt):** • Alle Geschäftsführer • Ggf. Vorsitzender des Aufsichtsrats jeweils mit Vor- und Nachname **Nur AG:** Alle Vorstandsmitglieder, ggf. Vorsitzenden	• Die Bezeichnung der Rechtsform ist Teil der Firma und somit immer anzugeben. • Eine Geschäftsbezeichnung kann zusätzlich angegeben werden.	Hein Hansen Eisenwaren GmbH, Hannover, Amtsgericht Hannover HRB: 012345, Geschäftsführer: Piet Hansen, Hauke Hansen

2. KAPITEL — AUSSENDARSTELLUNG

Diese zusätzlichen Angaben erleichtern die Zusammenarbeit

Darüber hinaus ist es sinnvoll, alle nötigen Angaben zu machen, die Ihnen und Ihren Geschäftspartnern die Zusammenarbeit erleichtern. Auf keinem Geschäftsbrief sollten fehlen:

- die vollständige Anschrift Ihres Unternehmens,
- Telefon- und Faxnummer, unter denen Sie erreichbar sind,
- E-Mail und Internet-Adresse (soweit vorhanden),
- die Bankverbindung, damit Kunden Rechnungen einfacher zahlen können,
- Ihr Logo bzw. Slogan, um ein einheitliches Unternehmensbild zu präsentieren und Geschäftspartnern die Wiedererkennung zu erleichtern.

Pflichtangaben gelten auch für E-Mails

Ein großer Teil der Korrespondenz läuft heute über das Internet. Per E-Mail ist der Informationsaustausch sehr schnell und günstig möglich. Denken Sie daran: Für Ihre geschäftlichen E-Mails gelten dieselben Angabepflichten wie für gedruckte Briefe!

Damit Sie nichts vergessen, nutzen Sie die elektronische Signatur Ihres E-Mail-Programms. Diese Funktion bieten fast alle E-Mail-Programme an. Am Ende Ihrer E-Mail wird dann automatisch ein von Ihnen vorgegebener Text eingefügt. Im Allgemeinen verfügen die Mail-Programme über einen Button auf der Schaltfläche, über den sich die „Signatur" eingeben, anklicken und einfügen lässt. In Firmen wird die Signatur automatisch eingerichtet und angehängt.

Outlook und einige andere E-Mail-Programme bieten zusätzlich die Möglichkeit, sogenannte vCards an E-Mails zu hängen. Der Empfänger kann die Daten dann mit wenigen Klicks direkt in seine Adressdatei übernehmen. Jedoch ist nicht sichergestellt, dass jeder Empfänger damit arbeiten kann. Eine vCard, die mit einem bestimmten Programm erstellt wurde, kann für ein anderes Programm unlesbar sein. Z. B. können Umlaute verlorengehen. Eine vCard sollten Sie deshalb immer nur zusätzlich an E-Mails hängen.

AUSSENDARSTELLUNG 2. KAPITEL

Beispiel für einen Geschäftsbrief mit alle notwendigen Angaben

Bürobedarf Altmann GmbH
Wilhelm-Linke-Ufer 2 · 34567 Schelldorf
Tel. (0 12 34) 99 00-99 – Fax (0 12 34) 99 00-98
E-Mail: service@altmann.tv

Grabenbach KG   Schelldorf, 12.3.20__
Herrn Mauser
Weststraße 11
12345 Schönstadt

Auftragsbestätigung

Sehr geehrter Herr Mauser,
vielen Dank für das freundliche Telefonat. Ich bestätige Ihnen hiermit noch einmal Ihre Bestellung. Wie vereinbart, liefern wir Ihnen:

10 Tonerkartuschen HP Nr. C4096A
100 Pakete à 500 Blatt Druckpapier 90g

Es gelten die Preise aus unserer aktuellen Preisliste 3/20__ und unsere Allgemeinen Liefer- und Zahlungsbedingungen.

Sollten Sie noch weitere Fragen haben, wenden Sie sich bitte unter der oben genannten Telefonnummer an mich.

Mit freundlichen Grüßen

Helmut Altmann

Bürobedarf Altmann GmbH, Sitz: Schelldorf, Amtsgericht Nachbarstadt, HRB 2222,
Geschäftsführer: Helmut Altmann
Bankverbindung: Postbank Schelldorf, BLZ: 999 888 77, Kto.: 66 555 444

Download unter: **www.jetzt-selbststaendig.info**
Kapitel 2, Stichwort: **Geschäftsbrief**

2. KAPITEL — AUSSENDARSTELLUNG

Pflichtangaben für Dienstleister vor Abschluss eines Vertrags

Sind Sie Dienstleister müssen Sie Ihren Kunden vor Abschluss eines schriftlichen Vertrages oder – sofern kein schriftlicher Vertrag geschlossen wird – vor Erbringung der Dienstleistung folgende Informationen in klarer und verständlicher Form zur Verfügung stellen. Das schreibt die Dienstleistungs-Informationspflichten-Verordnung (DL-InfoV) vor – und zwar unabhängig von der Rechtsform des Unternehmens. Erfüllen Sie die Informationspflichten nicht, kann ein Bußgeld gegen Sie festgesetzt werden:

Pflichtangaben vor Vertragsabschluss für Dienstleister

Inhalt	Beispiel
Ihren Familien- und Vornamen bzw. die Firma Ihres Unternehmens	Natura Holzmöbel GmbH
die Geschäftsanschrift sowie eine Telefonnummer und eine E-Mail-Adresse oder Faxnummer,	Am Beispielgraben 1 Tel.: 01234/6789-93 Fax: 01234/6798-94 E-Mail: service@tripel.de
ggf. Handels-, Vereins-, Partnerschafts- oder Genossenschaftsregister und Registernummer.	Amtsgericht Arnsberg, HRB 2655
bei erlaubnispflichtigen Tätigkeiten: Name und Anschrift der zuständigen Behörde	Handwerkskammer Aachen, Köln etc.
soweit vorhanden, die Umsatzsteuer-Identifikationsnummer	USt-IdNr. DE205988654
falls der ausgeübte Beruf reglementiert ist: die gesetzliche Berufsbezeichnung, den Staat, in dem sie verliehen wurde und bei verkammerten Berufen den Namen der zuständigen Kammer	Rechtsanwalt Müller & Müller, Partnerschaft in Deutschland Rechtsanwaltskammer Köln
ggf. verwendete allgemeinen Geschäftsbedingungen (AGB)	Bitte beachten Sie unsere AGB auf der Rückseite dieses Schreibens/unter folgendem Link: …
verwendete Vertragsklauseln über das auf den Vertrag anwendbare Recht oder über den Gerichtsstand	Der Gerichtsstand für Kaufleute, juristische Personen des öffentlichen Rechts und juristische Personen ist XY-Stadt.
ggf. bestehende Garantien, die über die gesetzlichen Gewährleistungsrechte hinausgehen	3-jährige Garantie bei Kauf eines Fernsehers
die wesentlichen Merkmale der Dienstleistung, soweit sich diese nicht bereits aus dem Zusammenhang ergeben	Änderungsschneider nur für Herrenanzüge
falls eine Berufshaftpflichtversicherung besteht, Angaben zu dieser, insbesondere den Namen und die Anschrift des Versicherers und den räumlichen Geltungsbereich.	XY-Versicherungs AG, Die Haftung umfasst Schäden durch Tätigkeiten im Bundesgebiet, jedoch nicht durch solche, die im Ausland ausgeübt worden sind.

Sie können die Informationen wahlweise

1. dem Dienstleistungsempfänger von sich aus mitteilen,
2. am Ort der Leistungserbringung oder des Vertragsschlusses so vorhalten, dass sie dem Dienstleistungsempfänger leicht zugänglich sind,
3. dem Dienstleistungsempfänger per E-Mail zuschicken oder
4. in alle dem Dienstleistungsempfänger zur Verfügung gestellten ausführlichen Informationsunterlagen über die angebotene Dienstleistung aufnehmen.

TIPP Am besten nehmen Sie sämtliche der geforderten Informationen mit in einen schriftlichen Vertrag oder eine Auftragsbestätigung mit auf.

Viele der Angaben sind in der Regel bereits auf dem Geschäftspapier abgedruckt (siehe Seite 33).

Weitere Angaben für bestimmte Berufe

Inhalt	Beispiel
falls die Dienstleistung in Ausübung eines reglementierten Berufs erbracht wird: eine Verweisung auf die berufsrechtlichen Regelungen und dazu, wie diese zugänglich sind,	Es gelten folgende Gebühren- und Berufsordnungen: BRAO – Bundesrechtsanwaltsordnung, BORA – Berufsordnung für Rechtsanwälte …
Angaben zu den von Ihnen ausgeübten multidisziplinären Tätigkeiten und den mit anderen Personen bestehenden beruflichen Gemeinschaften, die in direkter Verbindung zu der Dienstleistung stehen und, soweit erforderlich, zu den Maßnahmen, die Sie ergriffen haben, um Interessenkonflikte zu vermeiden	
Verhaltenskodizes, denen Sie sich unterworfen haben, die Adresse, unter der diese elektronisch abgerufen werden können, und die Sprachen, in der diese vorliegen,	Pressekodex; www.presserat.info/inhalt/der-pressekodex/pressekodex.html
falls Sie sich einem Verhaltenskodex unterworfen haben oder einer Vereinigung angehören, der oder die ein außergerichtliches Streitschlichtungsverfahren vorsieht: Angaben zu diesem, insbesondere zum Zugang zum Verfahren und zu näheren Informationen über seine Voraussetzungen	Als Auseinandersetzungen zwischen Ihnen und uns kann der Schlichtungsausschuss der Architektenkammer angerufen werden.

2. KAPITEL — AUSSENDARSTELLUNG

Visitenkarte – Ihre Eintrittskarte zu Kunden und Geschäftspartnern

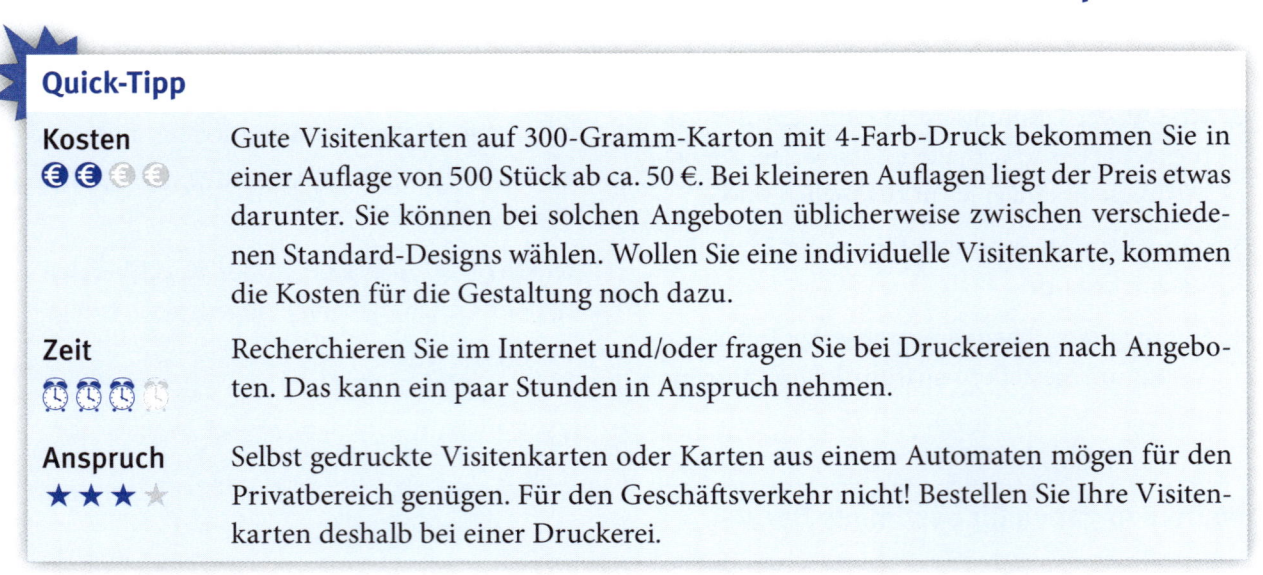

> **Quick-Tipp**
>
> **Kosten** Gute Visitenkarten auf 300-Gramm-Karton mit 4-Farb-Druck bekommen Sie in einer Auflage von 500 Stück ab ca. 50 €. Bei kleineren Auflagen liegt der Preis etwas darunter. Sie können bei solchen Angeboten üblicherweise zwischen verschiedenen Standard-Designs wählen. Wollen Sie eine individuelle Visitenkarte, kommen die Kosten für die Gestaltung noch dazu.
>
> **Zeit** Recherchieren Sie im Internet und/oder fragen Sie bei Druckereien nach Angeboten. Das kann ein paar Stunden in Anspruch nehmen.
>
> **Anspruch** Selbst gedruckte Visitenkarten oder Karten aus einem Automaten mögen für den Privatbereich genügen. Für den Geschäftsverkehr nicht! Bestellen Sie Ihre Visitenkarten deshalb bei einer Druckerei.

Visitenkarten sind im Geschäftsverkehr unverzichtbar. Viele flüchtige Gespräche werden auch mithilfe von Visitenkartentausch zu festen Kontakten. Für Sie sind Visitenkarten gleichzeitig Imageträger. Sie sollten deshalb hochwertig sein und einen professionellen Eindruck hinterlassen.

Diese Informationen sollten auf Ihrer Geschäfts-Visitenkarte abgedruckt sein

- Firmenlogo
- Titel, Vor- und Nachname
- Funktion (z. B. Geschäftsführer) oder Berufsbezeichnung (z. B. Versicherungsberater)
- Straße
- PLZ, Ort
- Telefonnummer
- Faxnummer
- Mobiltelefonnummer
- E-Mail-Adresse
- Internet-Adresse

Beachten Sie folgende Hinweise bei der Gestaltung Ihrer Visitenkarten

Größe: Das Format Ihrer Visitenkarten sollte vor allem praktisch sein. Bedenken Sie: Die meisten werden die Karte zunächst in die Brieftasche stecken. Diese hat schließlich jeder immer bei sich. Dort sollte sie also problemlos hineinpassen. Die Visitenkarte sollte deshalb nicht größer sein als 55 × 90 Millimeter.

Papier: mindestens 180-, besser 200- oder 250-Gramm-Papier (alternative Materialien wie Kunststoff oder Metall nur in kreativen Branchen)

Schriftgröße: mindestens 8.0 Punkt

Schrifttyp: gut lesbare Druckschrift

Design: klare Linie; weniger ist mehr

Farbe: Üblicherweise genügen 2 Farben. Diese werden meist als HKS-Farben angegeben. Das ist ein System, nach dem die Volltonfarben für den Druck nummeriert sind. Wählen Sie Ihre Farben am besten mithilfe eines Farbfächers aus, den Ihnen der Drucker gern zur Verfügung stellen wird.

Beispiel für eine Visitenkarte

Finanzoptimierer Heinen & Kall GbR
Ihre unabhängigen Finanzberater

Herbert Heinen
Dipl.-Kaufmann

Musterweg 15
12345 Stadt
Tel. (0 12 34) 12 34-51
Fax (0 12 34) 12 34-52
Mobil (01 75) 12 34 56
info@finanzoptimierer-stadt.de
www.finanzoptimierer-stadt.de

Internet-Auftritt – So finden Sie eine geeignete Agentur für die Erstellung einer professionellen Website

> **Quick-Tipp**
>
> **Kosten**
> € € € €
> Eine kleine aber feine Internet-Seite mit 10 bis 15 Unterseiten bekommen Sie für ca. 800 € bis 1.500 €. Lassen Sie sich in jedem Fall ein Festpreisangebot machen!
>
> **Zeit**
> ⏰ ⏰ ⏰ ⏰
> Eine Agentur erstellt Ihnen eine individuelle Internet-Seite innerhalb von 2 bis 3 Wochen. Aber: Die Agentur nimmt Ihnen nicht alles ab. Für die Inhalte müssen Sie größtenteils selbst sorgen. Meistens dauern das Zusammenstellen von Texten und die Vorplanung einer Internet-Seite länger als die eigentliche Erstellung. Rechnen Sie dafür noch mal mit mindestens 2 bis 3 Wochen Zeitaufwand.
>
> **Anspruch**
> ★ ★ ★ ★
> Setzen Sie sich ein klares finanzielles Limit. Verzichten Sie auf besondere Funktionen, die die Kosten oft enorm in die Höhe treiben. Eine einfache Seite tut es auch. Entscheidend sind die Inhalte. Potenzielle Kunden sollen Ihrer Internet-Seite unkompliziert entnehmen können, wer Sie sind, was Sie besonders gut können und was Ihre Angebote auszeichnet, an wen Sie sich mit Ihren Angeboten richten. Eine informative und ansprechend gestaltete Seite können Sie später immer noch „aufpeppen" lassen.

Ein eigener Internet-Auftritt gehört heute für jeden Selbstständigen zur Grundausstattung wie Geschäftspapier oder eine Visitenkarte. Denn wer keine eigene Homepage hat, ist für viele gar nicht präsent: Fast die Hälfte der Kunden informiert sich vor einem Kauf oder einem Vertragsabschluss im Internet über den Anbieter.

Wie bei der Visitenkarte kommt es auch bei der Internet-Seite auf den ersten Eindruck an. Vielleicht sogar noch stärker. Denn im Internet ist der nächste Wettbewerber nur wenige Klicks entfernt. Es bleiben Ihnen nur Sekunden, um zu überzeugen. Eine professionell gemachte Internet-Seite ist also sehr wichtig. Wenn Sie keine fundierten Kenntnisse in der Webseitengestaltung haben, sollten Sie Ihren Internet-Auftritt deshalb zusammen mit einer guten Agentur oder einem Webseiten-Designer entwickeln und umsetzen.

Doch Webseiten-Designer und Internet-Agenturen gibt es viele. Die Auswahl ist nicht einfach. Und immerhin geht es ja auch um nicht unerhebliche Kosten. Wie also finden Sie einen geeigneten Dienstleister? Mit den folgenden 4 Schritten systematisieren Sie Ihre Suche:

1. Formulierung der Ziele

Ein sehr wichtiger Aspekt bei der Wahl der geeigneten Agentur ist die Vorarbeit. Bevor Sie sich auf die Suche machen, formulieren Sie zunächst in wenigen Worten schriftlich die Ziele, die Sie mit Ihrer Internet-Seite erreichen wollen:

- Was wollen Sie mit Ihrem Webauftritt konkret erreichen? Wollen Sie vor allem neue Kunden gewinnen? Wollen Sie einen Webshop einbinden und direkt über die Internet-Seite verkaufen? Wollen Sie bestehende Kunden binden?

- Welche Nutzer wollen Sie vor allem Ansprechen? Hier geht es um Ihre Zielgruppe. Formulieren Sie deutlich, wer das ist und ggf. welche besonderen Wünsche und Bedürfnisse die Zielgruppe hat.

2. KAPITEL — AUSSENDARSTELLUNG

- Wie groß ist Ihr Budget? Setzen Sie sich ein konkretes Limit. Damit können Sie Agenturen dann auch konkrete Vorgaben für die Angebotserstellung machen.
- Wie viel Zeit können und wollen Sie in die Erstellung und spätere Pflege stecken? Welche Arbeiten übernehmen Sie ggf. lieber selbst und welche überlassen Sie der Agentur?
- Wie ist Ihre zeitliche Zielsetzung? Bis wann muss der Internet-Auftritt fertig sein?
- Möchten Sie nach der Erstellung der Webseite selbst Änderungen vornehmen können, z. B. Texte aktualisieren, Fotos einstellen etc., ohne immer gleich einen Dienstleister damit beauftragen zu müssen? Dann sollte die Webseite mithilfe eines Content Management Systems (CMS) zu pflegen sein (z. B. mit dem kostenlosen CMS Typo 3 oder Joomla).

Aus den Zielen leiten Sie für sich die Anforderungen an eine geeignete Agentur ab. _Haben Sie bei der Suche bereits eine klare Zielsetzung im Kopf, können Sie oft sehr schnell entscheiden, ob eine Agentur für Sie passend sein könnte oder aber von vorne herein nicht in die engere Wahl kommt.

2. Vorauswahl geeigneter Agenturen

Grundsätzlich bedeutet die Erstellung einer Internet-Seite nicht nur Programmier- und Designarbeit. Einen großen Teil der Zeit nimmt auch die Planung in Anspruch. Dafür ist eine intensive Zusammenarbeit zwischen Ihnen und der Agentur erforderlich. Am besten funktioniert dies, wenn die Agentur ihren Sitz in Ihrer Nähe hat. Suchen Sie also vor allem in Ihrem näheren Umfeld.

Schauen Sie sich die Internet-Auftritte der Agenturen oder des Web-Designer an. Die Internet-Präsenz ist natürlich ein entscheidendes Auswahlkriterium. Wie sich die Agentur selbst im Internet präsentier, sagt viel darüber aus, ob sie Seiten nach ihrem Geschmack und Ihren Bedürfnissen gestaltet. Achten Sie bei der Auswahl einer Agentur zudem auf folgende Punkte:

Auswahlkriterien	☑
Haben Sie auf Anhieb einen positiven Eindruck – nicht nur optisch, sondern auch vom Inhalt?	☐
Gefällt Ihnen der Stil der Seite?	☐
Gibt es Funktionen, die Sie auch gern für Ihren Auftritt hätten?	☐
Ist der Auftritt klar gestaltet und bietet dem Betrachter eine gute Orientierung?	☐
Sind wichtige Informationen für Sie schnell auffindbar?	☐
Werden die Qualifikationen und Leistungsangebote genannt?	☐
Ist die Webseiten-Erstellung die Hauptkompetenz oder gibt es noch 10 weitere Bereiche, in denen die Agentur tätig ist, z. B. Computerreparatur, Netzwerkinstallation etc. Das deutet eher darauf hin, dass Webdesign nur als Nebengeschäft betrieben wird.	☐
Gibt es Referenzen, deren Qualität Ihnen gefällt und die auch zu Ihnen passen könnten? Stammen die Referenzen überwiegend von Großunternehmen, sind Sie bei der Agentur wahrscheinlich nicht richtig aufgehoben.	☐
Finden Sie bereits Informationen darüber, ob die Agentur mit anderen Selbstständigen aus Ihrer Branche zusammenarbeitet?	☐

3. Persönliches Treffen mit favorisierten Agenturen

Kontaktieren Sie 2 bis 3 Ihrer favorisierten Agenturen. In einem Telefongespräch können Sie zusätzliche Informationen in Erfahrung bringen, die Sie auf der Internet-Seite noch nicht gefunden haben. Falls Sie nach wie vor an der Agentur interessiert sind, vereinbaren Sie ein Treffen. Dabei können Sie die fachlichen und persönlichen Qualitäten noch besser beurteilen. Das Treffen sollte möglichst in den Räumen der Agentur stattfinden. So bekommen Sie bereits einen Einblick in die Atmosphäre und die Arbeitsweise. Folgende Leistungen sollte Ihnen die Agentur auf der Grundlage des Gesprächs anbieten:

Leistungsangebot	☑
Zum Angebot gehört eine ausführliche Beratung. Die Agentur sollte dabei vertieft Ihre Zielsetzung für die Internet-Seite, sowie die Kundenbedürfnisse klären.	☐
Sie können, wenn Sie wollen, ein komplettes Service-Paket bekommen, inkl. Leistungen wie Hosting und Domainregistrierung bis zur Schulung und Seitenpflege.	☐
Sie erhalten eine individuelle, an Ihren Zielen orientierte Lösung und keinen Standard-Webauftritt. Dafür werden bei der Beratung verschiedene Möglichkeiten aufgezeigt.	☐
Sie erhalten ein Festpreisangebot, mit dem Sie sicher kalkulieren können.	☐
Mit einem Auftrag machen Sie sich nicht dauerhaft von der Agentur abhängig. Sie bekommen nicht nur sämtliche Nutzungsrechte, sondern auch eine Dokumentation, die es evtl. anderen Dienstleistern ermöglicht, Änderungen am Internet-Auftritt vorzunehmen.	☐
Die Agentur sollte Erfahrungen mit der Einbindung von Content-Management-Systemen (CMS) haben – möglichst mit kostenlosen Open-Source-Programmen wie Typo 3. Seiten, die auf solchen Systemen basieren, können Sie später einfach selbst aktualisieren.	☐
Sie erhalten ein ausführliches Pflichtenheft, in dem die Agentur detailliert die Leistungen auflistet und die organisatorische und technische Umsetzung beschreibt.	☐
Die Agentur erarbeitet einen Zeitplan mit fixem Fertigstellungstermin und Meilensteinen, zu denen Sie Ergebnisse präsentiert bekommen.	☐

4. Auswahl der geeigneten Agentur

In den meisten Fällen werden Sie sich nach einem persönlichen Treffen für eine Agentur entschieden haben. Lassen Sie sich ein schriftliches Angebot schicken. Wenn Sie noch mehrere Agenturen in der engeren Auswahl haben, vergleichen Sie die Angebote unter den oben aufgeführten Gesichtspunkten.

Stellen Sie in einer Tabelle gegenüber, was genau die einzelnen Internet-Agenturen Ihnen bieten und was sie nicht leisten.

TIPP Der Preis ist natürlich ein wichtiges Auswahlkriterium. Solange Ihr Budgetrahmen eingehalten wird, sollte er aber nicht das entscheidende Kriterium sein. Ihnen kommt es schließlich auf einen professionellen Internet-Auftritt an. Für sich genommen sagt der Preis darüber nichts aus – weder, wenn er sehr günstig ist, noch wenn er hoch ist. Verlassen Sie sich am Ende auch auf Ihr Bauchgefühl. Da Sie, wie gesagt, sehr eng mit der Agentur zusammenarbeiten (sollten), muss auch die persönliche Chemie zwischen Ihnen und Ihrem Ansprechpartner stimmen. Das sollte sich spätestens im persönlichen Gespräch klären.

2. KAPITEL — AUSSENDARSTELLUNG

Persönliche Netzwerke bilden – So gewinnen Sie Adressen potenzieller Kunden und Geschäftspartner

> **Quick-Tipp**
>
> **Kosten** €€○○
> Mitgliedschaften z. B. in Branchenvereinigungen, aber auch in Netzwerken wie Xing sind extrem hilfreich für die Kontaktgewinnung. Soweit dafür Mitgliedsbeiträge anfallen, sehen Sie diese als wichtige Zukunftsinvestitionen.
>
> **Zeit** ⏰⏰○○
> Reservieren Sie sich wöchentlich Zeit für Ihre Kontaktpflege – Telefonate, E-Mails-Schreiben, Recherche nach neuen Kontakten etc. Das ist Arbeitszeit! Wie viel Zeit notwendig ist, hängt von Ihnen ab. Planen Sie einen festen Termin in der Woche ein.
>
> **Anspruch** ★☆☆☆
> Der Nutzen von Kontakten wird von vielen Selbstständigen leider unterschätzt. Sie werden aber feststellen, dass ein gut funktionierendes Netzwerk Ihnen erhebliche Erleichterungen verschafft. Allerdings ist es zunächst an Ihnen, aktiv zu werden und Zeit und Energie in den Aufbau von Kontakten zu investieren. Damit fangen Sie am besten so früh wie möglich an. Nutzen Sie dabei die 6 goldenen Regeln für eine erfolgreiche Kontaktpflege, die auf den folgenden Seiten vorgestellt werden.

Als Selbstständiger brauchen Sie ein persönliches Netzwerk. Das besteht einerseits natürlich aus möglichst vielen Kundenkontakten. Denn mit Kunden, die Sie bereits kennen und die mit Ihrer Arbeit zufrieden waren, können Sie wesentlich einfacher Geschäfte machen als mit Neukunden. Zum anderen sind Sie gerade als „Einzelkämpfer" auf die zuverlässige Unterstützung von Kollegen, Lieferanten und Dienstleistern angewiesen, um den Unternehmeralltag besser zu bewältigen. Sie können in vielfältiger Weise von Ihren Kontakten profitieren. Einige Beispiele:

- Über Kontakte bekommen Sie Empfehlungen oder werden selbst weiterempfohlen.
- Sie bekommen fachliche Hilfe und können gegenseitig Informationen und Wissen austauschen.
- Sie können sich mit Selbstständigen, die in einer ähnlichen Situation sind wie Sie und deshalb Verständnis für Sie haben, persönlich über Sorgen. Ängste und Probleme austauschen.
- Sie werden frühzeitig z. B. vor neuen Betrugsmaschen gewarnt.
- Ein enger Kontakt kann sogar zu einer Zusammenarbeit führen.

z. B. Kleine Unternehmen, die spezielle Produkte oder Dienstleistungen anbieten, können Ihr Angebot mithilfe von Kollegen ergänzen. So wird es für Kunden noch interessanter. Ein Werbetexter, der günstig Werbebriefe und Broschüren schreibt, kann darüber hinaus einen Rundum-Produktionsservice anbieten: Wenn ein Kunde danach fragt, empfiehlt er einen Grafiker und einen Drucker, mit denen er schon öfter zusammengearbeitet hat. Auf Wunsch wickelt er die gesamte Produktion selbst ab und erspart seinem Kunden Arbeit. ▪

Gute Kontakte ergeben sich nur selten zufällig. Betreiben Sie gezielte Kontaktpflege, nutzen Sie Kontakte in Ihrem näheren Umfeld besser. Sie kommen so viel schneller an neue Kunden, aber z. B. auch an Kooperationspartner, mit deren Hilfe Sie Ihr Angebot verbessern und ausweiten können.

Vielen ist es trotzdem unangenehm, Kontakte aufzubauen und zu nutzen. Wer will sich schon gern anbiedern? Aber das passiert bei der Kontaktpflege gerade nicht. Ein guter, funktionierender Kontakt entsteht gerade dadurch, dass die Partner gegenseitig voneinander profitieren. Machen Sie sich klar, dass Sie nicht als Bittsteller auftreten, sondern Ihren Kontaktpartnern auch eine Menge anzubieten haben:

- Sie kennen andere Menschen und können Kontakte vermitteln.
- Sie haben Fachwissen, das Sie weitergeben können.
- Sie finden Artikel in Fachzeitschriften oder Beiträge im Internet, die Sie an Kontakte weiterleiten können.

Hier knüpfen Sie Kontakte

Um ein persönliches Netzwerk aufzubauen, müssen Sie selbst aktiv werden. Haben Sie erst einmal einige Kontakte geknüpft, werden Sie schnell neue hinzugewinnen. Als Kontaktforen bieten sich u. a. Messen, Empfänge, Seminare oder Veranstaltungen von Kunden oder Lieferanten an. Eine sehr gute Basis für nachhaltige Kontakte sind aber vor allem Mitgliedschaften in bestehenden Netzwerken. Diese müssen nicht nur rein beruflicher Natur sein:

- **Berufsbezogene Organisationen:** Branchenverbände, Innungen
- **Berufs- und branchenübergreifende Netzwerke:** Industrie- und Handelskammer/Handwerkskammern, Wirtschaftsverbände, aber auch berufsunabhängige Verbindungen wie Rotarier oder Lions Club
- **Freizeit-/themenbezogene Netzwerke:** alle Arten von Sport, Hobbys und Vereinen oder Parteien
- **Netzwerke im Internet:** Von zunehmender Bedeutung sind auch die vielen Netzwerke, die im Internet entstanden sind und entstehen, z. B. www.xing.com.
- **Netzwerke auf Basis privater Initiativen:** Stadtteilinitiativen, Bürgerinitiativen, Fördervereine

Mit Xing gezielte Geschäftskontakte über das Internet finden und pflegen

Persönliche Kontakte sind nach wie vor durch nichts zu ersetzen. Aber die sogenannten Business-Networking-Plattformen – allen voran Xing – bieten fantastische Möglichkeiten, sehr gezielt nützliche Kontakte zu finden und zu pflegen. Das Prinzip: Mitglieder des Netzwerkes registrieren sich und geben persönliche Daten über sich, ihre Interessen und vor allem ihre Geschäftstätigkeiten sowie Angebote eigener Leistungen und Gesuche an. Mit verschiedenen Suchfunktionen können alle Mitglieder des Netzwerks die Mitgliederprofile durchsuchen. Die kostenlose Mitgliedschaft bietet dabei einen geringeren Funktionsumfang als die kostenpflichtige Mitgliedschaft.

Wichtige Funktionen von Xing

Aus dem mehrere Millionen Mitgliederprofile umfassenden Pool können Sie mit den Suchfunktionen ganz gezielt diejenigen suchen, die für Sie als Geschäftskontakt interessant sind – sei es als Lieferant, Dienstleister, Kooperationspartner, Berater, Kunde oder was auch immer. Sie können z. B. nach Branche, Region oder bestimmten Mitgliedschaften suchen. Aus den Suchergebnissen können Sie schließlich diejenigen, mit dem für Sie passendsten Profil heraussuchen und mit ihnen in Kontakt treten.

Ihre Kontakte verwalten Sie mit Xing übersichtlich und strukturiert. Sie müssen sie auch nicht selber aktuell halten. Das übernehmen Ihre Kontakte ja selbst. Sie sparen sich also nicht nur Arbeit, sondern müssen sich zudem nicht mehr über veraltete Kontaktdaten ärgern. Sie können die Daten sogar auf Ihr Mobiltelefon oder zu Outlook exportieren. Xing bietet darüber hinaus viele weitere nützliche Informationen und Hilfsmittel. So können Sie beispielsweise Termine finden und verwalten, Präsentationen mit anderen Xing-Mitgliedern austauschen oder auch Twitter-Nachrichten über Ihren Account empfangen.

2. KAPITEL — AUSSENDARSTELLUNG

Thematische Gruppen als Kontaktforum

Eine sehr gute Möglichkeit, nützliche Kontakte zu schließen, bieten die thematischen Gruppen von Xing. Die Palette ist extrem groß. Es gibt sehr breit aufgestellte Gruppen wie „Gründer und Selbstständige", aber auch sehr spezialisierte Gruppen, die z. B. nur Mitarbeitern bestimmter Firmen offen stehen. In Gruppen wie letztere kommen Sie entsprechend nur nach Antrag und Genehmigung des Moderators hinein. Für Sie interessante Gruppen finden Sie über eine eigene Suche in Xing unter dem Menüpunkt „Gruppen".

Die Gruppen werden von Mitgliedern moderiert. Sie bieten u. a. Diskussions- und andere Foren zum Austausch. Die sind noch einmal thematisch untergliedert. Jedes Mitglied einer Gruppe kann eigene Beiträge verfassen oder Kommentare einstellen. Die sind nicht – wie in vielen öffentlichen Foren – anonym, sondern jeweils mit dem Profil des Verfassers verbunden. Vorteil: Finden Sie einen spannenden Eintrag, können Sie die Kontaktdaten des Verfassers aufrufen und direkt mit ihm in Kontakt treten. Oft ergeben sich auf diesem Weg spannende und nützliche Verbindungen.

Über die reinen Internet-Kontakte hinaus organisieren viele Gruppen auch Veranstaltungen, bei denen man sich persönlich kennenlernen und austauschen kann. Oft bieten Gruppenmitglieder Vorträge oder Workshops an, zu denen andere Gruppenmitglieder eingeladen werden. Hier können Sie Gruppenmitglieder dann persönlich kennenlernen und Kontakte für Akquise oder Kooperationen näher ausloten.

> **TIPP** Natürlich können Sie nicht überall aktiv sein. Suchen Sie sich 4 oder 5 Xing-Gruppen und schauen Sie sich die Aktivitäten in der Gruppe an. Bieten sie Ihnen substanzielle Informationen und Kontakte, schalten Sie sich selbst ein und veröffentlichen eigene Beiträge. Da die Zahl der aktiven Mitglieder meist überschaubar ist, kennt man sich recht schnell. Sie erfahren so recht schnell, wer sich nur selbst darstellen will und wer Ihnen mit guten Ideen und Tipps weiterhilft. Genauso geht es den anderen mit Ihnen. Früher oder später kommen die ersten Kontaktanfragen aus der Gruppe.

So nutzen Sie Xing für Aufbau und Pflege von Geschäftskontakten

Maßnahme	☑
Füllen Sie die Angaben zu Ihrem Profil möglichst vollständig und mit aussagekräftigen Angaben aus. Tragen Sie vor allem konkret ein, welche Leistungen Sie als Selbstständiger anbieten und an welchen Kontakten und Informationen Sie interessiert sind.	☐
Stellen Sie ein hochwertiges Foto ein – nicht unbedingt ein Bewerbungsfoto, aber auch kein Foto aus dem letzten Badeurlaub. Denn mit dem Foto gewinnen potenzielle Geschäftskontakte einen ersten Eindruck von Ihnen. Und der sollte auf jeden Fall professionell sein.	☐
Investieren Sie den Beitrag von rund 70 € pro Jahr für eine sogenannte Premium-Mitgliedschaft. Damit können Sie weit mehr Such- und andere Funktionen nutzen als bei der kostenlosen Basis-Mitgliedschaft.	☐
Pflegen Sie Ihr Profil. Sobald sich an Ihren Kontakt- oder sonstigen, geschäftlich relevanten Daten etwas geändert hat, tragen Sie es im Xing-Account ein. Denn kaum etwas ist enttäuschender für jemanden, der Ihr Profil aufsucht, als veraltete Daten.	☐
Antworten Sie auf Anfragen über Ihr Xing-Profil schnell – möglichst innerhalb von 24 Stunden. Sonst ist der Kontaktsuchende vielleicht schon gar nicht mehr interessiert.	☐
Nutzen Sie Xing nicht für aufdringliche Akquise. Das würde Interessenten schnell vergrätzen.	☐
Werden Sie Mitglied in Gruppen und beteiligen Sie sich an Diskussionen und anderen Aktivitäten durch eigene Beiträge. So machen Sie sich innerhalb der Gruppe bekannt.	☐

Die 6 goldenen Regeln für eine erfolgreiche Kontaktpflege

Regel 1: Handeln Sie – und zwar sofort!

Haben Sie eine interessante Person kennen gelernt, melden Sie sich nach dem ersten Kontakt möglichst schnell bei ihr – am besten innerhalb von maximal 72 Stunden. Dann sind Sie noch in guter Erinnerung und Sie können einfach an das Gespräch anknüpfen. Rufen Sie beispielsweise an und bedanken Sie sich für das nette Gespräch. Oder bedanken Sie sich per SMS oder E-Mail. Haben Sie Informationen versprochen, bringen Sie die Unterlagen vorbei oder schicken Sie sie zu.

Regel 2: Halten Sie den Kontakt durch Aufmerksamkeiten

Um Kontakte nicht abreißen zu lassen, suchen Sie nach Aufhängern für weitere Kontaktmöglichkeiten. Das wird Ihnen umso leichter fallen, je mehr Sie über Persönlichkeit und Interessen des Kontaktpartners wissen. Ein netter Gruß zum Geburtstag, die Weiterleitung einer Einladung zu einer Ausstellungseröffnung oder eines Internet-Artikels per E-Mail sind nette Gesten, die im Gedächtnis bleiben.

Regel 3: Ein kleiner Dank öffnet Ihnen Türen

Es ist ein Gebot der Höflichkeit, aber leider wird es allzu oft vernachlässigt: Bedanken Sie sich für eine Information, eine Kontaktadresse oder eine andere Leistung, die Sie erhalten haben – wenigstens mit einer kurzen E-Mail oder SMS. Das kostet nicht viel Zeit, ist aber enorm wirksam. Außerdem ist es für Ihren Kontakt eine wichtige Rückmeldung, ob Ihnen die Hilfestellung nützlich war.

Regel 4: Sammeln Sie Adressen und Informationen

Sie wissen nie, wann Sie z. B. einen guten Anwalt oder einen Computerfachmann brauchen könnten, den Sie irgendwann einmal kennen gelernt haben. Archivieren Sie deshalb Kontakte sorgfältig. Notieren Sie sich dazu auch Ort und Anlass, zu dem Sie den Kontakt bekommen haben. Ergänzen Sie weitere Informationen, z. B. zu Hobbys, Geburtstag etc.

Regel 5: Setzen Sie sich Ziele für einen Kontakt

Idealerweise ergänzen Sie sich mit Ihrem Kontakt:

- Ihr Kontakt hat andere Kontakte, die Ihnen weiterhelfen.

- Sie verfügen über Fachwissen, das Ihr Kontaktpartner gut gebrauchen kann.

- Der Kontaktpartner hat Maschinen/Werkzeuge/Software etc., die Sie für einen Auftrag brauchen könnten.

- Sie können bei Angeboten an Kunden Ihre Leistungen kombinieren und damit einen Wettbewerbsvorteil erreichen.

Überlegen Sie also, was Sie mit einem Kontakt erreichen können und wollen. Darüber können Sie sich dann sogar gezielt mit der jeweiligen Person verständigen. So kommen Sie ggf. über einen losen Kontakt zu einer echten Kooperation.

Regel 6: Konzentrieren Sie sich auf die wichtigen Kontakte

Knüpfen Sie Kontakte nicht wahllos. Es kommt nicht darauf an, möglichst viele Kontakte zu haben, sondern möglichst angenehme und hilfreiche. Wenn Sie mit einem Menschen nicht zurechtkommen, wird daraus kein nachhaltiger Kontakt. Eine gewisse Sympathie füreinander sollte auf beiden Seiten vorhanden sein. Fragen Sie sich auch: „Was bringt mir dieser Kontakt?" Nur wenn Sie darauf eine für Sie positive Antwort haben, lohnt es sich, in den Kontakt Energie zu investieren. Andernfalls konzentrieren Sie sich auf bessere Kontakte.

2. KAPITEL — AUSSENDARSTELLUNG

Von der Zusammenarbeit zur engen Kooperation

Wenn Sie nur vorübergehend oder auf rein geschäftlicher Ebene mit anderen Selbstständigen zusammenarbeiten – etwa als Zulieferer oder Dienstleister –, werden Sie Ihren Partner vor allem nach wirtschaftlichen oder praktischen Kriterien auswählen. Aus der Zusammenarbeit heraus kann es irgendwann zu der Idee kommen, enger zusammenzuarbeiten. Das ist ein entscheidender Schritt.

Streben Sie eine engere und längerfristige Kooperation an, sollten Sie sehr viel genauer prüfen, ob der Partner zu Ihnen passt. Denn mit der Kooperation machen Sie sich auch ein Stück abhängig.

Wenn Sie gemeinsame Geschäftsbeziehungen haben, müssen Sie sich darauf verlassen können, dass Ihr Kooperationspartner genauso zuverlässig ist und Kunden ebenso gute Qualität bietet wie Sie. Sonst leidet auch Ihr Image und die Kooperation schadet mehr, als sie nutzt. Informieren Sie sich über Ihren Kooperationspartner. Sie sehen es einem Kooperationspartner natürlich nicht an, ob er für Sie „der Richtige" ist. Deshalb sollten Sie möglichst viel über Partner, die für Sie in Frage kommen, herausfinden.

Gemeinsame Ziele ermitteln

Die wichtigste Voraussetzung dafür, dass eine Kooperation Erfolg hat: Sie und Ihr Kooperationspartner müssen gemeinsame Ziele verfolgen. Nur dann haben beide Partner Vorteile davon („Win-win-Situation").

> **z. B.** Ziel einer Einkaufskooperation ist es, Einkäufe zu bündeln und so beim Lieferanten bessere Konditionen aushandeln zu können, z. B. Mengenrabatte. Wenn ein Handwerksbetrieb Partner für eine Einkaufskooperation sucht, kommen nur Unternehmen in Frage, die ähnliche Produkte oder zumindest Produkte von demselben Großhändler beziehen. ■

Ergänzung der eigenen Fähigkeiten und Kapazitäten

Idealerweise haben Sie und Ihr Kooperationspartner unterschiedliche Stärken, die sich jeweils gut ergänzen. Das können bestimmte Fähigkeiten sein.

> **z. B.** Ein Werbetexter und ein Grafiker bieten Unternehmen an, Werbebroschüren zu entwickeln und herzustellen. Konzept, Layout und Inhalt – alles aus einer Hand! Sie können sich aber auch materiell ergänzen, z. B. wenn Partner eine Bürogemeinschaft gründen und der eine u. a. Faxgerät und Kopierer einbringt, der andere im Gegenzug Schreibtische und Regale bereitstellt. ■

Ist die Vertrauensbasis groß genug für eine Kooperation?

Eine Kooperation lebt davon, dass die Partner bereit sind, in die Zusammenarbeit

- Zeit,
- Engagement,
- Ideen,
- Wissen oder
- Geld bzw. Eigentum

zu investieren.

Das setzt großes Vertrauen in den Partner voraus. Denn speziell am Anfang einer Kooperation wissen Sie nicht, ob Ihr Partner ebenso viel einbringt wie Sie. Mit verbindlichen Absprachen können Sie sich absichern, z. B. indem Sie einen schriftlichen Kooperationsvertrag abschließen, in dem genau beschrieben ist, was jeder zur Kooperation beiträgt. Eine Garantie ist das allerdings auch nicht. Verlassen Sie sich nicht nur auf Ihr Gefühl, sondern versuchen Sie, so viel wie möglich über die Persönlichkeit Ihres potenziellen Partners zu erfahren. Auch wenn es sich um einen langjährigen Freund oder eine Freundin handelt, sollten Sie kritisch prüfen, ob die „Chemie" zwischen Ihnen stimmt. Denn im geschäftlichen Bereich kann er/sie sich als völlig anderer Typ herausstellen als im Privatleben. Können Sie einen Streit konstruktiv und sachlich austragen? Ist der Partner engagiert bei der Sache?

Informieren Sie sich auch bei anderen über die Zuverlässigkeit Ihres potenziellen Partners. Das sollten Sie ihm auch ganz offen sagen und begründen. Fragen Sie Geschäftspartner, Bekannte etc., welche Erfahrungen sie mit ihm gemacht haben. Wenn Sie bei der Kooperation auch größere Geldbeträge investieren, holen Sie eine Bankauskunft ein. So erfahren Sie, ob der mögliche Partner gegenüber seiner Bank bisher zuverlässig war.

Formulieren Sie Ihre persönlichen Wünsche an den Partner

Nicht zuletzt müssen Sie einen Kooperationspartner natürlich auch an Ihren eigenen Vorstellungen messen. Schreiben Sie für sich selbst auf, wie Sie sich die Zusammenarbeit vorstellen. Sprechen Sie darüber mit dem Partner, denn nur wenn er Ihre Vorstellungen kennt, kann er sich auch darauf einstellen.

z.B. Ihr Kooperationspartner soll immer donnerstags und freitags Anrufe im gemeinsamen Büro annehmen, weil Sie an diesen Tagen auf Ihre Kinder aufpassen müssen. Ist das von vornherein klar, kann der Partner seine Zeitplanung danach richten.

Beurteilen Sie Ihren möglichen Kooperationspartner

Auf der folgenden Seite finden Sie eine Tabelle, die Ihnen bei der Auswahl möglicher Kooperationspartner hilft. Beurteilen Sie einen potenziellen Partner indem Sie ihm für jede Frage zwischen 3 Punkte (trifft voll zu) und 1 Punkt (trifft nicht zu) geben.

- Je nachdem, wie wichtig Ihnen die jeweilige Frage für die Kooperation ist, multiplizieren Sie die Punktzahl mit 3 (sehr wichtig) oder 2 (wichtig). Ist Ihnen die Frage nicht wichtig, lassen Sie die Punktzahl so stehen. Pro Frage können Sie also bis zu 9 Punkte vergeben.

- Berechnen Sie die Punktzahl für alle fragen und zählen Sie sie zusammen.

Insgesamt können Sie eine maximale Punktzahl von 180 vergeben. Wenn Sie einen potenziellen Partner mit 160 oder mehr Punkten bewerten, passt er gut zu Ihnen. Achten Sie aber darauf, dass er vor allem bei den Kriterien mit hoher Relevanz eine hohe Punktzahl erreicht.

2. KAPITEL — AUSSENDARSTELLUNG

20 Fragen, mit denen Sie testen, ob der Kooperationspartner zu Ihnen passt

	zutreffend	Gewichtung	Summe
	1 bis 3 Punkte	2 bis 3 Punkte	
Persönliche Voraussetzungen			
Stimmt die Chemie zwischen Ihnen und dem möglichen Kooperationspartner?			
Haben Sie bereits Erfahrung bei der Zusammenarbeit mit dem Partner gesammelt?			
Vertrauen Sie dem Partner?			
Ist der Partner offen und ehrlich zu Ihnen?			
Kann der Partner Kritik vertragen?			
Ist es möglich, mit ihm konstruktiv zu streiten?			
Ist der Partner ausreichend engagiert, z. B. auch bereit, im Notfall nachts und am Wochenende zu arbeiten?			
Hat der Partner einen ähnlichen Stil im Umgang mit Mitarbeitern, Kunden, Lieferanten etc.?			
Wie ist sein Arbeitsrhythmus? Arbeitet er zu den gleichen Zeiten wie Sie?			
Fachliche Voraussetzungen			
Hat der Partner eine fundierte fachliche Ausbildung?			
Hat er Berufserfahrung?			
Hat der Partner bereits relevante Erfolge vorzuweisen?			
Verfügt der Partner über Fachwissen, das Ihr Know-how gut ergänzt?			
Hat der Partner Branchenerfahrungen, die Ihnen weiterhelfen können?			
Finanzielle Voraussetzungen			
Verfügt der Partner über eine solide finanzielle Basis?			
Können Sie sich darauf einigen, wer wie viel in die Kooperation investiert?			
Können Sie sich auf die Verteilung von Einnahmen aus der Kooperation einigen?			
Kooperationsziele			
Haben Sie ähnliche inhaltliche Vorstellungen von Ihrer Kooperation? Suchen Sie z. B. beide einen Partner für eine gemeinsame Werbeaktionen?			
Streben Sie die gleichen Ziele mit Ihrer Zusammenarbeit an? Wollen Sie z. B. beide Ihre Zielgruppe erweitern?			
Haben Sie ähnliche Vorstellungen über den zeitlichen Rahmen der Kooperation (nur für ein Projekt oder länger)?			
		Gesamtsumme	

KAPITEL 3
Finanzierung

Profi-Tipps, mit denen Sie die Finanzen jederzeit im Griff haben

Als Selbstständiger wollen Sie in erster Linie Gewinn erwirtschaften. Sie haben eine brillante Geschäftsidee und hervorragende Produkte und Dienstleistungen anzubieten. Das ist die Basis. Nun gilt es, den Geschäftsbetrieb zu finanzieren. Das heißt: Sie brauchen zur richtigen Zeit ausreichend Geld, um alle fälligen Rechnungen begleichen zu können. Das Geld soll natürlich möglichst aus den eigenen Umsätzen stammen. Allerdings werden diese nicht immer ausreichen. Dann benötigen Sie fremdes Geld, z. B. aus Bankkrediten.

Um die Finanzen steuern zu können, müssen Sie sich mit betriebswirtschaftlichen Zahlen auseinandersetzen. Das ist aber weit weniger kompliziert, als Sie vielleicht befürchten. Die Grundlagen dafür erläutert Ihnen dieses Kapitel. Sie werden danach in der Lage sein,

- **angemessene Preise festzusetzen**, die Ihre Kosten decken und Ihnen Gewinne ermöglichen,
- mithilfe eines **Liquiditätsplanes** Ihre Einnahmen und Ausgaben einfach zu planen und so jederzeit genug Geld bereitzuhalten,
- Ihre Chancen auf **günstige Kredite** zu verbessern,
- die wichtigsten **Förderdarlehen und Zuschüsse** für Ihre Unternehmensfinanzierung zu beantragen.

3. KAPITEL — FINANZIERUNG

Preise kalkulieren –
So lassen Sie sich Ihre Leistungen angemessen bezahlen

> **Quick-Tipp**
>
> **Kosten** €€€€ | Den hier vorgestellten Excel-Stundensatzrechner können Sie kostenlos aus dem Internet laden. Den Download-Hinweis finden Sie auf Seite 54.
>
> **Zeit** 🕐🕐🕐 | Tragen Sie erstmals alle zu berücksichtigenden Kosten für die Stundensatzberechnung zusammen und kalkulieren Ihre Arbeitszeit, brauchen Sie dafür mindestens 1 Stunde Zeit. Die notwendigen Daten in den Excel-Stundensatzrechner zu übertragen dauert dann allerdings nur noch wenige Minuten.
>
> **Anspruch** ★★☆☆ | Die hier vorgestellte Preiskalkulation richtet sich an Dienstleister, die Ihren Stundensatz berechnen wollen. Setzen Sie diesen Stundensatz an, verkaufen Sie Ihre Leistung mit Gewinn.

Damit Sie dauerhaft Ihre Rechnungen bezahlen und erfolgreich am Markt bestehen können, müssen Ihre Erlöse mindestens Ihre Kosten decken. Andernfalls erwirtschaften Sie Verluste. Früher oder später würde das die Zahlungsunfähigkeit zur Folge haben. Auch wenn sie mit etwas Arbeit verbunden ist, eine solide Preiskalkulation ist lebenswichtig.

Beim Handel mit Standardprodukten bleibt für die Preisgestaltung in der Regel wenig Spielraum. Unverbindliche Preisempfehlungen der Hersteller und Konkurrenzpreise geben den Rahmen vor. Anders sieht es bei Dienstleistern aus. Bieten Sie Dienstleistungen an, kommt es bei der Preisgestaltung auf Ihre individuellen Kosten an.

Damit Sie kostendeckende Preise anbieten und mit jedem Auftrag Ihren Gewinn steigern, berechnen Sie Ihren Stundensatz in den folgenden 6 Schritten:

Preise in 6 Schritten kalkulieren

1. Ermitteln Sie Ihren persönlichen Bedarf

Zum persönlichen finanziellen Bedarf gehören zunächst die Kosten der privaten Lebenshaltung, also Miete, Strom, Heizung, Lebensmittel, Hobbys etc. Hinzuzurechnen sind die notwendigen persönlichen Versicherungen, z. B. Kranken-, Pflege-, Unfall- und Berufsunfähigkeitsversicherung. Immer wieder vergessen wird die private Altersvorsorge. Rechnen Sie auch dafür einen Betrag ein.

Die Summe aller genannten Posten ist das, was Ihr „Grundlohn" sein muss. Das ist allerdings nur der Betrag, den Sie benötigen, um alle notwendigen Ausgaben zu bezahlen. Gönnen Sie sich darauf schon jetzt ein Plus von 15 bis 20 % als Gewinnzuschlag für Ihr unternehmerisches Handeln. Der Gewinnzuschlag ist einerseits die Vergütung für Ihr unternehmerisches Risiko, andererseits verschaffen Sie sich persönlich mehr finanziellen Handlungsspielraum. „Grundlohn" plus Gewinnzuschlag ergeben Ihren privaten Bedarf pro Jahr.

Leider wird häufig vergessen, dass auch das Einkommen des Selbstständigen der Besteuerung unterliegt. Planen Sie die voraussichtlich von Ihnen zu leistende Einkommensteuer-Zahlung bei Ihrer Kalkulation gleich mit ein. Die voraussichtliche Steuerbelastung können Sie auf der Basis des berechneten persönlichen Bedarfs ableiten. Nutzen Sie dazu z. B. den Abga-

FINANZIERUNG — **3. KAPITEL**

benrechner des Bundesfinanzministeriums im Internet unter www.abgabenrechner.de, Stichwort: Berechnungen und Informationen zur Einkommensteuer.

Das Ergebnis Ihrer Berechnung ist dann der sogenannte kalkulatorische Unternehmerlohn. Diesen wollen Sie pro Jahr mindestens mit Ihrem Unternehmen erwirtschaften. Wie Sie den Unternehmerlohn berechnen, sehen Sie anhand des folgenden Beispiels:

Beispiel für die Berechnung des kalkulatorischen Unternehmerlohns

Kosten pro Monat	Betrag
Wohnungsmiete	375 €
Strom, Heizung, Wasser	125 €
Lebenshaltung (Essen, Getränke)	350 €
Hobbys (Vereinsbeiträge etc.)	50 €
Krankenversicherung	245 €
Altersvorsorge	150 €
Summe/Monat	**1.370 €**
× 12 Monate	16.440 €
+ Gewinnzuschlag 15 %	2.466 €
= **privater Bedarf/Jahr**	**18.906 €**
+ Einkommensteuer (geschätzt)	4.300 €
= **kalkulatorischer Unternehmerlohn**	**23.206 €**

2. Berechnen Sie Ihre jährliche Arbeitszeit

Der Selbstständige arbeitet bekanntlich „selbst" und „ständig". Aber darauf lässt sich keine Kalkulation aufbauen. Überlegen Sie,

- wie viele Tage im Jahr Sie arbeiten,
- wie viele Urlaubstage Sie sich gönnen wollen,
- mit wie vielen Krankheitstagen zu rechnen ist und
- wie viele Tage für Weiterbildung zu berücksichtigen sind – gerade diese notwendige Zeit, um „auf dem Laufenden" zu bleiben, wird häufig vergessen.

Errechnen Sie, wie viele Stunden Sie folglich arbeiten, und ziehen Sie davon die nicht verkaufbare Zeit ab, also z. B. die Zeit, die Sie mit Büroarbeiten verbringen, etwa für Verwaltungsarbeiten wie Rechnungen schreiben, Finanzen planen und Steuerangelegenheiten.

Überlegen Sie schließlich, zu welchem Teil Ihrer Zeit Sie tatsächlich Kundenaufträge bearbeiten. Gerade zu Beginn Ihrer Selbstständigkeit können Sie noch nicht mit einer vollen Auslastung rechnen. Außerdem haben Sie viele Dinge zu erledigen, für die Sie Kunden keine Zeit in Rechnung stellen können, z. B. Steuerangelegenheiten, Aufräum- und Reinigungsarbeiten, strategische Planung etc. Das muss aber in Ihrer Kalkulation berücksichtigt sein.

TIPP Gehen Sie anfangs sicherheitshalber davon aus, dass Sie nur ca. jede 2 Stunde Ihrer Arbeitszeit Kunden in Rechnung stellen können. Den Wert passen Sie später entsprechend Ihren Erfahrungen an.

- Anhand des folgenden Beispiels sehen Sie, wie viele Arbeitsstunden tatsächlich pro Jahr zur Verfügung stehen, die auch an Kunden verkauft werden können.

Beispiel für die Berechnung der jährlichen Arbeitszeit

Tage im Jahr	365 Tage
− Wochenenden 52 × 2 Tage	104 Tage
− gesetzliche Feiertage	10 Tage
− Urlaubstage	10 Tage
− Krankheitstage	5 Tage
− Weiterbildung (Kurse etc.)	5 Tage
= **mögliche Arbeitstage/Jahr**	**231 Tage**
× 10 Stunden tägliche Arbeitszeit	2.310 Stunden
− 231 × 2 Std./Tag Büroarbeit	462 Stunden
= **verkaufbare Arbeitsstunden**	**1.848 Stunden**
= **bei 70 % Auslastung (× 0,7)**	**1.294 Stunden**

JETZT BIN ICH SELBSTSTÄNDIG

3. Stellen Sie Ihre Betriebskosten zusammen

Die Kosten Ihres Betriebs entnehmen Sie am besten Ihrer Kostenübersicht aus dem vergangenen Jahr und erhöhen sie um einen Inflationsausgleich von ca. 2 %.

Beispiel für die Berechnung der Betriebskosten

Aufwendungen pro Jahr	Betrag
Miete + Nebenkosten	2.000 €
Steuern, Gebühren, Abgaben	3.600 €
Geschäftswagen	3.000 €
Personalkosten	12.500 €
Werbung, Beiträge, Sonstiges	6.200 €
Summe betriebliche Kosten	27.300 €

4. Berechnen Sie versteckte Nutzungskosten

Die Nutzungskosten, auch kalkulatorische Abschreibung genannt, sind ein versteckter Kostenanteil. Alle Dinge, die sich abnutzen, die Sie aber für Ihren Betrieb benötigen, müssen Sie nach der Abnutzung neu anschaffen. Dieses Geld müssen Sie während der Nutzungszeit verdient haben.

Tragen Sie jeden wichtigen Gegenstand mit seinem Kaufpreis in eine Tabelle ein und teilen Sie den Preis durch die tatsächlich möglichen Nutzungsjahre. Achtung: Es geht hier nicht um die steuerliche Abschreibungszeit, diese kann kürzer oder länger sein!

Beispiel für die Berechnung der Nutzungskosten

Gegenstand	Kaufpreis	Nutzungsdauer	Jährliche Nutzung
Geschäftswagen	12.000 €	5 Jahre	2.400 €
Rasenmäher	720 €	6 Jahre	120 €
Werkzeuge	2.150 €	5 Jahre	430 €
Kalkulatorische Abschreibung			2.950 €

5. Vergessen Sie nicht die Zinsen für Ihr Eigenkapital

Mit der Aufstellung der Nutzungskosten machen Sie sich auch bewusst, wie viel Eigenkapital Sie in Ihr Unternehmen investiert haben. Wären Sie angestellt geblieben, hätten Sie dieses Geld anlegen können. Also berechnen Sie die jährlichen Zinsen dafür, denn diese sollten Sie auch verdienen – das sind die kalkulatorischen Zinsen.

Beispiel für die Berechnung bei angenommenen 5 % Zinsen

15.000 € Kapital × 5 % = 750 € pro Jahr

Beachten Sie: Wenn Sie das Geld für Ihre Investitionen nicht aus eigenen Mitteln aufgebracht haben, sondern einen Kredit dafür aufnehmen mussten, fallen bei Ihnen keine kalkulatorischen Zinsen an, sondern „echte" Zinsen. Diese führen Sie als Finanzierungskosten unter den Aufwendungen auf.

6. Berechnen Sie den notwendigen Stundensatz

Jetzt haben Sie alle Daten gesammelt. Sie können ausrechnen, was Ihre Kunden zahlen sollten.

Anhand der Rechnung erkennen Sie die wesentlichen Faktoren für den Preis: die Auslastung und die laufenden Kosten.

Um keine bösen Überraschungen zu erleben, beobachten Sie beides ganz genau:

- Führen Sie darüber Buch, wie viele Stunden Sie Kunden berechnen. Droht die Auslastung unter den geplanten Wert – im Beispiel 70 % – zu sinken, intensivieren Sie die Kundenakquise.

- Um die Kosten im Griff zu behalten, prüfen Sie monatlich die Erlöse und Kosten und vergleichen Sie sie mit den geplanten Werten. Ungünstige Entwicklungen können Sie somit sofort korrigieren. Darüber hinaus wissen Sie exakt, mit welchem Stundensatz Sie Ihre Preise kalkulieren müssen, um Gewinn zu erwirtschaften.

FINANZIERUNG — 3. KAPITEL

Beispiel für die Berechnung des Stundensatzes

Position		Betrag
Privater Bedarf		16.440,00 €
+ Gewinnzuschlag	15,00 %	2.466,00 €
= Privater Bedarf pro Jahr		18.906,00 €
+ Einkommensteuer (geschätzter Durchschnittssteuersatz)	22,74 %	4.299,22 €
= kalkulatorischer Unternehmerlohn		23.205,22 €
+ Betriebliche Kosten		27.300,00 €
+ Nutzungskosten (kalkulatorische Abschreibungen)		2.950,00 €
+ Kalkulatorische Zinsen auf investiertes Kapital		750,00 €
Kosten pro Jahr		54.205,22 €
Verkaufbare Arbeitsstunden		1.294 Std.
= Netto-Stundensatz		41,90 €
+ Umsatzsteuer	19 %	7,96 €
= **Endverbraucherpreis pro Stunde**		**49,86 €**

So gestalten Sie Ihre Angebote und Preise attraktiver

Es kann vorkommen, dass Ihre kalkulierten Preise über denen Ihrer Wettbewerber liegen und Sie kurzfristig keine Möglichkeit haben, Ihre Kosten zu senken. Dann sollten Sie überlegen, wie Sie sich durch zusätzliche Leistungsmerkmale von Ihren Konkurrenten absetzen und einen höheren Preis für ein Produkt rechtfertigen können. In Betracht kommen beispielsweise

- Komplettservice, Angebot aus einer Hand, z. B. von der Planung über die Durchführung bis zur Abnahme;
- zusätzlicher Service, z. B. Abhol- und Bringservice bei Reparaturen, Ersatzteilservice, 24-Stunden-Service;
- bei Projekten und Einzelfertigung Vereinbarung von Festpreisen, um später Überraschungen zu vermeiden;
- vergleichbare Produkte mit weiteren (sinnvollen) Funktionalitäten versehen;
- Kunden in die Entwicklung eines Produktes einbeziehen;
- absolute Einhaltung zugesagter Termine, ggf. verbunden mit einem Erstattungsanspruch für den Kunden;
- großzügige Kulanzregelungen, Reparaturen und Austausch von Teilen maximal zu Einkaufspreisen;
- umfassende und ausführliche Beratungsleistungen;
- ständiges Angebot von Produktinnovationen.

Viele dieser und weitere Leistungen lassen sich ohne höhere Kosten erbringen. Dies ist eine Chance für Sie, sich vom Wettbewerb abzusetzen und sich einen Ruf, z. B. den der absoluten Zuverlässigkeit, aufzubauen. Dann sind Kunden eher bereit, höhere Preise zu zahlen. Fragen Sie sich regelmäßig, wo Ihre Stärken liegen und was Sie besser machen als Ihre Konkurrenten. Bauen Sie diese Stärken aus und stellen Sie sie Ihren Kunden, z. B. in der Werbung, gezielt vor.

3. KAPITEL — FINANZIERUNG

Der Weg zur richtigen Preisgestaltung

Maßnahme	☑
Kalkulieren Sie für Ihre Angebote Preise unter Berücksichtigung Ihrer Kosten und Gewinnvorstellungen.	☐
Denken Sie daran: Der Gewinn deckt auch Ihr unternehmerisches Risiko und wird benötigt, um Investitionen zu tätigen und Neuentwicklungen bezahlen zu können.	☐
Vergleichen Sie Ihre Preise erst nach Ihrer eigenen Kalkulation mit denen Ihrer Wettbewerber. So werden Sie nicht unbewusst gelenkt.	☐
Sind Ihre Preise niedriger, nutzen Sie die Differenz, um Ihren Gewinn zu erhöhen, indem Sie z. B. den Preis erhöhen.	☐
Sind Ihre Preise höher, müssen Sie nach Verbesserungsmöglichkeiten suchen. Prüfen Sie alle Möglichkeiten der Kostensenkung und Ablaufoptimierung.	☐
Prüfen Sie, ob und womit Sie Kunden bewegen können, trotz höherer Preise bei Ihnen zu kaufen. Infrage kommen z. B. besserer Service, Zusatzfunktionen, Komplettangebote.	☐
Heben Sie den qualitativen Mehrwert Ihrer Dienstleistungen noch deutlicher hervor. Beispiel: Werben Sie mit Zusagen wie „Festpreisgarantie" etc.	☐
Eine Nachkalkulation ist bei jedem größeren Auftrag oder Projekt notwendig. Bei „normalen" Produkten genügen meist zwei bis drei Überprüfungen pro Jahr.	☐
Die Nachkalkulation deckt mögliche Fehler auf und gibt Ihnen Hinweise für Verbesserungsmöglichkeiten.	☐

Download unter: **www.jetztselbststaendig.info**,
Kapitel 3, Stichwort: **Stundensatzrechner**

FINANZIERUNG | **3. KAPITEL**

Liquiditätsplanung –
So sichern Sie dauerhaft Ihre Zahlungsfähigkeit

> **Quick-Tipp**
>
> **Kosten**
> €€€€
> Sie brauchen für eine Liquiditätsplanung keine spezielle Software. Eine einfache Übersicht in einer Tabellenkalkulation genügt. Eine kostenlose Vorlage finden Sie auf unserer Internet-Seite.
>
> **Zeit**
> ⏰⏰⏰⏰
> Wie viel Zeit Sie für Ihre Liquiditätsplanung brauchen, hängt von Ihrer Branche und Ihrer Situation ab. Stellen Sie erstmals einen Liquiditätsplan für 12 Monate im Voraus auf, sollten Sie dafür rund 3 bis 4 Stunden einplanen. Haben Sie bereits Routine, wird die Erstellung Ihnen deutlich schneller von der Hand gehen.
>
> Haben Sie nur wenige Ausgaben, genügt eine monatliche Überarbeitung. Ist Ihre finanzielle Lage bereits angespannt, kann eine tägliche Aktualisierung sinnvoll sein.
>
> **Anspruch**
> ★☆☆☆
> Die Liquiditätsplanung ist Ihre wichtigste finanzielle Planung überhaupt. Denn fällige Rechnungen zahlen zu können, bedeutet nicht nur Vertrauenspflege gegenüber Geschäftspartnern. Können Sie finanziellen Verpflichtungen nicht nachkommen, kann das auch das Ende Ihrer Selbstständigkeit bedeuten!

Diese betriebswirtschaftliche Regel sollten Sie beherzigen: Ihr erstes Ziel als Selbstständiger muss sein, immer Ihre Rechnungen bezahlen zu können. Denn fehlende Liquidität bedeutet sogar für florierende Unternehmen mit guter Auftragslage allzu oft das Aus. Der Grund: Große Aufträge bringen zwar Geld – aber erst in der Zukunft, oft erst nach Monaten. In der Zwischenzeit müssen die laufenden Kosten bezahlt werden. Die Rechnungsteller wollen ihr Geld sofort sehen, nicht erst in ein paar Monaten. Vor einem Liquiditätsengpass schützen Sie sich mit einer Liquiditätsplanung. Stellen Sie für die kommenden Monate gegenüber, zu welchem Zeitpunkt Sie welche Einnahmen und Ausgaben haben. So sehen Sie frühzeitig, wann Ihr verfügbares Geld knapp wird, und können entsprechend Vorsorge treffen.

> **TIPP** Stellen Sie Ihre Liquiditätsplanung möglichst langfristig auf – mindestens für 3 Monate im Voraus – besser noch für 12 Monate. Dann können Sie Liquiditätsengpässe frühzeitig ausmachen und sich in Ruhe eine Strategie überlegen. Außerdem bringt Ihnen eine langfristige Liquiditätsplanung auch Pluspunkte bei Ihrer Bank. Sie zeigen damit, dass Sie vorausschauend handeln. Wenn Sie frühzeitig einen Kredit zur Überbrückung eines Liquiditätsengpasses beantragen, haben Sie bessere Chancen, ihn auch zu bekommen.

Einen Liquiditätsplan stellen Sie in folgenden Schritten auf:

Stellen Sie in 5 Schritten Ihren Liquiditätsplan auf

1. Welche liquiden Mittel haben Sie?

Beginnen Sie mit einem Kassensturz: Ermitteln Sie, wie viel Geld Sie momentan zur Verfügung haben. Dazu gehören die Barbeträge in Ihrer Kasse sowie Ihr Bankguthaben. (Geschäftskonto). Das ist Ihr „Startkapital" am Monatsanfang. Es verändert sich ständig durch Einnahmen und Ausgaben.

TIPP Zu den liquiden Mitteln gehört auch Ihr Kontokorrentrahmen, also der Betrag, mit dem Ihr Geschäftskonto kurzfristig im Minus stehen darf. Den Kontokorrent sollten Sie aber als „eiserne Reserve" ansehen und zunächst nicht bei den liquiden Mitteln auflisten. Planen Sie Ihre Ausgaben möglichst so, dass Sie mit Ihrem tatsächlichen Guthaben auskommen. Die Kontokorrentlinie wird dann separat in der Liquiditätsplanung ausgewiesen.

2. Listen Sie die geplanten Netto-Einzahlungen auf

Ausgehend vom Bestand an liquiden Mitteln planen Sie für jeden der kommenden Monate die Einzahlungen, die voraussichtlich zu dem Bestand hinzukommen werden. Dazu zählen z. B. Erlöse aus Vermögensverkäufen, Zinszahlungen aus Guthaben oder Mittel aus neu aufgenommenen Krediten. Der größte Teil wird aber aus Ihren Umsätzen folgen – entweder als sofortige Bareinnahmen oder als auf Ihre Rechnungen mehr oder weniger pünktlich folgende Zahlungen. Dieser Punkt ist zugleich am schwierigsten zu ermitteln, da er nicht nur von Ihren Entscheidungen, sondern vom Verhalten Ihrer Kunden abhängt.

Um die Höhe der Umsätze zu ermitteln, schätzen Sie, wie viele Produkte, Leistungen oder Stunden Sie zu welchem Preis in einem Monat verkaufen können. Multiplizieren Sie Mengen und Preise, erhalten Sie den Planumsatz für diesen Monat:

Menge × Preis = Planumsatz

Beachten Sie: Die Umsätze sind häufig nicht identisch mit den Zahlungen, die Sie in einem Monat erhalten. Denn nicht alle Kunden zahlen pünktlich – einige auch gar nicht. Schätzen Sie

- Zahlungsausfälle und
- verzögerte Zahlungen

und berücksichtigen Sie diese bei Ihrer Planung. Kalkulieren Sie dazu überschlägig, welcher Anteil erst einen oder sogar zwei Monate später beglichen wird und welcher voraussichtlich gar nicht. Entsprechend sehen Sie diese Anteile dann in späteren Monaten als Zahlungseingänge vor. Die Anteile ermitteln Sie der Einfachheit halber einmal für das gesamte Kalenderjahr. Seien Sie dabei bewusst übervorsichtig.

z. B. Ein Selbstständiger plant für den Monat Oktober mit einem Umsatz von 5.000 €. Viele Kunden zahlen nicht bar, sondern auf Rechnung. Er geht von 10 % Zahlungsausfällen aus. Zudem zahlen nicht alle Kunden noch im Monat der Rechnungsstellung. Ca. 40 % bekommt er erst im Folgemonat. Der Selbstständige kalkuliert die Geldzuflüsse für seine Liquiditätsplanung vor diesem Hintergrund so:

Geplanter Umsatz (Oktober)	5.000 €
– Zahlungsausfälle (10 %)	4.500 €
Von den 4.500 € erhält er	
• im Oktober (60 %)	2.700 €
• im November (40 %)	1.800 €

TIPP Sind Sie Kleinunternehmer (nicht mehr als 17.500 € Umsatz inkl. darauf entfallende Umsatzsteuer pro Jahr), geben Sie in der Liquiditätsplanung alle Einnahmen und Ausgaben als Bruttobeträge an. Als umsatzsteuerpflichtiger Unternehmer sollten Sie dagegen mit Netto-Erlösen ohne Umsatzsteuer (Mehrwertsteuer) kalkulieren, denn bei der Umsatzsteuer handelt es sich im Grunde genommen um einen durchlaufenden Posten. Behandeln Sie die Umsatzsteuer von vornherein wie fremdes Geld, dann kann sie bei Ihnen auch nicht zu Liquiditätsproblemen führen. Hintergrund: Sie müssen die Umsatzsteuer als

- Soll-Versteuerer bereits nach Ablauf des Monats, in dem Sie die Rechnung gestellt haben (also in einigen Fällen sogar schon, bevor Sie Geld vom Kunden bekommen haben), oder

- als Ist-Versteuerer nach Ablauf des Monats, in dem Sie die Zahlung erhalten haben,

an das Finanzamt abführen.

3. Stellen Sie Ihre geplanten Ausgaben zusammen

Bei den Ausgaben stehen die wiederkehrenden Kosten an erster Stelle. Listen Sie alle Kosten auf, die bei Ihnen regelmäßig anfallen. Ermitteln Sie, in welchem Monat welche Kosten anstehen. Die wichtigsten Posten finden Sie in Ihren Eingangsrechnungen und Ihren Kontoauszügen aus dem Vorjahr.

Typische Ausgaben

- Mieten und Nebenkosten
- Energiekosten
- Versicherungsbeiträge
- Kammerbeiträge
- Verbrauchsmaterial
- Materialeinkauf/Lieferantenrechnungen
- Werbung
- Telekommunikationskosten
- Privatentnahmen (errechnen Sie den Betrag, den Sie monatlich brauchen, um Ihre privaten Kosten inkl. eventueller Steuerzahlungen und -vorauszahlungen zu decken)

Dazu kommen einmalige oder unregelmäßige Ausgaben, z. B. für Investitionen, Schuldentilgung, Sponsoring oder Werbung. Auch diese müssen Sie entsprechend ihrer voraussichtlichen Entstehung für jeden Monat vorsehen.

4. Können Sie alle Forderungen begleichen?

Entscheidend für Sie sind bei der Liquiditätsplanung am Ende 3 Zahlen:

• Monatsbezogene Über-/Unterdeckung

Ziehen Sie von den monatlichen Einzahlungen die Kosten ab. Im Idealfall bleibt dann ein Einzahlungsüberschuss (Überdeckung). Wenn in einzelnen Monaten die Ausgaben die Einzahlungen übersteigen (Unterdeckung), muss Sie das noch nicht beunruhigen.

• Kumulierte Über-/Unterdeckung

Wichtig bei einer Unterdeckung in einem Monat ist, dass Sie über genügend Bank- oder Kassenguthaben verfügen, aus dem Sie Rechnungen zahlen können. Ob das der Fall ist, ermitteln Sie, indem Sie zum monatlichen Saldo aus Einzahlungen und Ausgaben den Saldo des Vormonats addieren. Denn das ist der Bestand an Kassen- und Bankguthaben. Das Ergebnis ist die kumulierte Über- bzw. Unterdeckung.

• Verfügbare Liquidität

Die kumulierte Über- bzw. Unterdeckung plus die Ihnen gewährte Kontokorrentlinie ergeben die „verfügbare Liquidität", die Ihnen am Ende eines jeden Monats zur Verfügung steht. Sie ist gleichzeitig das Startguthaben für den Folgemonat.

Die verfügbare Liquidität muss positiv sein! Wenn Ihre Planung einen negativen Betrag ergibt, müssen Sie rechtzeitig Maßnahmen einleiten, um dies abzuwenden. Andernfalls droht Ihnen ein Liquiditätsengpass und Sie können fällige Forderungen womöglich nicht rechtzeitig oder gar nicht mehr zahlen.

5. Prüfen Sie, ob Sie Ihre Planzahlen erreichen

Am Ende jedes Monats sollten Sie prüfen, ob es Abweichungen zu Ihren Planungen gibt. Das wird regelmäßig vorkommen. Denn häufig werden Sie von unvorhergesehenen Kosten überrascht werden. Sie können einfach nicht alle Eventualitäten berücksichtigen. Umso wichtiger ist es, dass Sie Ihre Planungen – auch die für die Folgemonate – anpassen. So stellen Sie sicher, dass Ihre Planungen die tatsächlichen Entwicklungen berücksichtigen.

Auf der folgenden Seite sehen Sie einen Ausschnitt aus einem Liquiditätsplan. Er umfasst 3 Monate. Nach diesem Muster können Sie Ihren persönlichen Liquiditätsplan erstellen.

Steuerrücklagen:
So kalkulieren Sie zu erwartende Nachzahlungen in nur 3 Schritten

Vor allem dann, wenn sich Ihre Auftragslage gegenüber dem Vorjahr gut entwickelt hat, müssen Sie auf einen Schlag mit happigen Zahlungen an das Finanzamt rechnen. Bilden Sie frühzeitig Rücklagen, um durch Nachzahlungen nicht in Liquiditätsschwierigkeiten zu kommen. Bei Ihrer, am besten monatlichen, Steuerschätzung in eigener Sache gehen Sie folgendermaßen vor:

1. Nachzahlung für das Vergangene Jahr berechnen

Falls Sie Ihre Steuererklärung für das Vorjahr mit einer Steuersoftware gemacht haben, kennen Sie die Höhe der zu erwartenden Einkommensteuernachzahlungen. Wenn nicht, ermitteln Sie die voraussichtliche Belastung, indem Sie den amtlichen „Abgabenrechner" (http://www.abgabenrechner.de) und dort den Bereich „Berechnung der Einkommensteuer" aufrufen. Dort geben Sie Ihren Familienstand und das zu versteuernde Gesamteinkommen des Vorjahres (ggf. einschließlich dem Ihres Ehepartners) ein.

2. Steuerbelastung des laufenden Jahres berechnen

Der Rechner gibt nicht nur die zu erwartende Steuerbelastung in Euro und Cent aus, sondern zeigt Ihnen auch Ihren durchschnittlichen Steuersatz an. Sofern sich Ihre Gewinn- und Einkommenslage nicht gravierend gegenüber dem Vorjahr geändert hat, können Sie mithilfe dieses Prozentsatzes auch die tatsächliche Steuerbelastung des aktuellen Jahres recht genau prognostizieren: Angenommen Ihr Durchschnittsteuersatz liegt bei 25 %, dann müssen Sie ein Viertel Ihres bislang erzielten Gewinns für das Finanzamt zurücklegen.

3. Vorauszahlungen von den Steuernachzahlungen abziehen

Vorauszahlungen, die Sie im laufenden Jahr gezahlt haben, ziehen Sie von der zu erwartenden Steuernachzahlung ab und wissen so recht genau, wie viel Geld Sie beiseite legen müssen.

TIPP Um das Geld des Finanzamts im hektischen Alltagsgeschäft nicht versehentlich für eigene Zwecke auszugeben, richten Sie am besten ein Tages- oder Festgeldkonto für Ihre Steuerrücklage ein. Jeweils zum Monatsende machen Sie den beschriebenen einfachen Kassensturz und überweisen anschließend den voraussichtlichen Anteil des Finanzamts am Gewinn auf das separate Konto. Auf diese Weise sind Sie immer auf der sicheren Seite.

z. B. Bei einem nicht gewerbesteuerpflichtigen Selbstständigen, dessen Einkommensteuersatz ca. 25 % beträgt, sieht eine überschlägige Einkommensteuer-Schätzung Mitte des Jahres so aus:

Steuerschätzung	Betrag
Steuer-Verbindlichkeiten (für das Vorjahr):	
Einkommensteuer-Nachzahlung	5.500 €
Einkommensteuer-Verbindlichkeiten (aktuell):	
Gewinn (lt. EÜR zum 30. 6.)	26.000 €
darauf entfallende ESt. (25 %)	6.500 €
– ESt-Vorauszahlung 1. Q. (10. 3.)	1.500 €
– ESt-Vorauszahlung 2. Q. (10. 6.)	1.500 €
– ESt-Vorauszahlung 3. Q. (10. 9.)	
– ESt-Vorauszahlung 4. Q. (10. 12.)	
Summe ESt-Vorauszahlungen	3.000 €
kalk. ESt-Nachzahlung (ESt. auf Gewinn – ESt.-Vorauszahlungen)	3.500 €
erforderliche ESt-Rücklage (Nachzahlung Vorjahr + aktuell):	9.000 €

FINANZIERUNG — 3. KAPITEL

Beispiel für einen Liquiditätsplan für ein Quartal

Liquiditätsplanung	Januar Plan	Januar Ist	Januar Abw.	Februar Plan	Februar Ist	Februar Abw.	März Plan	März Ist	März Abw.
A. Liquide Mittel									
Kasse, Bank	450	320	-130	-1.000	-3.260	-2.260	-5.990	-8.720	-2.730
B. Einnahmen									
Netto-Umsatzerlöse (Bar, EC-, Forderungen)	18.000	16.750	-1.250	14.000	13.460	-540	20.000	19.420	-580
Zins- und Dividendenerträge	0	0	0	0	0	0	0	0	0
Gesellschaftereinlagen	0	0	0	0	0	0	0	0	0
Darlehenszahlungen (o. Kontokorrent)	0	0	0	0	0	0	0	0	0
Vermögensverkäufe (Anlagen, Lagerteile)	0	0	0	0	0	0	0	2.670	2.670
Andere Einzahlungen, z. B. Spenden	0	0	0	0	0	0	0	0	0
Summe Einnahmen	18.000	16.750	-1.250	14.000	13.460	-540	20.000	22.090	2.090
C. Ausgaben									
Personalkosten (Gehalt, Lohn, Nebenk.)	8.500	8.430	70	8.500	8.430	70	8.500	8.430	70
Steuern	0	0	0	0	300	300	800	800	0
Abgaben, Gebühren, Versicherungen	0	0	0	300	700	0	300	300	0
Mieten und Nebenkosten	700	700	0	700	700	0	700	700	0
Umsatzsteuer-Zahllast	1.150	1.080	70	1.150	1.080	70	1.200	1.080	120
Energien	500	500	0	500	500	0	500	500	0
Zinszahlungen Kredite	300	290	10	290	280	10	280	270	10
Material (Rohstoffe, Betriebsmittel etc.)	4.500	4.890	-390	3.500	3.670	-170	4.800	4.970	-170
Schuldentilgung Darlehen	300	300	0	300	300	0	300	300	0
Kommunikation	300	320	-20	300	310	-10	350	310	40
Investitionen	0	0	0	0	0	0	0	0	0
Werbung	2.750	3.400	-650	3.000	2.870	130	3.500	2.460	1.040
Beratung/Drittleistungen	0	0	0	0	0	0	0	0	0
Gesellschafter-/Privatentnahmen	0	0	0	0	0	0	0	0	0
Sonstige Kosten, z. B. Büromaterial, Bank	450	420	30	450	480	-30	500	410	90
Andere Auszahlungen, z. B. Sponsoring	0	0	0	0	0	0	0	0	0
Summe Ausgaben	19.450	20.330	-880	18.990	18.920	70	21.730	20.530	1.200
D. Über-/Unterdeckung									
Monat	-1.450	-3.580	-2.130	-4.990	-5.460	-470	-1.730	1.560	3.290
Kumuliert = liquide Mittel Folgemonat	-1.000	-3.260	-2.260	-5.990	-8.720	-2.730	-7.720	-7.160	560
E. Kreditlinie									
Kontokorrentkredit	10.000	10.000	0	10.000	10.000	0	10.000	10.000	0
F. Verfügbare Liquidität	9.000	6.740	-2.260	4.010	1.280	-2.730	2.280	2.840	560
G. In Anspruch genommene Kredite (o. Kreditlinie)	12.000	11.450	550	11.500	11.050	450	11.000	10.730	270

Download unter: **www.jetztselbststaendig.info**
Kapitel 3, Stichwort: **Liquiditätsplan**

3. KAPITEL — FINANZIERUNG

Liquidität gewinnen –
Mit diesen Maßnahmen erhöhen Sie Ihre verfügbaren Mittel

> **Quick-Tipp**
>
> **Kosten**
> €€€€
> Die im Folgenden vorgestellten Maßnahmen zur Liquiditätsverbesserung können Sie selbst vornehmen. Nennenswerte Kosten sind damit nicht verbunden. Lediglich die Krisen- und Sanierungsberatung der KfW erfordert einen kleinen Beitrag der – ja nach Umfang – wenige hundert Euro ausmachen kann. Allerdings erhalten Sie dafür auch Zuschüsse.
>
> **Zeit**
> Nehmen Sie sich 1 bis 2 Stunden Zeit, um mögliche Maßnahmen zu überlegen und zu planen. Die Umsetzung erfordert dann ebenfalls etwas Zeit. Forderungen bei Kunden einzutreiben oder einen Brief an das Finanzamt zu formulieren und um Steuerstundungen zu bitten, macht man nicht nebenbei.
>
> **Anspruch**
> ★ ☆ ☆ ☆
> Mit den folgenden Maßnahmen sorgen Sie schnell und unkompliziert für zusätzliche liquide Mittel. Spüren Sie bereits sehr früh eine Liquiditätslücke auf, kann es aber ratsam sein, sich auch um einen Betriebsmittelkredit zu bemühen, den gibt es u. a. auch als zinsgünstigen Förderkredit von der KfW.

Wenn Sie für einen Monat eine Liquiditätslücke errechnen, können Sie versuchen, zur Hausbank zu gehen und ein Darlehen bzw. einen (zusätzlichen) Kontokorrentrahmen in Höhe des ermittelten Geldbedarfs aufzunehmen. Wenn Sie eine mögliche Liquiditätslücke sehr frühzeitig erkennen, ist das eine Möglichkeit, dem entgegenzutreten. Ein (zusätzlicher) Kredit kann sogar Ihre Finanzierungsstruktur verbessern. Nehmen Sie ein Darlehen auf, um langfristige Investitionen zu finanzieren, ist das nämlich deutlich günstiger als wenn Sie dafür Ihren Kontokorrentrahmen nutzen. Außerdem bleibt der Kontokorrent dann für andere, unvorhergesehene Ausgaben frei.

Wollen Sie allerdings kurzfristig Geld von der Bank, wird das meist nicht einfach sein. Zumindest aber wird sich die Bank nur gegen einen deutlichen Zinsaufschlag darauf einlassen. Immerhin geht sie ja ein höheres Risiko ein. Warten Sie bis Ihre Liquiditätskrise akute Ausmaße annimmt, und sprechen erst dann mit der Bank, riskieren Sie sogar, dass die Ihre Finanzkrise zum Anlass nimmt, die Geschäftsbeziehung mit Ihnen zu kündigen und bereits geliehenes Geld zurückzufordern. Das kann Sie in die sofortige Zahlungsunfähigkeit führen. Gute Gründe, zu versuchen, den benötigten zusätzlichen Geldmittelbedarf aus eigenen Kräften aufzubringen. Dazu haben Sie prinzipiell 2 Möglichkeiten:

- Sie verbessern Ihre Erlöse.
- Sie senken Ihre Kosten.

So beschleunigen Sie Zahlungen und erhöhen Ihre Erlöse

Tipp 1: Fordern Sie Außenstände von Kunden ein

Es ist Ihnen peinlich, Ihre Kunden zu mahnen? Bedenken Sie: Ihrem Betreuer bei der Bank macht es gewiss nichts aus, Sie an Ihr überzogenes Konto zu erinnern! Erinnern Sie Ihre Kunden also an die offenen Forderungen und ziehen Sie diese so schnell wie möglich ein!

FINANZIERUNG | **3. KAPITEL**

Musterformulierung für ein Erinnerungsschreiben

Michael Mahnung • Buchhaltungsservice
Herrenstraße 21 · 12345 Beispielhausen

Bertha Bummel Beispielhausen, 20. Mai 20__
Zahlgasse 9
12345 Beispielhausen

Sehr geehrte Frau Bummel,

Papier ist geduldig, wir waren es lange Zeit auch! Lassen Sie uns bitte nicht länger warten. Damit wir unser anerkannt günstiges Preis-Leistungs-Verhältnis weiterhin aufrechterhalten können, achten wir auf den pünktlichen Eingang der Rechnungsbeträge.

Bitte bezahlen Sie unsere Rechnung vom __.__.____ in Höhe von _____ € bis zum __.__.____ auf unser Konto. Um Ihnen die Zahlung zu erleichtern, fügen wir einen vorbereiteten Überweisungsvordruck bei.

Bitte beachten Sie, dass wir Zahlungseingänge nur bis zum __.__.____ berücksichtigen konnten. Falls Sie zwischenzeitlich gezahlt haben, betrachten Sie dieses Schreiben bitte als gegenstandslos.

Mit freundlichen Grüßen

Michael Mahnung

Download unter: **www.jetztselbststaendig.info**
Kapitel 3, Stichwort: **Zahlungserinnerung**

JETZT BIN ICH SELBSTSTÄNDIG

3. KAPITEL — FINANZIERUNG

Da die Zeit jetzt drängt, rufen Sie die Nichtzahler unter Ihren Kunden am besten sogar persönlich an. Verlangen Sie freundlich, aber konsequent die sofortige Bezahlung. Im Notfall vereinbaren Sie zumindest eine Ratenzahlung, deren erste Rate sofort fällig wird. Zahlt der Kunde trotzdem nicht, bringen Sie bei unbestrittenen Forderungen, die Sie beweisen können, einen gerichtlichen Mahnbescheid auf den Weg.

Tipp 2: Formulieren Sie Ihr Skonto-Angebot geschickt

Kalkulieren Sie bei neuen Angeboten ab sofort einen Skonto-Abzug mit ein. Stellen Sie Ihre Rechnung umgehend nach Ausführung Ihrer Leistung und bieten Sie Skonto auf der Rechnung an. Formulieren Sie aber nicht wie üblich lapidar „2 % Skonto bei Zahlung bis __.__.____". Besser ist es, dem Kunden die Höhe seines Vorteils konkret auszurechnen. Dann wird der Anreiz größer, schnell zu zahlen.

z.B. Sie stellen eine Rechnung über 800 € + 19 % USt., insgesamt 952 €. Informieren Sie den Kunden in der Rechnung über seinen Vorteil bei schneller Zahlung, indem Sie folgende Formulierung verwenden. Die können sie z. B. am Ende einer Rechnung vorsehen.

> **Musterformulierung für ein Skonto-Angebot**
>
> *Wir können Ihnen heute ein ganz besonderes Angebot machen: Wenn Sie die Rechnung bis zum __.__.____ begleichen, bekommen Sie 2 % Skonto. Das sind in diesem Fall 19,04 €. Ihr Zahlbetrag vermindert sich also auf 932,96 €. Wollen Sie den Preisvorteil nicht nutzen, zahlen Sie bitte bis spätestens __.__.____ den vollen Betrag von 952 €.*

Tipp 3: Verlangen Sie Anzahlungen und Abschlagszahlungen

Ist es absehbar, dass Sie länger brauchen werden, um einen Auftrag auszuführen?

- Vereinbaren Sie mit Ihrem Kunden eine Anzahlung, um Ihre Vorfinanzierung zu decken (z. B. 10 bis 15 % des Preises).
- Sprechen Sie zusätzlich ab, dass Sie Abschlagsrechnungen nach 25, 50 und 75 % der Fertigstellung schreiben werden.

Wenn Sie beides ganz selbstverständlich verlangen, werden viele Kunden es auch ohne Feilschen akzeptieren. Einen Versuch ist es jedenfalls wert!

Tipp 4: Erhöhen Sie Ihre Preise

Preissteigerungen kann kein Unternehmen auf Dauer verkraften, ohne auch die eigenen Preise anzuheben. Wenn Sie Preisanhebungen mit Ihren gestiegenen Kosten begründen, akzeptieren das auch Ihre Kunden. Einmal pro Jahr können Sie ohne Weiteres einen Preisaufschlag verlangen. Natürlich sollte dieser sich an der allgemeinen Preisentwicklung orientieren.

Geschickt ist es, die Preise so zu erhöhen, dass es den Kunden nicht auf den ersten Blick auffällt. Das geht, indem Sie Angebote ganz neu zusammenstellen, sodass die neuen Preise nicht mehr direkt mit den alten vergleichbar sind. So vermeiden Sie Diskussionen um Preisanhebungen von vornherein.

Tipp 5: Verkaufen Sie nicht benötigte Geschäftsausstattung

Vielleicht sind es keine großen Beträge, die Sie auf diesem Weg erzielen. Aber als Teile Ihres „Sanierungsprogramms" sollten Sie Ballast abstoßen, den Sie sowieso nicht mehr benötigen. Vielleicht haben Sie noch einen zweiten Drucker, den Sie nur selten nutzen oder Tintenpatronen oder einen Büroschrank, von dem Sie sich trennen können. Bei Händlern stapeln sich auch oft Waren im Lager, die sich nur schwer verkaufen lassen. Von alldem können Sie sich recht schnell trennen und so zusätzliche Einnahmen erzielen. Einzelne Gegenstände lassen sich z. B. über eBay verkaufen. Lagerwaren können Sie Ihren Kunden auch zum Sonderangebot anbieten. Hauptsache, Sie bekommen schnell Geld dafür.

FINANZIERUNG — 3. KAPITEL

Musterformulierung für eine Teilzahlungs-/Abschlagszahlungs-Vereinbarung

Vertrag zwischen

Paul Preiswert
Pinselweg 12, 12345 Beispielhausen
– im Folgenden Unternehmer genannt –

und

Hans Krämer
Am Bächlein 5, 12345 Beispielhausen
– im Folgenden Kunde genannt –

Die Parteien vereinbaren die folgende Abschlagszahlungsregelung:

1. Vor Beginn der Arbeiten des Unternehmers leistet der Kunde eine Anzahlung in Höhe von _____ € bis spätestens zum __.__.____ auf das Konto _____ des Unternehmers bei der _____ (Bank).

2. Nach Fertigstellung der Projektphase 1 _____ durch den Unternehmer zahlt der Kunde einen Betrag in Höhe von _____ € innerhalb einer Woche nach schriftlicher Anzeige durch den Unternehmer.

3. Nach Fertigstellung der Projektphase 2 _____ durch den Unternehmer zahlt der Kunde einen Betrag in Höhe von _____ € innerhalb einer Woche nach schriftlicher Anzeige durch den Unternehmer.

… *(Ggf. fügen Sie weitere Teilleistungen ein.)*

Sofern der Kunde die jeweiligen Abschläge nicht leistet, ist der Unternehmer nicht verpflichtet, die jeweils nächste Projektphase zu beginnen. Bei Verzug des Kunden mit einer Teilzahlung ist der Unternehmer zum Rücktritt vom gesamten Vertrag berechtigt.

Paul Preiswert
– Unternehmer –

Hans Krämer
– Kunde –

Download unter: **www.jetztselbststaendig.info**
Kapitel 3, Stichwort: **Teilzahlung-/Abschlagszahlungsvereinbarung**

3. KAPITEL — FINANZIERUNG

Musterformulierung für die Ankündigung einer Preiserhöhung

Paul Preiswert, Webdesign
Pinselweg 12 · 12345 Beispielhausen

Hans Krämer   Beispielhausen, 20. Mai 20__
Am Bächlein 5
12345 Beispielhausen

Sehr geehrter Herr Krämer,

Sie kennen uns als zuverlässigen Dienstleister mit fairen Preisen. Das wird auch so bleiben. Doch bedauerlicherweise macht uns die allgemeine Preisentwicklung einen dicken Strich durch die Rechnung: Es ist uns nicht möglich, unsere Preise auf dem Vorjahresniveau zu halten.

Schuld daran sind die beträchtlich gestiegenen Kosten: Der Strom hat sich um __ % verteuert, die Heizkosten um __ %. Die Stadt hat den Gewerbesteuerhebesatz auf __ % angehoben – und obendrein hat auch unser Versicherer angekündigt, seine Preise anzuheben. All diese Preiserhöhungen können wir leider nicht mehr durch Einsparungen in anderen Bereichen abfangen, noch möchten wir Abstriche bei unserem Service machen, den wir Ihnen bieten.

Es bleibt uns also nichts anderes übrig, als die Preise zu erhöhen. Ab dem __.__.____ gelten deshalb folgende Preise: …

Mit freundlichen Grüßen

Paul Preiswert

Download unter: **www.jetztselbststaendig.info**
Kapitel 3, Stichwort: **Preiserhöhung, Ankündigung**

FINANZIERUNG — 3. KAPITEL

Wie Sie sich Luft auf der Ausgabenseite verschaffen

Viele Dinge werden getan, weil sie schon immer so gemacht wurden. Durchbrechen Sie Ihre Gewohnheiten und prüfen Sie sehr genau, ob jede Ausgabe, die Sie tätigen, auch wirklich notwendig ist. Beginnen Sie mit den Positionen, die die größten Beträge ausmachen. Aber: Sparen Sie die kleinen Positionen („Das sind ja nur 30 € im Monat …") nicht aus – Kleinvieh macht bekanntlich auch Mist.

Tipp 1: Verhandeln Sie günstigere Einkaufspreise

Es klingt vielleicht trivial. Aber viele Selbstständige lassen diese Möglichkeit, Kosten zu sparen, ungenutzt. Oftmals ist es ihnen schlicht peinlich, günstige Preise auszuhandeln. Dabei ist an Verhandlungen nichts Anrüchiges – im Gegenteil: Sie können und sollten dabei auch gegenüber dem Geschäftspartner zum Ausdruck bringen, welche Vorteile er von einem Geschäft mit Ihnen hat. Bringen Sie gute Argumente, wird er gern bereit sein, Ihnen beim Preis entgegenzukommen.

z.B. Ein Garten- und Landschaftsbaubetrieb möchte Pflastersteine bestellen und holt dafür Angebote ein. In den Preisverhandlungen spricht der Inhaber offen an, dass er beim Preis einen Abschlag von 5 % erwartet. Sein Argument: *„Wir haben in diesem Jahr noch 5 weitere Aufträge in derselben Größenordnung in Aussicht. Wenn ich die Steine zum genannten Preis bekomme, bestelle ich auch diese bei Ihnen."* Der Lieferant hat also eine Perspektive auf ein Anschlussgeschäft. Unter diesen Voraussetzungen wird er den Preisnachlass eher akzeptieren. ∎

Tipp 2: Verringerung der Steuervorauszahlungen beantragen

Wenn Sie absehen können, dass Ihre Steuerschuld in diesem Jahr niedriger ausfallen wird als in der Vergangenheit, sollten Sie bereits jetzt Ihre Vorauszahlungen anpassen lassen. Das ist jederzeit mit einem Antrag beim Finanzamt möglich. Denn die Vorauszahlungsbescheide stehen immer unter dem Vorbehalt der Nachprüfung (§ 164 Abs. 1 Satz 2 AO). Eine Herabsetzung müssen Sie allerdings begründen und ggf. belegen. Wenn bei Ihnen einer oder sogar mehrere der folgenden Anlässe vorliegen, kann eine Herabsetzung sinnvoll sein:

1. Sinkende Umsätze: Trotz des anhaltenden Konjunkturaufschwungs liegen Ihre Einnahmen im laufenden Jahr vielleicht deutlich unter denen der Vorjahre. Das hat sich eventuell in den vergangenen Monaten in sinkenden Umsätzen abgezeichnet. Möglicherweise haben Sie einen Großkunden verloren.

2. Sie können auch auf gestiegene Ausgaben verweisen, die Ihren Gewinn im laufenden Geschäftsjahr mindern. Vielleicht haben Sie bereits eine größere Anschaffung getätigt, z. B. eine Maschine. Es genügt aber schon, wenn Sie eine Anschaffung in nächster Zeit planen. Dann bilden Sie dafür einen Investitionsabzugsbetrag in Höhe von 40 % des Kaufpreises. Das wirkt sich dann schon im laufenden Jahr auf Ihre Steuervorauszahlungen aus.

3. Bei der Steuer werden auch Ihre privaten Ausgaben berücksichtigt. Sonderausgaben und außergewöhnliche Belastungen senken deshalb ebenfalls Ihre Vorauszahlungen. Sie müssen sich allerdings auf mindestens 600 € jährlich belaufen. Zu den Sonderausgaben zählen z. B. Spenden und Mitgliedsbeiträge an Vereine, Parteien oder Wohltätigkeitsorganisationen sowie Versicherungsbeiträge. Außergewöhnliche Belastungen können z. B. Kosten wegen einer Erkrankung sein.

Die Herabsetzung Ihrer Vorauszahlungen beantragen Sie schriftlich beim Finanzamt. Dazu müssen Sie den neuen Steuerbetrag selbst berechnen und mit angeben. Die Berechnung kann Ihr Steuerberater für Sie vornehmen. Auch Steuerprogramme bieten solche Berechnungsmöglichkeiten.

3. KAPITEL — FINANZIERUNG

Musterformulierung für einen Antrag auf Verringerung der Steuervorauszahlungen

Henning Hallmann
Am Beispiel 1 · 12345 Beispielhausen

Finanzamt Beispielhausen
Postfach 12345
12345 Beispielhausen

Beispielhausen, 20. Mai 20__

Steuernummer _____

Antrag auf Herabsetzung der Steuervorauszahlungen

Sehr geehrte Damen und Herren,
ich beantrage, die mit Bescheid vom __.__.____ festgesetzten Steuervorauszahlungen (Einkommen-, Kirchensteuer, Solidaritätszuschlag) in Höhe von _____ € jeweils zum __.__.____ auf _____ € zu verringern.

Begründung: Meine Umsätze sind nach dem Verlust eines Großkunden/wegen sinkender Nachfrage meiner Kunden in den vergangenen Monaten spürbar zurückgegangen. Das ergibt sich auch aus meinen verringerten Umsatzsteuerzahlungen.

Ich plane in den kommenden 3 Jahren größere Anschaffungen. Dafür mache ich bereits jetzt einen Investitionsabzugsbetrag geltend. Dadurch sinkt mein Gewinn.

Ich mache Sonderausgaben für _____ geltend.

Bitte bestätigen Sie mir die Herabsetzung der Vorauszahlungen ab dem nächsten Vorauszahlungstermin.

Mit freundlichen Grüßen
Henning Hallmann

Download unter: **www.jetztselbststaendig.info**
Kapitel 3, Stichwort: **Einkommensteuer-Vorauszahlung, Anpassung**

Tipp 3: Steuerstundung beim Finanzamt beantragen

Das Finanzamt besteht zwar auf pünktlichen Steuerzahlungen, hat aber andererseits kein Interesse daran, Sie in Zahlungsschwierigkeiten zu bringen, die Sie im schlimmsten Fall zur Aufgabe Ihres Unternehmens zwingen könnten. Zumindest bei Einkommen- oder Gewerbesteuer-Nachzahlungen können Sie sich aber etwas Luft verschaffen. Haben Sie vorübergehend nicht genügend Geld für eine Steuernachzahlung, können Sie eine Stundung beantragen (§ 222 AO), um den geschuldeten Betrag später zu zahlen. Dazu muss

1. die Steuerzahlung am Tag der Fälligkeit für Sie eine erhebliche Härte darstellen und
2. sichergestellt sein, dass Sie die Steuern später auch zahlen werden.

Eine erhebliche Härte könnte beispielsweise sein, dass einer Ihrer Hauptkunden insolvent geworden ist, Sie für längere Zeit erkrankt sind und deshalb erhebliche Einnahmeausfälle haben oder eine Naturkatastrophe (z. B. Sturm oder Überschwemmung) bei Ihnen erhebliche Schäden verursacht hat.

Darüber hinaus kann das Finanzamt verlangen, dass Sie zunächst sämtliche Sparguthaben auflösen, um Ihre Steuerschuld zu begleichen. Selbst eine Kreditaufnahme kann Ihnen zugemutet werden. Erst wenn wirklich keine Geldquelle mehr denkbar ist, kommt eine Steuerstundung in Frage.

Schließlich dürfen keine Zweifel daran bestehen, dass Sie die Steuerschuld bei einer Stundung später auch bezahlen werden. Hilfreich dafür ist, wenn Sie Ihre Steuern bislang immer zuverlässig gezahlt haben. Dass Sie eine Rückzahlung ernsthaft anstreben, machen Sie außerdem deutlich, indem Sie mit dem Antrag gleich auch einen Ratenzahlungsplan anbieten.

Maßnahmen zur Vermeidung einer Liquiditätskrise

Maßnahme	☑
Erstellen Sie Rechnungen unmittelbar nachdem Sie eine Lieferung oder Leistung erbracht haben.	☐
Kontrollieren Sie genau, ob Kunden Rechnungen pünktlich und vollständig zahlen. Erinnern Sie säumige Kunden konsequent an ausstehenden Zahlungen.	☐
Bieten Sie Kunden Anreize, schnell zu zahlen, z. B. durch Skonto-Angebote.	☐
Vereinbaren Sie Anzahlungen oder Abschlagszahlungen.	☐
Verkürzen Sie die Zahlungsfrist für neue Kunden und verhandeln Sie ggf. auch mit Bestandskunden darüber.	☐
Erschließen Sie neue Erlösquellen: Kooperieren Sie mit anderen Selbstständigen, indem Sie sich z. B. gegenseitig empfehlen und Leistungen gemeinsam anbieten.	☐
Erhöhen Sie Ihre Preise.	☐
Verkaufen Sie Lagerbestände oder nicht mehr benötigte Geschäftsausstattung.	☐
Verhandeln Sie günstigere Einkaufspreise mit Lieferanten und Dienstleistern.	☐
Beantragen Sie eine Verringerung der Steuervorauszahlungen.	☐
Beantragen Sie eine Steuerstundung.	☐

3. KAPITEL — FINANZIERUNG

Musterformulierung für einen Antrag auf Steuerstundung und Ratenzahlung

Henning Hallmann
Am Beispiel 1 · 12345 Beispielhausen

Finanzamt Beispielhausen Beispielhausen, 20.5.20__
Postfach 12345
12345 Beispielhausen

Steuernummer _____

Antrag auf Steuerstundung und Ratenzahlung, Einkommensteuerbescheid vom __.__.____

Sehr geehrte Damen und Herren,
am __.__.____ wird eine Einkommensteuerzahlung _____ in Höhe von ____ € fällig.

Hiermit beantrage ich die Stundung des fälligen Betrags sowie folgende Ratenzahlung: 1. Rate am __.__.____ i. H. v. _____ €,

2. Rate am __.__.____ i. H. v. _____ €.

Begründung: Die sofortige Zahlung stellt für uns eine erhebliche Härte dar. Durch die Insolvenz eines großen Kunden haben wir umfangreiche Forderungsausfälle zu verzeichnen. Durch den Bau einer neuen Lagerhalle sind unsere finanziellen Mittel derzeit ohnehin komplett ausgeschöpft.

In den nächsten Monaten rechnen wir allerdings mit Patenteinnahmen in Höhe von ca. 50.000 €. Daher ist Ihr Steueranspruch nicht gefährdet.

Der Kreditrahmen bei unserer Hausbank ist derzeit komplett ausgeschöpft. Anbei übersende ich Ihnen die Kreditabsage seitens unserer Bank.

Mit freundlichen Grüßen Anlage: Kreditabsage

Henning Hallmann

Download unter: **www.jetztselbststaendig.info**
Kapitel 3, Stichwort: **Stundungsantrag, Finanzamt**

Akute Liquiditätskrise – Das sollten Sie sofort tun

Gelingt es Ihnen nicht, Ihre Liquidität in den Griff zu bekommen, müssen Sie noch mehr tun. Warten Sie keinesfalls darauf, dass die Lage sich „irgendwie von selbst entspannt"! Gehen Sie in dieser Reihenfolge vor:

Geschäftspartner um Stundung bitten

Gehen Sie offensiv mit den Geschäftspartnern um, deren Rechnungen Sie momentan nicht bezahlen können – und auf deren weitere Lieferungen Sie zur Leistungserbringung nicht angewiesen sind. Warten Sie nicht darauf, bis diese Ihnen Mahnbescheide ins Haus schicken, und reden Sie nicht drum herum. Formulieren Sie besser so:

Hausbank um zusätzlichen Kontokorrentrahmen bitten

Nehmen Sie zu Ihrer Bank Kontakt auf, und beantragen Sie einen zusätzlichen Kontokorrentrahmen, um eine kurzfristige Finanzierungslücke zu überbrücken. Bereiten Sie diesen Termin gründlich vor:

- Stellen Sie in einem kurzen Bericht zusammen, warum der Finanzbedarf entstanden ist.
- Erläutern Sie der Bank, was Sie alles unternommen haben, um sich selbst zu helfen. Informieren Sie den Sachbearbeiter über den Stand Ihrer Liquiditätsplanung, und nehmen Sie möglichst aktuelle Geschäftszahlen mit zum Gespräch.
- Sagen Sie klar, wie viel und wie lange Sie zusätzliche finanzielle Unterstützung brauchen.

Je früher und je besser Sie darlegen können, dass Ihr Geschäft sich mithilfe der Finanzspritze wieder positiv entwickeln wird, desto größer sind Ihre Chancen, eine Zusage von der Bank zu bekommen. Auch deshalb ist eine Liquiditätsplanung für mehrere Monate im Voraus so wichtig.

Mit staatlich geförderter Beratung nach Lösungen suchen – Runder Tisch und Turn Around Beratung

Sehen Sie keinen Weg, wie Sie Ihre Liquiditätsprobleme selbst in den Griff bekommen, holen Sie sich frühzeitig professionelle Hilfe. Für wenig Geld können Sie sich beispielsweise bei einem „Runden Tisch" beraten lassen und gemeinsam mit Unternehmensberatern nach Lösungen suchen. Wenden Sie sich dafür an Ihre IHK oder Handwerkskammer.

So läuft ein „Runder Tisch" ab: Die Kammer organisiert ein Treffen mit einem Unternehmensberater. Dieser wird von der KfW-Mittelstandsbank vorgeschlagen und ist speziell für Krisenberatungen geschult. Der Berater erstellt nach mehreren Terminen eine Analyse Ihrer Situation. Gemeinsam mit ihm erarbeiten Sie Vorschläge, wie Sie die Krise überwinden können. Für die Beratung zahlen Sie kein Beratungshonorar, sondern nur die Fahrtkosten und sonstigen Auslagen des Beraters.

Bescheinigt Ihnen der Unternehmensberater beim „Runden Tisch" eine Zukunftsperspektive, können Sie die Sanierungsmaßnahmen mithilfe einer anschließenden „Turn Around Beratung" (TAB) umsetzen. Sie können nach Absprache mit der örtlichen Kammer auch direkt – ohne die erste Beratungsstufe an einem „Runden Tisch" – eine Sanierungsberatung beginnen. Für die dabei anfallenden Kosten gibt es Zuschüsse der KfW-Mittelstandsbank. Den Antrag auf die Beratung müssen Sie spätestens 4 Wochen nach Ende des „Runden Tisches" eingereicht haben. Entscheidet die KfW-Mittelstandsbank positiv, werden Ihnen erneut Berater vorgeschlagen. Schließen Sie mit einem der Berater einen Vertrag, bekommen Sie 50 % des Beratungshonorars erstattet – maximal 800 € pro Tag für 10 Beratungstermine. Das insgesamt im Vertrag zu vereinbarende Beraterhonorar darf maximal 8.000 € betragen. Der Zuschuss beläuft sich somit auf bis zu 4.000 €.

3. KAPITEL — FINANZIERUNG

Weitere Informationen zur Förderung von Krisenberatungen erhalten Sie bei Ihrer örtlichen IHK oder Handwerkskammer sowie bei der KfW-Mittelstandsbank:

Unternehmeragentur der KfW-Mittelstandsbank

Charlottenstraße 33/33a, 10117 Berlin
Telefon: 030/2 02 64-59 00
Internet: www.kfw-mittelstandsbank.de

FINANZIERUNG — **3. KAPITEL**

Kredite bekommen –
10 Schritte, mit denen Sie Ihre Chancen auf einen Kredit verbessern

Quick-Tipp

Kosten €€€€	Einen Kreditantrag können Sie selbst vorbereiten und stellen. Nennenswerte Kosten fallen für Sie dann nicht an.
Zeit ⏰⏰⏰⏰	Die Vorbereitung auf einen Kreditantrag wird sich in der Regel über einen längeren Zeitraum hinziehen. Die notwendigen Zahlen und Unterlagen tragen Sie nicht mal eben an einem Tag zusammen.
Anspruch ★★★☆	Bei der Planung für Kredite sollten Sie mit Ihrem Steuerberater Rücksprache halten und mit ihm auch die steuerlich optimale Gestaltung besprechen. Sollte Ihr Kreditantrag Ihrer Meinung nach unberechtigt abgelehnt werden, können Sie den Kreditmediator einschalten, um doch noch eine Einigung mit dem Kreditinstitut zu erzielen.

Fast jeder Selbstständige kommt irgendwann in die Situation, fremdes Geld zu benötigen – sei es, um die Expansion zu finanzieren oder einen vorübergehenden Liquiditätsengpass zu überwinden. In den meisten Fällen führt der Weg dann zur Bank.

Ob es um eine Investition oder die Finanzierung von Betriebsmitteln geht: Sie werden mit Ihrem Kreditwunsch nur erfolgreich sein, wenn Ihre Bonität stimmt und Sie sich richtig darstellen. Die im Folgenden vorgestellten 11 Schritte helfen Ihnen dabei, sich frühzeitig gezielt auf einen Kreditantrag vorzubereiten.

1. Versetzen Sie sich in die Situation eines Bankers

Haben Sie sich schon einmal in die Lage Ihres Bankers versetzt? Dieser wird sich folgende Frage stellen, wenn Sie einen Kreditwunsch äußern: „Warum soll ich gerade diesem Kunden einen Kredit geben?"

- Was also will Ihr Banker?
- Mit Ihnen gute Erträge erwirtschaften.
- Ein „überschaubares" Risiko eingehen.
- Möglichst wenig Zeit dafür aufwenden.

Alle 3 Antworten sind richtig! Die Grundfrage, die Sie sich stellen sollten, lautet daher: „Wie überzeuge ich meinen Banker davon, dass ich ihm ein gutes Geschäft anbiete?"

Ihr Banker wird in der Regel kein Spezialist für Ihre Branche sein, sondern er berät kleine Unternehmen aller Branchen. Er braucht Informationen von Ihnen, damit er über Ihren Kreditwunsch entscheiden kann. Es liegt in Ihrer Hand, ihm die richtigen Fakten zu liefern.

Bereits vor dem eigentlichen Bankgespräch sollten Sie sich deshalb mit Ihrer eigenen Bonität auseinandersetzen und aussagekräftige Unterlagen zusammenstellen. Arbeiten Sie dafür die folgenden Punkte durch.

2. Finden Sie den richtigen Ansprechpartner bei der Bank

Als Erstes machen Sie telefonisch oder vor Ort einen Termin für Ihr Kreditgespräch aus. Gesprächspartner muss nicht unbedingt Ihr üblicher Ansprechpartner bei Ihrer Hausbank sein. Eventuell ist jemand aus einer anderen Abteilung für die Kreditbearbeitung zuständig. Haben Sie sich alle nötigen Informationen schon besorgt?

- Haben Sie am Telefon oder Bankschalter Ihren Kreditwunsch (Art, Höhe) genannt und nachgefragt, wer dafür zuständig ist? Ihr Kreditgespräch sollten Sie direkt mit diesem Mitarbeiter führen.

- Kann der genannte Gesprächspartner über einen Kredit in der gewünschten Höhe allein entscheiden oder braucht er die Zustimmung eines Kollegen in der „Marktfolge-Abteilung" (= interne Stelle ohne direkten Kundenkontakt)? Vielleicht können Sie mit Ihrem Kreditwunsch in der Größenordnung bleiben, über die der Gesprächspartner allein entscheidet. Das würde die Verhandlungen beschleunigen.
- Haben Sie den Gesprächspartner noch vor dem Termin angerufen und gefragt, welche Informationen und Unterlagen er von Ihnen benötigt? Nennen Sie dazu Kreditbedarf und Verwendungszweck.
- Bis zum Termin haben Sie dann Zeit, Ihre Gesprächstaktik und die Unterlagen vorzubereiten. Tun Sie das sorgfältig anhand der folgenden Ausführungen.

TIPP Sprechen Sie auch mit einer zweiten Bank über Ihren Kreditwunsch. Dann können Sie vergleichen – und zwar nicht nur die Konditionen, sondern auch die Güte der Beratung. Diese kann viel wichtiger für Sie werden als das letzte Zehntel im Kreditzins. Generell gilt: Bei Sparkassen sowie Volks- und Raiffeisenbanken sind kleine Unternehmen eher gut aufgehoben als bei den großen Geschäftsbanken.

3. Erkundigen Sie sich zum Thema Rating

Rating (Stichwort „Basel II") ist das Verfahren zur Kreditwürdigkeitsprüfung von Firmenkunden, das die Banken und Sparkassen seit 2007 anwenden müssen. Die Banken bewerten dabei 2 Aspekte:

- Ihre bisherigen geschäftlichen Zahlen und
- Ihre Zukunftsaussichten (dafür gibt es einen Katalog mit „qualitativen Fragen").

Das Ergebnis des Ratings wird in einer Ratingnote zusammengefasst. Diese entscheidet wesentlich darüber mit, ob Sie einen Kredit bekommen, zu welchem Zinssatz und welche Sicherheiten Sie stellen müssen.

Für kleine Unternehmen gibt es aber kein firmenindividuelles Rating. Stattdessen ordnet Ihre Bank Ihr Unternehmen nach bestimmten Kriterien einer Gruppe von Unternehmen zu. Diese Gruppe erhält eine einheitliche Ratingnote. Die Wirkung ist die gleiche wie eben geschildert. Deshalb sollten Sie im Vorfeld eines Kreditgesprächs noch Folgendes tun:

- Fragen Sie Ihren Banker nach der Ratingnote Ihrer Gruppe und danach, was diese für die Kreditbereitschaft, Konditionen und Sicherheiten bedeutet.
- Bringen Sie ebenfalls in Erfahrung, was Sie tun können, um in eine bessere Gruppe zu kommen – dann können Sie schon bei der Zusammenstellung Ihrer Argumente und Unterlagen darauf hinarbeiten.

4. Erläutern Sie, was Sie mit dem Kredit vorhaben

Wofür Sie den Kredit konkret verwenden wollen, hängt entscheidend ab, welche weiteren Informationen Ihre Bank von Ihnen braucht.

Kredit für Investition

Wollen Sie Maschinen, Autos, Büroausstattung oder andere langlebige Wirtschaftsgüter anschaffen, schreiben Sie für die Bank eine Übersicht über diese Fakten:

- Gegenstand und Kaufpreis,
- welchen Nutzen Ihr Unternehmen von der Anschaffung hat,
- wie die Investition sich rechnen wird, also wie viel Mehrgeschäft Sie in welchem Zeitraum damit machen werden,
- wie Sie den Kredit zurückzahlen werden, also über welchen Zeitraum und aus welchen Quellen.

TIPP Vergessen Sie die „Nebenkosten" Ihrer Investition nicht, z. B. Frachtkosten, Schulungskosten für Mitarbeiter, Umsatzausfall für die Zeit des Einbaus der neuen Maschine etc.

FINANZIERUNG — **3. KAPITEL**

- **Kredit für Betriebsmittel**

Geht es um eine Finanzierung von Waren, halbfertigen Produkten, Baustellen, Kundenforderungen etc., stellen Sie für Ihre Bank z. B. zusammen,

- welche Waren Sie einkaufen wollen und wie schnell Sie diese wieder verkaufen können oder
- welche Forderungen an Ihre Kunden Sie finanzieren wollen (Bonität der Kunden, Zahlungsziele etc.) oder
- welche Projekte Sie finanzieren wollen (Dauer, Risiken, vereinbarte Anzahlungen etc.).

TIPP Bemessen Sie den Kreditbedarf realistisch. Banken bewerten es sehr negativ, wenn ein Kunde ein paar Monate später wieder ankommt, weil er irgendetwas nicht berücksichtigt hatte.

5. Stellen Sie die wichtigsten finanziellen Kennzahlen zusammen

Banken beurteilen Ihre Kreditwürdigkeit erst einmal nach Ihren Zahlen der Vergangenheit. In der Regel werden 3 Jahresabschlüsse zugrunde gelegt. Sind Sie noch nicht so lange selbstständig oder fertigen Sie gar keine Bilanzen, legen Sie Ihre vorhandenen Unterlagen vor (z.B. Betriebswirtschaftliche Auswertungen, Einnahmen-Überschuss-Rechnung).

TIPP Ihre Jahresabschlüsse müssen aktuell sein. Spätestens am 30. Juni sollten Sie die Zahlen des Vorjahres vorlegen können – auch wenn Sie diese beim Finanzamt vielleicht noch nicht eingereicht haben.

Wichtig ist, dass Sie Ihr Zahlenwerk lesen, verstehen und erklären können. Das erwartet Ihr Banker von Ihnen. Er wird Sie eventuell nach Einzelheiten fragen. Diese sollten Sie parat haben (und nicht Ihr Steuerberater, falls dieser Sie zum Gespräch begleitet). Mit kompetenten Antworten unterstreichen Sie, dass Sie nicht nur Fachmann in Ihrer Branche sind, sondern auch kaufmännisch „etwas draufhaben". Stellen Sie sich z. B. auf diese typischen Fragen ein:

- Wie verteilt sich der Umsatz nach Angeboten/Leistungen?
- Gibt es einen Umsatzanstieg oder -rückgang und warum?
- Wie sieht Ihre Kostenstruktur aus? Sind Sie sehr stark mit Fixkosten belastet?
- Bestehen noch Forderungen an Ihre Kunden und warum wurden diese nicht eingetrieben?
- Wie ist Ihr Warenlager zu bewerten? Bestehen etwa Risiken, weil Waren zum Teil nicht mehr zu normalen Preisen verkäuflich sind?
- Wie viel Eigenkapital haben Sie in Ihrem Unternehmen und wie hat es sich zeitlich entwickelt?
- Welche Entnahmen müssen Sie für Ihren privaten Lebensunterhalt tätigen?

6. Stellen Sie Planzahlen für die Zukunft zusammen

Ihre Bank wird vielleicht keine Dreijahresplanung von Ihnen verlangen wie von großen Unternehmen. Aber eine Aussage dazu, wie Ihr Geschäft sich entwickeln wird, sollten Sie der Bank geben und mit ein paar aktuellen Zahlen untermauern.

Wie wird die Entwicklung sich im laufenden Geschäftsjahr gestalten? Der letzte Jahresabschluss, den Sie der Bank vorlegen, ist ja schon wieder einige Monate alt. Also will die Bank wissen, wie die vergangenen Monate gelaufen sind. Stellen Sie ihr zumindest Erlöse und Kosten monatsweise zusammen.

Wie wird das kommende Jahr aussehen? Auf jeden Fall sollten Sie Aussagen treffen (jeweils mit knapper Begründung) zu

- Umsatz,
- wesentlichen Kostenpositionen,
- Entnahmen,
- Eigenkapital,
- Cashflow.

JETZT BIN ICH SELBSTSTÄNDIG

3. KAPITEL   FINANZIERUNG

Antworten auf die genannten Fragen stellen Sie für Ihren Banker am besten stichwortartig unter der Überschrift „Finanzplanung" zusammen.

7. Belegen Sie Ihre kaufmännische Kompetenz

Ihren Banker interessiert brennend, wie Sie Ihr Unternehmen kaufmännisch steuern. Im Extrem: Sind Sie beim Jahresabschluss überrascht, wie groß oder klein Ihr Gewinn ausfällt, oder wissen Sie nach jedem Monat anhand Ihrer aussagefähigen Betriebswirtschaftlichen Auswertung, wo Sie stehen?

Geben Sie Ihrer Bank ein paar Hinweise, ob und wie Sie Ihr Unternehmen zahlenmäßig im Griff behalten, z. B.:

- Wie kalkulieren Sie Ihre Preise?
- Wie ist Ihr Forderungs-Management/Mahnwesen gestaltet?
- Wie beobachten Sie Ihre Warenbestände?
- Stehen Ihnen regelmäßig Betriebswirtschaftliche Auswertungen zur Verfügung und wie gehen Sie damit um?
- Haben Sie einen Steuerberater, mit dem Sie sich auch über die wirtschaftliche Entwicklung des Unternehmens austauschen?

Antworten auf die genannten Fragen stellen Sie für Ihren Banker am besten stichwortartig unter der Überschrift „Controlling" zusammen.

TIPP Ihre Unternehmung stellen Sie in einem mehrseitigen sogenannten Businessplan dar. Das ist eine Umfassende Erläuterung zu Ihren geschäftlichen Aktivitäten inkl. Ihrer Ziele und Maßnahmen. Der Businessplan ist ähnlich einer Stellenbewerbung: Sie heben damit Ihre besonderen Stärken hervor und begründen damit, warum ein Kredit für Ihre Unternehmung für die Bank eine gute Investition ist. Die in der folgenden Tabelle dargestellten Kapitel sind dabei für Ihren Businessplan empfehlenswert.

8. Stellen Sie passende Sicherheiten zusammen

Je nach Kredithöhe und dem, was finanziert werden soll, verlangen Banken ergänzend zu Ihrer persönlichen Haftung Sicherheiten: die Übereignung des Fahrzeugs oder der Maschine, die Abtretung Ihrer Kundenforderungen, eine Grundschuld auf Ihre betriebliche oder private Immobilie, die Bürgschaft eines Dritten etc. Überlegen Sie sich vor dem Kreditgespräch, was Sie als Sicherheit bieten können.

Stellen Sie sich darauf ein, dass die Bank andere Vorstellungen vom Wert Ihrer Sicherheiten hat als Sie, denn die Bank setzt nicht den tatsächlichen Wert an, sondern den Betrag, den sie im Falle einer Zwangsversteigerung bekommen würde. Dazwischen liegen meist Welten. Lassen Sie sich die Bewertung Ihrer Sicherheiten von der Bank aber genau erläutern, um durch gutes Verhandeln eine Übersicherung der Bank möglichst zu vermeiden.

TIPP Es besteht ein Zusammenhang zwischen Sicherheiten und Zinsen für Ihren Kredit. Je höher der Wert Ihrer Sicherheiten ist (in der Sichtweise der Bank), desto günstigere Kreditkonditionen können Sie erhalten – fragen Sie ggf. gezielt danach, wie die Sicherheiten sich auf die Zinskonditionen auswirken.

Weitere Informationen zu Kreditsicherheiten lesen Sie ab Seite 83.

9. Sorgen Sie für eine vertrauensvolle Zusammenarbeit mit der Bank

Die „bisherigen Erfahrungen mit dem Kunden" sind für Banker ein wesentliches Bonitätskriterium im Sinne von Zuverlässigkeit und Vertrauen. Haben Sie sich bisher stets an die wichtigsten Grundregeln im Umgang mit der Bank gehalten?

- Offenheit: Für Ihr Bankgespräch ist es ungünstig, wenn Sie Fakten auf den Tisch legen müssen, die Sie zuvor verschwiegen haben.

FINANZIERUNG — 3. KAPITEL

Kapitel	Inhalte
Management-Summary	Eine Zusammenfassung der zentralen Aussagen des Businessplans auf einer Seite erleichtert der Bank den Überblick über Ihr Unternehmen.
Unternehmenszweck	Mit einer kurzen Erläuterung Ihrer Branche und der Geschäftstätigkeit stellen Sie dar, womit Sie Ihr Geld verdienen.
Produkte/Dienstleistungen	Der Banker will wissen, was Sie im Einzelnen verkaufen. Dafür geben Sie u. a. folgendes an: Beschreibung der angebotenen Produkte und/oder Dienstleistungen, Beschreibung der konkreten Funktionalitäten von Produkten bzw. Problemlösungen durch Dienstleistungen, Alleinstellungsmerkmal (USP), evtl. Schutzrechte usw.
Markt und Wettbewerb	Der Banker möchte nicht nur Ihre Stärken, sondern auch Ihre Konkurrenz kennenlernen. Dafür geben Sie ihm folgende Informationen: Darstellung der Märkte, in denen Sie aktiv sind und welche Kunden Sie ansprechen. Welche Besonderheiten gibt es im Markt? Wie weit erstreckt sich das Einzugsgebiet? Wer sind die wichtigsten Wettbewerber?
Marketingkonzept	Gute Produkte und Leistungen verkaufen sich nicht von allein. Zeigen Sie, wie Sie Ihre Angebote vertreiben, u. a. durch folgende Informationen: Wie werden die Produkte beworben? Wie ist die Preispolitik gestaltet? Welches Werbebudget wird eingesetzt?
Management und Personal	Sie sind die Schlüsselfigur in Ihrem Unternehmen. Deshalb will die Bank Ihren Hintergrund genau kennen. Aber auch den von evtl. Angestellten. Geben Sie u. a. folgende Informationen: Namen der (leitenden) Mitarbeiter und deren Qualifikationen. Wie sieht die Personalplanung für die kommenden Jahre aus?
Organisation und Prozesse	Eine gute Organisation ist die Basis für eine erfolgreiche Unternehmung. Deshalb sind Banken als Kapitalgeber an diesbezüglichen Informationen interessiert, u. a. an zentralen Abläufen wie Bestellung, Produktion Einkauf (ggf. durch Grafik ergänzen), Kapazitäten, Methoden etc. Wichtig auch: Haben Sie eine Vertretung, die Sie bei Krankheit oder in anderen Situationen vertreten kann?
Finanzplanung	Von zentraler Bedeutung sind natürlich Ihre Finanzplanungen, u. a. Liquiditätsplan, Kapitalbedarf, Umsatz-, Kosten-, und Gewinnplan, Herkunft der Kapitalmittel. Damit zeigen Sie, dass Sie an eine solide Finanzierung gedacht haben.
Termine und Meilensteine	Planen Sie konkrete Investitionen oder bestimmte Ausbaustufen für Ihre Unternehmung? Dann sollten Sie den zeitlichen Rahmen dafür aufzeigen. Zusammen mit der Finanzplanung geben Sie dem Banker so einen wichtigen Ausblick auf die nächsten Jahre. Die Bank kann auf diese Weise besser beurteilen, wofür Sie einen Kredit verwenden wollen.
Chancen und Risiken	Hier stellen Sie die (internen) Stärken und Schwächen Ihrer Unternehmung gegenüber, sowie die Chancen und Risiken, durch äußere Einflüsse. Beschreiben Sie, welche Maßnahmen Sie zur Vermeidung von Risiken treffen (Versicherungen etc.) und weshalb insgesamt die Stärken und Chancen für Ihre Unternehmung überwiegen.
Übersicht der Anhänge und Anlagen	Zu allen Punkten fügen Sie – soweit möglich – Anhänge bei, in denen Ihre Erläuterungen durch Zahlen und Fakten belegt werden.

Download unter: **www.jetztselbststaendig.info**
Kapitel 3, Stichwort: **Businessplan**

3. KAPITEL — FINANZIERUNG

- Einhaltung von Vereinbarungen und Terminen: Sie sollten bisher zuverlässig gehandelt oder die Bank über Abweichungen zumindest von sich aus und rechtzeitig informiert haben. Wenn nicht, rechnen Sie mit Misstrauen, dem Sie nur durch eine hervorragende Vorbereitung auf das Gespräch begegnen können.

- Vereinbarte Kreditlinie nicht überschreiten: Als Überziehung wird es auch gewertet, wenn Sie keine Kreditlinie vereinbart haben, Ihr Konto aber schon einmal ins Soll gerutscht ist. Überlegen Sie, wie Sie glaubhaft darstellen können, dass so etwas künftig nicht mehr geschehen wird.

TIPP Fragen Sie Ihren Banker im Gespräch dann ruhig einmal, welche „Regeln" in der Geschäftsbeziehung ihm besonders wichtig sind. Das sorgt für ein gutes Geschäftsklima.

10. Stellen Sie alle Unterlagen für Ihr Bankgespräch zusammen

Die Vorbereitung ist fast abgeschlossen. Jetzt gilt es noch, alle Unterlagen und Informationen, die für die Bearbeitung Ihres Kreditwunsches nötig sind, übersichtlich zusammenzustellen. Folgendes ist wichtig:

- Achten Sie auf Sauberkeit und Ordnung (am besten alles in einem Hefter zusammenstellen).

- Legen Sie ein Inhaltsverzeichnis obenauf (auch zu Ihrer Sicherheit – es soll schließlich unordentliche Bankerschreibtische geben).

- Verfassen Sie ein Anschreiben, in dem Ihr Absender angegeben ist und das Sie an den zuständigen Gesprächspartner adressieren. Das gilt auch, wenn Sie die Unterlagen im Gespräch persönlich übergeben.

- Weisen Sie im Anschreiben kurz darauf hin, was für einen Kredit Sie benötigen und welche Fakten für die Genehmigung sprechen (das ist sozusagen die knappe Zusammenfassung Ihrer Unterlagen auf 1 Seite).

TIPP Geben Sie die Unterlagen zum Kreditantrag erst ab, wenn sie vollständig sind. Nichts mögen Banker weniger als ständige Nachlieferungen. Falls Sie im Gespräch feststellen, dass noch Angaben fehlen, machen Sie einen Termin für die Abgabe der vollständigen Mappe aus – und halten Sie sich daran.

Lehnt ein Kreditinstitut Ihren Kreditantrag ab, können Sie mit dem Kreditmediator einen neutralen Vermittler einschalten. Der Kreditmediator arbeitet im Auftrag der Bundesregierung. Er soll für eine gütliche Einigung zwischen Antragsteller und Kreditinstitut sorgen, wenn es zu Unstimmigkeiten über einen Kreditantrag kommt. Ein Mediationsverfahren ist kostenlos.

Den Antrag für ein Mediationsverfahren sowie weitere Informationen erhalten Sie hier:

Kreditmediator Deutschland

Taunusanlage 1, 60329 Frankfurt am Main
Telefon: 069/2 44 24 68 88
Internet: kreditmediator-deutschland.de

FINANZIERUNG **3. KAPITEL**

Kreditkonditionen vergleichen – Der billigste Kredit ist nicht automatisch der günstigste

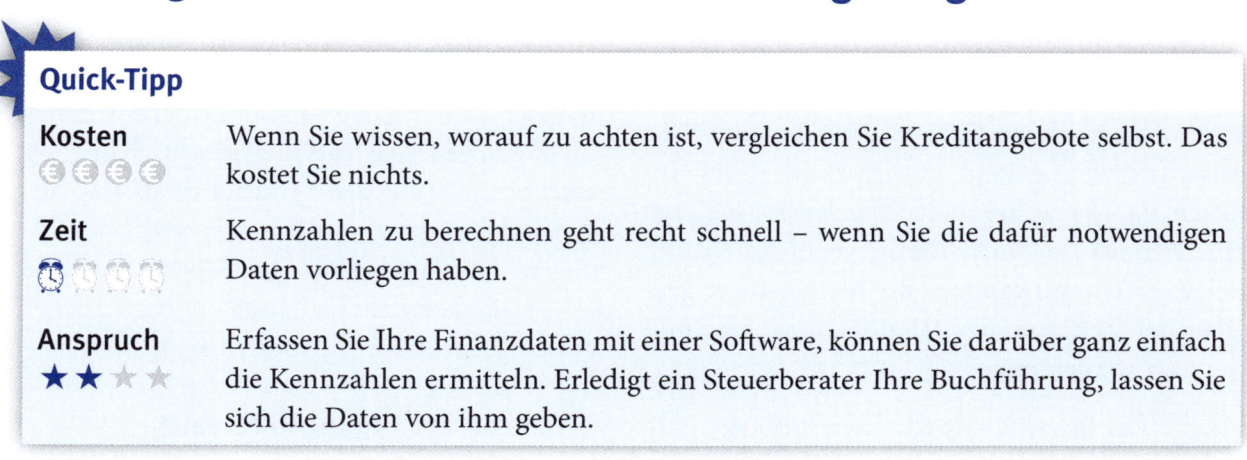

> **Quick-Tipp**
>
> **Kosten** € € € €
> Wenn Sie wissen, worauf zu achten ist, vergleichen Sie Kreditangebote selbst. Das kostet Sie nichts.
>
> **Zeit**
> Kennzahlen zu berechnen geht recht schnell – wenn Sie die dafür notwendigen Daten vorliegen haben.
>
> **Anspruch** ★★☆☆
> Erfassen Sie Ihre Finanzdaten mit einer Software, können Sie darüber ganz einfach die Kennzahlen ermitteln. Erledigt ein Steuerberater Ihre Buchführung, lassen Sie sich die Daten von ihm geben.

Wer sparen will, muss vergleichen. Das gilt bei Krediten genauso wie beim Einkauf. Doch wer allein den Zinssatz als Maßstab nimmt, zahlt am Ende oftmals weit mehr für einen Kredit als nötig. Kreditkonditionen sind nämlich nicht zwingend auf einen Blick vergleichbar. So kann ein Kredit trotz günstiger Zinskonditionen verglichen mit anderen deutlich teurer sein, obwohl die Zinssätze bei diesen höher liegen. Denn es gibt einige weitere Konditionen, die ebenfalls Einfluss auf die Kreditkosten haben. Das wird jedoch häufig unterschätzt.

Um Kreditangebote überhaupt vergleichen zu können, müssen sie zunächst vergleichbar gemacht werden. Dazu müssen Sie nicht nur die Zinssätze, sondern auch die übrigen Kreditkonditionen betrachten:

Zinsbindungsfrist

Gerade in der derzeitigen Niedrigzinsphase sollten Sie sich Darlehenszinsen so lange wie möglich sichern. Denn Sie können damit rechnen, dass die Inflation und damit auch die Zinsen mit einem wirtschaftlichen Aufschwung wieder steigen werden. Selbst wenn Sie sich die längere Darlehenslaufzeit mit einem kleinen Zinsaufschlag gegenüber Darlehen mit kurzer Zinsbindung „erkaufen" müssen, rechnet sich das langfristig.

Bleibt der Anschlusszins bei der 10-jährigen Zinsbindung deutlich unter 8,5 % im Durchschnitt, wäre diese Variante geringfügig zinsgünstiger. Da aber keiner die Zinsentwicklung auf 10 Jahre oder gar länger vorhersagen kann, wäre das 1. Angebot allenfalls für Spekulanten zu empfehlen. Um eine sichere Kalkulationsbasis zu haben, ist aber eine längere Zinsbindung (hier 15 Jahre) unbedingt vorzuziehen.

> **TIPP** Rechnen Sie mit einem Zinsanstieg, kann sich auch eine Anschlussfinanzierung mithilfe eines Forward-Darlehens lohnen. Damit nehmen Sie einen Kredit zu aktuellen Konditionen auf, der aber erst in der Zukunft – in der Regel in 2 Jahren – in Anspruch genommen wird. Durchschnittlich kostet ein Forward-Darlehen einen Zinsaufschlag von 0,035 – 0,060 Prozentpunkten je Monat, den das Darlehen im Voraus vereinbart wurde. Bei einem Zinsaufschlag von 0,04 Prozentpunkten pro Monat und einem Vorlauf von 24 Monaten würde der Darlehenszins also 0,96 Prozentpunkte teurer werden als ein normales Investitionsdarlehen. Steigt der Zinssatz innerhalb dieser Zeit stärker, sparen Sie dennoch.

JETZT BIN ICH SELBSTSTÄNDIG

Tilgung

Vor- und Nachteile von Tilgungsfreistellungen

Tilgungsfreistellungen werden häufiger in Förderdarlehen angeboten. Die Vorteile einer Tilgungsfreistellung sind ausnahmslos darin zu sehen, dass sie während der Tilgungsfreistellung die Liquidität schonen. Dem gegenüber steht ein erhöhter Zinsaufwand, da der nicht getilgte Teil über den Zeitraum der Tilgungsaussetzung mit verzinst werden muss.

z.B. Ein Investitionskredit über 100.000 € mit einer Laufzeit von 10 Jahren kostet bei 5,95 % Nominalzins p.a. insgesamt 32.910,70 € an Zinsen. Mit einer tilgungsfreien Anlaufzeit von 1 Jahr erhöht sich der Zinsaufwand auf 34.516,05 €.

Vorteile von Sondertilgungen

Sondertilgungen schmälern zwar die Liquidität, reduzieren aber zugleich in erheblichem Maße den Zinsaufwand. Bei der vorzeitigen Auflösung von Hypothekendarlehen führen sie zudem zu einer deutlich geringeren Vorfälligkeitsentschädigung, da die in der Zukunft liegenden Sondertilgungsmöglichkeiten in voller Höhe mit angerechnet werden müssen.

z.B. Wenn Sie bei einem Darlehen über 100.000 € mit 15 Jahren Laufzeit Sondertilgungen in Höhe von 6.000 € vereinbaren und das Darlehen zum Endes des 8. Jahres vorzeitig kündigen, werden für die Jahre 8 bis 15 die möglichen Sondertilgungen (= 8 × 6.000 €) vom Darlehensrestbetrag abgezogen. Die Vorfälligkeitsentschädigung berechnet sich auf den Darlehensrestbetrag abzüglich der in der Zukunft möglichen Sondertilgungen. Die Sondertilgungsmöglichkeit würde die Vorfälligkeitsentschädigung um rund 3.500 € auf weniger als 150 € reduzieren.

Vorteile kurzer Tilgungsintervalle

Kurze Tilgungsintervalle führen gegenüber langen zu einer deutlich geringeren Liquiditätsbelastung, da beim langen Tilgungsintervall das nicht getilgte Kapital auf einen Schlag nachgezahlt werden muss. Außerdem fällt die Zinsbelastung insgesamt niedriger aus, da der zu verzinsende Betrag schneller sinkt.

z.B. Fallen bei einem Investitionskredit (100.000 € bei 5,95 % Nominalzins) mit monatlicher Tilgung und Zinsverrechnung 1.109,75 € Zins und Tilgung an, so sind es bei halbjährlicher Verrechnung 6.658,48 €. Die gesamten Zinsaufwendungen über die Laufzeit von 10 Jahren belaufen sich dabei bei monatlicher Zahlweise auf 32.910,70 € und bei halbjährlicher Zahlweise auf 33.266,60 €.

Besicherung

Ein Kreditinstitut wird nahezu ausnahmslos eine Maximalforderung hinsichtlich der zu stellenden Sicherheiten erheben. Bei langlebigen Wirtschaftsgütern, wie z. B.

- Maschinen,
- Fahrzeuge etc.

wird das Kreditinstitut einen Verwertungsansatz für den Fall, dass der Kredit notleidend wird, in Höhe von 50 % bis maximal 70 % ansetzen. Das heißt: Eine Maschine im Wert von 60.000 € wird möglicherweise nur mit 30.000 € bewertet.

TIPP Banken bewerten Sicherheiten durchaus unterschiedlich. Lassen Sie sich genau aufzeigen, wie die Sicherheiten bewertet wurden. Bewertet eine andere Bank dieselben Sicherheiten höher, kann dies zu günstigeren Konditionen führen. Grund: Je höher ein Kredit abgesichert wird, desto günstiger wird das Rating und damit die Zinsgestaltung ausfallen. Bei höheren Krediten/Darlehen lohnt sich fast immer ein unabhängiges Rating durch eine entsprechende Person/Stelle – achten Sie dabei bitte auf IHK-Prüfung bzw. -Zulassung!

Eine besonders beliebte Masche bei Banken ist das Aufdrängen einer Restschuldversicherung. Einige Kreditinstitute machen die Gewährung eines Kredits – nicht offen, sondern verdeckt – vom Abschluss der Restschuldversicherung abhängig. Verweigern Sie den Abschluss einer Restschuldversicherung, werden alle möglichen Gründe vorgeschoben, um Ihnen die Finanzierung nicht zu gewähren. Letztlich geht es aber um den „Verkauf" einer Restschuldversicherung.

> **TIPP** Da eine Restschuldversicherung durchaus eine sinnvolle Ergänzung sein kann, nehmen Sie zunächst die Prämie der Restschuldversicherung unter die Lupe. 4% bis 5% der Kreditsumme sind als Prämie angemessen. Alles, was darüber hinausgeht, dient dem Kreditinstitut als zusätzliche Einnahme (Kick-back-Provision).

Gebühren und Kosten bei der Kreditvergabe

Versteckte Gebühren und Kosten – in der Vergangenheit ein sicheres Instrument zur Ertragsoptimierung von Kreditinstituten – gehören nach eindeutiger Rechtsprechung des Bundesgerichtshofs zur Transparenz im Wesentlichen der Vergangenheit an (nachfolgende Entscheidungen beziehen sich auf Fondsgebühren, sind aber anlog anwendbar: BGH, 20.1.2009, Az: XI ZR 510/07; 12.5.2009, Az: XI ZR 586/07). Alle Provisionen und sonstigen Kosten im Zusammenhang mit einem Kredit müssen gegenüber dem Kunden offengelegt werden.

Es finden sich dennoch Gebühren und Kosten, die Banken häufig in Rechnung stellen. Hier ist Ihr Verhandlungsgeschick gefragt. Denn die Gebühren sind durchaus verhandelbar und lassen sich auf ein Minimum reduzieren:

Abschlussgebühren: Hier wird seitens der Kreditinstitute gern zugelangt. 1% vom Kreditbetrag ist die Regel. In Ausnahmefällen werden aber auch schon einmal 2% fällig. Hier besteht in jedem Fall Verhandlungsspielraum. 0,5% des Kreditbetrags sollte dabei das Maximum sein.

Verrechnung von Zins und Tilgung: Achten Sie auf die Verrechnung von Zins und Tilgung. Beliebte Masche insbesondere kleinerer Kreditinstitute ist eine monatliche Zahlweise der Raten, wobei die Verrechnung von Zins und Tilgung lediglich vierteljährlich erfolgt! Lesen Sie in den Kreditbedingungen genau nach, was dazu geregelt ist.

Der richtige Kredit für Ihr Vorhaben

Finanzierungskosten sparen Sie nicht nur, indem Sie Konditionen verschiedener Kreditinstitute genau vergleichen und hartnäckig aushandeln. Ebenso wichtig ist, überhaupt die passende Finanzierungsform – sprich: die richtige Kreditform – für ein Finanzierungsvorhaben zu finden.

Eherne Grundregel ist dabei: Beachten Sie die Fristenkongruenz. Die Finanzierungsdauer sollte mit der Kreditlaufzeit übereinstimmen. In der Praxis bedeutet das: Langfristige Finanzierungen sollten durch langfristige Kredite finanziert werden, etwa ein Hypotheken- oder Investitionsdarlehen. Für kurzfristige Finanzierungen sollten Sie dagegen eine kurzfristige Finanzierung wählen, z. B. einen Kontokorrentkredit.

Kontokorrentkredit

Die am häufigsten gewählte Kreditart ist nach wie vor der Kontokorrentkredit. Für die Auswahl des Kontokorrentkredites ist nicht nur die Flexibilität von Bedeutung, sondern insbesondere die sofortige Verfügbarkeit. Der Kontokorrentkredit ist aber der mit Abstand teuerste Kredit – wenn nicht gewisse Spielregeln beachtet werden. Sie sollten insbesondere prüfen, ob folgende Voraussetzung vorliegt:

3. KAPITEL — FINANZIERUNG

Kreditformen und ihr Einsatz

Kreditform	Vorteile	Nachteile	Anlass (z. B.)
Kontokorrentkredit	• kurzfristig verfügbar • Zinsen werden nur für in Anspruch genommenen Betrag fällig	• Zinssatz hoch • begrenzte Kreditlinie • erhebliche Zinsaufschläge bei Überschreitung der Kreditlinie	• Vorfinanzierung von Aufträgen
Darlehen (Investitionskredit)	• niedriger Zins	• oft aufwändiges Antragsverfahren • hohe Anforderung an Sicherheiten • vorzeitige Rückzahlung nur gegen Vorfälligkeit	• Investitionen in langlebige Wirtschaftsgüter
Förderkredit (z. B. KfW/EIB)	• sehr niedriger Zins • teilweise Haftungsfreistellung der Bank möglich (erhöht die Bereitschaft der Bank, solche Kredite anzubieten) • teilweise als Eigenkapitalersatz möglich (z. B. Unternehmerkapital) • tilgungsfreie Anlaufzeit möglich (vorteilhaft bei geringer Liquidität) • jederzeit rückzahlbar	• lange Laufzeit • Zweckbindung • tilgungsfreie Anlaufzeit erhöht Zinsaufwendungen • Antragstellung nur über Hausbank möglich • wird nur ungern von den Banken beantragt	• langfristige Investitionsprojekte • Auslandsbeteiligungen • Umweltinvestitionen • Beteiligungen
Hypothek	• aktuell sehr niedriger Zins bei langen Zinsbindungen	• lange Laufzeit • Zweckbindung • hohe Anforderung an Sicherheiten • vorzeitige Rückzahlung nur gegen Vorfälligkeit	• Immobilienfinanzierung

Zinsobergrenze für besicherte Kontokorrentkredite: Häufig verlangt das Kreditinstitut, dass der Kontokorrentkredit mit dinglichen Sicherheiten (Grundschuldbestellung) unterlegt wird. Ist das der Fall, muss das Kreditinstitut ggf. eine vom Bundesgerichtshof festgelegte Zinsobergrenze einhalten: Beträgt der Kontokorrentkredit regelmäßig weniger als 80 % des sorgfältig ermittelten Verkehrswertes der dinglichen Sicherheit, muss sich der Zins für den Kontokorrentkredit in einer Bandbreite von bis zu 100 % Aufschlag am Zins für hypothekarische Darlehen orientieren. Liegt der vertragliche Effektivzins über 100 % des marktüblichen Vergleichszinses, besteht ein Missverhältnis von Leistung und Gegenleistung (BGH, 20.6.2000, Az: XI ZR 237/99).

z. B. Sie besitzen eine Immobilie, die nach sorgfältiger Schätzung einen Verkehrswert von 200.000 € hat. Die 80 %-Grenze wäre demzufolge 160.000 €. Aufgrund von Marktschwankungen wird vom tatsächlichen Verkehrswert noch ein Sicherheitsabschlag von 10 % vorgenommen. Diese Immobilie ist aktuell mit valutierenden Hypotheken von 80.000 € belastet. Es ergibt sich somit bis zur Beleihungsgrenze ein nicht unerheblicher Spielraum.

Verkehrswert	200.000 €
Beleihungswert	160.000 €
Sicherheitsabschlag Verkehrswert	20.000 €
Verkehrswert (real)	140.000 €
Davon 80 % = Beleihungswert (real)	112.000 €
valutierende Hypotheken	80.000 €
Es verbleiben zur Besicherung	**22.000 €**

Demzufolge wäre ein grundbuchlich gesicherter Kontokorrentkredit über 22.000 € (der nicht überschritten werden darf) noch im Rahmen des sorgfältig ermittelten Verkehrswertes. Die Bank müsste die oben genannte Zinsobergrenze einhalten. ▪

Leider haben die Banken bei der Zinsgestaltung erhebliche Gestaltungsspielräume: Die Zinsspreizung kann je nach Bewertung der Risiken durch die Bank bis zu 5,00 Prozentpunkte ausmachen. Wobei geringfügige Konditionsvorteile oftmals durch erhöhte Kosten in der Kontoführung, der Ausführung von Zahlungsaufträgen etc. regelgerecht „aufgefressen" werden.

Kreditlinie in ausreichender Höhe vereinbaren: Prüfen Sie vor Vereinbarung einer Kreditlinie, ob diese für Ihre Bedürfnisse wirklich ausreicht. Eine zu niedrig ausgehandelte Kreditlinie führt unweigerlich zu Überziehungen des vereinbarten Kreditrahmens und damit verbunden zu erheblichen Überziehungszinsen, die je nach Kreditinstitut zwischen 3,00 bis 5,00 Prozentpunkte über dem regulären Zinssatz liegen.

TIPP Kommt es in der Folge zu einer ständigen Überziehung der vereinbarten Kreditlinie – ohne dass das Kreditinstitut diese Überziehung abmahnt –, liegt möglicherweise eine konkludente Krediteinräumung vor. In solchen Fällen haben Sie durchaus gute Aussichten, die zu viel bezahlten (Überziehungs-)Zinsen zurückfordern zu können.

Betriebsmittelkredite der KfW in Betracht ziehen: Sie haben die Möglichkeit, extrem zinsgünstige (unter 4 %, je nach Preisklasse) KfW-Betriebsmittelkredite mit bis zu 90 % Haftungsfreistellung für die Bank zu bekommen. Die Haftungsfreistellung greift allerdings erst nach 1 Jahr – doch damit haben Sie ein weiteres Argument für einen günstigeren Kontokorrentkredit. Das sollten Sie gegenüber der Bank auf jeden Fall anführen.

Darlehen (Investitionskredite)

Das Darlehen eignet sich für mittel- und langfristige Investitionen und als Ersatz für einen dauerhaft hohen Kontokorrentkredit, der bei mittel- und langfristigen Projekten schnell für Engpässe in der Liquidität sorgen kann. Außerdem kann es als Ergänzung zu Fördermitteln genutzt werden. Denn diese decken in der Regel nur einen Teil des zu finanzierenden Volumens ab – z. B. 80 % des gesamten Finanzierungsbedarfs. Der Rest muss dann über andere Mittel, wie eben Darlehen, aufgebracht werden. Vereinbaren Sie in jedem Fall eine Sondertilgungsmöglichkeit in prozentualer Höhe, z. B. 20 % p. a. Höhere Sondertilgungsmöglichkeiten führen hingegen in der Regel zu erheblichen Zinsaufschlägen oder zur Kreditablehnung.

TIPP Versuchen Sie, eine Zinsbindung über die gesamte Laufzeit auszuhandeln. Dafür zahlen Sie zwar ggf. einige Zehntel Prozentpunkte höhere Zinsen. Die Zinsbindung erspart Ihnen aber unangenehme Überraschungen bei der Zinsentwicklung. Denn bei Zinsen auf dem derzeitig sehr niedrigen Niveau sind Anhebungen in naher Zukunft sehr wahrscheinlich.

Förderkredite/KfW-Mittel

Es gibt eine nahezu unüberschaubare Anzahl von Förderkrediten für alle möglichen Investitionsvorhaben, Unternehmensbeteiligungen etc. Neben der KfW und der EIB (Europäische Investitionsbank) kommen noch regionale Institute wie z. B. die LfA Förderbank in Bayern oder die NBank in Niedersachsen hinzu.

3. KAPITEL — FINANZIERUNG

Förderkredite eignen sich als Ergänzung zum Darlehen (Investitionskredit) für langfristige Investitionen – insbesondere wenn es absehbar eine gewisse Zeit dauern wird, bis die zu tätigende Investition sich rentiert. Alle Förderkredite sind grundsätzlich über die Hausbank als durchleitendes Institut zu beantragen. Da Ihre Hausbank an einem Förderkredit bei Weitem nicht so viel verdient wie bei der Ausreichung von eigenen Kreditmitteln, wird sie es nach Möglichkeit vermeiden, Ihnen einen solchen Kredit zu verschaffen.

> **TIPP** Kreditinstitute sind gemäß der ständigen Rechtsprechung dazu verpflichtet, auf zinsgünstige Darlehen, z. B. der KfW, hinzuweisen (u. a. OLG Celle, Az: 3 W 81/94 vom 24.7.1995; OLG Oldenburg, 9.7.2008, Az: 4 U 26) Lassen Sie sich diesbezüglich nicht von Ihrem Kreditinstitut „abwimmeln".

Hypothek

Hypotheken werden vornehmlich für die reine Immobilienfinanzierung eingesetzt. Bei einer bestehenden Immobilie kann eine Hypothek aber auch – bei ausreichender Sicherheitenlage – als Ersatz für einen langfristigen Investitionskredit dienen.

> **TIPP** Vereinbaren Sie bei Hypothekendarlehen in jedem Fall eine Sondertilgungsmöglichkeit in prozentualer Höhe, z. B. 20 % p. a. Höhere Sondertilgungsmöglichkeiten führen hingegen in der Regel zu erheblichen Zinsaufschlägen oder zur Kreditablehnung.

Berücksichtigen Sie diese Konditionen beim Vergleich von Kreditangeboten

Prüfpunkt	☑
Wie hoch ist der Zinssatz?	☐
Bei Kontokorrentkrediten: Wie hoch ist der Zinssatz für Überziehungen?	☐
Gibt es einmalige Gebühren, z. B. für Sicherheitenbewertungen?	☐
Sind wiederkehrende Gebühren zu zahlen?	☐
Wie lang ist die Laufzeit?	☐
Wie lang ist die Zinsbindungsfrist?	☐
Wie ist der Tilgungsverlauf?	☐
Sind Sondertilgungen möglich? In welcher Höhe?	☐
Welche Sicherheiten werden verlangt/akzeptiert?	☐
Wie hoch ist die laufende monatliche Belastung durch Zins- und Tilgungszahlung?	☐
Welche Kreditform ist für Ihre Finanzierungsvorhaben am besten geeignet?	☐

FINANZIERUNG — **3. KAPITEL**

Günstige Kreditkonditionen – Wählen Sie die richtigen Sicherheiten

> **Quick-Tipp**
>
> **Kosten**
> Wenn Sie Ihrem Steuerberater ein Pauschalmandat erteilt haben und keinen weiteren Berater hinzuziehen, fallen keine nennenswerten Kosten an.
>
> **Zeit**
> Sie müssen sich zunächst einen Überblick darüber verschaffen, welche Sicherheiten Ihnen zur Verfügung stehen und ggf. den Wert ermitteln. Dafür werden Sie voraussichtlich mehrere Tage benötigen.
>
> **Anspruch**
> Geht es um größere Investitionen sollten Sie zumindest Ihren Steuerberater oder ggf. einen auf Finanzierungen spezialisierten Unternehmensberater hinzuziehen.

Gerade bei Krediten an Kleinbetriebe sind Sicherheiten entscheidend dafür, ob und zu welchen Konditionen die Bank Geld zur Verfügung stellt. Die Ratingnote verändert sich durch Sicherheiten nicht – wohl aber die Konditionen. Einen voll besicherten Kredit können Sie beispielsweise – je nach Kreditart und Einstufung in eine Ratingklasse – zu 0,5 bis 1,5 Prozentpunkten günstigeren Zinsen bekommen als einen ungesicherten Kredit (Blankokredit).

Maßgebend für die Einschätzung ist nicht nur, dass Sicherheiten vorhanden sind, sondern auch, um welche Sicherheiten es sich handelt. Beispielsweise ist eine Sicherungsübereignung von Forderungen meistens schwieriger zu bewerten als ein Grundstück. Die Bank wird deshalb bei solchen Sicherheiten gegenüber dem Verkehrswert hohe Abschläge bei der Bewertung ansetzen.

Grundsätzlich wird Ihre Bank jede Sicherheit von Ihnen akzeptieren, aber unterschiedlich bewerten. Es gibt aus Sicht der Bank „gute", „akzeptierte" und „schlechte (Not-)"Sicherheiten. Letztere werden von der Bank nur akzeptiert, wenn keine anderen Sicherheiten vorhanden sind. Sie werden aber nur gering oder auch gar nicht angerechnet.

Beispiele für Sicherheiten unterschiedlicher Qualität

Gute Sicherheiten	Guthaben bei Banken und Bausparkassen (Verpfändung)
	Marktgängige Immobilien (Grundschulden)
	Lebensversicherung mit Rückkaufswert (Sicherungsabtretung)
	Bürgschaften von Personen mit guter Bonität
Akzeptierte Sicherheiten	Marktgängige Maschinen (Sicherungsübereignung)
	Marktgängige Fahrzeuge (Sicherungsübereignung)
Notsicherheiten	Einrichtungen (Sicherungsübereignung)
	Waren (Sicherungsabtretung)
	Kundenforderungen (Sicherungsabtretung)

JETZT BIN ICH SELBSTSTÄNDIG

3. KAPITEL — FINANZIERUNG

Vor- und Nachteile gängiger Sicherheiten

Grundschulden

Bei der Überlassung von Grundschulden wird meistens ein unabhängiges Wertgutachten zu einer Immobilie erstellt. Der Beleihungswert liegt in der Regel bei 60 % des Verkehrswertes.

Vorteile	Nachteil
hohe Akzeptanz im Vergleich zu anderen Sicherheiten	Notarkosten durch Grundbucheintragung
hoher Beleihungswert	

Sicherungsabtretungen

Die gängigste Sicherungsabtretung ist die Abtretung von bestehenden oder zukünftigen Forderungen. Sie können

- sämtliche Forderungen an die Bank abtreten (Globalzession) oder
- die Abtretungen einschränken, sodass Sie beispielsweise nur bestimmte Forderungen (z. B. Debitoren von A – K) abtreten.

Für die Bank ist es schwierig, die Werthaltigkeit dieser Forderungen zu bestimmen, daher wird diese Sicherheit auch nur mit einem geringen Prozentwert bewertet. Teilweise akzeptieren Banken Sicherungsabtretungen zwar als Sicherheiten, setzen sie aber intern nicht als werthaltig an. Dies hat zur Konsequenz, dass dieser Anteil auch als Blankoanteil gewertet wird.

Vorteil	Nachteil
unkompliziertes Verfahren: keine Beurkundung, Eintragungen etc. erforderlich	niedrige Bewertung

Sicherungsübereignung von Maschinen und Warenbeständen

Die Sicherungsübereignung ist ein ähnliches Instrument wie die Abtretung von Forderungen. Hier geht es allerdings um die Übereignung von physischen Werten. Je nach Art und Umfang des Warenlagers bzw. der Maschine werden unterschiedlich hohe Abschläge zugrunde gelegt.

Vorteile	Nachteile
unkompliziertes Verfahren	geringe Akzeptanz
keine Kosten, z. B. Gerichts- oder Notarkosten	niedrige Bewertung

Pfandrecht

Pfandrechte können für Wertpapiere, Bankguthaben, Bausparguthaben etc. von Ihnen eingeräumt werden. Im Falle einer Verwertung wäre die Bank ohne vorherigen Titel berechtigt, dieses Vermögen zur Befriedigung ihrer Forderungen heranzuziehen.

Vorteile	Nachteil
hohe Akzeptanz	Liquiditätsspielraum geht verloren, weil die Gelder nur nach Freigabe der Bank verfügbar sind
hohe Bewertung	

Bürgschaften

Häufig verlangen Banken auch Bürgschaften von Dritten, z. B. dem Ehepartner des Kreditnehmers. Dieser erklärt sich damit bereit, für den Kredit mit seinem persönlichen Vermögen zu haften. Wie die Bank die Bürgschaft bewertet, hängt von der persönlichen Bonität des Kunden ab.

Neben persönlichen Bürgschaften sind auch externe Bürgschaften üblich. Im Unternehmensbereich übernehmen solche Bürgschaften häufig Bürgschaftsbanken.

Ausfallbürgschaften sind bis zu 1 Mio. € möglich. Sie werden

- für Investitionskredite auf 80 % des Kreditbetrags und
- für Betriebsmittelkredite auf 50 % des Kreditbetrags begrenzt.

Da Bürgschaften von Bürgschaftsbanken durch das jeweilige Bundesland oder die Bundesrepublik gedeckt werden, werden sie mit dem vollstän-

FINANZIERUNG — 3. KAPITEL

digen Betrag als Sicherheiten durch die kreditgebende Bank anerkannt.

Die Bürgschaft einer Bürgschaftsbank beantragen Sie in der Regel über die Hausbank, bei der Sie den Kredit aufnehmen wollen. Bei Kreditbeträgen unter 200.000 € sind auch direkte Bürgschaften der Bürgschaftsbanken (BoB = Bürgschaft ohne Bank) möglich. Eine Ausfallbürgschaft wird nur gewährt, wenn Ihnen Sicherheiten fehlen, nicht aber bei mangelnder Bonität. Neben dem Kreditinstitut prüft die Bürgschaftsbank noch einmal, ob Ihr Finanzierungsvorhaben betriebswirtschaftlich sinnvoll ist.

Für eine Bürgschaft zahlen Sie eine Bearbeitungsgebühr von 0,8 % bis 1,5 % der Bürgschaftssumme und jährliche Gebühren von 1 % bis 1,5 %.

Vorteile	Nachteile
hohe Akzeptanz	bei der Selbstbürgschaft: hohes Haftungsrisiko
hohe Bewertung (bei persönlichen Bürgschaften gute Bonität vorausgesetzt)	bei Bürgschaft durch eine Bürgschaftsbank: anfallende Kosten, bürokratischer Aufwand für die Beantragung bei ungewisser Zusage

Weitere Informationen erhalten Sie bei:

Verband der Bürgschaftsbanken e. V.

Schillstraße 10, 10785 Berlin
Telefon: 030/26 39 65 40
Internet: www.vdb-info.de

Besicherung von Krediten: 6 goldene Regeln

Wie für die Finanzierung selbst gibt es auch für die Besicherung goldene Regeln, die Sie einhalten sollten.

1. Fristenkongruenz beachten

Die Finanzierungsdauer sollte mit der Kapitalbindungsdauer übereinstimmen. In der Praxis bedeutet das: Langfristige Finanzierungen sollten durch langfristige Sicherheiten wie Grundschulden und Bürgschaften gesichert werden. Für kurzfristige Finanzierungen sollten Sie dagegen kurzfristige Sicherheiten wie eine Sicherungsübereignung des Warenlagers oder eines Kfz einsetzen.

2. Sicherheitsreserven vorhalten

Halten Sie Sicherheitsreserven vor, die Ihnen für den Fall von Nachsicherungen oder eines Liquiditätsengpasses zur Verfügung stehen. Bauen Sie z. B. Liquiditätsreserven bei einer weiteren Bank auf, bei der Sie keine Kredite unterhalten.

3. Persönliche Bürgschaften begrenzen

Wenn ein Familienangehöriger eine persönliche Bürgschaft als Sicherheit einbringt, begrenzen Sie diese möglichst auf einen Höchstbetrag. Vereinbaren Sie dies mit Ihrer Bank im Bürgschaftsvertrag.

4. Nicht benötigte Sicherheiten freigeben lassen

Sprechen Sie mit Ihrer Hausbank auch über die Freigabe von gestellten Sicherheiten. Sie haben einen Anspruch auf die Freigabe von Sicherheiten, wenn deren Wert den der gesicherten Forderungen deutlich übersteigt. Dies gilt insbesondere bei der Abtretung von Forderungen oder Sicherungsübereignungen.

Als Faustformel hat der BGH vorgegeben: Übersteigt der Nenn- oder Schätzwert der Sicherheiten 150 % des Kredits, kann von einer Übersicherung ausgegangen werden. In diesem Fall muss die Bank Sicherheiten freigeben (BGH, 27.11.1997, Az: GSZ 01/97 und 02/97).

Beispiel für eine Übersicherung am Fall eines Forderungsbestands

Kredit	100.000 €	100 %
Forderungsbestand als Sicherheit	180.000 €	180 %
zulässig	150.000 €	150 %
Sicherheitenüberhang	**30.000 €**	

Die Bank muss in diesem Beispiel Sicherheiten im Wert von 30.000 € freigeben. ■

JETZT BIN ICH SELBSTSTÄNDIG

5. Frei gewordene Grundschulden nutzen

Wenn Sie als Sicherheiten Grundschulden gestellt haben, überprüfen Sie regelmäßig, welcher Anteil der eingetragenen Grundschuld durch Ihre Tilgungsleistungen wieder frei geworden ist. Bei einer Neuaufnahme oder Aufstockung von Krediten nutzen Sie diese Freiräume zur Besicherung.

z.B. Beispiel für frei gewordene Grundschulden

ursprünglicher Betriebsmittelkredit	100.000 €
Beleihungswert Immobilie	100.000 €
aktueller Darlehensstand	80.000 €
frei gewordene Sicherheit	**20.000 €**

Da das Darlehen seit der Aufnahme bereits um 20.000 € zurückgeführt wurde, muss die Bank Sicherheiten in dieser Höhe freigeben.

6. Sicherheiten auf Kredite begrenzen

Handeln Sie mit der Bank aus, dass Sicherheiten nur für jeweils einen bestimmten Kredit gelten und nicht für all Ihre Verbindlichkeiten gegenüber der Bank genutzt werden dürfen.

Mit Tilgung des betreffenden Kredits werden die Sicherheiten dann automatisch wieder frei.

FINANZIERUNG 3. KAPITEL

Förderdarlehen – Günstige Kredite für kleine Unternehmen

> **Quick-Tipp**
>
> **Kosten** €€€€
> Meiden Sie teure Fördermittel-Recherchen im Internet. Meist erhalten Sie statt einer klaren Auskunft nur bergeweise Förderrichtlinien.
>
> **Zeit** 🕓🕓🕓🕓
> Bundesweite Förderdarlehen erhalten Sie von der KfW-Mittelstandsbank. Auf deren Internet-Seite (www.kfw-mittelstandsbank.de) können Sie sich einen Überblick darüber verschaffen. Auch die Förderbanken der Länder bieten Informationen auf deren Internet-Seiten. 1 bis 2 Stunden sollten Sie für eine erste Recherche einplanen.
>
> **Anspruch** ★★★☆
> KfW-Darlehen können Sie selbst beantragen. Dafür wenden Sie sich an Ihre Hausbank. Informieren Sie sich zuvor gut über die möglichen Darlehen, weil Banken oftmals nicht von sich aus auf günstige Förderdarlehen hinweisen, sondern lieber eigene Kredite „verkaufen" wollen. Informationen bekommen Sie u. a. über die Internet-Seite der KfW, die Seite der Förderbanken der Bundesländer sowie über die Förderdatenbank des Bundeswirtschaftsministeriums im Internet (www.foerderdatenbank.de).

Gerade Jungunternehmer haben es nicht immer leicht, einen Kredit von der Bank zu bekommen – speziell wenn es um „geringe" Summen bis 20.000 € geht.

Förderdarlehen sollen Kleinunternehmern den Zugang zu Krediten erleichtern. Verfügen Sie über eine gute Bonität, sind Förderkredite für größere Investitionen zudem zu günstigen Zinsen zu haben.

Bei Fördermittelanträgen ist es besonders wichtig, dass Sie sämtliche formalen Vorgaben erfüllen. Einige Grundvoraussetzungen sind bei fast allen Förderprogrammen die gleichen:

- Förderungen müssen Sie beantragen, bevor Sie mit Ihrem zu finanzierenden Projekt beginnen.
- Nachfinanzierungen und Umschuldungen werden nicht gefördert.
- Sie müssen sich in der Regel mit Eigenmitteln an der Finanzierung beteiligen. Ausnahmen sind z. B. das KfW-Startgeld und der Unternehmerkredit, mit denen Sie Investitionen auch komplett bezahlen können.
- Wird Eigenkapital gefordert, sollten Sie das vor Beantragung der Fördermittel zusammenhaben; es wird nämlich geprüft, ob die Gesamtfinanzierung des Vorhabens gesichert ist.
- Darlehensanträge reichen Sie im Allgemeinen auf Formblättern über ein Kreditinstitut Ihrer Wahl (Hausbank) ein.
- Für die meisten Förderdarlehen verlangen die Kreditinstitute Sicherheiten.
- Ein Rechtsanspruch auf Fördermittel besteht nicht.

Beachten Sie: Vorgestellt werden im Folgenden Förderdarlehen der bundeseigenen KfW-Mittelstandsbank, die deutschlandweit beantragt werden können. Die Bundesländer bieten darüber hinaus über ihre Förderbanken weitere Fördermittel an. Um diese zu bekommen, muss Ihr Unternehmen in dem jeweiligen Bundesland ansässig sein. Erkundigen Sie sich bei Ihrer IHK, Handwerkskammer oder der örtlichen Wirtschaftsförderungsgesellschaft des Landkreises oder der Stadt danach.

JETZT BIN ICH SELBSTSTÄNDIG

3. KAPITEL — FINANZIERUNG

✉ Förderbanken der Bundesländer

Landeskreditbank Baden-Württemberg (L-Bank BW)
Postfach 102943, 70025 Stuttgart
Telefon: 07 11/1 22 23 45, Fax: 07 11/1 22 26 74
Internet: www.l-bank.de

LfA Förderbank Bayern (LfA Bay)
Königinstraße 15, 80539 München
Telefon: 08 00/2 12 42 40, Fax: 089/21 24 22 16
Internet: www.lfa.de

Investitionsbank Berlin (IB Ber)
Bundesallee 210, 10719 Berlin
Telefon: 030/21 25 47 47, Fax: 030/21 25 20 20
Internet: www.investitionsbank-berlin.de

InvestitionsBank des Landes Brandenburg (ILB Bra)
Steinstraße 104–106, 14480 Potsdam
Telefon: 03 31/66 00, Fax: 03 31/6 60 12 34
Internet: www.ilb.de

WfG Bremer Wirtschaftsförderung GmbH (SfWH Bre)
Kontorhaus am Markt, Langenstraße 2–4
28195 Bremen
Telefon: 04 21/96 00 10, Fax: 0421/9600810
Internet: www.big-bremen.de

Behörde für Wirtschaft und Arbeit (BWA Ham)
Alter Steinweg 4 / Wexstraße 7, 20459 Hamburg
Telefon: 040/42 84 10, Fax: 040/428411620
Internet: www.bwa.hamburg.de

Wirtschafts- und Infrastrukturbank Hessen (WIBank)
Strahlenbergerstraße 11, 63067 Offenbach
Telefon: 069/91 32 01, Fax: 069/91 32 24 83
Internet: www.wibank.de

Landesförderinstitut Mecklenburg-Vorpommern
Werkstraße 213, 19061 Schwerin
Telefon: 03 85/6 36 30, Fax: 03 85/63 63 12 12
Internet: www.lfi-mv.de

Investitions- und Förderbank Niedersachsen GmbH (NBank Nds)
Günther-Wagner-Allee 12–14, 30177 Hannover
Telefon: 05 11/30 03 13 33, Fax: 05 11/30 03 11 13 33
Internet: www.nbank.de

Landesbank des Landes Nordrhein-Westfalen (NRW.BANK)
Kavalleriestraße 22, 40213 Düsseldorf
Telefon: 02 11/91 74 10, Fax: 02 11/9 17 41 29 21
Internet: www.nrwbank.de

Investitions- und Strukturbank Rheinland-Pfalz ISB GmbH (ISB RPf)
Holzhofstraße 4, 55116 Mainz
Telefon: 0 61 31/98 53 33, Fax: 0 61 31/98 52 99
Internet: www.isb.rlp.de

Saarländische Investitionskreditbank AG (SIKB Saa)
Franz-Josef-Röder-Straße 17, 66119 Saarbrücken
Telefon: 06 81/30 33-0, Fax: 0681/30 33-100
Internet: www.sikb.de

Sächsische Aufbaubank GmbH (SAB Sach)
Pirnaische Straße 9, 01069 Dresden
Telefon: 03 51/49 10-0, Fax: 03 51/49 10-40 00
Internet: www.sab.sachsen.de

Landesförderinstitut Sachsen-Anhalt (LFI SAnh)
Domplatz 12, 39104 Magdeburg
Telefon: 03 91/589-17 45, Fax: 03 91/589-17 54
Internet: www.lfi-lsa.de

Investitionsbank Schleswig-Holstein (IBSHI)
Fleethörn 29–31, 24103 Kiel
Telefon: 04 31/99 05-0, Fax: 04 31/99 05-33 83
Internet: www.ibank-sh.de

Thüringer Aufbaubank (TAB Thü)
Postfach 900244, 99105 Erfurt
Telefon: 03 61/74 47-0, Fax: 03 61/74 47-410
Internet: www.aufbaubank.de

FINANZIERUNG **3. KAPITEL**

KfW-Startgeld: Kleinkredite, die keine Bank vergeben würde

Gegenüber Gründern und jungen Unternehmen halten Banken sich bei der Kreditvergabe sehr zurück. Zu groß ist ihnen das Risiko, das Geld nicht zurückzubekommen. Außerdem ist ihnen die Rendite mit den meist nur wenige tausend Euro umfassenden Darlehen zu gering.

Diese Lücke soll das KfW-Startgeld füllen. Es ist speziell für kleine Unternehmen gedacht. Beantragen können Selbstständige und Unternehmer in der Gründungsphase bis hin zu einem Unternehmensalter von 3 Jahren. Das Darlehen kann bis zu 50.000 € pro Antragsteller betragen. Aber auch deutlich niedrigere Summen sind möglich.

Das KfW-Startgeld beantragen Sie nicht direkt bei der KfW-Mittelstandsbank, sondern bei Ihrer Hausbank oder Sparkasse. Um die Vergabe für die Institute attraktiv zu machen, stellt die KfW-Mittelstandsbank sie zu 80 % von der Haftung für einen Kreditausfall frei. Das bedeutet: Sollten Sie als Kreditnehmer das KfW-Startgeld nicht vollständig zurückzahlen können, trägt das Kreditinstitut maximal 20 % des Ausfalls selbst. Darüber hinaus ist die Vergabe des Förderdarlehens für die Kreditinstitute mit weniger bürokratischem Aufwand verbunden.

> **TIPP** Unter 10.000 € Kreditsumme lohnt sich ein Förderkredit in der Regel nicht. Der Aufwand für die Beantragung ist zu hoch. Für die Finanzierung solcher vergleichsweise kleiner Beträge greifen Sie eher auf Kontokorrentkredite oder Ratenkreditangebote der Hausbank zurück.

KfW-Unternehmerkredit für Investitionen oder zur Sicherung der Liquidität

Der Unternehmerkredit eignet sich für die verschiedensten Finanzierungen. Das Besondere: Damit können Sie Investitionen bis zu 1 Mio. € vollständig bezahlen. Erst bei Investitionen, die darüber hinausgehen, müssen Sie weitere Mittel beisteuern – z. B. Eigenkapital oder einen Bankkredit. Mit dem KfW-Unternehmerkredit können Sie langfristige Investitionen z. B. in Grundstücke, Gebäude, Maschinen etc., finanzieren oder einen Liquiditätsengpass oder den Kauf von Betriebsmitteln, z. B. Waren oder Werkstoffe, finanzieren.

Der Zinssatz ist für die Kreditlaufzeit von bis zu 20 Jahren fest. Es sind tilgungsfreie Anlaufjahre vorgesehen. Dadurch schonen Sie zu Beginn Ihre Liquidität. Für kleine und mittelständische Betriebe mit bis zu 249 Mitarbeitern gibt es spezielle Zinsvergünstigungen (KMU-Fenster). Einschränkung für Betriebsmittelkredite: Sie sind ausschließlich mit einer Laufzeit von 5 Jahren zu haben und eine Zinsvergünstigung für Kleinunternehmen ist nicht möglich.

KfW-Unternehmerkapital: Ein Kredit, für den Sie keine Sicherheiten benötigen

Die KfW-Mittelstandsbank bietet unter dem Titel „Unternehmerkapital" nachrangige Finanzierungen an – sogenannte mezzanine Darlehen. Das sind Finanzierungen, die ähnlich wie Eigenkapital behandelt werden. Vorteile für Sie:

- Sie müssen keine Sicherheiten aufbringen und
- bekommen einfacher weitere Bankdarlehen, weil das Unternehmerkapital wirtschaftlich ähnlich Ihrem eigenen Kapital behandelt wird.

Voraussetzung für die Bewilligung: Ihnen fehlt nachweislich Eigenkapital, um betriebliche Investitionen zu finanzieren, und Sie können die Bank davon überzeugen, dass die Investition sich dauerhaft rentieren wird.

Sie können aber mit dem Unternehmerkapital nicht das gesamte Vorhaben finanzieren. Einen Teil müssen Sie durch ein klassisches Bankdarlehen bzw. eigene Mittel beisteuern. Das Darlehen gibt es in 2 Varianten:

ERP-Kapital für Gründung

Das ERP-Kapital für Gründung können Sie bekommen, wenn Sie vor maximal 3 Jahren gegründet haben. Sie können Ihren eigenen Finanzierungsanteil damit auf bis zu 45 % (West) bzw. 50 % (Ost) aufstocken.

KfW-Kapital für Arbeit und Investitionen

Das Darlehen ist für Selbstständige bestimmt, die mehr als 3 Jahre am Markt sind. Es besteht aus einem gewöhnlichen Darlehen und einem Nachrangdarlehen in gleicher Höhe. Das Nachrangdarlehen wird wie Eigenkapital behandelt. Mit dieser Variante können Sie Investitionsvorhaben sogar vollständig finanzieren. Beim Unternehmerkapital gibt es Vergünstigungen für Kleinunternehmen.

Weitere Informationen zu den Förderdarlehen erhalten Sie bei:

KfW-Mittelstandsbank
Palmengartenstraße 5–9, 60325 Frankfurt a. M.
Telefon: 01 80/1 24 11 24
Internet: www.kfw-mittelstandsbank.de

Zuschüsse vom Staat – Geld, das Sie nicht zurückzahlen müssen

> **Quick-Tipp**
>
> **Kosten**
> €€€€
> Ziehen Sie für Auswahl und Beantragung von Zuschüssen einen Berater hinzu, rechnet der nach Stundensatz ab. Für die Kosten können Sie aber ebenfalls Zuschüsse bekommen und sie dadurch gering halten.
>
> **Zeit**
> Auf den folgenden Seiten lesen Sie die wichtigsten Fakten zu gängigen Zuschüssen. Innerhalb weniger Minuten sind Sie informiert. Es gibt aber noch viel mehr.
>
> **Anspruch**
> ★★★☆
> Dass es zahlreiche Zuschüsse gibt, heißt nicht, dass Sie die auch bekommen können, denn sie sind in der Regel zweckgebunden. Die Förderrichtlinien sind meist sehr kompliziert. Holen Sie sich besser Hilfe von einem auf Fördermittel spezialisierten Unternehmensberater, der Sie bei Auswahl und Beantragung unterstützt, z. B. über die Beraterbörse der KfW: http://beraterboerse.kfw.de

Kleineren Unternehmen greift der Staat mit Zuschüssen unter die Arme, die oft noch nicht einmal zurückzuzahlen sind. Sie müssen nur den richtigen Fördertopf finden und anzapfen.

Gründercoaching Deutschland: Bis zu 4.500 € Zuschuss zu Ihren Beratungskosten

Sie wollen sich beraten lassen, um mit professioneller Hilfe weiterzuentwickeln? Dafür gibt es einen Zuschuss aus dem Programm „Gründercoaching Deutschland" der KfW-Mittelstandsbank – das ist die Förderbank des Bundes.

Gefördert werden Coachings in wirtschaftlichen, finanziellen und organisatorischen Fragen. Von der Förderung ausgeschlossen sind Beratungen mit dem Schwerpunkt Recht, Steuern oder Versicherungen sowie Buchführungsarbeiten oder die Entwicklung von Software.

Förderberechtigt sind Sie in den ersten 5 Jahren nach der Unternehmensgründung oder -übernahme. Den Zuschuss können Sie als Gewerbetreibender oder auch als Freiberufler bekommen – vorausgesetzt, Sie haben Ihren Sitz und Geschäftsbetrieb in Deutschland. Nicht förderberechtigt sind Unternehmensberater selbst, land-, forst- oder fischereiwirtschaftliche Betriebe sowie Unternehmen, die in wirtschaftliche Schwierigkeiten geraten sind.

Maximal förderfähig ist ein Tageshonorar (8 Stunden) von 800 € netto. Über einen Zeitraum von bis zu 12 Monaten liegt die Höchstgrenze bei 6.000 € netto. Als Zuschuss erhalten Sie

- in Westdeutschland und Berlin bis zu 50 % des Beratungshonorars, also maximal 3.000 €,
- in Ostdeutschland bis zu 75 % des Beratungshonorars, also maximal 4.500 €,
- bei Gründung aus der Arbeitslosigkeit bis 90 % – allerdings nur von bis zu 4.000 € Honorar –, also bis zu 3.600 €.

Beachten Sie: Den Antrag auf die Förderung müssen Sie schon vor Abschluss des Beratungsvertrags stellen. Sie können sich für Ihr Coaching auch keinen beliebigen Berater aussuchen. Die Zuschüsse gewährt die KfW-Mittelstandsbank nur, wenn der Berater von ihr für das Gründercoaching zugelassen ist.

z.B. Ein Selbstständiger in Leipzig will sich zur Verbesserung seiner Finanzsituation beraten lassen. Er stellt einen Antrag auf den Zuschuss, den die KfW-Mittelstandsbank bewilligt. Dann sucht er sich einen geeigneten und zugelassenen Berater aus und schließt einen schriftlichen Vertrag über eine 1-Tages-Beratung ab. Der Berater berechnet 600 € und erstellt einen Beratungsbericht. Beides reicht der Selbstständige nach Abschluss der Beratung ein – zusammen mit einer Kopie des Kontoauszugs, aus dem seine Honorarzahlung hervorgeht. Dann erstattet die KfW-Mittelstandsbank dem Selbstständigen 75 % des Honorars, also 450 €.

Weitere Informationen zum Gründer-Coaching erhalten Sie bei der KfW-Mittelstandsbank:

KfW-Mittelstandsbank

Telefon: 0 18 01/24 11 24
Internet: www.gruender-coaching-deutschland.de

Beratungskostenzuschüsse für Selbstständige

Neben dem Gründungscoaching gibt es für Selbstständige, die bereits vor mindestens 1 Jahre gegründet haben, einen weiteren Topf für Beratungsförderungen: Über das Bundesamt für Wirtschaft und Ausfuhrkontrolle (BAFA) können Sie Zuschüsse zu Unternehmensberatungskosten für allgemeine Beratungen oder spezielle Beratungen z. B. zu Kooperationen oder Umweltschutz bekommen.

Der Zuschuss beträgt für Selbstständige

- aus den alten Bundesländer einschließlich Berlin 50 %,
- aus den neuen Bundesländern sowie dem Regierungsbezirk Lüneburg 75 %

der Beratungskosten (ohne Mehrwertsteuer). Je Beratung kann der Zuschuss bis zu 1.500 € betragen. Er kann jedoch mehrmals beantragt werden. Für mehrere Beratungen ist ein Zuschuss bis zum Höchstbetrag von insgesamt 3.000 € möglich.

Anträge auf Beratungskostenzuschüsse müssen innerhalb von 3 Monaten nach Abschluss der Beratung und Zahlung der Beratungskosten mit dem dafür vorgesehenen Formular beantragt werden. Weitere Informationen sind beim Bundesamt für Wirtschaft und Ausfuhrkontrolle erhältlich:

Bundesamt für Wirtschaft und Ausfuhrkontrolle (BAFA)

Frankfurter Straße 29–35, 65760 Eschborn
Telefon: 0 61 96/908-570
Internet: www.bafa.de

Investitionszulage Ost: Die Finanzspritze vom Fiskus

Investieren Sie in den neuen Bundesländern oder in Berlin? Dann erhalten Sie unter bestimmten Voraussetzungen einen nicht rückzahlungspflichtigen Zuschuss zu den Anschaffungs- oder Herstellungskosten Ihrer Investitionen. Gesetzliche Grundlage ist das Investitionszulagengesetz 2007 (InvZulG).

Die Investitionszulage beträgt bei Unternehmen mit weniger als 250 Mitarbeitern zurzeit 25 % der Anschaffungs- oder Herstellungskosten. Bei Investitionen in Randgebieten Ostdeutschlands erhöht sie sich auf 27,5 %. Antragsberechtigt sind Betriebe, die

- zum verarbeitenden Gewerbe gehören (z. B. Druckerei, Getränkehersteller),
- zum Beherbergungsgewerbe zählen (z. B. Hotel, Campingplatz) oder
- produktionsnahe Dienstleistungen erbringen (z. B. Ingenieurbüro, Werbeagentur, Datenverarbeitungsbetrieb).

Die Förderung von Investitionen in sogenannten sensiblen Sektoren (Stahl, Schiffbau etc.) ist ausgeschlossen. Bei der Investition selbst muss es sich um eine Erstinvestition handeln (z. B. Errichtung einer neuen oder Erweiterung einer bestehenden Betriebsstätte, grundlegende Änderung eines Produkts oder Produktionsverfahrens). Begünstigt sind die Anschaffung und Herstellung neuer beweglicher Wirtschaftsgüter oder neuer Gebäude.

FINANZIERUNG — 3. KAPITEL

z.B. Monika Borne eröffnet ein kleines Hotel in Dresden. Sie schafft neue Betten für insgesamt 2.800 € netto an. Für diese Investition beantragt sie nach Ablauf des Jahres eine Investitionszulage. Sie erhält (2.800 € × 25 % =) 700 € als nicht rückzahlungspflichtigen Zuschuss vom Fiskus ausgezahlt. ■

Das Investitionsgut muss für mindestens 3 Jahre (bei Gebäuden: 5 Jahre) Teil Ihres Anlagevermögens werden. Sie dürfen das Investitionsgut nur zu höchstens 10 % privat mitnutzen. Für Wirtschaftsgüter mit Netto-Anschaffungskosten von bis zu 410 € (Wert gilt auch noch nach 2007!) sowie Personenkraftwagen und Luftfahrzeuge erhalten Sie keine Zulage.

Eine Investitionszulage gehört nicht zu Ihren Einkünften im Sinne des Einkommensteuergesetzes. Sie mindert auch nicht die steuerlichen Anschaffungs- und Herstellungskosten (§ 12 InvZulG).

Die Investitionszulage beantragen Sie bei Ihrem Finanzamt, und zwar nach Abschluss des Jahres, in dem Sie die Investition beendet haben. Das amtliche Antragsformular sowie Auskünfte zum Antragsverfahren erhalten Sie von Ihrem Finanzamt.

Weitere Informationen finden Sie im Internet unter:

www.bund.de – für Wirtschaft & Wissenschaft – unter A – Z, „Investitionszulage".

Messeförderung: Der Zuschuss für Ihre aktive Vermarktung

Wollen Sie sich an einer Messe beteiligen, recherchieren Sie zuvor sorgfältig nach möglichen Zuschüssen! Sowohl die Bundesländer als auch der Bund haben dafür Programme aufgelegt, die Ihnen hunderte bis tausende Euro Ihrer Kosten wieder einbringen.

Einen ersten guten Überblick erhalten Sie im Internet unter: www.auma-messen.de – Ausstellerförderung auf deutschen Messen und Auslandsmesseprogramm.

Aktuelles bundesweites Beispiel für eine solche Messeförderung ist das „Messeprogramm innovative Unternehmen". Damit fördert das Bundesministerium für Wirtschaft und Technologie die Teilnahme junger innovativer Unternehmen an ausgewählten internationalen Messen in Deutschland, und zwar an von den Messeveranstaltern organisierten Gemeinschaftsständen. Förderfähig sind Sie, wenn Ihr Unternehmen sich durch neue oder wesentlich verbesserte Produkte, Verfahren oder Dienstleistungen sowie deren Markteinführung auszeichnet.

Als Zuschuss erhalten Sie 80 % der vom Messeveranstalter in Rechnung gestellten Gesamtkosten für Standmiete und Standbau im Rahmen des Gemeinschaftsstands, maximal 7.500 €. Mit einer relativ geringen Eigenleistung können Sie somit völlig neue Wege der – auch internationalen – Vermarktung Ihres Angebots gehen. Messebeteiligungen, die für kleine Unternehmen sonst unerschwinglich wären, werden somit auch für Sie greifbar.

Sie müssen sich spätestens 8 Wochen vor Messebeginn beim Messeveranstalter zur Teilnahme am Gemeinschaftsstand anmelden. Gleichzeitig haben Sie den Antrag auf die Förderung beim Bundesamt für Wirtschaft und Ausfuhrkontrolle (BfA) zu stellen.

Weitere Informationen bekommen Sie bei:

Bundesamt für Wirtschaft und Ausfuhrkontrolle
Frankfurter Straße 29–35, 65760 Eschborn
Telefon.: 0 61 96/908-0
Internet: www.bafa.de

Künstlersozialversicherung: Günstig für Künstler und Publizisten

Als Künstler oder Publizist (Journalist, Schriftsteller etc.) sind Sie in der gesetzlichen Rentenversicherung und der gesetzlichen Krankenversicherung pflichtversichert, wenn Sie

JETZT BIN ICH SELBSTSTÄNDIG

3. KAPITEL — FINANZIERUNG

- nicht nur vorübergehend als Künstler/Publizist selbstständig erwerbstätig sind,
- im Wesentlichen im Inland tätig sind,
- höchstens 1 sozialversicherungspflichtigen Arbeitnehmer beschäftigen (Auszubildende zählen hierbei nicht) und
- als Künstler/Publizist mehr als 3.900 € Gewinn im Jahr erwirtschaften.

Die Höhe Ihrer Beiträge zur Renten-, Kranken- und Pflegeversicherung bemisst sich nach Ihrem voraussichtlichen Gewinn. Sie tragen aber – wie ein Arbeitnehmer – nur den halben Sozialversicherungsbeitrag selbst. Die andere Hälfte übernimmt die Künstlersozialkasse (KSK).

Durch diesen staatlichen Zuschuss kommen Sie also zu einer günstigen Sozialversicherung. In den ersten 3 Jahren Ihrer Selbstständigkeit können Sie sich übrigens freiwillig auch dann über die Künstlersozialkasse versichern lassen, wenn Sie den Jahresverdienst von 3.900 € nicht erreichen.

Weitere Informationen erhalten Sie bei:

Künstlersozialkasse
26380 Wilhelmshaven
Tel.: 0 44 21/75 43-9
Internet: www.kuenstlersozialkasse.de

Riester-Rente: Zulagen auch für viele Selbstständige

Für Ihre Altersvorsorge kann der Abschluss eines Riester-Sparvertrags günstig sein. Entschließen Sie sich für diese Form einer privaten Rentenversicherung, bekommen Sie eine Zulage (seit 2008: 154 € pro Jahr) und ggf. Steuervorteile vom Staat. Wenn Sie Kinder haben, wird Ihnen oder dem anderen Elternteil noch eine Kinderzulage auf Ihrem Sparkonto gutgeschrieben (seit 2008: 184 € pro Jahr und Kind; dieser Betrag erhöht sich für ein nach 2007 geborenes Kind auf 300 €).

Der staatliche Zuschuss macht die Nachteile der Riester-Rente in vielen Fällen wieder wett: An das Geld, das Sie in einen Riester-Vertrag einzahlen, kommen Sie nämlich vor Rentenbeginn nicht mehr heran. Ausnahme: Ein Teil des Angesparten darf in den Erwerb von privatem Wohneigentum fließen. Wer früh stirbt, dessen Ansprüche werden höchstens auf einen Riester-Vertrag des Ehepartners übertragen. Erben müssen hingegen die Zulagen und ggf. Steuervorteile an den Staat zurückzahlen. Die Rückzahlung ist auch Pflicht, wenn Sie Ihren Hauptwohnsitz später ins Ausland verlegen.

Wollen Sie diese Nachteile in Kauf nehmen, dürfen Sie als Selbstständige/r einen geförderten Riester-Vertrag abschließen, wenn

- Sie selbst in der gesetzlichen Rentenversicherung pflichtversichert sind (z. B. als Ich-AGler, Handwerker, Landwirt, freier Journalist oder als nur nebenberuflich Selbstständiger mit einer rentenversicherungspflichtigen Hauptbeschäftigung) oder
- Ihr Ehepartner rentenversicherungspflichtig ist (z. B. als Angestellte/r oder 400-€-Kraft, die auf die Versicherungsfreiheit in der gesetzlichen Rentenversicherung verzichtet hat) und für sich selbst einen Riester-Vertrag abgeschlossen hat.

Weitere Informationen erhalten Sie bei Ihrem Versicherungsmakler oder im Internet unter: www.vorsorgedurchblick.de.

Lohnkosten- und andere Zuschüsse: Das zahlt Ihnen die Arbeitsagentur

Von der Agentur für Arbeit können Sie Zuschüsse bekommen, wenn Sie einen zuvor arbeitslosen Mitarbeiter einstellen oder auch zu Ihren eigenen Kosten als Selbstständiger.

FINANZIERUNG — **3. KAPITEL**

Lohnkostenzuschüsse für die Einstellung neuer Mitarbeiter

Planen Sie, einen Arbeitslosen einzustellen? Dann besprechen Sie mit der für den Mitarbeiter zuständigen Arbeitsagentur, ob sie Sie mit einem Zuschuss zu Ihren Lohnkosten unterstützt. Damit können Sie rechnen, wenn Ihr Unternehmen noch jung ist und/oder Sie einen Mitarbeiter beschäftigen wollen, der sonst nur schwer zu vermitteln wäre. Das gilt auch, wenn es sich bei dem Mitarbeiter um Ihren Angehörigen handelt.

Wichtig: Den Antrag auf die Förderung müssen Sie vor Beginn der Tätigkeit gestellt haben. Einen Rechtsanspruch auf einen Zuschuss haben Sie nicht. Die Arbeitsagentur bewilligt ihn nach „billigem Ermessen" und solange Haushaltsmittel zur Verfügung stehen. Basis für die Berechnung ist der Monatslohn zuzüglich Ihres Arbeitgeberbeitrags zur Sozialversicherung (= „berücksichtigungsfähiges Arbeitsentgelt"). Vor allem folgende Lohnkostenzuschüsse können für Sie interessant sein:

• Eingliederungszuschuss

Für einen Mitarbeiter, dessen Vermittlung erschwert ist, können Sie einen Zuschuss von bis zu 50 % des berücksichtigungsfähigen Arbeitsentgelts für 12 Monate erhalten. Für besonders schwer vermittelbare Arbeitslose, unter 25-Jährige oder Mitarbeiter ab 50 gelten zum Teil noch bessere Bedingungen. Geht es um einen Behinderten oder besonders betroffenen Schwerbehinderten, fällt der Zuschuss ebenfalls höher aus.

• Eingliederungsgutschein

Arbeitsuchende ab 50, die länger als 12 Monate Anspruch auf Arbeitslosengeld haben, können einen Eingliederungsgutschein bekommen. Stellen Sie einen solchen Mitarbeiter sozialversicherungspflichtig für mindestens 15 Stunden pro Woche mindestens 1 Jahr an, haben Sie für 12 Monate Anspruch auf den Eingliederungszuschuss. Der Bewerber darf aber während der vorangegangenen 2 Jahre nicht länger als 3 Monate bei Ihnen beschäftigt gewesen sein.

• Zuschuss zu einer Einstiegsqualifizierung

Für Ausbildungsbewerber oder Auszubildende, die noch nicht über die erforderliche Ausbildungsbefähigung verfügen, können Sie als Arbeitgeber bis zu 192 € pro Monat zuzüglich Sozialabgaben für 6 bis 12 Monate als Zuschuss erhalten.

Zuschüsse für Sie als Selbstständigen

In manchen Fällen unterstützt die Arbeitsagentur auch Selbstständige. Ziel ist, Ihnen beim Aufbau Ihres Unternehmens so weit unter die Arme zu greifen, dass Sie auf Arbeitslosengeld I oder II verzichten können.

• ALG II für Selbstständige

Als hilfsbedürftiger Freiberufler oder Gewerbetreibender können Sie Arbeitslosengeld II (ALG II) beziehen – und zwar auch dann, wenn Sie mehr als 15 Stunden pro Woche selbstständig tätig sind. Fast 10 % der kleinen Gewerbetreibenden und Selbstständigen haben offiziellen Angaben zufolge schon Arbeitslosengeld II beantragt, und Schätzungen zufolge könnte über ein Drittel antragsberechtigt sein. Grob gesagt bekommen Sie Unterstützung, wenn kein Partner oder Angehöriger für Sie aufkommen muss und Ihnen ohne anrechenbares Vermögen zu wenig Geld für Ihren Grundbedarf übrig bleibt. Wenn Sie also nur sehr wenig Geld erwirtschaften, lassen Sie sich zum Bezug von ALG II beraten (für Sie zuständige Stelle bei Ihrer örtlichen Arbeitsagentur erfragen).

Selbstständige, die Arbeitslosengeld II beziehen, können von der Agentur für Arbeit so genannte Eingliederungshilfen bekommen. Dazu zählen ausdrücklich auch Darlehen und Zuschüsse für Anschaffungen von Sachgütern, die für die selbstständige Tätigkeit notwendig sind (§ 16c SGB II). Die Zuschüsse können bis zu 5.000 € betragen. Mit Ihrem Antrag müssen Sie darlegen, dass die Anschaffung notwendig ist. Offensichtlich ist die Notwendigkeit z. B. in diesem Beispiel: Ein selbstständiger Kurierfahrer möchte ein neues Auto kaufen, weil das alte ständig repariert werden muss.

- **Krankenversicherungszuschuss**

Wenn Sie allein durch Ihre Beiträge für die Kranken- und Pflegeversicherung in die Bedürftigkeit rutschen, können Sie auch einen Antrag auf einen Zuschuss hierzu stellen und nicht auf ALG II (§ 26 Abs. 3 SGB II). Das kann für Sie einfacher und günstiger sein. Verzichten Sie nicht darauf, nur um sich den Gang zur Behörde zu ersparen!

Weitere Informationen erhalten Sie bei der örtlichen Agentur für Arbeit oder im Internet unter:

www.arbeitsagentur.de – Bürgerinnen und Bürger – finanzielle Hilfen.

Wie und wo Sie weitere Zuschüsse bekommen

Die genannten Zuschüsse stellen Beispiele dar, denn die gesamte vielfältige Förderlandschaft kann hier nicht abgebildet werden. Je nach Ihrem Standort, Ihrer Branche und der Art Ihrer Tätigkeit können weitere Zuschüsse für Sie infrage kommen:

- Programme des Bundes, der Länder und der EU können Sie selbst leicht im Internet recherchieren: www.foerderdatenbank.de.

- Fragen Sie bei Ihrer IHK oder Handwerkskammer und bei der örtlichen Wirtschaftsförderungsgesellschaft nach, welche Zuschussprogramme es für Sie gibt.

- Wenn Ihr Betrieb schon etwas größer ist, Sie investieren wollen und womöglich in einer innovativen Branche tätig sind, lohnt sich die Beauftragung eines „Subventionslotsen", der für Sie verfügbare Fördermittel recherchiert (z. B. www.wabeco.de).

- Ist Ihre finanzielle Lage stark angespannt, besprechen Sie auch mit der Arbeitsagentur eine mögliche Unterstützung – dort hat man ein Interesse daran, dass Sie Ihre Selbstständigkeit erfolgreich aufbauen und sich nicht wieder als Arbeitsuchender melden.

KAPITEL 4
Kunden gewinnen

Steigern Sie Ihren Umsatz durch gezielte Werbung und passgenaue Angebote für Ihre Kunden

Sie sind überzeugt, eine hervorragende Produkt- oder Dienstleistungsidee zu haben. Sie bieten etwas, das in dieser Form nirgends sonst zu haben ist. Und mit diesem Selbstvertrauen haben Sie sich selbstständig gemacht oder sind gerade dabei, es zu tun. Ein guter Schritt! Eine gute Geschäftsidee ist der Grundstein für Ihren Erfolg. Damit sich der Erfolg auch tatsächlich einstellt, müssen nun noch Ihre potenziellen Kunden von der Idee erfahren. Und Sie müssen sie ebenfalls von der Qualität und Einzigartigkeit Ihres Angebots überzeugen. Einfach ist das nicht. Schließlich gibt es außer Ihnen wahrscheinlich noch Tausende, die Ähnliches anbieten – zumindest aus Kundensicht. Warum sollte ein Kunde also gerade zu Ihnen kommen? Wenn Sie aber diese Kernfrage kurz und überzeugend beantworten können, haben Sie die Brücke zum Kunden schon fast gebaut. Deshalb beginnt dieses Kapitel mit Tipps, wie Sie ein Alleinstellungsmerkmal gegenüber anderen Anbietern (USP = Unique Selling Proposition) finden. Darüber hinaus erfahren Sie, wie Sie …

- mehr über **Wünsche und Bedürfnisse Ihrer Zielgruppe** erfahren, um genau das anzubieten und zu bewerben, was Ihre Kunden haben möchten.

- eine **Kundenkartei aufbauen**, um diese Informationen gezielt einzusetzen.

- mit einer Werbeplanung ein schmales Werbebudget gezielt einsetzen, **um mit dem richtigen Werbemix große Wirkung zu erzielen.**

- **im Internet und per E-Mail erfolgreich und günstig werben**, ohne Technikprofi sein zu müssen.

- klassische Werbung per **Werbebriefe professionell einsetzen**.

- erprobte **Verhandlungstechniken** einsetzen, um erfolgreich zum Geschäftsabschluss zu kommen.

- individuelle **Angebote erstellen**, mit denen Sie Kunden von Ihren Leistungen überzeugen.

4. KAPITEL — KUNDEN GEWINNEN

Alleinstellungsmerkmal (USP) finden – Sagen Sie, was Sie besser können als Ihre Wettbewerber

Quick-Tipp

Kosten €€€€	Die Formulierung eines USP setzt vor allem etwas Rechercheaufwand voraus. Größere Kosten müssen damit nicht verbunden sein.
Zeit 🕰🕰🕰🕰	Einen USP schütteln Sie nicht einfach so aus dem Ärmel. Sie werden für die notwendigen Recherchen einige Wochen Zeit brauchen. Die sollten Sie sich auch nehmen. Denn Ihr USP ist ein entscheidender Wettbewerbsfaktor.
Anspruch ★★☆☆	Sprechen Sie mit vielen Menschen, die Sie und Ihre Leistungen und Produkte kennen, z. B. mit Ihren Kunden, Lieferanten, Dienstleistern, Freunden und Familienmitgliedern. Beantworten Sie mit deren Hilfe die u. g. Fragen zu Ihrem Alleinstellungsmerkmal.

Um neue Kunden zu gewinnen und bestehende Kunden zu halten, müssen Sie eigentlich nur eines tun: Bieten Sie Ihren Kunden etwas, das Sie und Ihre Produkte bzw. Dienstleistungen von Ihrer Konkurrenz abhebt – ein USP. Als USP (Unique Selling Proposition = einzigartiges Verkaufsversprechen) wird im Marketing ein Alleinstellungsmerkmal bezeichnet, das Unternehmen einen Wettbewerbsvorteil gegenüber der Konkurrenz verschafft. Ein USP ist die Voraussetzung dafür, sich von der Masse abzuheben und von Kunden wahrgenommen zu werden. Ein guter USP verbindet das, was Sie am besten können, mit dem, was Ihre Kunden wirklich wollen.

Zugegeben, es ist nicht ganz einfach, ein wirkliches Alleinstellungsmerkmal zu finden. Schließlich ist der Wettbewerb groß, und es gibt fast nichts, was man nicht schon irgendwo bekommen könnte: Ein gutes Preis-Leistungs-Verhältnis? Das ist heute Voraussetzung, um am Markt bestehen zu können, und kein Alleinstellungsmerkmal für Unternehmen! Topqualität? Ist selbstverständlich! Ihre Produkte und Leistungen sind nützlich? Das sind viele andere auch! Sie haben einen guten Service? Wettbewerber ebenfalls!

Trotzdem: Sie haben ein Alleinstellungsmerkmal! Denn das bedeutet nicht, dass Sie rundum und immer der Beste Ihres Fachs sein müssen. Es genügt, wenn Sie eine Besonderheit bieten, die anders, besser oder einzigartig ist. In diesen 3 Schritten finden und formulieren Sie Ihren USP:

Schritt 1: Kundenkreis festlegen und Bedürfnisse ermitteln

Basis für einen überzeugenden USP ist, dass Sie Ihre Kunden kennen. Zunächst müssen Sie für sich klären, wen Sie überhaupt mit Ihrer Werbung ansprechen wollen – Ihre Wunschzielgruppe. Merkmale dafür können sein: Alter, Beruf, Hobbys, Privat- oder Geschäftsleute, Branche, in der sie tätig sind, Wohnort bzw. Standort etc.

z. B. Ein Vermögensberater könnte seinen bevorzugten Kundenkreis grob etwa so festlegen: *leitende Angestellte im Umkreis von 50 km; Alter: zwischen 30 und 50 Jahren; Einkommen: über 50.000 € pro Jahr.*

Wenn Sie sich über Ihre Wunschzielgruppe im Klaren sind, können Sie gezielt mehr über ihre Wünsche oder Probleme herausfinden. Was die Zielgruppe benötigt oder wünscht, erfahren Sie am besten in Kundengesprächen. Aber auch Gespräche mit der IHK oder HwK und anderen Selbstständigen, die diesen Kundenkreis kennen (Steuerberater, andere Unternehmer etc.), bringen Ihnen wertvolle Erkenntnisse.

Schritt 2: Die eigenen Leistungen auflisten

Unabhängig von den Kundenwünschen notieren Sie alle Produkte und Leistungen, die Sie selbst anbieten oder anbieten können. Nehmen Sie alles und so viel wie möglich in Ihre Liste auf, was Ihnen spontan einfällt. Anschließend wählen Sie daraus die Produkte und Leistungen aus, die

1. die Wünsche Ihrer Kunden am besten treffen,
2. besonders gut sind (Produkte) oder die Sie am besten beherrschen (Leistungen) und
3. die Ihre Wettbewerber so nicht anbieten (prüfen Sie Angebote der Konkurrenz).

Schritt 3: USP formulieren

Bewerten Sie Ihre Arbeitsergebnisse aus Schritt 1 und 2. Welchen wichtigen Kundenwunsch treffen Sie mit einem Ihrer besten Angebote ganz genau? Fassen Sie den Kundennutzen, der sich daraus ergibt, in einem Satz zusammen. Der sollte 2 Eigenschaften haben:

- Er soll den Kunden ein Versprechen geben („*Wenn Sie das kaufen, haben Sie diesen Vorteil!*") und
- der versprochene Nutzen sollte in dieser Form nirgends sonst erhältlich sein.

z.B. Der USP des Vermögensberaters könnte lauten: „*Ich begleite Sie zu Bankgesprächen, damit Sie keinem Provisionsjäger in die Falle gehen."*

Mit diesen Fragen finden Sie Ihren USP

Frage	☑
Wer sind Ihre Kunden?	☐
Welche Kunden wollen Sie ansprechen?	☐
Wovon träumen Ihre Kunden?	☐
Welche Sorgen/Probleme haben Ihre Kunden?	☐
Was können Sie besonders gut?	☐
Welchen Nutzen können Sie bieten, der Ihren Kunden wirklich weiterhilft? Z. B. • technischer Nutzen • finanzielle Vorteile • Imagegewinn • Gesundheit • Zeitersparnis/Bequemlichkeit.	☐ ☐ ☐ ☐ ☐
Wo zeigt sich die Qualität/der Vorteil Ihrer Angebote besonders deutlich?	☐
Was beinhaltet Ihr Angebot, das Wettbewerber nicht leisten können?	☐
Welchen Nutzen können Sie hervorheben, den Wettbewerber zwar auch bieten, aber nicht als Verkaufsargument nutzen?	☐

4. KAPITEL — KUNDEN GEWINNEN

Werben Sie mit Ihrem USP in einem Slogan

Auf Ihren USP weisen Sie Ihre Kunden offensiv hin. Bilden Sie ihn am besten in Form eines Werbeslogans auf allen Briefen, Visitenkarten, der Internet-Seite und allem Schriftlichen ab, das sich an Kunden oder Geschäftspartner richtet.

Ein Werbeslogan macht Ihren Auftritt noch einprägsamer. Ein Slogan ist dann gut, wenn er ...

- ein klares Versprechen enthält,
- Ihre tatsächlichen Stärken betont (eben Ihren USP) und
- kurz und einprägsam ist.

z.B. Ein Delikatessengeschäft möchte mit seinem Slogan herausstellen, was den Kunden erwartet. Da sich das Geschäft auf mediterrane Spezialitäten konzentriert, soll das im Vordergrund stehen. Der Slogan könnte lauten: *„Weine, Pasta, Pesto – Mediterrane Köstlichkeiten, frisch auf Ihren Tisch"*.

TIPP Im Internet-Portal www.slogans.de finden Sie mehr als 30.000 Beispiele für Werbeslogans von Unternehmen aus allen Branchen. Hier können Sie sich Anregungen für Ihren eigenen Slogan holen.

KUNDEN GEWINNEN — **4. KAPITEL**

Kundendaten nutzen – Wie Sie eine Adressdatenbank aufbauen und für Ihre Werbung optimal einsetzen

> **Quick-Tipp**
>
> **Kosten** € €€€ — Ihre Kundendaten sollten Sie elektronisch verwalten. Eine einfache Lösung ist z. B. mit der Adressverwaltung von Microsoft Outlook denkbar. Es gibt aber auch kostenlose Lösungen.
>
> **Zeit** ⏰⏰ — Datenpflege ist eine Dauer-Aufgabe. Nehmen Sie sich wöchentlich ca. 30 Minuten Zeit, um neue Kontaktdaten einzugeben und die bestehenden Daten zu aktualisieren.
>
> **Anspruch** ★★☆☆ — In den meisten Fällen wird die Adressverwaltung des E-Mail-Programms, wie Outlook, vollkommen ausreichen. Von dort aus können Sie Adressen auch recht einfach exportieren, um Sie z. B. für Werbemaßnahmen zu nutzen. Von zentraler Bedeutung ist die regelmäßige Datenpflege. Denn nur aktuelle und korrekte Daten können Sie erfolgreich für Ihre Kundenwerbung nutzen.

Ganz gleich, auf welchem Weg Sie Ihre Produkte oder Dienstleistungen verkaufen und in welcher Branche Sie tätig sind, Sie sollten die Namen und die Adressen möglichst vieler Kunden sammeln, denn: Ihre Kunden sind Ihr größtes Kapital.

Adressdaten potenzieller Kunden sammeln Sie

- auf Messen,
- bei Beratungs- oder Verkaufsgesprächen,
- durch Preisausschreiben,
- mit Coupon-Anzeigen, die ausgefüllt und bei Ihnen eingereicht werden,
- durch Kundenempfehlungen (fragen Sie zufriedene Kunden auch nach Adressen möglicher Interessenten).

Im Alltag erfassen die meisten Selbstständigen Kontaktdaten von Kunden erst, wenn sie eine Rechnung bzw. Quittung ausstellen. Daten von Interessenten werden dagegen häufig stiefmütterlich behandelt. Visitenkarten, Adressnotizen, Antwortpostkarten etc. liegen in der Regel in verschiedenen Ordnern oder Kästen verstreut. Dabei steckt schon hinter jedem Kontakt ein potenzieller Kunde, der vielleicht nur auf Ihr Angebot wartet.

Bauen Sie sich also eine Kundendatenbank auf, die sowohl Ihre bereits gewonnenen als auch möglichen Neukunden, die sich bereits für Ihr Unternehmen oder Ihre Produkte und Dienstleistungen interessiert haben, enthält.

Wichtig für Ihren Werbeerfolg sind – neben den Adressen selbst – auch Zusatzinformationen zu jeder Person. Die können Sie nutzen, um Kunden später ganz individuell anzusprechen. Dabei sind alle möglichen Informationen von Interesse. Viele Hinweise ergeben sich in Kundengesprächen, die Sie in Ihrer Datenbank festhalten sollten. Einige Beispiele:

4. KAPITEL — KUNDEN GEWINNEN

z.B. Beispiele für werberelevante Informationen über Kunden

Zusatzinformation	Beispiel
besondere Termine	Ein Juwelier oder Blumenladen kann den Hochzeitstag oder Geburtstag notieren, um Glückwunschkarten mit Angeboten zu schicken.
	Ein Kfz-Betrieb vermerkt den Tag des letzten AU-Termins, um pünktlich an den nächsten Termin zu erinnern.
Vorlieben	Ein Malermeister notiert sich die bevorzugten Farben von Kunden.
Erreichbarkeit	Handelsvertreter speichern die Zeiten, zu denen Kunden am besten erreichbar sind, außerdem alternative Telefonnummern.
Körpermaße	Eine Schneiderei vermerkt die Größe und andere Daten.
Änderungen in der Lebenssituation	Wissen Sie, dass Familiennachwuchs ansteht, können Versicherungsvertreter spezielle Angebote schnüren.
Abneigungen/Schwächen	Eine Gärtnerei weiß, dass ein Kunde kein Glück mit Blumen hat und bietet deshalb nur pflegeleichte Gewächse an.
Geburtsdatum/Alter	Kosmetikstudios können für jede Altersgruppe passende Pflegeprodukte bewerben.

KUNDEN GEWINNEN — **4. KAPITEL**

Werbemix planen –
Schritt für Schritt die passenden Maßnahmen vorbereiten

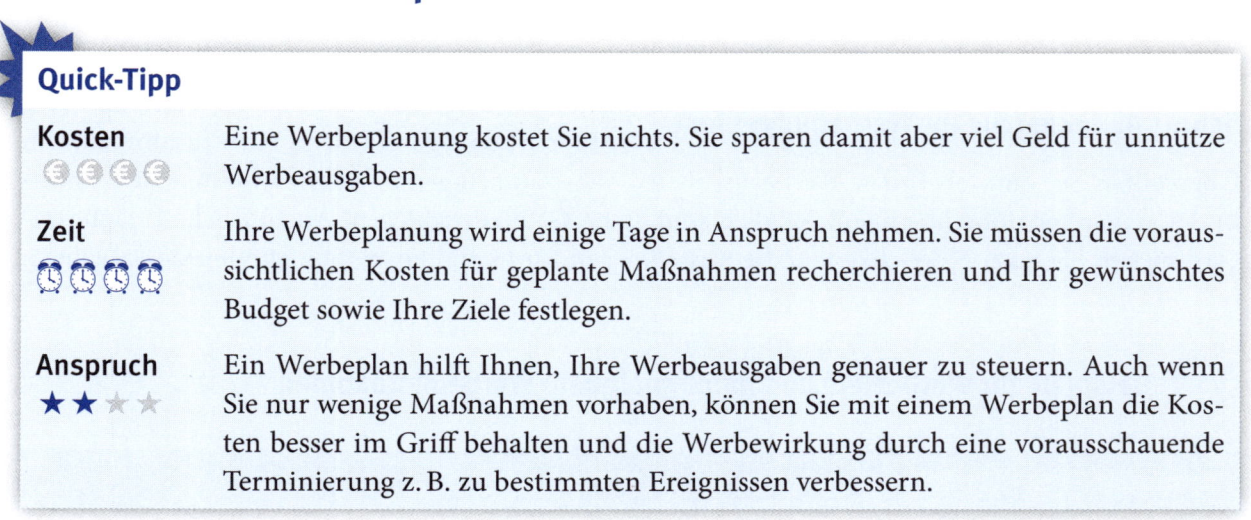

Quick-Tipp

Kosten €€€€	Eine Werbeplanung kostet Sie nichts. Sie sparen damit aber viel Geld für unnütze Werbeausgaben.
Zeit ⏰⏰⏰⏰	Ihre Werbeplanung wird einige Tage in Anspruch nehmen. Sie müssen die voraussichtlichen Kosten für geplante Maßnahmen recherchieren und Ihr gewünschtes Budget sowie Ihre Ziele festlegen.
Anspruch ★★☆☆	Ein Werbeplan hilft Ihnen, Ihre Werbeausgaben genauer zu steuern. Auch wenn Sie nur wenige Maßnahmen vorhaben, können Sie mit einem Werbeplan die Kosten besser im Griff behalten und die Werbewirkung durch eine vorausschauende Terminierung z. B. zu bestimmten Ereignissen verbessern.

Es ist so eine Sache mit der Werbung: Schnell hat sie Hunderte Euro verschlungen und doch kaum etwas bewirkt. Dabei ist Werbeerfolg durchaus planbar. Mit den folgenden Schritten stellen Sie einen soliden Werbeplan auf. Dieser hilft Ihnen dabei, Werbemaßnahmen zu entwerfen, die Ihren Umsatz erhöhen ohne Ihr Konto über Gebühr zu belasten.

Schritt 1: Legen Sie Ihre Werbeziele fest

Als Erstes sollten Sie sich fragen, was Sie mit Ihrer Werbung erreichen wollen – am besten mit Blick auf das Kalenderjahr. Von Ihren Antworten hängt der Mix der Werbemaßnahmen ab, die Sie dann planen. Ihre Möglichkeiten:

- Neukunden gewinnen
- Stammkunden binden
- Bekanntheitsgrad steigern
- Image verbessern

TIPP Natürlich werden Sie generell jedes dieser Ziele anstreben. Für die Umsetzung von geeigneten Maßnahmen brauchen Sie dann allerdings ein riesiges Budget. Besser ist es, wenn Sie sich Prioritäten setzen und Ihre Werbeaktivitäten vorwiegend auf die beiden erstgenannten Ziele konzentrieren.

Schritt 2: Wählen Sie geeignete Werbemaßnahmen aus

Entscheiden Sie, welche Maßnahmen für die Umsetzung Ihrer Werbeziele Sie in die nähere Auswahl nehmen. Dabei spielen unterschiedlichste Auswahlkriterien eine Rolle. Selbstständige, bei denen ein seriöses Auftreten eine besonders wichtige Rolle spielt, werden sich auch für entsprechende Werbemaßnahmen entscheiden. Beispielsweise wird ein Finanzierungsberater eher auf Werbebriefe und Flyer setzen, als etwa mithilfe von Plakaten für seine Angebote zu werben.

Schritt 3: Finden Sie Ideen und schätzen Sie die Kosten

Entwickeln Sie jetzt eine erste Idee für jede der von Ihnen ausgewählten Maßnahmen und schätzen Sie die Kosten dafür. Tragen Sie Ihre Ideen und die voraussichtlichen Kosten in eine Tabelle ein.

Im Folgenden finden Sie eine Übersicht mit Beispielen. Tragen Sie Ihre geplanten Aktionen nach diesem Muster ebenfalls in eine Tabelle ein. So bekommen Sie eine grobe Vorstellung davon, was die für Sie sinnvollen Werbemaßnahmen kosten werden.

Beachten Sie: In den Beispielen wird davon ausgegangen, dass Sie Ihre Werbung selbst entwer-

4. KAPITEL — KUNDEN GEWINNEN

fen und gestalten. Wollen Sie das nicht, planen Sie die Kosten für einen Werbetexter, Grafiker bzw. eine Werbeagentur mit ein. Lassen Sie sich Angebote erstellen.

Schritt 4: Legen Sie Ihr Werbebudget fest

Überprüfen Sie nun, ob Ihnen Werbeausgaben in der geplanten Höhe überhaupt möglich sind. Ggf. suchen Sie nach Möglichkeiten, die Kosten der einzelnen Maßnahmen zu reduzieren. Oder verzichten Sie auf Aktionen.

Wichtig: Berücksichtigen Sie die Zeitpunkte und Höhe der Werbemaßnahmen in Ihrer Liquiditätsplanung, denn schnell kommen mehrere Hundert oder gar Tausend Euro zusammen. Um diese aufbringen zu können, sollten Sie frühzeitig Geld zurücklegen. Ausführliche Erläuterungen zur Liquiditätsplanung finden Sie ab Seite 55.

Beispiele für Werbeziele und dafür geeignete Werbemaßnahmen

Werbeziel	Für Selbstständige geeignete Maßnahmen
Neukunden gewinnen	• Werbebriefe schreiben und versenden (Adressen aus vorhandenen Verzeichnissen und eigenen Recherchen) • Handzettel oder Faltblätter verteilen (lassen) • Kleinanzeigen-Serie in Zeitungen/Zeitschriften schalten • Plakate in Geschäften/Lokalen etc. aufhängen • eigenes Schaufenster attraktiver machen • Messestand auf einer Regionalmesse aufbauen • eigene Internet-Seite gestalten • auf fremden Internet-Seiten und in fremden E-Mail-Newslettern werben
Stammkunden binden	• Werbebrief schreiben und versenden (Adressen aus Ihrer Kundendatenbank) • Kunden anrufen (wenn rechtlich erlaubt) • E-Mail-Newsletter regelmäßig verschicken (wenn das Einverständnis der Kunden vorliegt) • Werbeaktion auf der eigenen Internet-Seite gestalten • zu einer Veranstaltung einladen • Werbegeschenke (Kugelschreiber, Tassen etc.) verteilen
Bekanntheitsgrad steigern	• Pressemitteilungen schreiben (regelmäßig) • in Verbänden/Vereinen aktiv sein, Kontakte pflegen • Sponsoring betreiben • eigene Internet-Seite stärker verlinken und für Suchmaschinen optimieren
Image verbessern	• Tag der offenen Tür abhalten • aussagekräftige Unternehmensbroschüre herstellen • Sponsoring betreiben

KUNDEN GEWINNEN — 4. KAPITEL

z.B. Übersicht über Werbemaßnahmen und die Kosten für 1 Kalenderjahr

Maßnahmen	Ideen (Beispiele)	Kosten (Beispiele)
Klassische Werbung		
Kleinanzeigen-Serie schalten	6 Serien à 5 Kleinanzeigen, 45 × 60 mm, Lokalanzeiger	ca. 50 € pro Anzeige 1.500 €
Handzettel oder Faltblätter verteilen (lassen)	2 Faltblatt-Aktionen (Frühling und Herbst) je 500 Stück	Kopien 0,10 €/Stück, Schüler als Verteiler 120 €
Plakate in Geschäften/Lokalen aufhängen	2 Plakat-Aktionen je 40 Stück A1, digitaler Druck	Ausdruck ca. 1 €/Stück, Schüler als Verteiler 130 €
Direktmarketing		
Werbebrief schreiben und versenden	4 Aktionen mit je 50 Briefen, Adressen aus der eigenen Kartei	Ausdruck, Kuvertierung und Porto ca. 140 €
Kunden anrufen	50 Anrufe bei Geschäftskunden aus der eigenen Kartei	je nach Telefonprovider, Kosten verschwindend gering
E-Mail-Newsletter regelmäßig verschicken	monatlicher E-Mail-Newsletter an ca. 100 Kunden/Interessenten mit Hintergrundinfos aus der Branche und eigenen Angeboten	je nach Internet-Provider, Kosten verschwindend gering
PR – Public Relations		
Pressemitteilungen schreiben (regelmäßig)	monatliche Meldung zu einem betrieblichen Anlass, der die Öffentlichkeit interessiert	Kosten verschwindend gering
in Verbänden/Vereinen aktiv sein, Kontakte pflegen	Mitgliedschaft in einem regionalen Verein, Aufbau eines Netzwerks	Beiträge, Spesen, Geschäftsessen, ca. 100 €/Monat 1.200 €
eigene Internet-Seite stärker verlinken, für Suchmaschinen optimieren	einen Studenten, der sich im Internet auskennt, 5 Stunden/Monat dafür einsetzen	Personalkosten ca. 600 €
Verkaufsförderung		
eigenes Schaufenster attraktiver machen	jeweils ein neues „Angebot des Monats" im Schaufenster präsentieren	Zusatzkosten zur üblichen Schaufenstergestaltung gering
Werbeaktion auf der eigenen Internet-Seite gestalten	Preisausschreiben anlässlich eines großen Sportereignisses	je nach Aufwand, ab ca. 500 €
Messestand auf einer Regionalmesse aufbauen	Beteiligung an der „Verbraucherschau" im Frühling	je nach Größe der Messe und Aufwand, ab ca. 300 €
Werbegeschenke verteilen (an Stammkunden und Mitarbeiter)	T-Shirt, Tasse und guter Kugelschreiber mit Logo + Werbespruch, je 100 Stück	je nach Qualität, ca. 1.000 €
zusätzliche Kosten für die Unterstützung durch einen Werbetexter, Grafiker bzw. eine Agentur (nach Angebot)		400 €
Gesamtkosten		**5.890 €**

JETZT BIN ICH SELBSTSTÄNDIG

> **TIPP** Vergleichen Sie Ihr Werbebudget mit den in Ihrer Branche üblichen Durchschnittssätzen. Das gibt Ihnen mehr Sicherheit bei der Entscheidung, ob Sie bei den Werbekosten oder besser bei anderen Kosten kürzen sollten. Erfahrungswerte für Ihre Branche besorgen Sie sich am besten über Ihren Fachverband oder bei der für Sie zuständigen IHK/HwK.

Schritt 5: Tragen Sie alle nötigen Maßnahmen im Kalender ein

Alle guten Pläne helfen nichts, wenn Sie vor lauter Alltagsgeschäft die Ausführung nicht schaffen. Erfahrungsgemäß wird gerade manche erdachte Werbemaßnahme gern „vergessen", denn nicht jeder Selbstständige hat Spaß daran, Werbebotschaften zu formulieren und Aktionen zu gestalten. Beugen Sie dem vor, indem Sie sich schon jetzt feste Termine für diese Arbeiten in Ihren Kalender schreiben.

Notieren Sie im Einzelnen für jede geplante Werbemaßnahme

- den Fixtermin, z. B. einen Anzeigenschluss bei Zeitungen, Zeitschriften, ein saisonales Ereignis, auf das sich Ihre Werbung bezieht – z. B. den Termin einer Sportveranstaltung, auf die sich Ihre Werbung bezieht –, sowie

- einen Starttermin – das ist der Tag rechtzeitig vor dem Fixtermin, an dem Sie anfangen wollen, die Maßnahme umzusetzen.

Nehmen Sie vor allem den Starttermin ernst. Sonst ist Stress vorprogrammiert, die Qualität und damit der Erfolg Ihrer Werbung werden leiden. Und wenn Sie selbst wirklich weder Zeit noch Spaß an Ihrer Werbung haben, dann sollten Sie lieber Profis engagieren, als Ihre Chancen zu verpassen – ohne Werbung laufen die allermeisten Unternehmen eben nicht.

> **TIPP** In der Werbung gilt: Einmal ist keinmal. Um Wirkung zu erzielen, brauchen Sie einen langen Atem. Planen Sie deshalb lieber kleinere und weniger aufwändige Aktionen, aber wiederholen Sie diese mehrmals. Das ist besser als nur ein punktuelles Werbe-Feuerwerk zu entfachen.

KUNDEN GEWINNEN — **4. KAPITEL**

Empfehlungen erhalten –
Werbung, die nichts kostet, aber enorm wirkt

Quick-Tipp

Kosten
€○○○
Sie können sich Empfehlungen natürlich erkaufen. Aber die wirkungsvollsten sind die, die Kunden freiwillig geben. Wenn Sie wollen, können Sie sich hinterher mit einem kleinen Geschenk dafür bedanken, dass aber nicht viel kosten muss.

Zeit
⏰○○○
Bitten Sie zufriedene Kunden, Sie weiterzuempfehlen. Dafür ist keine zusätzliche Zeit erforderlich. Sie unterhalten sich ja sowieso mit Ihren Kunden. Wollen Sie sich bei Kunden für Weiterempfehlungen bedanken, können Sie einen Brief nach unserem Beispiel erstellen. Den können Sie dann immer wieder verwenden. So sind Sie damit nicht länger als 15 Minuten beschäftigt.

Anspruch
★★☆☆
Warten Sie nicht auf Empfehlungen durch Ihre Kunden – sprechen Sie sie gezielt darauf, bzw. bitten Sie auf Schreiben, Aushang etc. um Weiterempfehlungen: *„Sind Sie zufrieden, erzählen Sie es weiter. Sind Sie nicht zufrieden, erzählen Sie es mir!"*

Wie haben Sie eigentlich Ihren Zahnarzt gefunden? Ihren Steuerberater? Den neuen Friseur? Wenn nicht alle 3, so haben Sie sicher einen aufgesucht, weil er Ihnen von Freunden oder Verwandten empfohlen wurde. Kein Wunder: Wenn es darum geht, etwas Neues auszuprobieren oder sich jemand Fremdem anzuvertrauen, möchten wir möglichst wenig Risiko eingehen und unsere Entscheidung absichern.

Referenzen und Empfehlungen sind also das Selbstverständlichste von der Welt und in Ihrem eigenen Konsumentenalltag ständig präsent – warum sollten Sie sie also nicht für den eigenen geschäftlichen Erfolg nutzen? Denn: Genauso wie Ihnen geht es natürlich auch Neukunden. Diese kennen weder Sie noch die Qualität Ihrer Arbeit. Was könnte also vertrauenerweckender sein als die Empfehlung von jemandem, der mit Ihrer Arbeit bereits gute Erfahrungen gemacht hat? Ein solcher Tipp ist glaubwürdig und überzeugend, weil er von jemandem stammt, dem der Kunde vertraut.

Im Schnitt kommen gerade bei Dienstleistern geschätzt rund 65 bis 70 % aller Aufträge über Empfehlungen zustande. Die Weiterempfehlung ist also ein Marketingfaktor, der unbedingt Beachtung verdient.

Die Qualität der Arbeit ist die Basis von Empfehlungen

Empfehlen werden Kunden natürlich nur ein Unternehmen, mit dem sie wirklich zufrieden sind, bei dem der Preis stimmt, die Qualität und der Service. Doch Zufriedenheit allein reicht nicht aus, um einen Kunden zu einer Empfehlung zu animieren.

Nur wenn der Kunde den Einkauf, den Aufenthalt oder die Auftragserledigung als echtes Erlebnis empfunden hat, wird er Sie nicht nur auf Nachfrage, sondern auch von sich aus weiterempfehlen. Begeisterte Kunden rühren freiwillig und aktiv für Sie die Werbetrommel. Kunden sind begeistert, wenn Sie ihnen mehr geben, als sie erwartet haben – wenn ihre Erwartung deutlich übertroffen wird. Also: Überraschen Sie Ihre Kunden im positiven Sinne!

Das Grundrezept für Empfehlungen ist einfach: Liefern Sie Ihren Kunden Gesprächsstoff, sodass sie von sich aus mit anderen über Sie und Ihr Unternehmen sprechen. Am ehesten tun Sie das mit Aktionen, die Ihre Kunden überraschen – und von denen sie einen echten Nutzen haben.

JETZT BIN ICH SELBSTSTÄNDIG

4. KAPITEL — KUNDEN GEWINNEN

Ideen für Aktionen finden

Wie aber kommen Sie auf die passenden Ideen? Stellen Sie sich dazu folgende Fragen:

- Warum kaufen Ihre Kunden bei Ihnen und nicht bei Ihren Wettbewerbern? (Fragen Sie sie ruhig danach.)
- Wofür werden Sie von Ihren Kunden gelobt?
- Wie können Sie die Probleme Ihrer Kunden am besten lösen (auch danach können Sie sie selbst fragen)?
- Welche Ihrer Leistungen erbringen Sie konkurrenzlos gut? Sind das solche, die für Ihre Kunden wichtig sind und ihnen konkreten Nutzen bringen?

z.B. Ein Taxifahrer holt oft Geschäftsreisende vom Flughafen oder Bahnhof ab. Steigt der Gast ein, findet er eine kleine Wasserflasche, die aktuelle Tageszeitung und ein Schokoladentäfelchen vor. Wenn er einen Kunden vom Flughafen abholt, den er noch nicht kennt, gibt er ihm eine Visitenkarte und bietet an: *„Sagen Sie mir Bescheid, wenn Sie wieder einmal hier landen. Ich hole Sie dann direkt vom Gate ab. Dann müssen Sie Ihre Koffer nicht so weit tragen und nicht auf ein Taxi warten."* Der Taxifahrer hat nicht nur überdurchschnittlich viele Kunden, da er durch Empfehlungen inzwischen weithin bekannt ist, er bekommt auch besonders viel Trinkgeld!

T!PP Helfen Sie ruhig ein wenig nach, um an Weiterempfehlungen zu kommen. Geben Sie Kunden mehrere Ihrer Visitenkarten mit oder legen Sie sie Ihren Briefen bei. In einem PS bitten Sie dann darum, die Visitenkarten weiterzugeben, z. B. so: „Bestimmt haben Sie Freunde oder Bekannte, die auch von meinen Angeboten profitieren können. Wenn Sie mit meiner Leistung zufrieden waren, empfehlen Sie mich bitte weiter. Dafür habe ich ein paar Visitenkarten beigelegt. Vielen Dank."

Belohnen Sie Referenzgeber für ihre Empfehlung

Fragen Sie neue Kunden danach, wie sie auf Ihr Unternehmen aufmerksam geworden sind. Wenn eine Empfehlung dahintersteckt, erfahren Sie auf diesem Weg den Namen des Referenzgebers. Bedanken Sie sich bei ihm – durch einen Anruf oder einen freundlichen Brief. Vielleicht ist sogar ein kleines Geschenk angebracht, wenn er das nächste Mal zu Ihnen kommt. So überraschen Sie ihn erneut positiv und animieren ihn zu weiteren Empfehlungen.

z.B. Beispiel für ein Dankschreiben an einen Referenzgeber

Lieber Kunde, soeben waren Herr und Frau Müller bei mir im Haus, um sich ihre neuen Badfliesen auszusuchen. Sie erzählten mir, dass es Ihre Empfehlung war, die für sie ausschlaggebend war, mich aufzusuchen und zu beauftragen. Danke für diese Empfehlung!	Ich freue mich sehr darüber, dass Sie mit meiner Leistung zufrieden sind und dass Sie Ihren Freunden davon erzählt haben. Als kleines Zeichen meiner Dankbarkeit sende ich Ihnen anbei 2 Tageskarten für die XY-Therme. Genießen Sie den Tag! Mit freundlichen Grüßen *Haus Hilfreich*

KUNDEN GEWINNEN — **4. KAPITEL**

Suchmaschinen-Anzeigen im Internet – Kunden in 5 Schritten gezielt und günstig erreichen

Quick-Tipp

Kosten
Wie viel Sie für Suchmaschinen-Anzeigen – Google AdWords – ausgeben, hängt natürlich von Ihren Zielen und Ihrem Budget ab. Bei selbst betreuten Kampagnen reichen aber 100 bis 200 € aus, um zählbare Ergebnisse zu erzielen.

Zeit
Erfolgreiche Suchmaschinen-Anzeigen erfordern einiges an Arbeit. Sie müssen die Keywords und die Homepage fortlaufend optimieren. Dazu stellt Google verschiedene Hilfsmittel zur Verfügung. In die müssen Sie sich aber erst einmal einarbeiten und sie dann auch regelmäßig nutzen. Pro Woche sollten Sie 2 bis 3 Stunden dafür einrechnen.

Anspruch
Wollen oder können Sie AdWords-Kampagnen nicht selbst pflegen, überlassen Sie das einem Spezialisten. Es gibt inzwischen zahlreiche Dienstleister, die Ihnen die Arbeit abnehmen. Achten Sie bei der Auswahl darauf, dass die Agentur zertifizierter Google-Partner ist. Nach solchen Agenturen können Sie unter https://adwords.google.com/professionals/search suchen. Die Agentur sollte sich zudem mit Ihrer Zielgruppe auskennen und Erfahrungen im Direktmarketing haben, um neben den Keywords auch Ihre Werbe- und Bestellseiten optimieren zu können. Rechnen Sie bei solchen Dienstleistern mit Kosten (inkl. Google-Budget) ab ca. 1.000 €.

Mehr und mehr Menschen suchen nicht in Zeitungen, sondern v. a. im Internet nach Waren oder Dienstleistungen. Mit Internet-Werbeanzeigen sorgen Sie dafür, dass Internet-Surfer Ihre Internet-Seite finden. Am meisten Erfolg hat Ihre Anzeige, wenn Sie sie dort platzieren, wo sich besonders viele Nutzer tummeln und viele dieser Nutzer nach Angeboten wie dem Ihren suchen.

Beides erreichen Sie mit Kleinanzeigen bei der größten Internet-Suchmaschine Google: Die Kleinanzeigen – sogenannten AdWords – werden passend zum Begriff eingeblendet, nach dem der Nutzer bei Google sucht. Das erhöht die Chance, dass die Anzeige auch zum Interesse des Suchenden passt. Die konkreten Vorteile von Google AdWords:

Vorteil 1: Sie wenden sich an ein breites Publikum und erreichen dennoch genau Ihre Zielgruppe, denn Ihre Werbung wird passend zu den Suchanfragen eingeblendet.

Vorteil 2: Sie werben günstig und haben die volle Kostenkontrolle: Sie zahlen keine Pauschale, sondern nur, wenn jemand auf Ihre Anzeige klickt und zu Ihrer Internet-Seite gelotst wird. Den Preis pro Klick und das Monatsbudget legen Sie fest.

Vorteil 3: Sie sehen schnell, welcher Werbeansatz Ihnen Kontakte bringt und welcher nicht. Da Sie Ihre Anzeige jederzeit verändern können, verschwenden Sie kein Geld für Werbung, die Ihnen keine Kunden bringt. Für die Auswertungen stellt Google ein entsprechendes Auswertungsportals mit Namen „Analytics" kostenlos zur Verfügung. Für diese Funktion müssen Sie sich separat unter http://www.google.de/analytics anmelden.

Vorteil 4: Sie können auch regionale Anzeigen schalten. Das heißt, es ist möglich, gezielt mithilfe von Google AdWords zu werben, wenn Sie Ihre Dienste nicht bundesweit anbieten.

JETZT BIN ICH SELBSTSTÄNDIG

4. KAPITEL — KUNDEN GEWINNEN

So schalten Sie eine erfolgreiche Anzeige

Besuchen Sie die Internet-Seite https://adwords.google.de und klicken auf „Jetzt starten". Folgen Sie dann den Anweisungen des Programms.

Schritt 1: Legen Sie ein AdWords-Konto an

Zunächst brauchen Sie ein eigenes Konto bei Google AdWords. Das ist schnell angelegt. Geben Sie zunächst eine E-Mail-Adresse und ein Passwort an, mit dem Sie sich später einloggen. Dann bestimmen Sie noch Zeitzone und Währung und bestätigen die Einrichtung des Kontos.

Schritt 2: Richten Sie eine erste Werbekampagne ein

Sind Sie bei Ihrem AdWords-Konto angemeldet, können Sie direkt loslegen. Klicken Sie dafür auf „**Erste Kampagne erstellen**". Benennen Sie Ihre Werbekampagne und geben Sie die Einstellungen dafür vor. Wichtig sind vor allem folgende Einstellungen:

- **Standort und Sprache:** Bieten Sie Ihre Dienste oder Produkte deutschlandweit an, lassen Sie die Einstellung auf „Deutschland". Wollen Sie dagegen nur Kunden aus Ihrer Region ansprechen, klicken Sie den bereits vorgegebenen Namen Ihres Standorts an. Dann werden Ihre Anzeigen nur für Nutzer aus Ihrer Gegend eingeblendet. Den Standort des Rechners, von dem aus eine Sucheingabe gemacht wird, findet Google über die sogenannte IP-Adresse heraus. Das ist eine Art elektronische Adresse, die jeden Rechner mitsamt Position erfasst.

- **Gebote und Budget:** Hier stellen Sie ein, wie viel Sie maximal für einen Klick auf Ihre AdWords-Anzeige zahlen (CPC = Cost per Click). Je höher das Gebot, desto besser wird Ihre Anzeige später auf der Google-Seite positioniert – desto teurer wird die Werbung für Sie aber auch für Sie. Wählen Sie „**CPC-Gebote manuell einstellen**" an (die Höhe legen Sie später fest, wenn Sie Ihre Anzeige geschrieben haben). Begrenzen Sie zudem unbedingt das „**Budget**" pro Tag, damit Ihnen die Kosten nicht aus dem Ruder laufen. Bei einem Tagesbudget von z. B. 3,00 € zahlen Sie in einem Monate mit 30 Tagen auf keinen Fall mehr als 90 €.

Schritt 3: Wie Sie eine gute Anzeige texten

Nachdem Sie Ihre Einstellungen gespeichert haben, erstellen Sie Ihre erste Anzeige. Die zu formulieren ist nicht ganz einfach, weil Sie nur 25 Zeichen für die Überschrift und dann nur noch 2 Zeilen mit je maximal 35 Zeichen für Ihren Werbetext haben. Aber in der Kürze liegt die Würze: So kann ein Nutzer Ihre Anzeige schnell erfassen, was für den Erfolg mitentscheidend ist. Achten Sie auf folgende Punkte:

- Zählen Sie nicht einfach Ihre Angebote auf, sondern erläutern Sie einem potenziellen Kunden anschaulich, welchen Nutzen er von Ihrem Angebot hat. In Ihren Text gehört ein Versprechen: Bieten Sie ihm die Erfüllung eines Wunsches oder die Lösung eines Problems an.

- Vermeiden Sie schwierige Fachbegriffe und Fremdwörter.

z. B. Ein Kaminbauer könnte mit den folgenden Anzeigen bei Google werben. Erfolgreicher wird mit Sicherheit die Variante rechts sein: Sie beschreibt nicht das Angebot, sondern den Kundennutzen.

Nicht so gut	Viel besser
Stückholzfeuerungen	Kachelöfen und Kamine
Einfache und sofortige Montage von Öfen jeder Art in Wohnräumen	Kuschelige, natürliche Wärme für Ihr Wohnzimmer
www.kaminbau-mustermann.de	www.kaminbau-mustermann.de

Sie können übrigens sehr schnell reagieren, wenn Sie merken, dass Ihnen ein Werbeansatz nicht die gewünschten Klicks auf Ihre Homepage bringt.

KUNDEN GEWINNEN — **4. KAPITEL**

z.B. Es kann sein, dass bei dem Kaminbauer aus dem Beispiel oben der Ansatz „Gemütlichkeit" weniger gut funktioniert als das Werbeargument „Heizkosten sparen". Für eine Weile testet er deshalb eine andere Version seiner Kleinanzeige:

Ursprüngliche Anzeige	Andere Version
Kachelöfen und Kamine Kuschelige, natürliche Wärme für Ihr Wohnzimmer www.kaminbau-mustermann.de	**Heizkosten sparen?** Kamine schenken natürliche Wärme! Einfache, schnelle Montage www.kaminbau-mustermann.de

Neben dem Anzeigentext geben Sie in den Eingabefeldern auch die „Angezeigte URL" an – die Internet-Adresse, die in der Anzeige als Zieladresse erscheint, sowie die **„Ziel-URL"** – die tatsächliche Internet-Adresse Ihrer Webseite. Beide müssen übereinstimmen.

Schritt 4: Legen Sie passende Suchbegriffe fest, unter denen mögliche Kunden Sie finden

Jetzt legen Sie noch die Suchbegriffe fest, auf deren Eingabe hin einem Google-Nutzer Ihre Anzeige präsentiert werden soll. Bei Google heißen sie „Keywords" – und der Name ist Programm: Die richtigen Suchbegriffe sind der Schlüssel zu Ihrem Werbeerfolg.

Beachten Sie bei der Auswahl Ihrer Keywords generell die folgenden Tipps:

Tipps für die Wahl geeigneter Keywords für Ihre Google-Anzeige

Maßnahme	☑
Beschränken Sie sich auf wenige treffende Begriffe, die genau zu Ihrem Angebot passen. 10 bis 20 Wörter können absolut ausreichen.	☐
Überlegen Sie sich, wonach Ihre Kunden bei Google suchen würden. Entsprechend konkrete Bezeichnungen für das, was Sie anbieten, müssen Sie finden. Z. B. wählen Sie statt „Sekretariats-Service" besser den Begriff „Schreibarbeiten".	☐
Haben Sie die Wahl zwischen einem Fachbegriff (z. B. „Waschvollautomat") und einem umgangssprachlichen Wort (z. B. „Waschmaschine"), wählen Sie das umgangssprachliche. Oder geben Sie es zumindest zusätzlich an, wenn unter Ihren Kunden sowohl Fachleute als auch Laien sind.	☐
Testen Sie verschiedene Begriffe in unterschiedlichen Anzeigengruppen. So können Sie schnell erkennen, welche von den Kunden am besten angenommen werden.	☐
Hat Ihr Unternehmen eine gängige Bezeichnung mit klar definiertem Aufgabengebiet, geben Sie auch die als Keyword ein. Beispiele: Dachdecker, Reinigung, Party-Service. Wenn Sie zudem nur in einer bestimmten Region tätig sind, ergänzen Sie den Ortsnamen bzw. den Namen der Region.	☐
Beachten Sie auch, was Google Ihnen vorschlägt. Darunter sind oft Begriffe mit ähnlicher Bedeutung, an die Sie zunächst gar nicht gedacht haben. Aber Vorsicht: Verwenden Sie keine markenrechtlich geschützten Begriffe anderer Unternehmen. Das ist stark abmahngefährdet.	☐
Meiden Sie Sammelbegriffe nach denen viele Google-Nutzer suchen. Denn bei solchen Begriffen ist die Konkurrenz groß. Das heißt: Wenn Sie mit Ihrer Anzeige weit oben landen wollen, müssen Sie hohe Kosten für jeden Klick hinnehmen. Außerdem sprechen Sie damit ungezielt die breite Masse an. Besser als „Übersetzungsbüro" wäre also z. B. die konkrete Sprache wie „Komi-Deutsch".	☐

> **TIPP** Nach der Eingabe Ihrer Anzeige schlägt Google Ihnen bereits Keywords vor, die Sie direkt übernehmen können. Unter der Funktion „Hilfe beim Wählen effektiver Keywords" finden Sie zudem umfangreiche Informationen zur Auswahl geeigneter Keywords – inkl. dem Hinweis auf das kostenlose „Keyword-Tool", mit dem Sie die Qualität von Suchwörtern mithilfe von statistischen Daten besser abschätzen können.

Schritt 5: Legen Sie Ihr monatliches Werbebudget fest und stellen Sie die Abrechnung ein

Legen Sie am Ende unter „Gebote (Max. CPC)" fest, wie viel Sie für einen Klick auf Ihre Anzeige maximal an Google zahlen wollen. Geben Sie zunächst nur einen Wert für „**Standardgebot**" an. Ein hoher Betrag verbessert die Chancen, dass Ihre Anzeige weit oben auf der Google-Seite platziert und damit von potenziellen Kunden besser wahrgenommen wird. Andererseits ist Ihr zuvor festgelegtes Tagesbudget dann schnell aufgebraucht. Die Anzeige wird dann von Google für den Rest des Tages nicht mehr geschaltet. Starten Sie also besser zunächst mit einem niedrigen CPC-Wert von z. B. 0,10 €.

Geben Sie abschließend an, wie Sie die AdWords bezahlen. Haben Sie die Zahlart „**Nachzahlung mit Kreditkarte**" gewählt, müssen Sie nur noch bestätigen. Ihre Kampagne wird dann innerhalb von ca. einer Viertelstunde geschaltet.

Werbebriefe schreiben – Wie Sie auch Gelegenheits-Kunden direkt erreichen

> **Quick-Tipp**
>
> **Kosten** €€€€
> Wollen Sie einen Werbebrief nicht selbst schreiben, können Sie einen Werbetexter beauftragen. Einen guten Werbebrief mit Layout können Sie ab ca. 500 € bekommen.
>
> **Zeit** ⏰⏰⏰⏰
> Einen Werbebrief treffend und gut zu formulieren, braucht seine Zeit. Schreiben Sie ihn selbst, sollten Sie für Konzeption und Text mehrere Tage einplanen. Auch wenn Sie einen Werbetexter beauftragen, ist ein ausführliches Briefing unerlässlich. Und dann müssen Sie auch noch den passenden Texter finden. Insgesamt wird auch das mehrere Tage in Anspruch nehmen.
>
> **Anspruch** ★★☆☆
> Bevor Sie sich mit einem Werbebrief lange quälen und am Ende mit dem Ergebnis unzufrieden sind, beauftragen Sie besser einen Werbetexter. Bedenken Sie: Wie eine Visitenkarte bleibt der Werbebrief dem Kunden im Gedächtnis – wenn er gut gemacht ist oder wenn er einfach schlecht ist. Die Investition in einen Werbetexter kann sich also auszahlen.

Statt viele potenzielle Kunden anonym anzusprechen, wie das mit der klassischen Werbung per Anzeige, Plakat oder Fernsehspot geschieht, können Sie einzelne Personen aus Ihrer Zielgruppe auch direkt und mit Namen ansprechen.

Die verbreitetste Form der Direktwerbung ist der Werbebrief. Die folgenden Ausführungen gelten im Prinzip genauso für E-Mail-Werbung. Bei E-Mails kommen allerdings noch einige Besonderheiten hinzu, zu denen Sie ab Seite 1 mehr lesen.

Die 5 entscheidenden Vorteile von Werbebriefen gegenüber klassischer Werbung

1. Die Streuverluste von Werbebriefen sind sehr gering. Obwohl Werbebriefe allein durch die Produktions- und Versandkosten vergleichsweise aufwändig und teuer sind, rechnet sich diese Werbeform durch die gezielte Ansprache von Kunden.

2. Mit Werbebriefen haben Sie die Möglichkeit, Kunden persönlich anzusprechen. Das erhöht die Akzeptanz Ihrer Werbung erheblich.

3. Sie können Ihre Werbung individuell auf einzelne Kunden zuschneiden. Möglich sind z. B. persönliche Geburtstagsgrüße oder Erinnerungen an Wartungstermine etc.

4. Mit Werbebriefen haben Sie es viel einfacher, die Aufmerksamkeit von Kunden zu gewinnen. Denn Sie wenden sich ja direkt an den Kunden und gehen nicht den Umweg über einen Werbeträger, bei dem Ihre Anzeige nur Beiwerk ist und außerdem noch mit vielen anderen Inseraten konkurrieren muss.

5. Sie können messen, ob und wie erfolgreich Ihre Werbebriefe sind. Wenn Sie ein sogenanntes Response-Element beifügen – das kann z. B. eine Antwortkarte sein oder ein Code, den der Kunde bei Ihnen angeben soll, um einen Rabatt zu erhalten oder an einem Preisausschreiben teilzunehmen. Bei anderen Werbewegen ist in der Regel nur eine grobe Schätzung der Werbewirkung möglich.

4. KAPITEL — KUNDEN GEWINNEN

Auswahl der Adressen – Die Basis des Direktwerbeerfolgs

Bevor Sie Ihre Gedanken auf die Gestaltung eines Werbebriefs konzentrieren, sollten Sie sich intensiv mit der Auswahl der richtigen Adressen für Ihre Werbeaktion beschäftigen. Rund 40 % des Erfolgs eines Werbebriefs werden durch die Adressauswahl bestimmt, denn die gezielte Kundenansprache birgt neben den enormen Chancen auch erhebliche Risiken:

Korrekte Adresse und Ansprache

Die Adresse und der Name des Empfängers müssen stimmen, sonst verfehlt die persönliche Ansprache ihre Wirkung. Sie kann sogar das Gegenteil bewirken. Denken Sie daran, wie ein männlicher Kunde reagiert, wenn er als „Frau …" angesprochen wird oder wenn der Name falsch geschrieben ist. Kompetenz wird er dem Unternehmen, das den Werbebrief verschickt hat, jedenfalls kaum zuschreiben.

Korrekte Selektion der Zielgruppe

Die Werbebotschaft muss die Motive und Bedürfnisse des Empfängers ansprechen. Schüler, die noch bei ihren Eltern wohnen, werden sich beispielsweise kaum für Fliesenarbeiten interessieren – Hausbesitzer dagegen schon. Es ist also wichtig, von vornherein die richtigen Zielgruppen auszuwählen. Klären Sie, welche Merkmale dafür wichtig sind. Das können beispielsweise Alter oder Hobbys, aber auch frühere Käufe sein.

Am besten können Sie die korrekte Adressauswahl bei eigenen Adressen gewährleisten. Das bedeutet für Sie auch: Eine eigene und gut gepflegte Kundendatenbank ist für Direktmarketing-Aktionen unverzichtbar.

Beachten Sie die Datenschutzbestimmungen

Dass die Adressen für eine Werbeaktion korrekt sein müssen, ist die eine Voraussetzung. Damit Sie sich keinen Ärger wegen Verstößen gegen Datenschutzbestimmungen einhandeln, muss die Verwendung für Werbezwecke auch zulässig sein. Prinzipiell dürfen Sie Adressen und andere persönliche Daten von (potenziellen) Kunden nur dann für die Werbung nutzen, wenn Sie …

- dafür die ausdrückliche schriftliche Erlaubnis des Betroffenen haben bzw.
- den Inhalt der Einwilligung schriftlich bestätigen, soweit sie nur mündlich oder in anderer Form eine Einwilligung erhalten haben.

Man spricht hierbei vom sogenannten Opt-in-Prinzip (§ 28 Abs. 3 BDSG), weil der Kunde von sich aus aktiv zustimmen soll. Einfache AGB-Klauseln, die die Verwendung von Daten erlauben, genügen nicht. Stattdessen müssen Sie eine Einwilligungserklärung deutlich hervorheben, etwa indem Sie die Erklärung fetten oder in größerer Schrift darstellen.

> **Musterformulierung für eine Einwilligungserklärung**
>
> *Ich willige hiermit ausdrücklich ein, dass eine Erhebung, Verarbeitung und Nutzung meiner personenbezogenen Daten, die ich _____ (Name des Kunden) in _____ (Bestellmaske usw.) zur Verfügung gestellt habe, durch _____ (Name des Verwenders) für Zwecke des eigenen Marketings gegenüber mir als Kunden (unter anderem durch Einrichtung einer Kundendatei) erfolgen kann. Diese Einwilligung kann jederzeit mit Wirkung für die Zukunft von mir widerrufen werden.*

In bestimmten Fällen ist personalisierte Werbung auch ohne Einwilligung des Adressaten zulässig:

- Sie dürfen personalisierte Werbung an Interessenten schicken, also an potenzielle Kunden, die sich an Ihre GmbH mit der Bitte um Informationen gewendet haben.

- Ebenso ist personalisierte Werbung an Bestandskunden weiterhin ohne Einwilligung zulässig – soweit dem keine schutzwürdigen Interessen entgegenstehen. Die Werbung darf dann allerdings ausschließlich Ihre eigenen Angebote umfassen, und die Daten müssen im Rahmen eines „rechtsgeschäftlichen oder rechtsgeschäftsähnlichen Schuldverhältnisses" erhoben werden (§ 28 Abs. 1 BDSG).

z.B. Ein Fitnessstudio kann seine Kunden über neue Kurse informieren und diese bewerben. ∎

Vereinfachte Nutzungsmöglichkeit von Datenlisten

Ohne Einwilligung dürfen Sie auch listenmäßig zusammengefasste Daten über Angehörige einer Personengruppe für Ihre Werbung verwenden – man spricht vom sogenannten Listenprivileg (§ 28 Abs. 3 Satz 1 BDSG). Die Daten müssen sich auf bestimmte Gruppenzugehörigkeitsmerkmale beziehen, also u. a. auf die Berufs-, Branchen- oder Geschäftsbezeichnung, Namen, Titel, akademische Grade, Anschrift, Geburtsjahr. Sie dürfen beispielsweise personenbezogene Daten aus allgemein zugänglichen Adress-, Rufnummern-, Branchen- oder vergleichbaren Verzeichnissen (z. B. Telefonbücher, Handelsregister, Ärzteregister, Apothekenregister) erheben und diese für Werbung nutzen.

Wollen Sie Werbung an Privatpersonen schicken,

- muss es sich um Eigenwerbung handeln und

- Sie müssen die Daten – mit Ausnahme der Angaben zur Gruppenzugehörigkeit – bei der betroffenen Person selbst erhoben haben oder sie müssen aus allgemein zugänglichen Adress-, Rufnummern-, Branchen- oder vergleichbaren Verzeichnissen stammen.

Widerspruchsrecht von Adressaten: Darauf müssen Sie hinweisen

Jeder Betroffene kann einer Verarbeitung oder Nutzung seiner personenbezogenen Daten zu Werbezwecken jederzeit widersprechen. Auf dieses Widerspruchsrecht müssen Sie deutlich in Ihrer Werbung hinweisen.

> **Musterformulierung für ein Widerspruchsrecht**
>
> *Sie können die Einwilligung jederzeit per E-Mail an _____ (entsprechender Link der Kontaktadresse) oder per Post _____ (Korrespondenzadresse) uns gegenüber widerrufen. Der Widerruf ist unabhängig von der Inanspruchnahme der Leistung.*

Die 9 goldenen Regeln für einen gelungenen Werbebrief

Was ist ein guter Werbebrief? Einer, der Ihnen Anfragen und Aufträge einbringt! Das allein ist entscheidend. Der Stil kann noch so kunstvoll und die Schilderung Ihres vielfältigen Angebots noch so wohl überlegt sein – das alles verpufft sofort, wenn Ihr Brief den Leser nicht auf den allerersten Blick interessiert und dann Schritt für Schritt überzeugt und zum Handeln bewegt. Einen Werbebrief so aufzubauen ist nicht schwer.

Halten Sie sich einfach an die folgenden 9 Regeln, die sich in der Praxis schon tausendfach bewährt haben. So werden Sie den Erfolg Ihrer Werbebriefe drastisch steigern.

1. Überlegen Sie sich den Kundenwunsch und Ihr Versprechen

Gute Werbung stellt den Kunden mit seinen Wünschen in den Mittelpunkt. Je konkreter Sie einen Kundenwunsch erfassen und dessen Erfüllung versprechen, umso mehr Reaktionen werden Sie erzielen.

z.B. Der Sicherheitstechniker Mathias Schmitz will seinen Werbebrief verbessern. Er möchte mit dem Brief Fenstersicherungen verkaufen. Aus seiner Erfahrung kaufen so etwas vor allem Eigenheimbesitzer, die schon in eine Türsicherung investiert, also ein Sicherheitsbedürfnis haben. Solche Kunden hat er in seiner Datei, und er wählt 30 davon als Adressaten für seinen Brief aus. https://adwords.google.com/professionals/search

Weiter überlegt er, welchen dringenden Wunsch diese Zielgruppe haben könnte. „Schutz vor Einbrüchen" ist zu allgemein. Dieser Wunsch hat mögliche Kunden auch bisher nicht zum Kauf weiterer Sicherungen bewegt. Die meisten werden aber eine Hausratversicherung abgeschlossen haben – und längst nicht jeder weiß, dass diese bei einem Einbruch durch ein ungesichertes Fenster im Erdgeschoss nicht zahlt. Das ist ein guter Aufhänger für seinen Werbebrief:

- **Kundenwunsch:** sich tatsächlich auf den teuer erkauften Versicherungsschutz in Einbruchsfällen verlassen können
- **Versprechen:** günstige Fenstersicherungen verschaffen, sodass sich die Versicherung nicht mehr aus der Leistungspflicht stehlen kann

2. Machen Sie den Leser mit der Überschrift neugierig

Vielleicht die schwierigste Aufgabe beim Schreiben eines Werbebriefs steht jetzt an: Formulieren Sie eine Überschrift, die auf Anhieb das Interesse des Empfängers weckt, und bringen Sie die in der Betreffzeile des Briefes unter – ruhig fett und etwas größer als den Fließtext. Eine zugkräftige Überschrift

- spricht das ermittelte Bedürfnis des Empfängers an,
- überrascht ihn dabei (teilt ihm also etwas mit, das er so nicht vermutet hätte),

- stellt den Nutzen in Aussicht, den der Empfänger vom weiteren Lesen des Briefes haben wird, und
- schafft dabei Nähe durch eine direkte Ansprache (meist in der Sie-Form).

TIPP Werfen auch Sie jedes Jahr eine 500-€-Prämie zum Fenster hinaus?

Lesen Sie hier, wann Ihre Hausratversicherung bei Einbrüchen nicht zahlt – und was Sie sofort dagegen tun können!

3. Bringen Sie einen weiteren Vorteil im PS unter

Die Wirkung Ihrer Überschrift verstärken Sie durch ein gut gewähltes PS unter Ihrer Unterschrift. Das wird nämlich erfahrungsgemäß als Nächstes vom Briefempfänger studiert – also noch vor dem Fließtext. Stellen Sie darin einen besonderen Vorteil in Aussicht, etwa eine kostenlose Zusatzleistung oder Garantie. Der Leser soll denken, dass er etwas verpasst, wenn er den Brief nicht liest.

z.B. PS: In jedem Fall schicke ich Ihnen als Dankeschön für Ihren Anruf diesen Ratgeber kostenlos zu: *„Die 7 häufigsten Hausschwachstellen, mit denen Sie Einbrechern Einlass gewähren!"*

4. Ihr Einstieg soll den Leser „abholen"

Nach der Überschrift und der – möglichst namentlichen – Anrede des Empfängers folgt der Einstieg in den Fließtext. Im ersten Teil bringen Sie den vermuteten Wunsch des Lesers und Ihren Lösungsansatz – Ihr Versprechen – auf den Punkt.

5. Sprechen Sie über die Vorteile für den Kunden

Überzeugen Sie ihn von den Vorteilen, die Ihr Angebot für ihn hat. Das sind wohlgemerkt nicht die technischen Details Ihrer Ware oder Dienstleistung, sondern deren Nutzen für den möglichen Kunden. Formulieren Sie diesen Briefteil ruhig in Stichpunkten – das lockert den Fließtext auf und ist für den Leser leicht aufzunehmen.

6. Entkräften Sie den vermutlichen Einwand

Aus Ihrer Erfahrung wissen Sie, welchen Einwand Sie in Verkaufsgesprächen immer wieder zu dem betreffenden Angebot hören. Der Leser Ihres Briefes hat ein solches „Ja, aber …" sicherlich auch im Kopf. Nehmen Sie ihm den Wind aus den Segeln, indem Sie im nächsten Briefabsatz ein schlüssiges Gegenargument formulieren.

7. Geben Sie dem Leser einen „Beweis"

Belassen Sie es möglichst nicht nur bei Behauptungen, sondern untermauern Sie diese. Geeignet sind hierfür etwa positive Zitate aus Fachzeitschriften oder Kundenmeinungen über Ihr Angebot.

> **TIPP** Wenn möglich, legen Sie dem Brief eine Probe Ihres Könnens bei, z. B. ein Foto einer von Ihnen gestalteten Lösung, ein Stoffmuster, einen Pressebericht etc. Das wirkt überzeugend.

8. Sagen Sie dem Leser genau, was er tun soll

Ohne eine konkrete Aufforderung wird kaum ein Leser aktiv. Einer der wichtigsten Absätze in Ihrem Werbebrief ist deshalb nun dieser: Sagen Sie dem Kunden ganz genau, wie er auf Ihren Brief reagieren soll. Fordern Sie ihn auf, Sie anzurufen, einen Termin zu vereinbaren oder in Ihrem Geschäft/Büro vorbeizukommen.

9. Machen Sie die Reaktion dringend und leicht

Die Erfolgschancen Ihres Werbebriefes können Sie glatt verdoppeln, wenn Sie eine sofortige Reaktion des Lesers provozieren. Bauen Sie einen „Verstärker" ein, z. B. eine Vorführung an einem bestimmten Tag, ein befristetes Sonderangebot, eine Belohnung für die ersten Anrufer.

> **z. B.** Als Anreiz für den sofortigen Anruf bietet Mathias Schmitz in seinem Werbebrief einen kostenlosen Sicherheits-Check des Hauses für die ersten 10 Anrufer an.

Achten Sie schließlich noch darauf, dass ein Leser, der reagieren will, alle dafür notwendigen Informationen auch leicht erfassen kann:

- Nennen Sie Ihre Telefonnummer noch einmal, statt sie im Briefkopf zu verstecken. Schreiben Sie dazu, wann Sie erreichbar sind.
- Wenn Sie einen Besuch wünschen, vergessen Sie nicht, Ihre Öffnungszeiten anzugeben. Eine Anfahrtsskizze und ein Hinweis auf nahe Parkplätze erleichtern dem Leser den Entschluss zum Besuch.

4. KAPITEL — KUNDEN GEWINNEN

Muster für einen Werbebrief

Schloss & Riegel Sicherheitstechnik Mathias Schmitz
Musterstraße 55 · 12345 Musterstadt
Tel.: 0 12 34/56 78-90 – Fax: 0 12 34/56 78-91
E-Mail: Schloss-Riegel-Schmitz@muster.de

Herrn Sebastian Müller   Musterstadt, 12. 5. 20__
Fasanenweg 36
12345 Musterstadt

Werfen auch Sie jedes Jahr eine 500-€-Prämie zum Fenster hinaus?
Lesen Sie hier, wann Ihre Hausratversicherung bei Einbrüchen nicht zahlt –
und was Sie sofort dagegen tun können!

Liebe Frau Müller, lieber Herr Müller,
Sie haben eine Hausratversicherung abgeschlossen, weil Sie wissen, dass es keinen 100-%-Schutz vor Einbrüchen gibt? Sie möchten zumindest in der Gewissheit leben, dass die Versicherung für entwendete Werte und Vandalismusfolgen aufkommt? Dann habe ich eine schlechte und eine gute Nachricht für Sie:

Die schlechte Nachricht: Ihre Hausratversicherung ist von der Leistung frei, wenn ein Einbruch durch ein ungesichertes Fenster im Erdgeschoss erfolgt. Dann zahlen Sie vielleicht seit Jahren Prämien und gehen im Fall des Falles doch leer aus.

Die gute Nachricht: Sicherungen für Ihre Fenster und die Terrassentür, die die Versicherer akzeptieren müssen, rüsten wir für Sie unaufwändig und kostengünstig nach. Sie zahlen keine Prämie mehr umsonst und können sich in den eigenen 4 Wänden noch sicherer fühlen.

Was Sie von Schloss & Riegel erwarten können:

- **Eine sichere Lösung:** fachkundige Auswahl der Fenstersicherungen, die die Versicherungsbedingungen erfüllen und die für Ihren Schutz geeignet sind.
- **Eine bequeme Lösung:** Sie müssen sich nicht selbst mit den Vorschriften beschäftigen, und auch die Montage erledigen wir für Sie gern – alles aus einer Hand.

Sie brauchen sich auch keine Gedanken über den Preis zu machen. Der ist viel günstiger, als Sie vielleicht denken: Als Sicherheitsfachbetrieb halten wir ein breites Sortiment für Sie bereit. Sie können sich frei nach Ihrem Bedarf und Ihrem Budget zwischen Angeboten vom 5-Sterne-Schutz bis hin zur soliden Grundsicherung entscheiden.

Das sagte unsere Kundin Marianne Groß, Musterstadt, nach dem Einbau von Fenstersicherungen in ihrem Eigenheim: „Ich hätte nie gedacht, dass das so schnell und für viel weniger Geld über die Bühne geht, als ich jährlich an meine Versicherung überweise!"

Am besten überzeugen Sie sich jetzt einfach selbst: Rufen Sie mich an, und vereinbaren Sie einen Termin für eine kostenlose und unverbindliche, fachkundige Beratung: Tel.: 0 12 34/56 78-90 von 8 bis 17 Uhr.

Wenn Sie zu den ersten 10 Anrufern gehören, gewinnen Sie zudem noch einen kostenlosen Sicherheits-Check direkt bei sich zu Hause! Es freut sich auf Ihren Anruf

Ihr

Mathias Schmitz
Haussicherheitsexperte bei Schloss & Riegel

PS: In jedem Fall schicke ich Ihnen als Dankeschön für Ihren Anruf diesen Ratgeber kostenlos zu: „Die 7 häufigsten Hausschwachstellen, mit denen Sie Einbrechern Einlass gewähren!"

Download unter: **www.jetztselbststaendig.info**
Kapitel 4, Stichwort: **Werbebrief**

E-Mail-Newsletter –
So kommen Sie schnell und günstig mit Kunden in Kontakt

> **Quick-Tipp**
>
> **Kosten**
> € € € €
>
> Werbe E-Mails sind sicher mit die günstigste Werbeform. Der Versand an sich ist quasi kostenfrei. Allerdings sollten Sie nicht „billig" gemacht sein. Eine professionelle Gestaltung ist wichtig. Es kann sich deshalb lohnen, eine Agentur mit dem Aufbau eines E-Mail-Newsletter-Systems zu beauftragen. Je nach Umfang kann das ab ca. 300 € kosten.
>
> **Zeit**
>
> Jeder E-Mail-Versand will sorgsam vorbereitet sein. Wollen Sie beispielsweise einen regelmäßigen Informations-Newsletter verschicken, sollten Sie für das Schreiben mindestens 1 Stunde einplanen. Die Zeit für Gestaltung und Versand hängt dann davon ab, ob Sie Layoutvorlagen haben und wie weit der Versand automatisiert ist.
>
> **Anspruch**
> ★★☆☆
>
> Wenn Sie ein gut vorbereitetes E-Mail-System haben, verschicken Sie E-Mails an Ihre Kunden quasi im Handumdrehen. Wichtig ist, dass Sie von Ihren Kunden die Erlaubnis für die Zusendung von E-Mail-Newslettern haben. Denken Sie auch an die Pflichtangaben, um keine Abmahnungen zu riskieren.

E-Mail-Marketing betreiben heißt, dass Sie Kunden und Interessenten über elektronische Post ansprechen und für Ihr Unternehmen gewinnen. Die erste Voraussetzung hierfür ist, dass Sie E-Mails senden und empfangen können. Hilfreich, aber nicht unbedingt notwendig, ist darüber hinaus eine eigene Homepage zu Ihrem Unternehmen.

Gute Gründe für E-Mail-Marketing

Warum es sich auch für Sie lohnt, ins E-Mail-Marketing einzusteigen, ist schnell auf den Punkt gebracht: Über kein anderes Medium sprechen Sie Kunden und Interessenten so kostengünstig, schnell und wirkungsvoll an. Ihre Vorteile im Einzelnen:

1. Sie sparen viel Geld: Bei elektronischer Post zahlen Sie keinen Cent fürs Drucken, Kuvertieren und Adressieren. Es fällt kein Porto an und die Gebühr fürs elektronische Versenden ist denkbar gering. Selbst wenn Sie eine Software brauchen, kostet diese im Vergleich zu klassischer Werbung nur wenig.

2. Ihre Werbung wird gut wahrgenommen: E-Mail-Marketing erzeugt Aufmerksamkeit, schafft Sympathie für die Marke, stimuliert das Produktinteresse und die Kaufneigung der Verbraucher – zu diesem Schluss kommt eine Studie der Münchner eCircle AG, die zum Thema Werbewirkung von E-Mail-Marketing mehr als 3.000 Newsletter-Empfänger befragt hat. Rund 80 % hielten E-Mail-Werbung für informativ, und immerhin rund 38 % lesen einen Großteil der eingehenden Werbe-E-Mails – das sind Werte, auf die die klassische Werbung gewiss nicht mehr kommt.

3. Sie können kurzfristig Angebote vorbereiten: Eine E-Mail-Werbung ist schnell entworfen und versendet. Sie können sie auch dann einsetzen, wenn herkömmliche Briefe oder Anzeigen aus Zeitgründen ausscheiden.

> **z.B.** Will eine Frankreich-Reiseveranstalterin über Restplätze bei einer Reise informieren, ist eine kurzfristig eingesetzte E-Mail-Kampagne das richtige Instrument. Ein Post-Werbebrief käme zu spät beim Kunden an.

4. KAPITEL — KUNDEN GEWINNEN

4. Sie erhalten schnelle Reaktionen: Ihr potenzieller Kunde klickt einfach auf den Link, den Sie in Ihre E-Mail an ihn eingebaut haben, und schon kann er Ihnen ein Feedback geben oder Ihr Angebot bestellen. So ist der Dialog mit dem Kunden extrem schnell aufgebaut. Erfahrungsgemäß treffen 80 bis 90 % der Antworten bis zu 48 Stunden nach dem Versand eines E-Mailings bei Ihnen ein.

5. Sie fördern den direkten Verkauf: Nutzen Sie die Möglichkeit, Ihren Kunden über werbliche E-Mails individuelle Angebote zu unterbreiten.

z.B. Der Spezialist für Frankreich-Reisen informiert nicht nur über die schönsten Ziele. Er baut ein konkretes Schnäppchen-Angebot für ein Ferienhaus an der Côte d'Azur ein, das der Leser per Klick direkt buchen kann.

6. Sie können flexibel werben und testen: Welche Formulierungen kommen am besten an? Welcher Preis ist durchsetzbar? Reagieren die Kunden tatsächlich positiv auf Zusätze wie ein Gewinnspiel? In E-Mails können Sie unkompliziert verschiedene Versionen Ihrer Werbebotschaft testen und jederzeit auf die erfolgreichste Version umsteigen.

Diese 3 Möglichkeiten bieten sich für Sie an

Beim E-Mail-Marketing können Sie zwischen 3 grundlegenden Varianten wählen beziehungsweise diese miteinander verbinden:

1. Stand-Alone-Mailings: Das elektronische Pendant zum herkömmlichen Werbebrief

Stand-Alone-Mailings sind reine Werbe-E-Mails an einen Empfängerkreis, den Sie genau festlegen (Achtung: Ihnen muss eine Erlaubnis vorliegen. Mehr dazu lesen Sie ab Seite 12). Die Werbebotschaft ist hierbei nicht nur ein kleiner Teil in einem redaktionellen Umfeld, sondern der alleinige Sinn und Zweck der E-Mail. Eine solche Werbe-E-Mail kann erfolgreich sein, wenn Ihr Angebot die Kundenwünsche genau trifft. Sie können Links zu Ihrem Angebot integrieren, es somit von mehreren Seiten beleuchten und überzeugend vermarkten.

Aber Vorsicht: Der Empfänger schaut grundsätzlich auf den Absender, bevor er eine E-Mail öffnet! Kennt er ihn nicht, löscht er die Mail direkt. Was aber noch schlimmer sein kann: Hält er Ihre E-Mail für Spam – so heißen unerwünschte Werbe-E-Mails –, blockt er alle Ihre E-Mails künftig ungelesen ab. Achten Sie also darauf, dass Ihr Unternehmensname – oder zumindest ein Begriff, den der Empfänger sofort mit Ihnen in Verbindung bringt – als Absender erscheint.

Machen Sie in der Betreffzeile auch den kommerziellen Hintergrund der E-Mail klar – Verschleierungen nach dem Motto „Post von Ihrer Behörde" sind verboten und können Bußgelder nach sich ziehen! Vermeiden Sie aber „schreiende" Werbeaussagen, die förmlich nach Spam riechen und dazu führen, dass der Empfänger die E-Mail ungeöffnet löscht.

- Eine E-Mail mit dem Betreff „HEISSE PREISE und scharfe Angebote – JETZT ZUGREIFEN" wird mit hoher Wahrscheinlichkeit nicht durch die üblichen Spam-Filter gehen.

- Euro- oder Dollar-Zeichen sollten deshalb ebenfalls nicht im Betreff stehen. Auch mit zu vielen Ausrufezeichen geraten Sie in Spam-Verdacht.

- Besser ist es, in der Betreffzeile einen Vorteil für den Leser zu formulieren. Ein Reisebüro weckt etwa mit „Sonnige Reisetipps" das Interesse der Kunden – nicht das der Spam-Filter.

2. E-Mail-Newsletter: Mit guten Inhalten Kunden binden

E-Mail-Newsletter sind periodisch versendete E-Mails an eine mehr oder weniger gleich bleibende Gruppe von Adressaten (Achtung, auch für solche Aussendungen muss meist die Erlaubnis der Empfänger vorliegen. Lesen Sie dazu mehr ab Seite 39!). Sie beinhalten interessante redaktionelle Beiträge zu ausgewählten Themen und verweisen auf Web-Seiten mit Detail-Informationen hierzu. Werbung ist in Form von kleinen Anzeigen oder Links eingebunden, aber nicht der vorrangige Zweck. Ziel ist vielmehr, die Empfänger regelmäßig an Ihr Unternehmen zu erinnern, um aus Interessenten Kunden zu machen und diese langfristig zu binden. Das schaffen Sie nur, wenn Sie Nutzen bieten.

In welcher Frequenz Sie Ihren E-Mail-Newsletter versenden – täglich, wöchentlich, monatlich usw. –, hängt vor allem von den Inhalten ab. Das könnte beispielsweise in Ihren Newslettern stehen:

- Ergebnisse neuer Forschungen, Studien oder Umfragen aus Ihrem Fachgebiet,
- Änderungen von Gesetzen und Verordnungen, die Ihre Kunden betreffen,
- Tipps zur optimalen Handhabung bzw. zum optimalen Einsatz Ihrer Produkte/Leistungen,
- Antworten zu typischen Fragestellungen Ihrer Kunden zu Ihren Leistungen und Produkten,
- Hinweise auf Veranstaltungen, Messen,
- Berichte über Wettbewerbe, Zertifizierungen oder Gütesiegel, die Sie gewonnen haben,
- organisatorische Änderungen in Ihrem Hause,
- aktuelle Aktionen und Angebote,
- exklusive Angebote, die es nur für Bezieher des E-Mail-Newsletters gibt,
- Vorab-Informationen über Sonderaktionen,
- Links zu kostenlosen Downloads,
- Gewinnspiele,
- Anzeigen anderer Anbieter, wenn das für Ihre Zielgruppe von Interesse ist.

Das Layout Ihres Newsletters darf schlicht sein. Fassen Sie sich kurz – füllen Sie nicht mehr als 2 bis 3 Seiten mit knappen Informationen. Sie sollten Ihren Newsletter nach Möglichkeit nicht als Text-, sondern als HTML-Mail versenden, denn das wird zunehmend Standard.

3. Newsletter-Anzeigen: Günstig bei gegenseitigem Tausch von Werbeplatz mit anderen Unternehmen

Schließlich können Sie eine Anzeige in einem E-Mail-Newsletter eines anderen Unternehmens schalten. Eine Newsletter-Anzeige funktioniert wie eine Printanzeige in einer Zeitung. Entscheidende Auswahlkriterien sind Auflage, Inhalt und Zielgruppe des Newsletters. Um passende Newsletter zu finden, schauen Sie sich als Erstes in Ihrer Branche und in Ihrem näheren Umfeld um. Geeignet sind grundsätzlich Newsletter, die sich an eine ähnliche Zielgruppe richten, wie Sie.

Für Newsletter müssen Sie mit einem durchschnittlichen Anzeigenpreis von 15 bis 30 € je 1.000 Abonnenten (TKP = Tausenderkontaktpreis) rechnen. Hat die Publikation bzw. die dahinterstehende Firma einen guten Namen, kann es auch teurer sein.

Darüber hinaus können Sie aufs Tauschgeschäft setzen, also Anzeigen in Ihrem Newsletter erlauben, wenn Sie im Gegenzug kostenlos Anzeigen im Newsletter des werbenden Unternehmens schalten dürfen. Lassen Sie in Ihrem Newsletter aber nur Anzeigen zu, die aus der Kundenperspektive zu Ihrem Angebot passen.

So bekommen Sie eine Werbeerlaubnis Ihrer Kunden

Für E-Mail-Werbung benötigen Sie das Einverständnis des Empfängers (§ 7 UWG). Ohne Einverständnis dürfen Sie Werbe-Mails nur verschicken, wenn Sie

- die E-Mail-Adresse des Empfängers beim Verkauf einer Ware oder Dienstleistung von ihm erhalten haben (Adressen z. B. aus Gewinnspielen erfüllen diese Anforderung nicht),

- Werbung für ähnliche Waren oder Dienstleistungen wie bei diesem vorangegangenen Geschäft verschicken,
- keine Mitteilung vom Kunden bekommen, dass er den Empfang von Werbe-E-Mails ablehnt, und
- den Kunden schon bei der Adresserhebung und in allen Werbe-Mails darauf hinweisen, dass er dem Empfang jederzeit widersprechen kann, ohne dass ihm hierfür andere als die Übermittlungskosten nach den Basistarifen entstehen.

Sind diese Kriterien nicht erfüllt, brauchen Sie die Erlaubnis des Kunden zum Empfang Ihrer E-Mail-Werbung. Das gilt sowohl für den Privat- als auch für den Geschäftskundenbereich. Wer dagegen verstößt, riskiert nicht nur eine wettbewerbsrechtliche Abmahnung, sondern verprellt darüber hinaus noch mögliche Kunden.

Einverständnis einholen

Um ein notwendiges Einverständnis zum Empfang Ihrer Werbe-E-Mails einzuholen, bieten sich diese Wege an:

- Fragen Sie jeden Kunden und Interessenten, dem Sie persönlich begegnen, ob Sie ihn in Ihren E-Mail-Verteiler aufnehmen dürfen. Notieren Sie es sich mit Datum, wenn Sie eine positive Antwort erhalten. Das Einverständnis können Sie dann zwar nicht beweisen, aber es ist unwahrscheinlich, dass ein Empfänger später leugnen wird, es erteilt zu haben.
- Sie können auch eine Liste auslegen, in die jeder Interessent seine E-Mail-Adresse eintragen soll. Darüber drucken Sie eine vorformulierte Einverständniserklärung.
- In Ihre Antwortformulare, die Kunden Ihnen z. B. im Zusammenhang mit Werbebriefen zurückschicken sollen, nehmen Sie eine Einverständnis-Erklärung mit einem Kästchen zum Ankreuzen davor auf.

- Wenn Sie eine Internet-Seite haben, bauen Sie darin eine Möglichkeit ein, einen E-Mail-Newsletter zu abonnieren. Dabei soll der Kunde sein Einverständnis zum Empfang dieses Newsletters und zu Werbe-E-Mails durch Klick auf ein Kästchen bestätigen. Zuvor sollten Sie ihm die Gelegenheit geben, sich Ihre Datenschutzrichtlinien durchzulesen – Sie sind verpflichtet, solche zu formulieren, sofern Sie über Ihre Homepage persönliche Daten von Besuchern abfragen, also z. B. deren E-Mail-Adressen.

> **Beispiel für eine Einverständnis-Erklärung**
>
> ☐ *Ja, ich möchte von Ihnen über Neues und Nützliches informiert werden! Ich kann den Bezug der Informationen jederzeit stoppen. Es entstehen keine weiteren Kosten.**
>
> *Meine E-Mail-Adresse lautet:*
>
> ———————————————
>
> * Zusatz, wenn dieser Text auf Ihrer Internet-Homepage steht: *Hinweise zum Datenschutz finde ich* **hier**.

Nur bei Einverständnis-Abfrage über Ihre Homepage: Bestätigungs-Mail versenden

Wenn Sie das Einverständnis, Ihren Newsletter und weitere E-Mail-Informationen zu empfangen, über Ihre Internet-Homepage einholen, ist es üblich, dem Kunden nach seiner Registrierung zur Bestätigung eine Begrüßungs-E-Mail zu senden. Lassen Sie ihn darin auch noch auf einen Link klicken, mit dem er seine Anmeldung bestätigt (sogenanntes Double-Opt-In-Verfahren = doppelte Bestätigung). Das schließt aus, dass Dritte beliebige E-Mail-Adressen in Ihren Verteiler eintragen.

KUNDEN GEWINNEN 4. KAPITEL

Denken Sie an Impressum und Abmeldemöglichkeit in jeder E-Mail

Jetzt können Sie mit dem E-Mail-Marketing beginnen. Jede Ihrer Werbe-E-Mails und jeder E-Mail-Newsletter selbst müssen dabei Ihr vollständiges Impressum enthalten.

Wichtig ist darüber hinaus ein unübersehbarer Abmelde-Link. Das ist nicht nur rechtlich geboten, sondern auch mit Blick auf Ihre Kunden. Wer verzweifelt versucht, E-Mail-Werbung abzubestellen, und den richtigen Link nicht findet, reagiert sauer. Das kann eine Abmahnung zur Folge haben und schadet dem Image Ihres Unternehmens. Formulieren Sie die Abmelde-Information z. B. so:

> **Beispiel für eine Abmelde-Information**
>
> *Wollen Sie von uns keine weiteren Informationen mehr erhalten, reicht eine einfache Mitteilung an die im Impressum angegebene Adresse oder ein Klick auf diesen Link, und wir löschen Ihre Kontaktdaten sofort.*

Diese Angaben gehören in das Impressum (§ 5 TMG)

Inhalt	Beispiel
Ihr bzw. der Name und die Anschrift (Postfach genügt nicht!) Ihres Unternehmens; bei juristischen Personen wie GmbHs zusätzlich der Vertretungsberechtigte (Geschäftsführer)	Natura Holzmöbel e. K. Harald Fellenkam Eichenstraße 3 12345 Beispielstadt
Ihre E-Mail-Adresse, Telefonnummer, am besten auch Ihre Faxnummer	Tel.: 01234/6789-93 Fax: 01234/6798-94 E-Mail: service@tripel.de
Ggf. das Handels-, Vereins-, Partnerschafts- oder Genossenschaftsregister, in das Sie eingetragen sind, und Ihre Registernummer	Amtsgericht Arnsberg, HRB 2655
Soweit vorhanden, Ihre Umsatzsteuer-Identifikationsnummer oder Wirtschafts-Identifikationsnummer	USt-IdNr. DE205988654

Praktische Tipps zu Software und Versand

Viele E-Mail-Programme bieten Serien-Mail-Funktionen an. Doch solche Lösungen eignen sich für professionelles E-Mail-Marketing nicht. Die Minimallösung sollte eine spezielle Newsletter-Software sein.

- Provider wie z. B. 1 & 1, 1blu, Web NetService, manitu, Strato, Evanzo bieten Kunden entsprechende Software zu günstigen Preisen an – fragen Sie bei Ihrem Provider nach.
- Eine kostenlose Versandsoftware, mit der Sie größere E-Mail-Adressmengen verwalten können, heißt OpenEMM. Download: www.openemm.org

JETZT BIN ICH SELBSTSTÄNDIG

4. KAPITEL — KUNDEN GEWINNEN

Verkaufsgespräch führen – Finden Sie heraus, was Ihr Kunde will, und kommen Sie mit ihm ins Geschäft

> **Quick-Tipp**
>
> **Kosten** € € ○ ○
> Ob für ein Verkaufs- bzw. Beratungsgespräch Kosten anfallen, hängt davon ab, ob Sie zum Kunden anreisen und spezielles Präsentationsmaterial vorbereiten müssen.
>
> **Zeit** ⏰ ⏰ ⏰
> Die notwendige Zeit hängt von Erklärungsbedürfnis des Produkts/Angebots und natürlich vom Kunden ab.
>
> **Anspruch** ★★☆☆
> Persönliche Kundengespräche sind zumindest im Dienstleistungsbereich der wichtigste Schlüssel zum Vertragsabschluss. Bereiten Sie sich mit den in u. g. Tipps auf Kundengespräche vor. So werden Sie Kunden von Ihren Produkten und Leistungen überzeugen.

Nimmt ein potenzieller Kunde Kontakt mit Ihnen auf, haben Sie schon ein gutes Stück auf dem Weg zu einem erfolgreichen Geschäft geschafft. Er ist auf Sie und Ihre Angebote aufmerksam geworden. Er interessiert sich dafür – hat also einen Bedarf – und er ist offenbar auch bereit, mit Ihnen ins Geschäft zu kommen. Jetzt geht es darum, das Interesse des Kunden in einen Kaufabschluss zu überführen. Dazu ist nun Ihr verkäuferisches Talent gefragt. Überzeugen Sie den Kunden im Gespräch – ob nun am Telefon oder im direkten Kundengespräch –, dass Ihr Produkt bzw. Ihre Dienstleistung genau seinen Bedürfnissen entspricht. Einfach ist es natürlich, wenn der Kunde genau ein Produkt oder eine Leistung im Kopf hat und Ihnen das direkt sagt. Dann brauchen Sie den Kauf nur noch abzuschließen.

Stellen Sie offene Fragen

Schwieriger wird es dagegen, wenn der Kunde seinen Bedarf nicht kennt oder nicht genau artikulieren kann. Beispiel: Er sucht ein „passendes Geschenk" für einen Anlass oder „etwas Schönes" für seine Wohnung. Dann liegt es an Ihnen, durch geschicktes Fragen herauszufinden, was der Kunde möchte – oder ihn überhaupt erst darauf zu bringen. Stellen Sie offene Fragen, also keine Fragen, die er mit „Ja" oder „Nein" beantworten kann. Offene Fragen sind „W-Fragen":

- Wie ist denn das Zimmer eingerichtet?
- Wozu soll es passen?
- Welche Hobbys haben die Gastgeber?
- Welchen Stil bevorzugen Sie?
- Wofür wollen Sie es verwenden?
- Welches Ziel wollen Sie damit erreichen?
- Wann benötigen Sie das Geschenk?

Falls Sie darauf keine Antworten bekommen, mit denen Sie etwas anfangen können, sollten Sie noch konkreter fragen und Alternativen aufzeigen:

- Darf es auch eine kräftige Farbe sein oder bevorzugen Sie Pastelltöne?
- Legen Sie Wert auf die Funktion XY oder kommt auch eine abgespeckte Variante in Betracht?

Hören Sie aktiv zu

Fragen allein führen noch nicht zu einem aufschlussreichen Gespräch. Das entsteht erst, wenn Sie Antworten bekommen und selbst darauf reagieren. Das Gespräch bringen Sie durch aktives

Zuhören in Gang. Damit zeigen Sie dem Kunden, dass Sie an seinem Anliegen interessiert sind und sich bemühen, eine Lösung für ihn zu finden. Er fühlt sich dann ernst genommen. Das animiert ihn, weiterzureden. So hören Sie aktiv zu:

- Halten Sie Blickkontakt zum Kunden und schauen Sie nicht umher.
- Signalisieren Sie Ihre Aufmerksamkeit durch Gesten (Nicken) und Bemerkungen („Ja", „Gut", „Ich verstehe").
- Machen Sie sich Notizen von dem, was der Kunde sagt.
- Ermuntern Sie ihn durch weitere Fragen („Also so wie dieses hier?", „Es könnte also auch in diese Richtung gehen?").
- Fragen Sie genauer nach, wenn Ihnen etwas unklar ist („Verstehe ich Sie richtig? Sie möchten auf keinen Fall …").
- Fassen Sie das Gespräch zwischendurch zusammen.

Argumentieren Sie mit dem Nutzen für den Kunden

Einer Gefahr sehen sich die meisten Verkäufer gegenüber: Sie sind Experten auf ihrem Gebiet, kennen ihre Produkte und Leistungen aus dem Effeff und können ihrem Kunden haarklein alles darüber erzählen. Was davon befördert aber wirklich den Verkaufserfolg?

Der Kunde möchte nicht wissen, was Sie alles wissen – dass Sie kompetent sind, setzt er selbstverständlich voraus. Sein Interesse: Er will wissen, welchen Nutzen und welchen Vorteil er davon hat. Er will erkennen, dass sich die Investition lohnt, weil seine Nutzenerwartungen erfüllt werden, und das müssen nicht die gleichen Nutzenvorstellungen sein, die Sie als Verkäufer für die wichtigsten halten. Hier kommt Ihnen zugute, wenn Sie durch offene Fragen und aktives Zuhören die Wünsche und den Bedarf des Kunden in Erfahrung gebracht haben.

Die 3 Komponenten des Kundennutzens

Der Kunde erkennt ein Produkt dann als nützlich an, wenn es seinen Bedarf erfüllt, seinen Wünschen gerecht wird und zu seinen Motiven passt.

1. Bedarf: Der Bedarf ist der unmittelbare Anlass für einen Kauf. Der Kunde will mit dem Produkt oder der Dienstleistung ein Problem lösen oder sich einen speziellen Wunsch erfüllen.

2. Wünsche: In den wenigsten Fällen möchte der Kunde seinen Bedarf mit einem beliebigen Produkt erfüllen. Meistens hat er bestimmte Wunschvorstellungen im Kopf.

3. Motive: Unter Motiven verstehen wir bewusste und unbewusste Grundeinstellungen des Kunden, welche die Kaufentscheidung wesentlich beeinflussen.

Z.B. Möchte ein Kunde ein Auto kaufen, könnte sein persönliches Nutzenprofil folgendermaßen aussehen:

Bedarf: Der Kunde hat eine vierköpfige Familie. Entsprechend braucht er keinen Kleinwagen oder Sportwagen, sondern einen soliden Kombi.

Wünsche: Im Kundengespräch sagt er, dass er das Auto spätestens innerhalb eines Monats benötigt und dass sein Preislimit bei 25.000 € liegt. Er wünscht sich eine seriöse Farbe, eine umfangreiche Sicherheitsausstattung sowie eine Klimaanlage.

Motive: Der Kunde ist besonders sicherheitsorientiert. Er sucht ein Familienauto, das bei einem Unfall optimalen Schutz bietet. Prestige spielt für ihn eine untergeordnete Rolle. Er möchte „möglichst viel Auto für möglichst wenig Geld". Es soll nur wenig Kraftstoff verbrauchen, einen günstigen Versicherungstarif und einen hohen Wiederverkaufswert haben. ∎

Die typischen Motive hinter einer Kaufentscheidung

Ihre stärksten Verkaufsargumente zielen in der Regel auf die Kaufmotive ab. Und: Treffen Sie mit Ihren Argumenten die Motive des Kunden, spielt in der Regel auch der Preis nicht die wichtigste Rolle. Sie umgehen also Diskussionen darüber oder lenken Ihr Gespräch zumindest vom Preis weg.

Häufig können Sie bereits an der äußeren Erscheinung und am Verhalten des Kunden erkennen, welche Motive bei ihm in der Kaufentscheidung eine Rolle spielen werden. Besonders hilfreich ist auch, wenn Sie Ihren Kunden an seinem Arbeitsplatz oder in seiner Wohnung antreffen. Die Einrichtung sagt Ihnen ebenfalls sehr viel über die Motive. Grundsätzlich ist es wichtig, dass Sie den Kunden vor Ihrer eigenen Argumentation erst einmal selbst zum Reden bringen. Achten Sie dann auf das, was er sagt, und wie er es sagt.

> **TIPP** Überlegen Sie sich verschiedene Kaufmotive, die zu Ihren Produkten oder Dienstleistungen passen könnten. Legen Sie sich gute Argumente zurecht, die auf die unterschiedlichen Motive abzielen. Im Verkaufsgespräch können Sie diese dann souverän einsetzen.

Bieten Sie Lösungen bei Einwänden – erkennen Sie Vorwände

Ein Verkaufsgespräch ist kein reines Frage-Antwort-Spiel. Sie kennen das: Früher oder später wird jeder Kunde Bedenken vorbringen. Sei es, er findet den Preis zu hoch, das Design nicht ansprechend, die Qualität nicht zufrieden stellend oder was auch immer. Freuen Sie sich über jeden Einwand! Das klingt zwar paradox, aber bedenken Sie: Ein Kunde, der sich die Mühe macht, einen Einwand zu formulieren, interessiert sich für die Ware. Er ist also im Grunde kaufwillig. Ein Kunde ohne Einwände sollte Sie misstrauisch machen.

Einwände haben zudem eine ausgesprochen wertvolle Funktion: Sie zeigen Ihnen, worauf es dem Kunden ankommt. Sie müssen diese versteckten Hinweise nur erkennen und entsprechend auf sie eingehen. Wenn Sie wissen, dass Einwände eigentlich Kaufsignale sind, können Sie sie auch richtig behandeln:

- Hören Sie jeden Einwand – auch wenn er Ihnen dumm oder an den Haaren herbeigezogen vorkommt – aufmerksam an.
- Reagieren Sie freundlich, ruhig und gelassen. Souveränität unterstreicht Ihre Kompetenz.
- Vermeiden Sie es, dem Kunden direkt zu widersprechen („Das ist aber teuer." – „Nein, billig."), sondern geben Sie ihm zunächst wenigstens teilweise Recht („Ja, der Preis ist höher als beim Modell XY. Dafür hat es aber die folgende zusätzliche Sicherheitsausstattung: …").
- Gehen Sie auf jeden Einwand konkret, aber kurz ein. Sie sollen den Kunden nicht unter den Tisch reden, sondern ihm zeigen, dass Sie seine Bedenken verstehen, akzeptieren und ausräumen können.
- Bringt ein Kunde aber immer neue Einwände vor – erst ist die Leistung zu wenig ausgefeilt, dann zu teuer, dann zu wenig exklusiv –, handelt es sich oftmals gar nicht um wirkliche Einwände, sondern lediglich um Vorwände. Das signalisiert, dass der Kunde gar nicht an einem Kauf interessiert ist, weil er sich das Produkt z. B. nicht leisten kann, das aber nicht gern zugibt.

Finden Sie durch vorsichtiges Fragen heraus, ob er an einem Alternativangebot interessiert sein könnte, etwa an einer günstigeren Variante. Merken Sie aber, dass das Gespräch zu nichts führt, dann geben Sie dem Kunden die Gelegenheit, es zu beenden, aber dabei sein Gesicht zu wahren. Bieten Sie ihm etwa an, sich nochmals allein umzusehen, oder geben Sie ihm Informationsmaterial mit, das er zuhause studieren kann.

So führen Sie Verkaufsgespräche zum Abschluss

Haben Sie auch die Einwände Ihres Kunden ausgeräumt, steuert das Verkaufsgespräch seinem Ziel zu, nämlich dem Abschluss. Wenn Sie Glück haben, ist der Kunde überzeugt und sagt: „Gekauft!"

KUNDEN GEWINNEN — 4. KAPITEL

Typische Motive für Kaufentscheidungen

Kaufmotiv	Ihre Nutzenargumentation	Beispiele für typische Produkte/Angebote
Gewinnstreben/ Sparsamkeit	Betonen Sie, wie günstig Ihr Angebot ist, und richten Sie sich auf harte Preisverhandlungen ein. Machen Sie deutlich, dass nur wenig Wartungs- oder Folgekosten zu erwarten sind.	„Schnäppchen-Angebote"
Problemlösung	Sagen Sie eine zuverlässige Erledigung möglichst zum Wunschtermin des Kunden zu.	Dienstleistungen wie Computerreparatur oder Reparatur von Wasserschäden
Abenteuerlust/ Risikobereitschaft	Sagen Sie dem Kunden, dass er seine Lust aufs Abenteuer mit Ihrem Produkt ausleben kann, ohne dass er sich dabei unsicher fühlen müsste.	Sportartikel, Fernreisen
Spiel- und Experimentiertrieb	Geben Sie dem Kunden etwas, das er in die Hand nehmen kann, das er ausprobieren und verändern kann.	Werkzeuge, Gartengeräte, PCs
Bequemlichkeit	Machen Sie deutlich, dass Sie sich um alles kümmern werden und dass der Kunde keinen eigenen Aufwand befürchten muss.	Wartungsverträge
Soziales Ansehen/Prestige	Zeigen Sie dem Kunden, dass Sie ihn respektieren. Lassen Sie ihn wissen, dass sich nicht jeder Ihre hochpreisigen Produkte leisten kann oder dass es sich um eine besondere Anfertigung speziell für ihn handelt.	Hochwertige Markenartikel
Sicherheit	Verweisen Sie darauf, dass Ihre Produkte stabil sind, auf Jahre hinaus nachgeliefert werden können und dass keine Verletzungsgefahr besteht.	Kinderspielzeug, Sicherungsanlagen im Haus
Kontaktstreben	Seien Sie der persönliche Ansprechpartner des Kunden und sagen Sie ihm, dass er sich auch in Zukunft immer gern an Sie persönlich wenden kann. Beschränken Sie sich nicht auf die reine Verkaufsargumentation. Reden Sie auch über Nebenthemen wie Urlaub, Hobbys und andere Dinge.	Produkte und Leistungen mit Beratungsbedarf wie bei Banken
Streben nach „guten Taten"	Verweisen Sie auf die Umweltfreundlichkeit Ihrer Produkte. Sagen Sie, dass Ihr Unternehmen auf Tierversuche verzichtet oder Ihre Produkte nicht durch Kinderarbeit entstanden sind. Machen Sie deutlich, dass der Kunde durch den Kauf andere erfreut.	CD mit Spende für eine Kinderklinik, Umweltprodukte, Geschenkartikel
Autonomie	Der Kunde will souverän selbst entscheiden und sich auf keinen Fall unter Druck gesetzt fühlen oder befürchten müssen, dass man ihn kontrolliert. Seien Sie bei diesem Kunden sehr zurückhaltend mit allem, was er als Manipulation auffassen könnte.	Alle Produkte, die zur persönlichen Unabhängigkeit beitragen, wie Eigenheim, Geldanlage etc.
Selbstverwirklichung	Der Kunde will individuelle Neigungen pflegen und sich persönlich entwickeln – stellen Sie ihm das in Aussicht.	Musikinstrumente, Hobbyartikel, Bücher
Genussstreben	Begeistern Sie den Kunden für das Vergnügen, das er bekommen kann. Der Kunde will vor allem physische Bedürfnisse befriedigen.	Hochwertige Lebensmittel, anschmiegsame Stoffe, aufwändige Pflegeprodukte

4. KAPITEL — KUNDEN GEWINNEN

Dann stoppen Sie sofort jegliche Erläuterungen und zücken Ihren Auftrags- oder Kassenblock. Fast ebenso eindeutige Aufforderungen sind Fragen wie:

- Können Sie mir einmal zusammenrechnen, wie viel das Ganze kostet?
- Schaffen Sie es, das Gerät bis zum 20. zu installieren?
- Ist die Lieferung im Preis inbegriffen?
- Können Sie es auch als Geschenk verpacken?
- Wann könnten Sie denn kommen und sich die Sache ansehen?

Wenn solche Signale ausbleiben, Sie aber trotzdem das Gefühl haben, der Kunde ist entscheidungsbereit, ergreifen Sie die Initiative. 4 gängige Methoden, mit denen Sie in der Endphase eines Verkaufsgesprächs den Abschluss herbeiführen:

1. Alternativfragen

Die einfachste und geradlinigste Abschlusstechnik ist die, Ihren Kunden nach seiner Entscheidung zu fragen. Auf eine direkte Frage könnten Sie jedoch ein Nein zu hören bekommen – und das in ein Ja umzuwandeln ist nicht ganz einfach.

Arbeiten Sie deshalb mit Alternativfragen. Das heißt: Sie gehen von einer positiven Entscheidung aus und stellen Ihrem Kunden 2 Möglichkeiten zur Wahl, die beide in Ihrem Sinne sind.

z.B. „Möchten Sie, dass ich die Versicherungspolice mit oder ohne Zusatzversicherung ausstellen lasse?"

2. Vorteile wiederholen

Wiederholen Sie die Gründe, die für einen Kauf sprechen – vor allem solche, die dem Kunden wichtig schienen. Formulieren Sie die Vorteile als Fragen, die der Kunde nur mit „Ja" beantworten kann. Am besten stellen Sie 4 Fragen. Danach unterbreiten Sie Ihren Kaufvorschlag. Nach der vorangegangenen Ja-Fragen-Straße wird es Ihrem Kunden schwerfallen, nun Nein zu sagen.

3. Kauf dringlich machen

Verdeutlichen Sie Ihrem Kunden, dass

- das Angebot begrenzt ist (**Beispiel:** *„Erfahrungsgemäß sind die schönsten Wohnungen innerhalb von 4 Wochen verkauft!"*) oder
- Sie die günstigen Konditionen nicht lange aufrechterhalten können (**Beispiel:** *„Diese Sonderaktion läuft am __.__.____ aus!"*).

4. Bilanztechnik

Haben Sie den Eindruck, der Kunde zweifelt, ob für ihn die Vorteile beim Kaufabschluss überwiegen, nehmen Sie spontan ein Blatt Papier und zeichnen eine Bilanz mit Plus und Minus. Auf die linke Seite schreiben Sie die Vorteile Ihres Produkts und auf die rechte Seite die – zumeist schon ausgeräumten – Nachteile, die der Kunde Ihnen während des Gesprächs genannt hat.

Machen Sie aus dem Neukunden einen Stammkunden

Sie haben Ihren Kunden informiert, beraten und überzeugt. Er hat den Kaufvertrag unterschrieben. Geschafft! Wenn Sie sich jetzt zurücklehnen, haben Sie zwar einen Kunden gewonnen, aber wer sagt, dass er nicht reklamiert? Dass er auch in Zukunft Ihr Kunde bleibt und beim nächsten Mal nicht bei der Konkurrenz kauft? Für seine Kaufentscheidung verdient Ihr Kunde zunächst ganz einfach ein Lob. Schließlich hat er gerade sein Geld ausgegeben, da sollten Sie ihn darin bestärken, dass dieses Geld gut angelegt ist.

Bleiben Sie mit dem Kunden in Kontakt. Notieren Sie in Ihrer Kundenkartei auch Ihre Eindrücke und Erfahrungen mit dem Kunden, seine Vorlieben und heiklen Punkte etc. Damit können Sie ihm künftig auf seine Bedürfnisse zugeschnittene Angebote machen. Wenn Ihr Kunde sieht, dass Ihr Interesse an ihm und seinen Wünschen echt und andauernd ist, steigen die Chancen, dass er Ihnen treu bleibt, denn so geben Sie ihm das Gefühl, nirgends so gut aufgehoben zu sein wie bei Ihnen!

Angebote erstellen – Mit diesen Schreiben bekommen Sie den Zuschlag

> **Quick-Tipp**
>
> **Kosten** — Für die Erstellung eines Angebots fallen außer den Kosten für Ihre Arbeitszeit praktisch keine weiteren Kosten an.
>
> **Zeit** — Die notwendige Zeit für die Erstellung eines Angebots hängt von den jeweiligen Umständen ab: Größe des Auftrags, Bedeutung des Kunden für Sie, Komplexität des Angebots etc. Für wichtige Angebote sollten Sie aber mindestens 1 Stunde Zeit einrechnen, um sie individuelle auf die Bedürfnisse des Kunden zuzuschneiden und sorgfältig zu kalkulieren.
>
> **Anspruch** — Fordert ein Kunde ein Angebot an, können Sie davon ausgehen, dass er auch Vergleichsangebote vorliegen hat. Mit einem speziell auf die Bedürfnisse des Kunden abgestimmten Angebot erhöhen Sie Ihre Chancen auf einen Zuschlag dramatisch. Investieren Sie also bei wichtigen Angeboten ausreichend Zeit in die Erstellung.

Nicht jedes Verkaufsgespräch endet sofort mit einem Abschluss. Speziell bei umfangreicheren Dienstleistungen erwartet der Kunde zuvor ein Angebotsschreiben, aus dem der Umfang der Leistung und der zu erwartende Preis hervorgehen. Nimmt der Kunde das Angebot an, kommt ein Vertrag zustande, an den beide Seiten gebunden sind.

Mit folgenden Schritten formulieren Sie ein gutes Angebot, das auf den Kunden zugeschnitten ist:

Schritt 1: Bringen Sie in Erfahrung, was der Kunde braucht

Wie im Verkaufsgespräch ist auch beim Angebot entscheidend, dass Sie nicht nur wissen, was der Kunde haben will. Noch wichtiger sind Informationen darüber, was er wirklich braucht. Das gilt insbesondere bei einer neuen Geschäftsbeziehung, in der Sie sich gegenseitig noch nicht kennen. Weit über 50 % aller Angebote verfehlen den Zuschlag, weil der anbietende Unternehmer diesen Schritt unterschätzt und überspringt.

z.B. Lars Schulze verkauft und verlegt Parkett und Laminat. Kunde Gert Fröhlich informiert sich in seinem Studio und bittet um ein Angebot für 75 qm Parkett und Verlegung in seinem frisch erworbenen Eigenheim. Das schreibt Schulze umgehend – und hört nie wieder von dem Kunden.

Bei genauerer Nachfrage hätte Lars Schulze erfahren:

- Gert Fröhlich hatte schon in seiner Mietwohnung Parkett, das ihm sehr gut gefiel. Allerdings hat ihn bei den Vorbereitungen zum Auszug erschreckt, wie stark abgenutzt der Boden nach wenigen Jahren war.
- Er hat 2 Söhne im besten Raufalter von 6 und 9 Jahren.
- Er sucht nach einem guten, aber preiswerten Bodenbelag, da sein finanzieller Spielraum durch das neue Haus gerade sehr eng ist.

Schulzes Angebot hätte dank dieser Informationen anders ausgesehen: Er hätte Laminat empfohlen, das auch gut aussieht, aber viel strapazierfähiger als Parkett ist – und auch noch billiger. Zudem hätte er dem Kunden die Zahlung in 3 Monatsraten angeboten. Da wäre dessen Interesse an dem Angebot mit Sicherheit größer gewesen! ∎

4. KAPITEL — KUNDEN GEWINNEN

Es ist also unerlässlich, mit dem Kunden zu sprechen, bevor Sie mit der Formulierung Ihres Angebots beginnen. Versuchen Sie dabei wie im Verkaufsgespräch möglichst viel über die Bedürfnisse, Wünsche und Motive des Kunden herauszufinden. Gehen Sie dabei vor, wie es ab Seite 124 für Verkaufsgespräche beschrieben wurde.

Schritt 2: Legen Sie Ihr Angebot inhaltlich fest

Überlegen Sie sich, wie Sie geschickt auf den festgestellten Kundenbedarf eingehen können. Dazu bieten sich 2 Techniken an:

Paketangebot machen

Bündeln Sie alle Bestandteile Ihres Angebots zu einem individuell auf den Kunden zugeschnittenen Paket. Enthalten sein muss all das, worauf es dem Kunden ankommt. Diese Punkte werden Sie später beim Schreiben Ihres Angebots nicht im Kleingedruckten verstecken.

> **z. B.** Auf Gert Fröhlich, den Kunden aus dem letzten Beispiel, hätte dieses Paket gepasst:
> - Buchen-Laminat, 8 mm, Klasse 23
> - Schalldämpfende Korkunterlage
> - Inklusive Aufmaß, Anlieferung und Verlegung
> - Komplett für 25 €/qm zzgl. 5 €/m für Fußleisten
> - Anzahlung von 300 € bei Auftragsvergabe
> - Restpreis zahlbar in 3 Monatsraten ■

Alternative anbieten

Sind Sie unsicher, mit Ihrem – individuell auf den Kunden zugeschnittenen – Angebot sofort eine Punktlandung zu machen, überlegen Sie sich noch eine Alternative – wohlgemerkt nur eine, denn eine größere Auswahl verunsichert den Kunden nur unnötig; dann lieber nochmals den Bedarf in einem Gespräch abklären. Nebeneffekt: Der Kunde wird sich gut beraten fühlen und nicht genötigt sehen, wegen einer Alternative noch einen anderen Unternehmer aufzusuchen.

> **z. B.** Lars Schulze hat das Gefühl, dass Gert Fröhlich den Gedanken an Parkett noch nicht aufgegeben hat, obwohl alle Argumente für Laminat sprechen. Dann kann er dem Kunden für beides ein Angebot unterbreiten, damit dieser sich in Ruhe entscheiden kann. Das ist für den Kunden leichter, wenn er die konkreten Leistungen und Preise schwarz auf weiß vor sich liegen hat. ■

Schritt 3: Formulieren Sie Ihr Angebot professionell

Was heißt professionell? Es geht um 4 Bereiche: Ihr Angebot muss

1. verständlich und eindeutig sein, damit es keine Missverständnisse gibt,
2. werblich geschickt aufgebaut sein, um den Kunden zu überzeugen,
3. rechtlich sauber formuliert sein, damit Sie sich nur zu dem verpflichten, was Sie auch wollen, sowie
4. optisch ansprechend gestaltet sein, um einen guten Eindruck von Ihrem Unternehmen zu vermitteln.

Verständlichkeit zählt

Nichts kann einen Kunden mehr abschrecken als eine schwammige Leistungsbeschreibung, die womöglich noch mit Fachbegriffen gespickt ist, die er nicht versteht. Weil er den Preis dann nicht richtig einschätzen kann, bekommt er schnell den Eindruck, über den Tisch gezogen zu werden.

Achten Sie deshalb unbedingt auf eine deutliche, klare Sprache. Fachbegriffe sollten Sie nur gegenüber Fachleuten verwenden; kommen Sie auch gegenüber Laien nicht ohne aus, erläutern Sie sie zumindest.

KUNDEN GEWINNEN — 4. KAPITEL

Anbieten heißt auch anpreisen

Es ist eine weit verbreitete Fehlauffassung, dass ein klares Angebot nichts mit Werbung zu tun habe. Sie sollen Ihre Leistungen im wahrsten Sinne des Wortes „anpreisen". Das heißt, dass Sie stets dazuschreiben, welchen Vorteil und Nutzen der Kunde von jedem Aspekt Ihres Angebots hat. Das interessiert ihn, wenn es stimmt. Er wird es gern lesen und nicht für anbiedernd oder überflüssig halten.

Wenn Sie dem Kunden die Vorteile Ihres Angebots gut darstellen, wird er auch Ihren Preis viel eher akzeptieren. Je höher die Kosten sind, desto länger darf auch Ihr Angebot ausfallen. Sie müssen sich keinesfalls nur auf eine Seite beschränken.

Wie stark wollen Sie sich mit dem Angebot binden?

Überlegen Sie sich, wie stark Sie an Ihr Angebot gebunden sein wollen. Welche Möglichkeiten Sie dazu haben, zeigt die Tabelle unten.

> **TIPP** Geben Sie einen Kostenvoranschlag ab, darf Ihre Endrechnung auch höher ausfallen. Allerdings müssen Sie Ihren Kunden informieren, sobald absehbar ist, dass Sie die kalkulierten Kosten wesentlich überschreiten (Richtwert: Überschreitung um mehr als 15 %). Der Kunde hat dann das Recht, den Vertrag zu kündigen. Sie können in diesem Fall nur die bis dahin erbrachten Leistungen abrechnen.

Besser: Bleiben Sie nach Möglichkeit sogar etwas unter dem im Kostenvoranschlag angegebenen Preis. Dann haben Sie nicht nur einen zufriedenen, sondern einen begeisterten Kunden.

An ein verbindliches Angebot, das Sie per Brief, Fax oder E-Mail unterbreiten, sind Sie so lange gebunden, wie Sie mit der Antwort „unter regelmäßigen Umständen" rechnen können. Das können 2 oder 30 Tage sein – letztlich würde das ein Gericht entscheiden. Klarheit schaffen Sie, indem Sie unter jedes verbindliche Angebot eine Annahmefrist schreiben: *„Dieses Angebot gilt bis zum __.__.____."*

Auf die Gestaltung achten

Gliedern Sie Ihr Angebot durch Absätze und Zwischenüberschriften. Heben Sie Wichtiges fett gedruckt hervor. Vermeiden Sie farbige Schriften, die wirken unseriös. Achten Sie auch auf korrekte Rechtschreibung und geben Sie den Namen Ihres Kunden ohne Fehler wieder. Drucken Sie das Angebot in guter Qualität auf Ihrem Geschäftspapier aus.

Formulierungen mit denen Sie festlegen, wie verbindlich Ihr Angebot ist

Situation	Geeignete Formulierung
Sie wollen sich noch gar nicht festlegen.	• Angebot freibleibend • unverbindliches Angebot
Sie sind sich nicht sicher, ob Sie den Preis tatsächlich halten können.	• Preisänderungen vorbehalten • Alle Preise sind freibleibend. • Kostenschätzung – verbindliche Preise kann ich Ihnen erst nennen, wenn …
Sie sind sich nicht sicher, ob Sie angebotene Ware in ausreichender Menge beschaffen können.	• so lange der Vorrat reicht • Selbstbelieferung vorbehalten
Sie wollen sich rechtlich binden, sodass der Kunde auf Preis und Leistung bestehen kann.	• verbindliches Angebot • Kostenvoranschlag

Schritt 4: Telefonieren Sie Ihrem Angebot nach

Die allermeisten Selbstständigen versenden jetzt das Angebot per Post, Fax oder E-Mail – und warten, warten, warten. Sie rufen nicht beim möglichen Kunden an, denn sie wollen nicht aufdringlich wirken.

Beachten Sie aber: Wenn Sie stillhalten, überlassen Sie das Feld der Konkurrenz, die vielleicht nicht so zaghaft ist. Außerdem empfinden viele Kunden es auch nicht als aufdringlich, wenn Sie sich bei ihnen nach ihrer Entscheidung über ein Angebot erkundigen. Sie zeigen damit nämlich, dass der Kunde nicht einfach einer von vielen ist, sondern dass Sie ein ernsthaftes Interesse an seinen Wünschen haben. Ebenso wichtig wie das Angebot selbst ist also die professionelle Nachbearbeitung.

Rufen Sie 1 bis 2 Tage nach dem Versenden des Angebots beim Kunden an. Erkundigen Sie sich, ob Ihr Schreiben angekommen ist und noch Fragen offen sind. So bringen Sie sich und Ihr Angebot in Erinnerung und erreichen, dass sich der Kunde damit befasst. Ggf. hat der Kunde auch noch Änderungswünsche zu Ihrem Angebot. Dann hat er jetzt die Gelegenheit, sie zu äußern. Sie können ihm direkt sagen, ob Sie seine zusätzlichen Wünsche berücksichtigen können.

Müssen Sie sich erst erkundigen, ob und wann z. B. ein zusätzliches Produkt lieferbar ist oder müssen Sie den Angebotspreis neu berechnen, nennen Sie einen Termin, zu dem Sie sich zurückmelden. Oder Sie schreiben gleich ein neues Angebot, dass Sie dem Kunden umgehend faxen oder per Brief zuschicken.

TIPP Es ist sehr wichtig, dass Sie in Ihrem Angebot einen Termin nennen, bis zu dem Ihr Angebot gilt. Das gibt Ihnen nämlich einen weiteren Anlass, kurz vor Ablauf der Frist(en) bei dem möglichen Kunden anzurufen. Dann können Sie ihn nach seiner Entscheidung fragen und sich

- entweder ein „Ja" abholen, für das sich der Kunde ohne Ihren Anruf noch länger Zeit gelassen hätte – Zeit, in der Ihre Konkurrenten nicht untätig bleiben –,
- oder noch bestehende Einwände mit dem Kunden besprechen, sodass Sie die Chance erhalten, Ihr Angebot noch zu ändern.
- Ein Angebot für die Verlegung eines Laminat- oder Parkettbodens könnte beispielsweise folgende Termine enthalten: *„Noch eine Bitte: Wenn die* **Verlegung noch im Juli** *erfolgen soll, brauche ich Ihren Auftrag bis zum 15. des Monats. Das Angebot gilt bis zum __.__.____."*

So kommt das Geschäft zustande

Ist der Kunde mit Ihrem Angebot einverstanden und erteilt Ihnen den Auftrag, gelten die im Angebot formulierten Bedingungen. Sie können sich aber Änderungen offenhalten. Erklären Sie dazu die Preise als „freibleibend". Wollen Sie sich auch die Änderung der übrigen Konditionen offenhalten, machen Sie ein „unverbindliches Angebot". Folge: Es kommt noch kein Vertrag zustande, wenn der Kunde zustimmt. Sie können das Angebot also auch dann noch wieder zurückziehen. Erst wenn Sie die Konditionen nochmals bestätigen oder mit der Erfüllung des Auftrags beginnen, wird daraus ein bindender Vertrag (§ 145 BGB).

Ihre Kunden haben dagegen keine Möglichkeit, von den Bedingungen im Angebot abzuweichen. Nimmt ein Kunde das Angebot nur unter dem Vorbehalt an, dass gewisse Bedingungen gestrichen oder ergänzt werden, gilt dies als Ablehnung Ihres Angebots. Stattdessen macht er Ihnen damit ein neues Angebot, das Sie nicht akzeptieren müssen (§ 150 Abs. 2 BGB).

Beispiel für ein Angebotsschreiben

Parkett- und Laminat-Studio Lars Schulze
Holzweg 10 · 12345 Musterstadt
Tel.: 0 12 34/567-88 – Fax: 0 12 34/567-89
E-Mail: Lars.Schulze@beispiel.de

Herrn Gert Fröhlich
Blumenweg 55
12345 Musterstadt

Musterstadt, 4. 7. 20__

Verbindliches Angebot – gültig bis 31. 7. 20__:
Laminat: strapazierfähig, kinderfreundlich, wohnlich und schön!

Sehr geehrter Herr Fröhlich,

vielen Dank für Ihren Besuch im Parkett- und Laminat-Studio am letzten Samstag. Gern unterbreite ich Ihnen eine solide und preisgünstige Lösung für 75 qm Bodengestaltung in Ihrem neuen Eigenheim, **die für Familien mit Kindern besonders gut geeignet ist:**

Buchen-Laminat der Klasse 23, Stärke 8 mm

- **Helle Buche** ist der beliebteste Farbton und lässt Räume größer wirken.
- Klasse 23 ist hinsichtlich der **Strapazierfähigkeit** die beste der 3 möglichen Qualitätsklassen für Wohnbereiche, sodass Sie Ihre Kinder nicht pausenlos ermahnen müssen, besser auf den Boden zu achten.
- 8 mm empfehle ich Ihnen, um eine sehr gute **Trittschalldämmung** zu erreichen.

Schalldämpfende Korkunterlage:

- Noch leiser wird es, wenn statt Schaumstoff Kork untergelegt wird. Damit stellt sich **ein Gefühl ein, als gingen Sie auf Parkett.**

Angebotspreis:

- Komplett wie beschrieben berechne ich Ihnen unseren neuen **Angebotspreis von 25 €/qm,** zu dem Sie bisher nur die etwas schlechtere 7-mm-Qualität bekamen. Bei 75 qm sind das also nur 1.875 € inkl. MwSt. Gegenüber der günstigsten Parkett-Lösung sparen Sie übrigens ca. 2.250 € ein!
- Der Preis versteht sich **inklusive Aufmaß, Anlieferung und Verlegung.** Passende Fußleisten berechnen wir extra mit 5 €/m.
- Bei Auftragsvergabe leisten Sie eine Anzahlung von 300 €.
- Den Restpreis zahlen Sie auf Wunsch und **ohne Mehrkosten ganz bequem in 3 Monatsraten** nach Verlegung des Laminats.

Ich sichere Ihnen eine fachgerechte Ausführung zu. Wenn Sie noch Fragen haben, rufen Sie mich bitte an – Tel.: 0 12 34/567-88 – oder kommen Sie einfach im Parkett- und Laminat-Studio vorbei.

Noch eine Bitte: Wenn die **Verlegung noch im Juli** erfolgen soll, brauche ich Ihren Auftrag bis zum 15. des Monats. Das Angebot gilt bis zum 31. 7. 20__

Mit freundlichen Grüßen

Lars Schulze

Die günstigen Konditionen sichern Sie sich mit Ihrer Unterschrift – bitte diesen Abschnitt abtrennen und zurücksenden an: Parkett- und Laminat-Studio Lars Schulze, Holzweg 10, 01234 Musterstadt

Ja, ich bin mit Ihrem Angebot vom 4. 7. 20__ einverstanden und erteile Ihnen den Auftrag über die Verlegung von Buchen-Laminat wie angeboten!

_____
Ort, Datum Unterschrift

Download unter: **www.jetztselbststaendig.info**
Kapitel 4, Stichwort: **Angebotsschreiben**

4. KAPITEL — KUNDEN GEWINNEN

Kostenvoranschlag erstellen – Nutzen Sie Ihren Spielraum bei Preisen für Werkleistungen

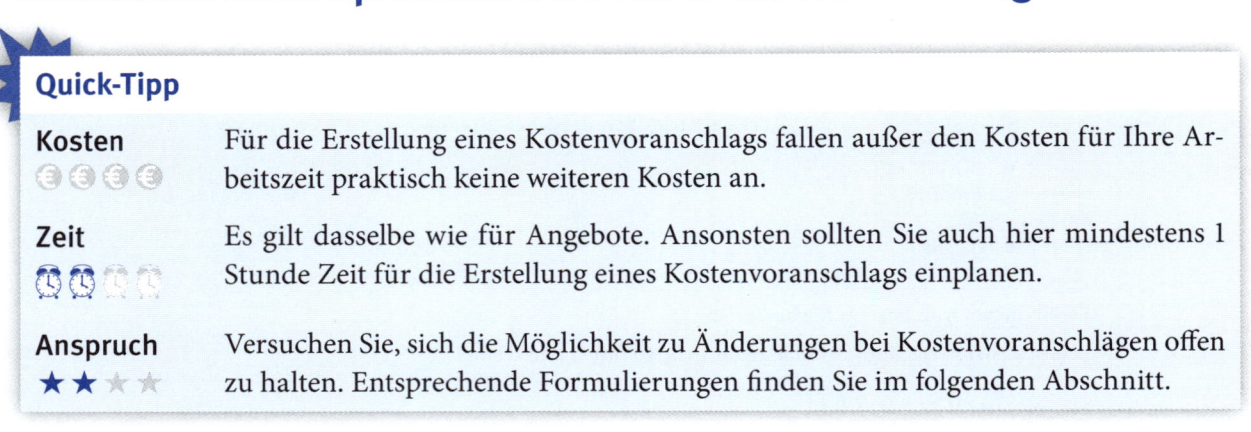

Quick-Tipp

Kosten € € € €	Für die Erstellung eines Kostenvoranschlags fallen außer den Kosten für Ihre Arbeitszeit praktisch keine weiteren Kosten an.
Zeit ⏰⏰⏰⏰	Es gilt dasselbe wie für Angebote. Ansonsten sollten Sie auch hier mindestens 1 Stunde Zeit für die Erstellung eines Kostenvoranschlags einplanen.
Anspruch ★★☆☆	Versuchen Sie, sich die Möglichkeit zu Änderungen bei Kostenvoranschlägen offen zu halten. Entsprechende Formulierungen finden Sie im folgenden Abschnitt.

Bei Werkverträgen sind die Kosten meist schwierig abzuschätzen. Deshalb werden dafür in der Regel keine Angebote abgegeben, sondern Kostenvoranschläge. Auch bei deren Annahme kommt ein Vertrag zustande. Der Unterschied zum Angebot: Der Kostenvoranschlag ist rechtlich gesehen lediglich eine unverbindliche Kostenkalkulation. Stellt sich während der Erstellung des Werkes heraus, dass es teurer wird, als im Kostenvoranschlag errechnet, dürfen Sie als Anbieter den darin angegebenen Preis begrenzt nach oben korrigieren (§ 650 BGB). Wird es für den Kunden aber wesentlich teurer – das muss im Einzelfall festgestellt werden, als Richtwert gelten aber 15 % bis 20 % –, müssen Sie dem Kunden dies mitteilen. Er darf dann vom Vertrag zurücktreten. In diesem Fall können Sie nur die bis dahin erbrachten Leistungen abrechnen.

Information über eine Kostenüberschreitung

Sehr geehrte Frau Rose,

die alten Steinplatten in Ihrem Hinterhof sind entfernt, und wir könnten nun mit der Begrünung beginnen. Leider müssen wir mehr Erde aufschütten als ursprünglich angenommen. Das ließ sich erst feststellen, als ein Teil der Platten schon entfernt war. Deshalb wird die Bepflanzung teurer als erwartet:

Die zusätzliche Erdaufschüttung würde für Sie Mehrkosten in Höhe von _____ € brutto bedeuten. Geht das in Ordnung?

Falls Sie eine Erhöhung der Gesamtkosten vermeiden wollen, können wir bei der Bepflanzung noch auf eine preiswertere Variante ausweichen, z. B. durch eine geringere Pflanzdichte oder günstigeres Pflanzmaterial.

Bitte melden Sie sich so schnell wie möglich, damit wir entsprechend Ihren Vorstellungen verfahren können.

Mit freundlichen Grüßen

Heiner Beispiel

TIPP Wenn Sie sich während der Arbeiten nicht sicher sind, ob Ihre Überschreitung noch als unwesentlich einzustufen ist, sollten Sie Ihren Auftraggeber in jedem Fall rechtzeitig informieren und die Kosten neu veranschlagen. Begründen Sie die Überschreitung genau. Der Kunde muss erkennen, dass ein unvorhersehbarer Fakt, z. B. ein Preisanstieg beim Material, dafür verantwortlich ist. Es darf nicht so aussehen, als hätten Sie falsch kalkuliert – damit wäre dann der Streit programmiert. Und auch wenn Sie bei unwesentlichen Überschreitungen rechtlich auf der sicheren Seite sind: Mehr als veranschlagt sollten Sie nur in Ausnahmefällen abrechnen, wenn es einen triftigen Grund dafür gibt.

Bringen Sie die Unverbindlichkeit zum Ausdruck

Wenn Sie die Preise noch offenhalten wollen, nutzen Sie keine Formulierungen wie „garantierter Kostenvoranschlag" oder „Festpreisabrede"! In beiden Fällen übernehmen Sie die Gewähr für die Richtigkeit Ihrer Kalkulation.

Sie dürfen dann nicht mehr abrechnen als in der Kalkulation vorgesehen. Machen Sie stattdessen deutlich, dass Sie sich gerade noch nicht auf einen konkreten Endpreis festlegen wollen und können. Das ist z. B. mit folgender Formulierung möglich:

> **Mit dieser Formulierung bleiben Preisänderungen möglich**
>
> *Der Zeit- und Materialaufwand beruht auf einer Schätzung. Die Schlussrechnung erfolgt auf der Grundlage des tatsächlichen und nachgewiesenen Zeit- und Materialaufwands.*

Vorarbeiten für Kostenvoranschläge können Sie sich vergüten lassen

Ihnen steht für die Erstellung eines Kostenvoranschlags keine gesonderte Vergütung zu (§ 632 Abs. 3 BGB). Das gilt auch bei aufwändigen Vorarbeiten wie dem Vermessen eines Grundstücks oder der Anfertigung von Skizzen, sofern diese Arbeiten nicht der eigentliche Gegenstand Ihrer Werkleistung sind. Das ist für Sie besonders ungünstig, wenn der Kunde Ihnen den Auftrag dann gar nicht erteilt.

Wenn umfangreiche Vorarbeiten für Ihre Kalkulation nötig sind, können Sie aber mit Ihrem Kunden im Voraus vereinbaren, dass er Ihnen den Kostenvoranschlag vergütet – unabhängig davon, ob er Ihnen dann einen Auftrag erteilt. Sie können auch ausmachen, dass Sie im Fall der Auftragserteilung die Kosten für den Voranschlag erstatten. Damit geben Sie dem Kunden einen zusätzlichen Anreiz, Sie zu beauftragen:

> **Formulierung für eine Vergütungsabrede**
>
> *Für die Erstellung eines unverbindlichen Kostenvoranschlags zur Umgestaltung des Gartengrundstücks Kleestraße 14, Musterstadt, erklärt sich der Auftraggeber Max Muster bereit, den Betrag von 250 € inklusive 19 % USt. an den Auftragnehmer Klaus Beispiel zu zahlen.*
>
> *Der Betrag ist fällig mit Übergabe des Angebots, das den Kostenvoranschlag enthält. Im Fall der Auftragserteilung findet er als Vorleistung Anrechnung auf die Höhe der Werklohnforderung.*

4. KAPITEL — KUNDEN GEWINNEN

Beispiel für einen Kostenvoranschlag

Sehr geehrter Herr Mustermann,

vielen Dank für Ihre Anfrage vom __.__.____. Gerne überzeugen wir Sie von unserer Leistungsfähigkeit und unterbreiten Ihnen einen Kostenvoranschlag für die Umgestaltung Ihres Gartengrundstücks. Für die Wertermittlung legen wir Ihre Gestaltungsskizze und Ihre Angaben in unserem gestern geführten Telefongespräch zugrunde.

Kostenvoranschlag

Objekt: Vorgartengrundstück, Waldweg 23

Projektinhalt: Umgestaltung eines Vorgartengrundstücks mit der Anlage eines gepflasterten Weges von der Grundstücksgrenze bis zum Hauseingang (vgl. Planskizze als Anlage)

		Menge/ Einheit	Preis in €/ Einheit	Betrag in €
Pos. 1	Entfernen vorhandener Einpflanzungen	Ca. 3 h	32,50	97,50
Pos. 2	Bodenaushub mit Minibagger	5 m³	76,50	382,50
Pos. 3	Anlage Splittbett als Unterlage mit Material	20 m²	25,00	500,00
Pos. 4	Abfuhr und Entsorgung	7 m³	20,00	140,00
Summe netto				1.120,00
Zzgl. 19 % MwSt.				212,80
Gesamtbetrag				**1.332,80**

Hinweis: Den Berechnungen liegen die Maßangaben der vom Auftraggeber vorgelegten Planskizze zugrunde. Der Zeit und Materialaufwand beruht auf einer Schätzung. Die Schlussrechnung erfolgt auf der Grundlage des tatsächlichen und nachgewiesenen Zeit- und Materialaufwands. Weitere Fragen beantworten wir selbstverständlich gern.

KAPITEL 5
Geld von Kunden bekommen

Wie Sie dafür sorgen, dass Kunden für Ihre guten Leistungen pünktlich zahlen

Umfragen der Wirtschaftsauskunftei Creditreform zeigen: Rund jeder zehnte Kunde zahlt seine Rechnung erst deutlich nach dem vereinbarten Termin – viele am Ende gar nicht. Das gilt für private sowie gewerbliche Kunden und sogar den Staat. Haben Sie solche unzuverlässigen Zahler unter Ihren Kunden, ist das für Sie nicht nur ärgerlich, sondern auch gefährlich: Zahlt ein Kunde die Rechnung für einen Großauftrag erst verspätet, kann Sie das in Liquiditätsschwierigkeiten bringen. Immerhin müssen ja auch Sie Ihre Rechnungen pünktlich zahlen. Sonst riskieren Sie Ärger mit Ihren Lieferanten, Ihrem Vermieter, Stromversorger, Finanzamt usw. Gegebenenfalls müssten Sie einen teuren Kredit aufnehmen, damit es nicht so weit kommt. Um Ihr Geld möglichst schnell von Ihren Kunden zu bekommen, brauchen Sie ein gutes Forderungsmanagement. Das umfasst jedoch nicht nur Erinnerungsschreiben und Mahnanrufe. Ein effektives Forderungsmanagement beginnt bereits mit der richtigen Kundenbeurteilung bei der Auftragsannahme. Deshalb lernen Sie in diesem Kapitel, wie Sie

- Kunden mit möglichen **Zahlungsschwierigkeiten erkennen**,
- sich bereits im Vertrag **gegen eventuelle Zahlungsausfälle absichern oder** durch Auftragsbestätigungen **Missverständnisse über Aufträge vermeiden**, wegen denen Kunden später Zahlungen verweigern,
- korrekte **Rechnungen mit allen gesetzlichen Angaben** schreiben,
- von **Erinnerungsanrufen bis zu gerichtlichen Mahnungen** alle Möglichkeiten nutzen, Ihr Geld einzufordern,
- mit **kreativen Zahlungsaufforderungen** schneller und mit weniger Aufwand Geld bekommen und schließlich
- auch **Forderungen an nahezu zahlungsunfähige Kunden retten**.

Für Ihr Forderungsmanagement ist es unerlässlich, dass Sie ständig nachverfolgen können, welche Leistungen Sie erbracht und abgerechnet haben und welcher Kunde welchen Betrag gezahlt hat bzw. auch nach dem vereinbarten Termin noch auf seine Zahlung warten lässt.

5. KAPITEL — GELD VON KUNDEN BEKOMMEN

Forderungen sichern – So beugen Sie Zahlungsausfällen vor

Quick-Tipp

Kosten
Bonitätsauskünfte über Kunden bekommen Sie schon ab unter 10 €. Ausführlicher sind allerdings Auskünfte der großen Auskunfteien. Rechnen Sie dafür mit ca. 25 € – zzgl. einer Jahresgebühr von ca. 300 €.

Lassen Sie Verträge, die auch Klauseln zur Absicherung von Forderungen enthalten, von einem Anwalt formulieren, werden die Kosten in der Regel ab ca. 300 € betragen.

Zeit
Bonitätsauskünfte erhalten Sie bei Datenbankabfragen sofort. Muss die Auskunftei zusätzliche Recherchen vornehmen, haben Sie die Auskunft in der Regel innerhalb von 24 Stunden. Die Anfrage selbst ist schnell erstellt. Dafür gibt es in der Regel Standard-Formular bzw. Sie geben die Daten des zu Prüfenden direkt in einer Maske im Internet ein. Schnell ist auch die vertragliche Absicherung von Forderungen erledigt. Dafür setzen Sie je nach Bedarf Musterformulierungen ein oder lassen einen Anwalt einen Vertragstext entwerfen, den Sie immer wieder verwenden können.

Anspruch
Dass Kunden Forderungen nicht bezahlen, lässt sich nicht vollständig verhindern. Aber wenn Sie sich über die Zahlungsfähigkeit erkundigen und bei möglicherweise unsicheren Zahlern Vorkehrungen im Vertrag mit dem Kunden treffen, minimieren Sie das Risiko.

Ein Zahlungsausfall in bedeutender Höhe oder viele kleinere Zahlungsausfälle zur selben Zeit können dramatische Folgen für Sie haben. Nicht selten wurzeln Insolvenzen genau in diesem Problem. Durch gezielte vorbeugende Maßnahmen sind Forderungsausfälle aber oft vermeidbar. Einiges können Sie schon im Vorfeld eines Vertragsabschlusses tun.

Mit diesen 3 Maßnahmen beugen Sie Ausfällen wirksam vor:

- Klären Sie mit einer Bonitätsprüfung vorab, ob der Kunde zahlungsunfähig ist.
- Treffen Sie klare schriftliche Vereinbarungen.
- Sichern Sie Ihre Forderung so weit wie möglich ab.

Bei Kunden mit schlechter Bonität, von denen Sie das Gefühl haben, mit der Zahlung könnte es später Schwierigkeiten geben, verzichten Sie besser auf den Auftrag.

Klären Sie mit einer Bonitätsprüfung vorab, ob der Kunde zahlen kann

Bevor Sie einen größeren Auftrag annehmen, sollten Sie sich über die Bonität des Kunden informieren, also über seine Kreditwürdigkeit und sein bisheriges Zahlungsverhalten. Das gilt natürlich besonders, wenn Ihr Unternehmen zum ersten Mal mit dem Kunden zusammenarbeitet. Aber auch bei langjährigen Kunden sollten Sie gelegentlich prüfen, ob sich deren wirtschaftliche und finanzielle Situation evtl. verschlechtert hat. Von der Einschätzung hängt ab, wie Sie weiter vorgehen:

- Bei Kunden, die bereits negativ aufgefallen sind (z. B. eidesstattliche Versicherung, Vergleich, Insolvenz, Haftbefehl, schleppendes Zahlungsverhalten), führen Sie den Auftrag nur gegen Vorkasse aus.

GELD VON KUNDEN BEKOMMEN — 5. KAPITEL

- Bei Kunden, deren Bonität gut ist oder die Sie nicht prüfen konnten, sichern Sie sich anderweitig ab.

Sie können einem Kunden nicht ansehen, ob er zahlungsfähig ist. Verlassen Sie sich deshalb lieber auf Zahlen und Fakten.

TIPP Oft gehen zahlungsunwillige Auftraggeber so vor: Sie engagieren ein Unternehmen, zahlen nicht oder zu wenig und beauftragen beim nächsten Mal einfach ein anderes. Solchen Kunden treten Sie mit einem Netzwerk entgegen: Sprechen Sie Ihre Unternehmerkollegen an und initiieren Sie eine schwarze Liste, in die jeder von Ihnen solche Auftraggeber eintragen soll. Dann fallen die anderen nicht mehr auf diese Unternehmen herein.

Indizien für evtl. finanzielle Engpässe bei Kunden

Anzeichen	☑
anders als bisher nutzt der Kunde Skontoabzugsmöglichkeiten nicht mehr und nutzt Zahlungsziele voll aus	☐
Ihr Kunde überschreitet Zahlungsziele und muss wiederholt zur Zahlung aufgefordert werden	☐
Ihr Kunde erhebt offensichtliche „Scheinreklamationen", um die Fälligkeit Ihrer Forderung hinauszuschieben	☐
alte Schulden werden nur zum Teil bezahlt, gleichzeitig erteilt der Kunde neue Aufträge	☐
Ihr Kunde ändert eine lange bestehende Bankverbindung	☐
Bonitätsauskünfte über Ihren Kunden verschlechtern sich	☐
Ihr Kunde „zahlt" mit ungedeckten Schecks	☐
Sie erfahren von Vollstreckungsmaßnahmen gegen Ihren Kunden	☐
Sie erfahren von Stundungs- und Vergleichsvorschlägen Ihres Kunden	☐
Ihr Kunden entlässt/wechselt die Geschäftsführung	☐
die Geschäftsführung Ihres Schuldners ist nicht mehr erreichbar/meldet sich nicht bei Ihnen zurück	☐
Ihr Kunde benennt sein Unternehmen um, wechselt vielleicht sogar die Gesellschaftsform, z. B. vom Einzelkaufmann zur Limited	☐
Ihr Kunde verlagert den Betriebssitz oder schließt Zweigniederlassungen	☐
Konkurrenten beliefern Ihren Kunden gar nicht mehr oder nur noch gegen Vorkasse	☐
Ihr Kunde vermeidet Aussagen zu seinem Unternehmen und weicht Nachfragen aus	☐
Ihr Kunde wirbt mit Super-Billig-Angeboten und Extrem-Rabatten	☐

JETZT BIN ICH SELBSTSTÄNDIG

5. KAPITEL — GELD VON KUNDEN BEKOMMEN

Hier bekommen Sie Bonitätsauskünfte

Name	Besonderheiten	Kosten
Bank	Bankauskunft über Zahlungsfähigkeit und Kreditwürdigkeit des Kunden, keine konkreten Zahlen, Einverständnis des Kunden wird von seiner Bank eingeholt, wenn es ihr nicht bereits vorliegt	Bearbeitungsgebühr ca. 20 €; weitere Informationen: über Ihre Hausbank
Schufa	Mitgliedschaft erforderlich (Ausnahme: Eigenauskunft); Sie müssen auch Auskünfte über Ihre Kunden an die Schufa weitergeben	ca. 600 € pro Jahr, Alternative: den Kunden bitten, eine Schufa-Verbraucherauskunft oder -Eigenauskunft vorzulegen; weitere Informationen: www.schufa.de
Internet-Auskunfteien	viele solcher Auskunfteien sind im Aufbau; die Qualität ist höchst unterschiedlich. Geeignet erscheinen derzeit z. B.: • www.bonitaetfinder.de • www.dwa-wirtschaftsauskunft.de • www.atriga.de	Gebühren pro Auskunft und gestaffelt danach, ob Ihr Kunde eine Privatperson (ab ca. 5 €) oder ein Unternehmen ist (ab ca. 10 €); weitere Informationen unter den angegebenen Internet-Adressen
Creditreform, Bürgel	Mitgliedschaft ist in der Regel erforderlich, ausnahmsweise auch Einzelabfragen für Nicht-Mitglieder möglich	kostspielig, Jahresbeitrag ab 100 € plus Gebühren für Auskünfte; Infos: • www.creditreform.de • www.buergel.de
Amtsgericht am Sitz des Kunden	Information, ob Ihr Kunde die eidesstattliche Versicherung abgegeben oder ein Insolvenzverfahren laufen hat; Information über Eintragungen im Handelsregister	kostenlos; erfordert schriftlichen Antrag; ggf. unterstützt Ihre IHK/HwK Sie bei der Recherche nach diesen Informationen

Treffen Sie klare schriftliche Vereinbarungen

Sie haben sich entschlossen, den Auftrag anzunehmen? Dann sollten Sie bei größeren Projekten einen ausführlichen schriftlichen Vertrag mit dem Kunden schließen. Sollte es später Streit geben, kann ein genau formulierter Vertrag Ihre Position in einem Rechtsstreit deutlich verbessern bzw. verhindern, dass es überhaupt so weit kommt.

Wenn Sie den Aufwand geringer halten wollen, bietet auch eine Auftragsbestätigung schon eine gute Absicherung. Damit können Sie Forderungen im Falle eines Rechtsstreits ebenfalls gut durchsetzen. Mehr zur Auftragsbestätigung lesen Sie ab Seite 147.

TIPP Vorlagen für Musterverträge erhalten Sie oftmals kostenlos über den Branchenverband. Nachteil: Die Formulierungen sind zwar rechtssicher, aber nicht individuell auf Ihre Bedürfnisse zugeschnitten. Wollen Sie zusätzliche Sicherheit, lassen Sie das Muster von einem Anwalt anpassen.

Beispiel für einen Werkvertrag

Vertrag über die Beseitigung von Feuchtigkeitsschäden (Werkvertrag)

Zwischen

Voss Stahlträgerhandel GmbH   und   Georg Bothe Gebäudesanierung
Am Güterbahnhof 1   Friedrich-Schiller-Straße 120
12345 Musterstadt   12345 Musterstadt

im Folgenden Auftraggeber genannt   im Folgenden Auftragnehmer genannt

wird folgender Werkvertrag geschlossen:

§ 1 Vertragsgegenstand
Der Auftraggeber erteilt hiermit dem Auftragnehmer den Auftrag, folgende Arbeiten an seiner Lagerhalle 1, Adresse: An der Industriestraße 1, 12345 Musterstadt durchzuführen:

- Beseitigung von Feuchtigkeitsschäden
- Abdichtung des Mauerwerks gegen Feuchtigkeitseinwirkung

§ 2 Pflichten des Auftragnehmers
Zur Erfüllung der in § 1 genannten Aufgaben verpflichtet sich der Auftragnehmer die Arbeiten fachmännisch nach folgender Leistungsbeschreibung auszuführen:

- Das Erdreich um die Lagerhalle ist bis zur Unterkante des Sandsteinfundaments aufzunehmen.
- Schadhaftes Mauerwerk und schadhafte Fugen sind rundum auszubessern.
- Das Fundament ist im Erdreich mit einem Dichteanstrich zu versehen; dabei ist folgendes Material zu verwenden und nach den Vorschriften des Herstellers aufzubringen.
- Der sichtbare Fundamentbereich ist ebenfalls gegen Feuchtigkeit mit einem Schutzanstrich zu versehen.

§ 3 Vergütung
Die Vergütung für die vereinbarte Leistung beträgt _____ € (Festpreis).
Wird der vorgesehene Arbeitsaufwand von ___ Stunden um mehr als 10 % überschritten, erhöht sich die Vergütung nach Rücksprache mit dem Auftraggeber um einen Betrag von ___ €.
Ändern sich nachträglich die Grundlagen für die Berechnung der Vergütung, trägt der Auftraggeber die entstehenden und nachgewiesenen Mehrkosten in vollem Umfang.

§ 4 Beginn der Arbeiten und Fertigstellung
Der Auftragnehmer beginnt mit den Sanierungsarbeiten am __.__.____. Die Arbeiten sind spätestens am __.__.____ abzuschließen. Kommt der Auftragnehmer mit seinen Leistungen trotz schriftlicher Mahnung in Verzug, kann der Auftraggeber nach fruchtlosem Ablauf einer angemessenen Nachfrist die restlichen Arbeiten an Dritte vergeben. Die dabei entstehenden Kosten trägt der Auftragnehmer.

§ 5 Abnahme der Leistung
Die Abnahme erfolgt nach Ausführung der Arbeiten, aber vor dem Verfüllen mit dem ausgehobenen Erdreich, um die Überprüfung der ordnungsgemäßen Durchführung der Sanierungsarbeiten zu ermöglichen.
Die Abnahme hat binnen 5 Werktagen nach Abschluss der Arbeiten zu erfolgen. Sie darf nur wegen wesentlicher Mängel bis zu deren Beseitigung verweigert werden.

§ 6 Gewährleistung des Auftragnehmers
Der Auftragnehmer übernimmt gegenüber dem Auftraggeber die volle Gewährleistung nach den Bestimmungen des BGB. Die Gewährleistungsfrist beträgt 5 Jahre. Mängel sind dem Auftragnehmer unverzüglich nach Bekanntwerden anzuzeigen und von ihm in einer angemessenen Frist zu beseitigen.

§ 7 Schlussbestimmungen
Änderungen und Ergänzungen dieses Vertrages bedürfen zu ihrer Wirksamkeit der Schriftform. Mündliche Nebenabreden bestehen nicht. Sind oder werden einzelne Bestimmungen dieses Vertrages unwirksam, so wird dadurch die Gültigkeit der übrigen Bestimmungen nicht berührt. Die Vertragspartner werden in diesem Fall die ungültige Bestimmung durch eine andere ersetzen, die dem wirtschaftlichen Zweck der weggefallenen Regelung in zulässiger Weise am nächsten kommt.

Gerichtsstand ist Musterstadt

Musterstadt, 1. 9. 20__

Für den Auftraggeber   für den Auftragnehmer

Frank Meier, Geschäftsführer   *Georg Bothe*

5. KAPITEL — GELD VON KUNDEN BEKOMMEN

Diese Regelungen sollten Sie mindestens in Ihren Verträgen treffen

Regelung	☑
Art und Umfang der Leistung (= Vertragsgegenstand)	☐
Preis/Vergütung (Höhe und Form der Berechnung, z. B. Stundenlohn, Festpreis, Mengenpreis)	☐
Liefer- bzw. Leistungszeitpunkt/-frist	☐
Nebenpflichten, z. B. Vorleistungen des Kunden	☐
Zahlungsmodalitäten, u. a. Art der Zahlung, Zahlungsfrist	☐
Eigentumsvorbehalte	☐
Schriftformerfordernis (Änderungen nur durch schriftliche Erklärung zulässig)	☐
Gewährleistungsausschlüsse, Garantieübernahme etc.	☐
Regelungen bei Vertragsverletzungen	☐
Salvatorische Klausel (übrige Regelungen bleiben gültig, wenn eine unwirksam ist)	☐
Abnahme (bei Werkverträgen)	☐

Sichern Sie Ihre Forderung so weit wie möglich ab

Sie gehen finanziell in Vorleistung, wenn Sie

- bei einem Kaufvertrag auf Rechnung oder gegen Ratenzahlung liefern oder
- bei einem Werkvertrag erst Aufwand für Arbeit und Material haben, bevor Sie Ihr Geld sehen.

Je nach Art der Geschäftsbeziehung haben Sie dann die folgenden Möglichkeiten, Ihre Forderung gegen den Kunden abzusichern. Nehmen Sie dafür eine der vorgeschlagenen und für Ihren Fall abgewandelten Musterformulierungen in den ohnehin zwischen dem Kunden und Ihnen zu schließenden Vertrag oder in Ihre AGB mit auf.

Eigentumsvorbehalt

Der Eigentumsvorbehalt ist das am weitesten verbreitete und in der Umsetzung einfachste Sicherungsmittel. Sie sollten einen Eigentumsvorbehalt immer dann vereinbaren, wenn Sie einem Kunden eine Sache übergeben, die bei Lieferung noch nicht bzw. nicht vollständig bezahlt ist:

- Sie liefern die Sache auf Rechnung.
- Sie akzeptieren einen Scheck oder die Zahlung per EC- oder Kreditkarte.
- Sie stunden dem Kunden die Forderung oder gewähren ihm Ratenzahlung.

Ohne den Eigentumsvorbehalt verlieren Sie das Eigentum an den Käufer unabhängig davon, ob dieser zahlt. Der Eigentumsübergang erfolgt nämlich juristisch gesehen durch Einigung (= Vertrag über die Lieferung einer Sache) und Übergabe. Zahlt der Kunde dann nicht, können Sie ihn deshalb verklagen, aber nicht mehr die Herausgabe der Sache verlangen. Hat er kein Geld mehr oder kommen Sie nicht daran, haben Sie das Eigentum verloren, ohne die Gegenleistung dafür erhalten zu haben.

Durch einen Eigentumsvorbehalt sichern Sie sich die Eigentümerstellung: Sie bleiben Eigentümer, bis der Kaufpreis gezahlt ist. Wenn der Käufer nicht zahlt, können Sie vom Vertrag zurücktreten und die Kaufsache zurückverlangen (§ 449 BGB). Ein Eigentumsvorbehalt ist auch wichtig, wenn Gläubiger Ihres Kunden bei diesem die Zwangsvollstreckung betreiben. Eine Pfändung von unter Eigentumsvorbehalt gelieferten Sachen ist nämlich unzulässig, da Sie als Verkäufer weiterhin Eigentümer der unter Eigentumsvorbehalt stehenden Sachen sind.

Bei Insolvenz Ihres Kunden steht Ihnen als Eigentümer zudem ein Aussonderungsrecht zu (§ 47 InsO). Sie können vom Insolvenzverwalter also die Herausgabe der Sache verlangen (es sei denn, der Insolvenzverwalter entscheidet sich für die Erfüllung des Vertrags und zahlt Ihnen Ihr Geld). Durch die Rücknahme der Sache stellen Sie sich meist besser, als wenn Sie Ihren Kaufpreisanspruch im Rahmen der Insolvenz weiterverfolgen und am Ende nur eine Quote erhalten.

Einfacher Eigentumsvorbehalt

Schreiben Sie in Ihren Vertrag mit dem Kunden zumindest, dass der Übergang des Eigentums an die Bedingung geknüpft ist, dass er vollständig zahlt. So verlagern Sie den Eigentumsübergang in die Zukunft, nämlich auf den Zeitpunkt der vollständigen Zahlung.

> **Musterformulierung für einen einfachen Eigentumsvorbehalt**
>
> *Das Eigentum an der gelieferten Sache geht erst mit vollständiger Bezahlung auf den Käufer über. Frau/Herr _____ bleibt bis dahin alleiniger Eigentümer.*

Diese Sicherung hat jedoch ihre Grenzen: Wenn Ihr Kunde Ihre Sache

- einfach an einen Dritten übereignet, verlieren Sie das Eigentum an den neuen Erwerber, sofern dieser gutgläubig war (also nicht wusste, dass die Sache Ihrem Kunden gar nicht gehörte);
- verarbeitet oder in eine ihm gehörende Sache einbaut, verlieren Sie das Eigentum in dem Moment doch noch an ihn, weil das Gesetz es für diese Fälle so vorschreibt.

Verlängerter Eigentumsvorbehalt

Befürchten Sie, dass die gerade genannten Fälle eintreten könnten, vereinbaren Sie mit Ihrem Kunden besser einen verlängerten Eigentumsvorbehalt. Das heißt, Sie gestatten ihm, die Sache bereits vor dem Eigentumsübergang

- weiterzuverkaufen und zu übereignen, und im Gegenzug tritt der Kunde jetzt schon seine eventuelle Forderung gegen seinen Käufer ab (wovon dieser gar nichts mitbekommt), sowie
- zu verarbeiten bzw. einzubauen, und im Gegenzug erklärt sich Ihr Kunde schon jetzt damit einverstanden, dass Sie dann Miteigentum an der entstandenen Sache erwerben.

Haben Sie einen verlängerten Eigentumsvorbehalt vereinbart und zahlt Ihr Kunde nicht, können Sie vom Vertrag mit ihm zurücktreten und statt Ihres Geldes die Sache zurückverlangen (wie beim einfachen Eigentumsvorbehalt). Ist das nicht mehr möglich, weil

- Ihr Kunde das Eigentum an einen gutgläubigen Käufer übertragen hat, können Sie aus der abgetretenen Forderung direkt gegen den Käufer vorgehen, wenn dieser noch nicht gezahlt hat (wenn doch, haben Sie nur wie beim einfachen Eigentumsvorbehalt Ansprüche gegen Ihren Kunden);
- das Eigentum von Ihrem Kunden oder einem gutgläubigen Käufer verarbeitet oder eingebaut wurde, stehen Ihnen zumindest noch sämtliche Rechte aus dem Miteigentum zu, sodass Sie etwa bei einem späteren Weiterverkauf Anspruch auf einen Teil des Erlöses haben.

Darüber hinaus ist ein verlängerter Eigentumsvorbehalt in vielen Fällen auch wirtschaftlich sinnvoll und durchaus üblich, denn er erleichtert es Ihrem Kunden, Ihre Forderung zu begleichen:

- Ein Händler kauft beim Großhändler auf Rechnung ein und zahlt den Rechnungsbetrag aus den Einnahmen, die er beim Weiterverkauf erzielt.
- Ein PC-Hersteller kann nur Einnahmen generieren, wenn er die ihm gelieferten Kompo-

nenten in seine PCs einbauen und dann insgesamt verkaufen darf.

Sicherungsübereignung und Pfandrecht

Gesetzliches Pfandrecht: Als Werkunternehmer haben Sie bereits kraft Gesetzes ein Pfandrecht an beweglichen Sachen Ihres Kunden, die zur Herstellung des Werks oder zur Reparatur der Sache in Ihren Besitz gelangt sind (§ 647 BGB).

z.B. Einer Autowerkstatt steht zur Sicherung ihres Werklohns ein solches Werkunternehmerpfandrecht kraft Gesetzes zu. Das heißt, sie muss ein repariertes Fahrzeug nicht an den Kunden herausgeben, bevor dieser die Rechnung nicht vollständig bezahlt hat.

Pfandrecht kraft Vertrag: Was aber, wenn Ihnen Ihr Kunde gar keine Sachen in die Hand gibt? Dann entsteht kein gesetzliches Pfandrecht. Zur Absicherung Ihrer Forderung können Sie aber ein Pfandrecht über eine Sache mit Ihrem Kunden vereinbaren und sich von ihm den Gegenstand übergeben lassen. Alternativ lassen Sie sich den Gegenstand zur Sicherung übereignen. Diese Absicherung Ihrer Forderung verlangt somit aktives Entgegenkommen seitens Ihres Kunden. Sie werden sie dann durchsetzen können, wenn Ihr Kunde Ihr Angebot unbedingt wahrnehmen will, aber nicht bereit oder in der Lage ist, Vorkasse zu leisten.

z.B. Ein Kunde bestellt bei Ihnen ein Werk im Wert von 15.000 €. Um die Forderung insbesondere für die Arbeitsleistung abzusichern, vereinbaren Sie mit dem Kunden, dass dieser Ihnen bis zur Begleichung der Rechnung einen Gabelstapler mit demselben Wert überlässt. Zahlt der Kunde später nicht, können Sie das Pfand verwerten.

> **Musterformulierung für vertragliches Pfandrecht**
>
> *Frau/Herr _____ erhält den Gegenstand X des Auftraggebers als Pfand. Dieses Pfandrecht sichert die Forderungen des Unternehmers aus dem Werkvertrag über _____ vom __.__.____ in Höhe von bis zu _____ €.*

Aber Vorsicht: Die Pfandverwertung ist an viele Auflagen geknüpft (§§ 1204 ff. BGB). Noch besser ist deshalb, wenn Sie sich den Gegenstand durch eine Sicherungsübereignung in Ihre Verfügungsgewalt holen.

Die Sicherungsübereignung ist gesetzlich nicht geregelt. Sie vereinbaren im Vertrag mit Ihrem Kunden, dass

- er (= Sicherungsgeber) Ihnen (= Sicherungsnehmer) eine seiner beweglichen Sachen übereignet und übergibt,
- Sie die Sache aber nur bei Eintritt bestimmter Voraussetzungen (nämlich die Nichtzahlung Ihrer Forderung) verwerten dürfen und
- Sie die Sache zurückgeben und rückübereignen müssen, wenn der Kunde vollständig zahlt.

> **Musterformulierung über eine Sicherungsübereignung**
>
> *Zur Sicherung der Forderung des Werkunternehmers gegen den Kunden über _____ € aus dem Werkvertrag vom __.__.____ über die Sonderanfertigung eines Schmuckstücks übereignet der Kunde dem Werkunternehmer seinen Siegelring zur Sicherheit. Bei Nichtzahlung der Forderung bis zum __.__.____ ist der Werkunternehmer berechtigt, den Siegelring zu verwerten und sich aus dem Erlös in Höhe der noch offenen Restforderung zu befriedigen oder den Siegelring dauerhaft zu behalten. Ein Behalten-Dürfen kommt nur in Betracht, wenn der Wert des Rings die Restforderung nicht übersteigt.*
>
> *Erfüllt der Kunde seine Zahlungsverpflichtungen bis zum __.__.____, verpflichtet sich der Werkunternehmer, dem Kunden das Eigentum an dem Siegelring unverzüglich wiederzuverschaffen.*

Zahlung über einen Treuhänder

Sie können mit Ihrem Schuldner vereinbaren, dass dieser den Werklohn oder Kaufpreis einem

Treuhänder auszahlt, der das Geld verwahrt, bis die von Ihnen zu erbringende Leistung abgeschlossen ist. Vorteil für Sie: Sie beginnen die Arbeiten erst dann, wenn Ihnen die Bestätigung des Treuhänders über den Geldeingang vorliegt, Sie also erfahren, dass Ihr Kunde solvent ist. Vorteil für den Kunden: Er hat die Sicherheit, dass Sie ohne ordnungsgemäße Vertragserfüllung nicht an sein Geld kommen.

Der Treuhänder kostet aber Geld. Sie müssen mit dem Kunden die Kostenteilung regeln. Und: Sie kommen im Streitfall nicht an Ihr Geld (z. B. wenn Ihr Kunde behauptet, die Arbeiten seien mangelhaft, er nehme sie so nicht ab oder mache Gewährleistungsansprüche geltend).

Diese Nachteile nehmen viele Unternehmer dennoch in Kauf, wenn sie ihre Forderung gegenüber dem Kunden nicht durch die anderen vorgeschlagenen Maßnahmen sichern können. Gerade im – anonymen – Internet-Handel setzen sich Treuhand-Bezahlmodelle immer stärker durch. Es gibt Dienstleister hierfür, die die Abwicklung übernehmen.

z.B. Beispiele für etablierte und häufig genutzte Treuhandsysteme:

- www.iloxx.de
- www.paypal.de

Vorkasse

Vorkasse bedeutet, dass Ihr Kunde zuerst das Geld auszahlt, bevor Sie mit Ihrer Leistung beginnen. Das ist für Sie natürlich der beste Weg, da Sie niemals mehr Ihrem Geld hinterherlaufen müssen.

Das Problem:

In Branchen, in denen Vorkasse nicht üblich ist, werden sich einige Kunden weigern, bereits vorab voll zu bezahlen, ohne dass Sie irgendeine Sicherheit anbieten.

TIPP Stellen Sie Ihrem Kunden dar, dass Sie erhebliche Vorleistungen erbringen müssen, um seinen Auftrag ausführen zu können. Legen Sie dar, dass Sie von all Ihren Kunden Vorkasse fordern und daher das Risiko, dass Ihr Unternehmen zahlungsunfähig wird und den Auftrag nicht zu Ende bringen könnte, aus genau diesem Grund so gut wie ausgeschlossen ist.

Musterformulierung für eine Vorkasse-Vereinbarung

Der Kunde leistet dem Unternehmer Vorkasse in Höhe des im Vertrag/in der Auftragsbestätigung vereinbarten Entgeltes, d. h. in Höhe von _____ €. Die Zahlung erfolgt bis spätestens zum __.__.____, eingehend auf dem Konto des Unternehmers … (Bankverbindung)

Vor Zahlungseingang ist der Unternehmer nicht verpflichtet, mit der Ausführung seiner Leistungen zu beginnen.

Geht die Zahlung nicht bis zum __.__.____ auf dem Konto des Unternehmers ein, ist dieser berechtigt, vom Vertrag zurückzutreten bzw. diesen zu kündigen und Schadenersatz zu verlangen.

Teilzahlungen/Abschlagszahlungen

Leichter als auf Vorkasse in voller Höhe des Leistungsentgeltes werden sich Ihre Kunden auf Abschlagszahlungen einlassen. Dies bedeutet, dass Sie bereits Teilzahlungen bekommen, wenn Sie bestimmte Teilleistungen erbracht haben. Abschlagszahlungen sind besonders im Baugewerbe verbreitet. Hier werden Abschläge nach Erreichen bestimmter Baufortschritte vereinbart (z. B. Betrag xy bei Fertigstellung des Kellers, des Rohbaus, des Einbaus der Fenster usw.). Aber auch bei allen anderen längerfristigen Projekten ist die Vereinbarung von Abschlagszahlungen üblich.

5. KAPITEL — GELD VON KUNDEN BEKOMMEN

> **Musterformulierung für eine Teilzahlungs-/Abschlagszahlungs-Vereinbarung**
>
> Die Parteien vereinbaren die folgende Abschlagszahlungsregelung:
>
> *Vor Beginn der Arbeiten des Unternehmers leistet der Kunde eine Anzahlung in Höhe von _____ €, bis spätestens zum __.__.____ auf dem Konto _____ des Unternehmers bei der _____ Bank eingehend.*
>
> *Nach Fertigstellung der Projektphase 1 (z. B. Aushub der Baugrube) durch den Unternehmer zahlt der Kunde einen Betrag in Höhe von _____ € innerhalb einer Woche nach schriftlicher Anzeige durch den Unternehmer.*
>
> *Nach Fertigstellung der Projektphase 2 (z. B. Fertigstellung des Kellerrohbaus) durch den Unternehmer zahlt der Kunde einen Betrag in Höhe von _____ € innerhalb einer Woche nach schriftlicher Anzeige durch den Unternehmer.*
>
> *… (Ggf. fügen Sie weitere Teilleistungen ein.)*
>
> *Sofern der Kunde die jeweiligen Abschläge nicht leistet, ist der Unternehmer nicht verpflichtet, die jeweils nächste Projektphase zu beginnen. Bei Verzug des Kunden mit einer Teilzahlung ist der Unternehmer zum Rücktritt vom gesamten Vertrag berechtigt.*

> Download aller hier aufgeführten Formulierungen für Zahlungsabsicherungen unter:
> **www.jetzt-selbststaendig.info**, Kapitel 5, Stichwort: **Zahlungsabsicherung**, **Musterklauseln**

Auftragsbestätigung schreiben – Sichern Sie sich gegen Missverständnisse ab

Quick-Tipp

Kosten
Ein kurzes Schreiben kostet Sie praktisch nichts.

Zeit
Ja nachdem, wie umfangreich der Auftrag ist, sollten Sie für die Erstellung einer Auftragsbestätigung ca. 30 Minuten bis 1 Stunde einplanen.

Anspruch
Viele Selbstständige halten Auftragsbestätigungen für Zeitverschwendung. Doch gerade wenn es um individuelle Leistungen geht, sollten Sie sich die Zeit nehmen und die Auftragsdetails für den Kunden zusammenfassen. Es kommt nämlich immer wieder vor, dass Kunden Rechnungen nicht begleichen wollen, weil ihr Auftrag angeblich anders war. Das kann Ihnen mit einer Auftragsbestätigung – die der Kunde unterschrieben hat – nicht passieren!

Mit schriftlichen Auftragsbestätigungen beugen Sie Missverständnissen über die Art und den Preis Ihrer Leistung vor. Sie machen damit Ihre – auch mündlich oder telefonisch geschlossenen – Verträge wasserdicht. Zudem vermitteln Sie Ihren Kunden mit solchen Schreiben, dass Sie kompetent und zuverlässig sind und Ihre Arbeit im Griff haben. So sorgen Sie für reibungslose Geschäftsbeziehungen, und das spart Zeit, Nerven und Geld.

Die rechtliche Seite: Sie sichern sich gegen ungültige Verträge ab

Ein Vertrag über eine Lieferung oder Leistung, den sowohl Sie als auch der Kunde unterschreiben, kommt in der Praxis eher selten vor. Häufiger schließen Sie Verträge, indem eine Partei das Angebot macht und die andere dieses Angebot annimmt. Das kann per Brief, Fax oder E-Mail geschehen. Die meisten Verträge können Sie auch mündlich schließen, also im persönlichen Gespräch oder am Telefon (die Textform oder gar notarielle Beurkundung sieht das Gesetz nur in wenigen Fällen vor).

Ob Sie und der Kunde Angebot bzw. Annahme mündlich oder schriftlich erklären – es besteht immer die Gefahr, dass diese vermeintliche Einigung rechtlich nicht wirksam ist. Das ist vor allem in 2 Fällen gegeben:

Angebot und Annahme decken sich nicht

Gibt es zwischen Angebot und Annahme Unterschiede, sind Falschleistungen oder -lieferungen vorprogrammiert. Diese wird der Kunde nicht bezahlen, weil darüber kein wirksamer Vertrag zustande gekommen ist.

Es liegt nur ein Angebot des Kunden vor

Liegt ein Angebot des Kunden, aber keine wirksame Annahme Ihrerseits vor (z. B. bei einer Bestellung aufgrund Ihrer unverbindlichen Werbung), dann kommt der Vertrag erst zustande, wenn Sie liefern oder leisten (Annahme durch schlüssiges Handeln). Überlegt es sich der Kunde vorher anders, kann er sein Angebot zurückziehen. Sind Sie zwischenzeitlich in Vorleistung getreten, bleiben Sie auf Ihren Kosten sitzen.

In beiden Fällen liegt die Lösung darin, dem Kunden nach – vermeintlicher – Einigung über den Vertrag noch eine schriftliche Auftragsbestätigung zu senden, in der Sie Leistungen, Preise und Konditionen genau aufführen.

5. KAPITEL — GELD VON KUNDEN BEKOMMEN

Wann Sie sich auf eine Auftragsbestätigung berufen können

Situation	Auftragsbestätigung gegenüber …	
	Kaufleuten	**Nicht-Kaufleuten**
Mündliche Absprache: Sie haben „blau" verstanden, der Kunde hat aber „grau" gesagt.	Der Inhalt Ihrer Auftragsbestätigung gilt als vertraglich vereinbart, wenn der Kunde dem nicht unverzüglich widerspricht (§ 362 Abs. 1 HGB).	Ihr Schreiben deckt Missverständnisse auf. Wenn der Kunde nicht reagiert, sind Sie im Streitfall in einer besseren Beweisposition.
Ein Kunde ändert Ihr Angebot: Sie haben 30 Stück angeboten, der Kunde erteilt Ihnen einen Auftrag über 10 Stück.	Die Bestellung des Kunden gilt als neues Angebot an Sie. Ihre Auftragsbestätigung ist die Annahme des Angebots. Der Vertrag kommt zustande, wenn sich der Inhalt Ihrer Auftragsbestätigung mit dem Inhalt des neuen Angebots Ihres Kunden deckt.	
Der Kunde nimmt Ihr Angebot erst nach Ablauf einer Frist an: Sie verschicken ein Angebot und schreiben dazu: „gültig bis …". Der Kunde bestätigt Ihr Angebot erst nach Fristablauf.		
Ihr Angebot war unverbindlich: Der Kunde bestellt auf Ihre Werbung hin (Katalog, Anzeige) oder antwortet auf ein „freibleibendes" Angebot.		
Sie wollen einen Auftrag konkretisieren: Der Kunde hat Ihnen noch nicht die gewünschte Farbe mitgeteilt oder Sie wollen Ihre AGB noch in den Vertrag mit einbeziehen.	Der Inhalt Ihrer Auftragsbestätigung gilt als vertraglich vereinbart, wenn der Kunde dem nicht unverzüglich widerspricht (§ 362 Absatz 1 HGB).	Ihre Auftragsbestätigung ist ein neues Angebot. Es wird erst bindend, wenn der Kunde es angenommen hat.

Die werbliche Seite: So fühlen sich Ihre Kunden besser bedient

Selbst wenn es gar keine Probleme gibt, also Angebot und Annahme vorliegen, sich auch decken und der Vertrag wirksam zustande gekommen ist, wirkt sich eine Auftragsbestätigung positiv auf die Geschäftsbeziehung aus. Ihr Kunde erhält dadurch das Gefühl, dass

- Sie seine Wünsche richtig verstanden haben,
- er sich auf die Ausführung des Auftrags bzw. der Lieferung verlassen kann und
- Sie ihn als Kunden wertschätzen – denn sonst würden Sie sich ja die Arbeit mit der Bestätigung gar nicht erst machen, sondern die Bestellung einfach hinnehmen.

Diese Bedeutung der Auftragsbestätigung verstärken Sie noch, indem Sie neben den Vertragsinhalten folgende Botschaften in Ihrem Schreiben unterbringen:

- Bedanken Sie sich für den Auftrag.
- Sichern Sie ausdrücklich die sorgfältige Erledigung zu.
- Geben Sie einen Ansprechpartner mit Telefonnummer an, an den sich der Kunde mit allen Nachfragen wenden kann.

Schließlich ist es weder störend noch unüblich, wenn Sie in Ihrer Auftragsbestätigung für Ihr Unternehmen und seine (weiteren) Angebote

GELD VON KUNDEN BEKOMMEN — 5. KAPITEL

werben. So machen Sie mit dem Kunden vielleicht das eine oder andere Folgegeschäft, an das Sie ohne die Auftragsbestätigung nicht so leicht gekommen wären.

- Verwenden Sie dafür ein PS unter dem Brief, in dem Sie dem Kunden ein neues, besonderes Angebot unterbreiten, oder
- legen Sie Ihrem Brief, der Sie ja ohnehin Porto kostet, weiteres Werbematerial bei.

TIPP Wollen Sie auf Nummer sicher gehen, bitten Sie den Kunden, die Auftragsbestätigung abzuzeichnen und zurückzusenden, am einfachsten per Fax. Dann haben Sie einen Beweis in der Hand. Das ist unerlässlich, wenn Ihre Angaben zum Vertragsinhalt von dem abweichen, was Ihr Kunde bestellt hat. Ihre Auftragsbestätigung ist dann ein neues Angebot, das der Kunde annehmen soll.

Auf der folgenden Seite ist ein Muster einer Auftragsbestätigung abgedruckt. Es enthält alle wichtigen Angaben, die sich idealerweise auch in Ihren Auftragsbestätigungen finden sollten. In der Checkliste unten sind die einzelnen Punkte noch einmal erläutert.

Diese Angaben sollte Ihr Bestätigungsschreiben enthalten

Inhalt	☑
❶ Die Auftragsbestätigung ist ein Geschäftsbrief. Machen Sie alle dafür vorgeschriebenen Angaben zu Ihrem Unternehmen. (Mehr dazu unter „3. Korrekte Ausgangsrechnungen".)	☐
❷ Schreiben Sie im Betreff, dass es sich um eine Auftragsbestätigung handelt und welchen Auftrag Sie bestätigen.	☐
❸ Bedanken Sie sich in der Einleitung für den Auftrag und versprechen Sie, ihn zuverlässig zu erledigen.	☐
❹ Geben Sie den Vertragsinhalt, den Sie bestätigen, möglichst genau wieder. Hat sich an dem ursprünglichen Angebot etwas geändert, beschreiben Sie die neuen Konditionen.	☐
❺ Bestätigen Sie auch einen evtl. vereinbarten Montagetermin. Bieten Sie zusätzlich eine persönliche Beratung oder weitere Serviceleistungen an.	☐
❻ Bitten Sie den Kunden, die Auftragsbestätigung unterschrieben zurückzufaxen bzw. den Bestätigungsabschnitt zurückzuschicken.	☐

JETZT BIN ICH SELBSTSTÄNDIG

5. KAPITEL — GELD VON KUNDEN BEKOMMEN

Beispiel für eine Auftragsbestätigung

❶ Bürobedarf Hanno Muster OHG
Amtsgericht Nachbarstadt, HRB 12345
Auf der Höhe 1, 12345 Beispielstadt
Tel.: 0 12 34/56 78-90, Fax: 0 12 34/56 78-91

Ingo Beispiel GmbH Beispielstadt, 19. 1. 20__
Alice Brunner
Bergstraße 5
12345 Beispielstadt

❷ **Auftragsbestätigung: Ihre Bestellung vom 18. 1. 20__**

Guten Tag, Frau Brunner,

❸ gern bestätigen wir Ihnen Ihre Fensterbestellung und freuen uns, diesen Auftrag für Sie auszuführen.

❹ Ihre Bestellung:

15 Fenster	einteiliges Element
	Beschlag: Dreh-Kipp-links
	Profil: Kömmerling-4G
	Farbe: weiß
	Glas ISO
	Maß: 1325/1285
	Preis/Stück: 207,70 €
Gesamtpreis	3.115,50 €
+ 19 % MwSt.	591,95 €
Gesamt	3.707,45 €

❺ Freuen Sie sich auf den Besuch unserer Monteure am __.__.____ um 9 Uhr. Sie werden Ihre Fenster fachgerecht montieren. Passt Ihnen dieser Tag nicht, rufen Sie mich bitte an, damit wir einen anderen Termin vereinbaren können. Sie erreichen mich durchgehend von 7:30 bis 17:00 Uhr unter der Telefonnummer 0 12 34/56 78-90.

Viele Grüße

Hanno Muster

- -

❻ Bitte bestätigen Sie mit Ihrer Unterschrift, dass Sie uns den Auftrag wie oben zusammengefasst erteilt haben und schicken Sie uns das Schreiben per Fax an folgenden Anschluss: 0 12 34/56 78-91.

Download unter: **www.jetzt-selbststaendig.info**
Kapitel 5, Stichwort: **Auftragsbestätigungen**

5. KAPITEL — GELD VON KUNDEN BEKOMMEN

Korrekte Ausgangsrechnungen – Geben Sie keinen Anlass zu Zahlungsverzögerungen

Quick-Tipp

Kosten	keine
Zeit	Legen Sie sich ein Muster für Ihre Rechnungen an. Darin brauchen Sie nur noch die individuellen Daten einzutragen. Dafür brauchen Sie nur wenige Minuten.
Anspruch	Achten Sie sehr genau darauf, dass Ihre Rechnungen alle Pflichtangaben enthalten. Denn gerne nutzen Bummelzahler die Gelegenheit, bei unvollständigen Rechnungen, Zahlungen zurückzuhalten.

Pflichtangaben auf Rechnungen

Eine korrekte Rechnung brauchen Sie als Nachweis für eine bestehende Forderung. Nur wenn Sie einem Kunden eine Rechnung haben zukommen lassen, kann er später in Verzug geraten, wenn er seine Rechnung nicht (pünktlich) zahlen sollte. Aber es gibt noch einen zweiten Grund, weshalb korrekte Rechnungen wichtig sind, damit Sie Ihr Geld bekommen: Umsatzsteuerpflichtige Unternehmer holen sich die gezahlte Umsatzsteuer – die sogenannte Vorsteuer – vom Finanzamt zurück.

Das Recht auf den Vorsteuerabzug besteht aber nur, wenn dem Kunden eine korrekte Rechnung von Ihnen vorliegt. Das heißt im Umkehrschluss: Kunden nehmen es zum Anlass, Rechnungen nicht zu bezahlen, wenn darin gesetzlich vorgeschriebene Angaben fehlen. Prüfen Sie Ihre Ausgangsrechnungen deshalb sorgfältig. Enthalten sie alle Angaben, die in der folgenden Checkliste für Rechnungen ab 150,01 € aufgelistet sind bzw. die für Rechnungen bis 150 € (jeweils brutto) aufgelistet sind?

Diese Angaben müssen auf Rechnungen mit einem Betrag ab 150,01 € inkl. Umsatzsteuer (= brutto) stehen (§ 14 Abs. 4 UStG)

	Inhalt	☑
❶	Vollständiger Name + Anschrift des Leistenden	☐
❷	Steuernummer oder Umsatzsteuer-Identifikationsnummer; sobald vergeben: Steuer-Identifikationsnummer bzw. Wirtschafts-Identifikationsnummer	☐
❸	Vollständiger Name + Anschrift des Kunden (= Leistungsempfänger)	☐
❹	Ausstellungsdatum der Rechnung	☐
❺	Einmalige, fortlaufende Rechnungsnummer	☐
❻	Zeitpunkt der Lieferung (Tagesangabe) oder sonstigen Leistung (Monatsangabe)	☐
❼	Menge und Art der Lieferung oder Umfang und Art der sonstigen Leistung	☐
❽	(Netto-)Entgelt für die Lieferung oder sonstige Leistung, ggf. nach Steuersätzen aufgeschlüsselt, ggf. abzüglich vereinbarter Preisminderungen	☐
❾	Auf das Netto-Entgelt entfallender Umsatzsteuersatz (ab 2007: 7 % oder 19 %) bzw. Hinweis auf Umsatzsteuerbefreiung	☐
❿	Auf das Netto-Entgelt entfallender Umsatzsteuer-Betrag	☐

JETZT BIN ICH SELBSTSTÄNDIG

5. KAPITEL — GELD VON KUNDEN BEKOMMEN

Beispiel für eine ordnungsgemäße Rechnung ab 150,01 € inkl. Umsatzsteuer (= brutto)

❶ **Erich Beispiel e. K.**
Kfz-Meisterbetrieb
Musterstraße 1 · 12345 Beispielstadt
Tel.: 0 12 34/12 34-5 – Fax: 0 12 34/12 34-6
www.kfz-beispiel.com
❷ USt-IdNr.: DE 123456789

❸ Herrn ❹ Beispielstadt, 1. 12. 20__
Helge Seiwert
Bachstraße 120
12345 Beispielstadt

❺ **Rechnung Nr. 100/06**

Ihren Auftrag zur Reparatur des Kraftfahrzeugs mit dem Kennzeichen B – AB 1234 haben wir am 30. 11. 20__ ausgeführt. ❻

❼

Bezeichnung	Menge	Stückpreis	Summe
Endschalldämpfer	1	110,00 €	110,00 €
Gummiring	1	2,50 €	2,50 €
Gummipuffer	1	2,30 €	2,30 €
Anschlagpuffer	1	2,00 €	2,00 €
Winterreifen NIVEX	4	45,00 €	180,00 €
Reifenventil	4	2,70 €	10,80 €
Kugelbirne	1	3,60 €	3,60 €

Zwischensumme Material 311,20 €

❼

Arbeiten	Zeitbedarf (Arbeitswerte)	Summe
Auspuff erneuern	7	49,00 €
Reifenwechsel	8	56,00 €

Zwischensumme Arbeiten 105,00 €
Rechnungsbetrag netto ❽ 416,20 €
zzgl. 19 % MwSt. ❾ ❿ 79,01 €
Gesamt-Rechnungsbetrag 495,21 €

Bei einer Zahlung innerhalb von 10 Tagen ab Rechnungsdatum gewähren wir 2 % Skonto. Bitte begleichen Sie die Rechnung bis spätestens 14. 12. 20__.

Allzeit gute Fahrt!

Bankverbindung: Sparkasse Beispielstadt, BLZ: 012 345 67. Kto. Nr.: 12345678

GELD VON KUNDEN BEKOMMEN — 5. KAPITEL

Nicht ganz so streng sind die Anforderungen an sogenannte Kleinbetragsrechnungen. Für diese sind deutlich weniger Angaben vorgeschrieben (§ 33 UStDV). Als Kleinbetragsrechnungen gelten solche bis zu einem Betrag von 150 € brutto, also inkl. Umsatzsteuer.

Pflichtangaben in Kleinbetragsrechnungen bis 150 € inkl. Umsatzsteuer (= brutto)

	Inhalt	☑
❶	vollständiger Name + Anschrift des Leistenden (z. B. Gaststätte)	☐
❷	Ausstellungsdatum der Rechnung	☐
❸	Menge und Art der Lieferung oder Umfang und Art der sonstigen Leistung	☐
❹	Brutto-Entgelt (= Netto-Entgelt + Umsatzsteuerbetrag in einer Summe)	☐
❺	im Brutto-Entgelt enthaltener Umsatzsteuersatz (7 % oder 19 %) bzw. Hinweis auf Umsatzsteuerbefreiung	☐

z.B. Beispiel für eine Kleinbetragsrechnung bis 150 € inkl. Umsatzsteuer (= brutto)

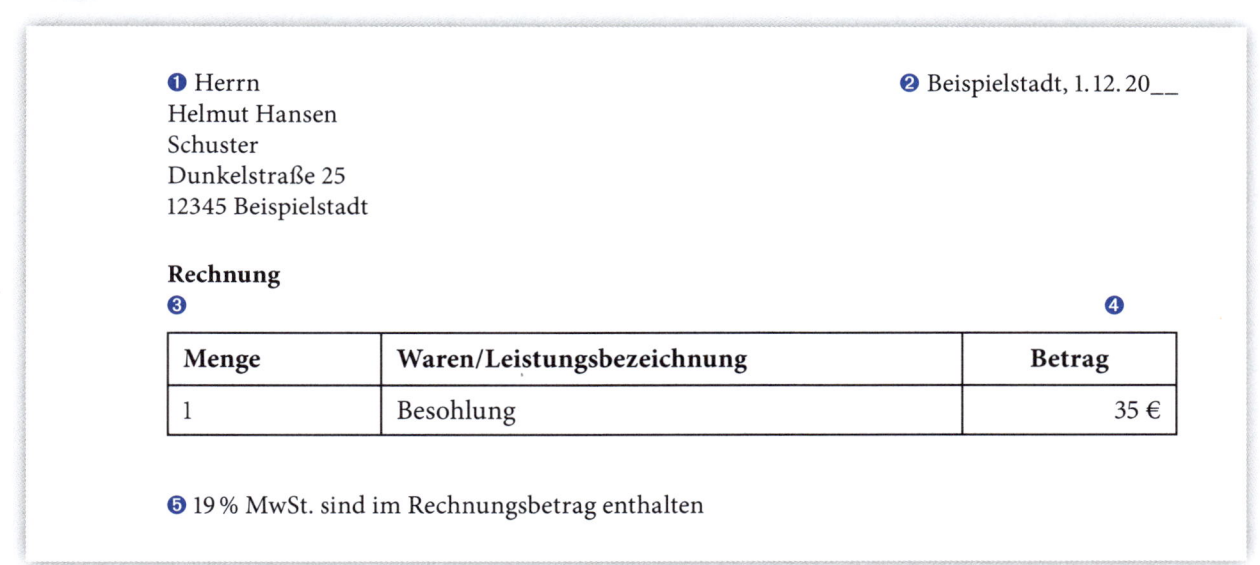

❶ Herrn
Helmut Hansen
Schuster
Dunkelstraße 25
12345 Beispielstadt

❷ Beispielstadt, 1.12.20__

Rechnung

❸ ❹

Menge	Waren/Leistungsbezeichnung	Betrag
1	Besohlung	35 €

❺ 19 % MwSt. sind im Rechnungsbetrag enthalten

Sonderfälle bei Rechnungsstellung

Bei der Ausstellung von Rechnungen gibt es einige Sonderfälle. Folgendes sollten Sie beachten:

Kleinunternehmer ohne Umsatzsteuerpflicht

Sind Sie Existenzgründer oder haben Sie im Vorjahr weniger als 17.500 € eingenommen, sind Sie in der Regel von der Umsatzsteuerpflicht befreit. Auf Rechnungen geben Sie dann auch nur Bruttobeträge ohne separat ausgewiesene Umsatzsteuer an. Weisen Sie trotzdem Umsatzsteuer aus, müssen Sie die Steuer auch an das Finanzamt abführen! Weisen Sie auf Rechnungen auf den Kleinunternehmerstatus hin:

> **Musterformulierung für Kleinunternehmerregelung**
>
> *Der Rechnungsaussteller ist gem. § 19 UStG von der Umsatzsteuerpflicht befreit.*

JETZT BIN ICH SELBSTSTÄNDIG

Preisnachlässe

Oft werden Preisnachlässe als Kaufanreiz durch Skonto oder Bonusregelungen vereinbart. Darauf müssen Sie in der Rechnung hinweisen.

> **Musterformulierung für Skontoregelung**
>
> *Bei Zahlung bis __.__.____ gewähren wir 2 % Skonto.*

> **Musterformulierung für Bonusregelungen**
>
> *Aufgrund von Rabatt- oder Bonusvereinbarungen kann sich das Entgelt verringern.*

Umkehr der Steuerschuld

Bei Bauleistungen an einen Unternehmer, der selbst Bauleistungen erbringt, zahlen nicht Sie als Rechnungsaussteller, sondern der Kunde die Umsatzsteuer an das Finanzamt (§ 13 b UStG). Das gilt auch ohne entsprechenden Hinweis.

Der Hinweis ist dennoch sinnvoll, als Erinnerung für den Kunden:

> **Musterformulierung für Hinweis auf Umkehr der Steuerschuldnerschaft**
>
> *Auf die in Rechnung gestellten Leistungen fällt Umsatzsteuer in Höhe von 19 % an. Wegen des Übergangs der Steuerschuldnerschaft gem. § 13b Abs. 2 UStG sind Sie verpflichtet, den Steuerbetrag selbst an das für Sie zuständige Finanzamt zu zahlen.*

Rechnung im Zusammenhang mit einem Grundstück

Bei Handwerksleistungen im Zusammenhang mit einem Grundstück muss die Rechnung auch gegenüber Privatleuten innerhalb von 6 Monaten ausgestellt werden. Der Kunde muss die Rechnung 2 Jahre lang aufbewahren. Sie sind verpflichtet, ihn in der Rechnung darauf hinzuweisen (§ 14b Abs. 1 Satz 1 Umsatzsteuergesetz). Der Hinweis könnte so lauten:

> **Musterformulierung für Hinweis auf Aufbewahrung der Rechnung**
>
> *Gemäß § 14b Abs. 1 Satz 5 UStG sind Sie als Privatperson verpflichtet, diese Rechnung 2 Jahre lang aufzubewahren. Die Frist beginnt zum Ende des Jahres, in dem sie ausgestellt wurde.*

Forderungen eintreiben –
Mit diesen 6 Schritten legen Sie Bummelzahlern das Handwerk

> **Quick-Tipp**
>
> **Kosten**
> €€€€
> Kosten fallen für Sie an, wenn Sie einen Anwalt einschalten und/oder einen gerichtlichen Mahnantrag stellen. Die Anwaltskosten sind individuelle, Mahnanträge kosten Sie ab ca. 20 €.
>
> **Zeit**
> ⏰⏰⏰⏰
> Forderungsmanagement ist bei hartnäckigen Schuldnern zeitaufwändig. Es kann Ihnen passieren, dass Sie Ihrem Geld über Wochen hinterherlaufen.
>
> **Anspruch**
> ★★☆☆
> Auch wenn es mühsam ist: Setzen Sie Ihre Forderungen konsequent durch. Denn je länger ein Kunde Zahlungen verschleppt, desto größer ist das Risiko, dass er überhaupt nicht zahlt.

Dreiste Schuldner lassen Rechnungen teilweise ganz bewusst liegen. Sie spekulieren darauf, nichts bezahlen zu müssen, wenn der Rechnungssteller nichts unternimmt. Allzu häufig trauen sich Selbstständige nämlich nicht, offene Rechnungsbeträge einzufordern. Zu groß ist die Angst, einen Kunden zu verlieren.

Sie sollten aber keine Zahlungsverschleppungen akzeptieren. Gehen Sie aktiv und konsequent gegen Schuldner vor. Das ist nicht nur Ihr gutes Recht, sondern Ihre Pflicht. Sie könnten sonst selbst in Zahlungsschwierigkeiten kommen. In diesen Schritten gehen Sie vor:

Schritt 1: Rechnung stellen

Sobald Sie Ihre Leistung erbracht bzw. Ware geliefert haben, stellen Sie umgehend eine Rechnung. Lassen Sie sich damit keine Zeit. Das könnte beim Kunden von vornherein den Eindruck erwecken, dass Sie Ihre Forderungen nicht konsequent verfolgen und ihn animieren, sich mit der Zahlung Zeit zu lassen. Achten Sie darauf, dass die Rechnung alle steuerlichen Pflichtangaben enthält – dann geben Sie dem Kunden keinen Grund, die Zahlung deshalb zu verzögern.

Beachten Sie: Mit der Rechnung schaffen Sie sich die Möglichkeit, rechtlich gegen einen säumigen Kunden vorzugehen. Durch entsprechende Hinweise in der Rechnung bestimmen Sie, wann ein Kunde mit seinen Zahlungen in Verzug gerät. Verzug tritt in bestimmten Fällen automatisch ein (§ 286 BGB). Wann das der Fall ist, lesen Sie in der Tabelle auf der folgenden Seite.

Ansonsten gerät der Schuldner in Zahlungsverzug – auch schon vor Ablauf der 30 Tage –, wenn Sie den ausstehenden Betrag ausdrücklich anmahnen. Eine Zahlungserinnerung ist noch keine Mahnung.

Schritt 2: Zahlungserinnerung

Ist der Zahlungstermin seit ca. 1 Woche verstrichen, ohne dass der Rechnungsbetrag bei Ihnen eingegangen ist, schicken Sie dem Kunden eine freundliche Zahlungserinnerung.

Ihre Zahlungserinnerung ist an keine bestimmte Form gebunden. Formulieren Sie sie wie einen Geschäftsbrief, also mit Betreff, Anrede, Datum, Text, Grußformel und Unterschrift.

5. KAPITEL — GELD VON KUNDEN BEKOMMEN

Wann Schuldner automatisch in Zahlungsverzug geraten

Situation	Eintritt des Verzugs
Sie haben im Vertrag bzw. in der Rechnung ein konkretes Leistungsdatum vereinbart bzw. festgesetzt und deutlich gemacht, dass das eine Mahnung ist.	Bei einer vertraglichen Vereinbarung genügt in der Rechnung eine entsprechende Zahlungsaufforderung mit Fristsetzung. Lässt der Kunde den Termin verstreichen, befindet er sich auch ohne Mahnung in Verzug. Die Rechnung selbst kann aber auch eine Mahnung enthalten. Dazu müssen neben einer konkreten Zahlungsfrist die Konsequenzen nach einem Ablauf der Frist genannt werden. Es muss deutlich werden, dass die Rechnung mit der Frist nicht lediglich ein Angebot ist (BFH, 25.10.2007, Az: III ZR 91/07). Beispielformulierung: *„Wir bitten Sie, die Rechnungssumme bis zum __.__.____ auf das u. g. Konto zu überweisen. Danach geraten Sie in Zahlungsverzug"*.
Sie haben mit dem Kunden im Vertrag vereinbart, dass er innerhalb eines bestimmten Zeitraums nach einem konkreten Ereignis zu zahlen hat.	Typischer Fall ist die Kündigung eines Geschäftsverhältnisses. Für diesen Fall kann z. B. im Vertrag vereinbart werden: *„Ausstehende Zahlungen hat der Schuldner innerhalb von 10 Tagen nach Kündigung des Vertragsverhältnisses zu leisten."*
Der Kunde hat die Zahlung ernsthaft und endgültig verweigert.	Der Kunde erklärt auf Ihre Rechnung hin ausdrücklich, dass er eine Ware oder Leistung nicht bezahlt. Daran darf kein Zweifel bestehen. Es genügt deshalb nicht, wenn der Kunde z. B. einen fest zugesagten Zahlungstermin zweimal nicht einhält. Verzug tritt ein, sobald eindeutig klar ist, dass der Kunde nicht zahlt.
Es verstreichen 30 Tage nach Fälligkeit und Zugang der Rechnung, ohne dass der Kunde zahlt.	Spätestens nach 30 Tagen tritt der Verzug automatisch ein. Ist der Kunde Verbraucher, müssen Sie ihn allerdings zuvor in der Rechnung darauf hinweisen, dass er nach Ablauf der Frist in Verzug gerät: *„Die Rechnung ist sofort fällig. Erfolgt die Zahlung nicht innerhalb von 30 Tagen nach Zugang der Rechnung, tritt automatisch der Zahlungsverzug ein."* Machen Sie das nicht, gerät der Kunde erst durch eine Mahnung in Verzug.

Schritt 3: Mahntelefonat

Die Praxis zeigt, dass Sie die Zahlungsbereitschaft mit Erinnerungsanrufen deutlich steigern. Die Vorteile solcher Anrufe:

- Missverständnisse können Sie direkt aus dem Weg räumen.
- Gibt es Probleme, können Sie direkt Lösungen vereinbaren.
- Der Kunde kann sich nicht herausreden, er hätte Ihre Rechnung/Mahnung übersehen.

So erreichen Sie mit Erinnerungsanrufen Ihr Ziel:

Stellen Sie sich mental auf das Gespräch ein

Machen Sie sich bewusst: Sie haben eine Leistung erbracht und haben einen Anspruch auf Bezahlung dafür. Sie rufen nicht als Bittsteller an, sondern können Forderungen stellen. Machen Sie aber im Gespräch keine Vorwürfe. Gehen Sie zunächst davon aus, dass der Kunde seine Zahlung nicht absichtlich verzögert. Es könnte sein, dass der Kunde Ihre Rechnung und Zahlungserinnerung gar nicht bekommen hat. Zielen Sie mit dem Telefonat darauf ab, herauszufinden, weshalb die Zahlung noch nicht eingegangen

GELD VON KUNDEN BEKOMMEN — 5. KAPITEL

ist, und suchen Sie gemeinsam mit dem Kunden nach Lösungen.

Bereiten Sie das Telefonat organisatorisch vor

An Ihrem Arbeitsplatz sollten die nötigen Unterlagen bereitliegen:

- die aktuellen Konto-Auszüge,
- die Kundenakte mit Korrespondenz, insbesondere dem Auftrag und der Rechnung,
- Notizen über evtl. zusätzliche Absprachen des Kunden mit Ihnen oder einem Mitarbeiter.

Schreiben Sie auf, was Sie mit dem Telefonat erreichen wollen. Wenn Ihr Kunde Geldprobleme hat, können Sie z. B. eine Ratenzahlung anstreben. Dann notieren Sie unter anderem, wie viele Raten Sie maximal akzeptieren wollen.

Überlegen Sie auch, mit welchen Gegenargumenten Sie rechnen müssen und wie Sie darauf reagieren wollen. Einige Beispiele:

Ausrede des Kunden	Ihre Reaktion
Ich habe keine Rechnung bekommen.	Ich faxe Ihnen die Rechnung sofort noch einmal zu.
Die Zahlungsfreigabe fehlt.	Wer kann die Zahlung freigeben? Verbinden Sie mich bitte mit Herrn/Frau …
Der zuständige Ansprechpartner ist nicht da.	Wann ist Herr/Frau … wieder im Haus? Geben Sie mir bitte die Durchwahl.

Der Einstieg ins Gespräch

Haben Sie den richtigen Ansprechpartner am Apparat, stellen Sie eine Aufwärmfrage. Beispiel: *„Ich habe Ihnen am __.__.____ ein Werbekonzept erstellt. Wie sind Sie damit zufrieden?"* So geben Sie Ihrem Gesprächspartner Gelegenheit, sich an den Vorgang zu erinnern. Wichtig: Stellen Sie eine offene Frage, die er nicht mit „ja" oder „nein" beantworten kann. Dann muss der Kunde erst einmal überlegen.

Anschließend nennen Sie den Grund für Ihren Anruf: *„Unsere Rechnung ist überfällig, bislang ist die Zahlung noch nicht eingegangen. Ich möchte prüfen, woran es liegt."*

Demonstrieren Sie durch Ihr Auftreten Stärke

Mit der richtigen Stimme, Sprache und den passenden Formulierungen demonstrieren Sie Entschlossenheit:

- Sprechen Sie klar und deutlich, in angemessener Lautstärke.
- Formulieren Sie verbindlich, statt: „Wir sollten …" besser „Wir machen es so …".
- Treffen Sie verbindliche Vereinbarungen, verbunden mit Konsequenzen: *„Bis wann genau kann ich mit Ihrer Zahlung rechnen? Was tun wir, wenn die Zahlung bis dahin nicht eingeht?"*

Bringen Sie das Gespräch gekonnt zum Abschluss

Fassen Sie die Ergebnisse kurz zusammen. Schreiben Sie sie anschließend auf und schicken Sie sie als Bestätigung z. B. per E-Mail oder Fax dem Kunden zu. Bedanken Sie sich für die Kooperation. Ein freundlicher Ton wird die Zahlungsbereitschaft des Kunden erhöhen.

Schritt 4: Erste Mahnung

Hat ein Kunde 2 Wochen nach der Zahlungserinnerung oder dem Mahntelefonat noch immer nicht gezahlt, mahnen Sie schriftlich. Um ein Ausrufezeichen hinter Ihre Forderung zu setzen, können Sie mit der ersten Mahnung bereits

- eine Mahngebühr für die entstandenen Kosten verlangen (eine Regel gibt es nicht, angemessen sind ca. 5 €),
- Verzugszinsen androhen, falls der Kunde weiterhin nicht zahlt, denn spätestens mit einer Mahnung setzen Sie Schuldner in Verzug (§ 286 Abs. 1 BGB).

Grundlage für die Berechnung von Verzugszinsen ist der sogenannte Basiszinssatz. Dieser wird zweimal im Jahr – jeweils zum 1. Januar und zum 1. Juli – neu von der Bundesbank festgelegt.

Um die Verzugszinsen zu berechnen, schlagen Sie auf den Basiszinssatz
- gegenüber Unternehmen 8 Prozentpunkte und
- gegenüber Verbrauchern 5 Prozentpunkte auf.

TIPP Die Verzugszinsen berechnen Sie am besten mithilfe eines Zinsrechners. Im Internet finden Sie beispielsweise unter der Adresse www.basiszins.de einen kostenlosen Rechner, der automatisch den aktuellen Basiszinssatz berücksichtigt.

Schritt 5: Zweite Mahnung

Wenn ein Kunde trotz der ersten Mahnung nicht reagiert, aber auch keinen Fehler an Ihrer Leistung reklamiert oder die Forderung abstreitet, können Sie davon ausgehen, dass er seine Zahlung systematisch hinauszögert. Etwa 14 Tage nach der ersten Mahnung sollten Sie eine zweite Mahnung folgen lassen, in der Sie dann Verzugszinsen und erneut eine Mahngebühr berechnen.

Zusätzlich können Sie androhen, bei Nicht-Zahlung
- einen gerichtlichen Mahnbescheid zu beantragen oder
- ein Inkasso-Büro mit dem Eintreiben des Geldes zu beauftragen (das lohnt sich allerdings nur bei Forderungen von mehreren hunderttausend € pro Jahr).

Schritt 6: Gerichtliches Mahnverfahren

Mehr Druck als mit einer einfachen Mahnung üben Sie mit einem gerichtlichen Mahnverfahren aus. Zudem können Sie damit einen Vollstreckungsbescheid gegen den Schuldner erwirken. Damit haben Sie einen offiziellen Titel, mit dem Sie Ihre Forderung bis zu 30 Jahre lang geltend machen können.

Ein gerichtliches Mahnverfahren können Sie unter folgenden Voraussetzungen beantragen:

1. Sie haben eine Geldforderung – keine Ansprüche auf eine Leistung oder Lieferung.
2. Der Wohnsitz des Schuldners ist in Deutschland und ist Ihnen bekannt.
3. Ihre Forderung ist fällig und hängt nicht von einer Bedingung ab, etwa dem Ablauf einer Stundung.
4. Ihre Forderung ist nicht an eine Gegenleistung geknüpft, die noch nicht erfüllt ist, z. B. Zahlung erst bei Anschluss eines Geräts.

Sie können das Verfahren selbst einleiten. Dazu brauchen Sie keinen Anwalt. Gehen Sie so vor:

- Einen gerichtlichen Mahnbescheid beantragen Sie mit einem amtlichen Formular. Das bekommen Sie im Schreibwarenhandel. Alternativ können Sie den Antrag im Internet ausfüllen (siehe Tipp unten) und mit Barcode auf Blanko-Papier ausdrucken.
- Tragen Sie Ihre und die Kontaktdaten des Schuldners ein. Zudem listen Sie alle Forderungen inkl. Nebenkosten auf, z. B. Verzugszinsen oder Mahnkosten.

GELD VON KUNDEN BEKOMMEN — 5. KAPITEL

- Den Antrag reichen Sie beim zuständigen Gericht ein. Dafür fallen Gebühren an, z. B. 23 € bei einer Forderung bis 900 € (Mindestgebühr).

> **TIPP** Am einfachsten beantragen Sie ein gerichtliches Mahnverfahren über das Internet-Angebot der Mahngerichte. Darüber können Sie Anträge direkt online verschicken. Die Adresse: www.online-mahnantrag.de

Hat das Gericht Ihrem Schuldner einen Mahnbescheid zugestellt, kann er auf 3 Arten reagieren:

- Er zahlt und erstattet Ihnen sämtliche Kosten. Damit ist die Sache für Sie erledigt. Die Chance ist groß, denn viele Schuldner haben Angst vor weiteren Konsequenzen.
- Ihr Schuldner kann dem Mahnbescheid innerhalb von 2 Wochen widersprechen. Das Gericht informiert Sie darüber. Ihnen bleibt dann die Möglichkeit, ein (Klage-)Verfahren zu beantragen.
- Reagiert der Schuldner innerhalb der Frist gar nicht, können Sie einen Vollstreckungsbescheid beantragen.

Gegen einen Vollstreckungsbescheid kann der Schuldner innerhalb von weiteren 2 Wochen Einspruch einlegen. Wiederum bleibt Ihnen dann der Klageweg. Rührt sich der Schuldner aber nicht, erhalten Sie eine Ausfertigung des Vollstreckungsbescheids. Ein rechtskräftiger Vollstreckungsbescheid verjährt erst nach 30 Jahren (§ 197 BGB). Damit haben Sie Ihre Forderung also langfristig gesichert.

Der Vollstreckungsbescheid erlaubt Ihnen, einen Gerichtsvollzieher mit der Vollstreckung Ihrer Forderung zu beauftragen. Die Kosten für den Gerichtsvollzieher müssen Sie vorstrecken. Sie werden aber mit eingetrieben – sofern bei Ihrem Schuldner etwas zu holen ist.

Hat der Schuldner keinerlei verwertbares Vermögen, muss er gegenüber dem Gerichtsvollzieher eine eidesstattliche Versicherung abgeben. Diese wird beim zuständigen Amtsgericht ins Schuldnerverzeichnis eingetragen. Spätestens nach 3 Jahren werden Einträge in das Schuldnerverzeichnis wieder gelöscht. Dann können Sie einen erneuten Vollstreckungsversuch unternehmen.

5. KAPITEL — GELD VON KUNDEN BEKOMMEN

Beispiel für eine Zahlungserinnerung

Tischlerei Span
Am Sägewerk 1
12345 Beispielstadt

Herrn Heiko Hortig
Musterstraße 12
12346 Zahlstadt

Beispielstadt, 20.10.20__

Zahlungserinnerung

Sehr geehrter Herr Hortig,

Ihren Auftrag über einen maßgefertigten Bauernschrank für Ihren Wohnzimmererker haben wir gern und zuverlässig ausgeführt. Genauso gern buchen wir auch termingerechte Zahlungen unserer Kunden.

Bislang haben wir noch keine Zahlung von Ihnen erhalten, obwohl unsere Rechnung Nr. 3/27 bereits am 8. Oktober 2010 fällig war. Bitte überweisen Sie den Betrag von 2.980 € bis zum 25. Oktober 2010.

Nochmals zur Erinnerung: Unsere Bankverbindung lautet

Sparkasse Thann

BLZ: _____

Kontonummer: _____

Einen ausgefüllten Überweisungsträger finden Sie im Anhang zu diesem Schreiben. Sollten Sie zwischenzeitlich bezahlt haben, betrachten Sie diese Mahnung bitte als gegenstandslos.

Mit freundlichen Grüßen

Holger Span

Download unter: **www.jetzt-selbststaendig.info**
Kapitel 5, Stichwort: **Zahlungserinnerungen**

Beispiel für eine erste Mahnung

Schreibbüro Breugel
Tintenplatz 1
12345 Beispielstadt

Frau Maria Müßig
Musterstraße 12
12346 Großenhausen

Beispielstadt, 20.11.20___

**Mahnung – Ihr Auftrag vom 15. September 20___,
unsere Rechnung vom 15. Oktober**

Sehr geehrter Herr Becker,

haben Sie uns vergessen? Auf unser Erinnerungsschreiben vom 4.11.20___ haben Sie bis heute nicht reagiert: Auf Ihrem Kundenkonto ist immer noch ein Rückstand von 1.500,32 €. Bitte überweisen Sie diesen Betrag umgehend auf unser Konto:

Genossenschaftsbank Thurnau

BLZ: _____

Kontonummer: _____

Uns liegt viel an einer guten Zusammenarbeit. Daher haben wir bisher auf die Mahngebühren und Verzugszinsen verzichtet. Bitte honorieren Sie unsere kulante Haltung mit einer schnellen Zahlung. Vielen Dank.

Kundenkonto-Auszug, Stand 12.10.20___:

Rechnungsnummer	Rechnung vom	Fälligkeit	Betrag
1234 24	24. Oktober 20___	31. Oktober 20___	1.500,32 €

Mit freundlichen Grüßen

Herta Breugel

Download unter: **www.jetzt-selbststaendig.info**
Kapitel 5, Stichwort: **Mahnung**

5. KAPITEL — GELD VON KUNDEN BEKOMMEN

Beispiel für eine zweite Mahnung

Gregor Günstig, Bauunternehmung
Schuttplatz 1
12345 Beispielstadt

Herrn Harald Schuldner
Baustraße 12
12345 Beispielstadt

Beispielstadt, 20. 10. 20__

Letzte Mahnung
Ihre Bestellung vom 29. August 20__,
unsere Rechnung vom 15. September 20__

Sehr geehrter Herr Saaler,

auf Ihrem Kundenkonto bestand am 25. September 20__ ein Rückstand in Höhe von 24.985 €. Bis heute haben Sie weder auf unser Erinnerungsschreiben vom 4. Oktober noch auf die 1. Mahnung vom 18. Oktober 20__ reagiert.

Daher werden wir beim Amtsgericht einen Mahnbescheid beantragen, wenn Sie die offene Forderung zuzüglich Mahngebühren und Verzugszinsen, insgesamt also 25.343,79 €, nicht bis zum 18. 11. 20__ auf eines unserer Konten überwiesen haben:

Für Fragen und weitere Informationen stehe ich Ihnen gern telefonisch zur Verfügung: Tel.-Nr.: 0 12 34/5 67 89-12.

Forderungsaufstellung, Stand 11. 11. 20__

Rechnung Nr.:	vom	Fälligkeit	Betrag	Verzugs-zinsen	Mahn-kosten	Gesamt-betrag
345/2	15. Sep. 20__	24. Sep. 20__	24.985 €	348,79 €	10 €	25.343,79 €

Mit freundlichen Grüßen

Gregor Günstig

Download unter: **www.jetzt-selbststaendig.info**
Kapitel 5, Stichwort: **Mahnung**

KAPITEL 6
Betriebsausgaben

Senken Sie Ihre Steuerlast deutlich – mit Betriebsausgaben, die Ihnen das Finanzamt nicht streitig macht

Der Erfolg kommt nicht von allein. Sie investieren dafür viel– nicht nur Ihre Zeit und Arbeitskraft, sondern auch Geld. Sie schalten Werbung, Sie fahren zu Ihren Kunden oder zum Einkauf, Sie telefonieren und Sie verschicken Rechnungen, um für Ihre Leistungen auch Geld zu bekommen. Die Ausgaben dafür sind unumgänglich. Es sind Betriebsausgaben, die Sie von der Steuer absetzen können. Das heißt: Sie verringern den Gewinn, für den Sie an das Finanzamt Steuern überweisen müssen.

Ihr Interesse ist deshalb, so viele Ausgaben wie möglich als Betriebsausgaben zu behandeln. Doch das erschwert der Fiskus mit zahlreichen Auflagen. Besonders Ausgaben, bei denen eine private Mitveranlassung möglich ist – speziell bei Reisekosten, Geschäftsessen und Geschäftswagen –, kontrollieren die Finanzämter kritisch und streichen die Betriebsausgabe häufig im Nachhinein. Die Folge können hohe Steuernachzahlungen sein.

Kennen Sie aber die Regeln, können Sie mit Betriebsausgaben Ihre Steuerlast deutlich senken. Um Betriebsausgaben optimal absetzen zu können, lernen Sie dazu in diesem Kapitel

- welche **Betriebsausgaben** Sie sicher **steuerlich geltend machen** können – gerade auch solche, die das Finanzamt kritisch prüft – z. B. geschäftlich genutzte Räume zu Hause, Telefonkosten und Geschäftswagen,

- welche **Ausgaben** Sie über mehrere Jahre **abschreiben**,

- wie Sie mit **Sonderabschreibungen** und Investitionsabzugsbeträgen zusätzlich Steuern sparen.

Arbeitszimmer – Trotz Einschränkungen setzen Sie Ihr Heim-Büro ab

Quick-Tipp

Kosten € € € €	Nutzen Sie unser Formular für die Kostenzusammenstellung. Das ist für Sie kostenlos.
Zeit 🕐🕐🕐🕐	Die notwendigen Angaben entnehmen Sie einfach Ihren Aufzeichnungen. Sind Ihre Belege und Aufzeichnungen übersichtlich sortiert, brauchen Sie dafür nicht länger als 30 Minuten.
Anspruch ★★☆☆	Die Arbeitszimmerkosten können Sie recht einfach und schnell selbst aufzeichnen. Ggf. überlegen Sie gemeinsam mit Ihrem Steuerberater Argumente, mit denen Sie gegenüber dem Finanzamt ein Arbeitszimmer rechtfertigen.

Sie brauchen für Ihre Selbstständigkeit keine Betriebsräume, sondern arbeiten von zu Hause aus? Oder Sie haben zwar eigens Räume angemietet, zu denen aber kein Büro gehört, und Ihre Büroarbeit erledigen Sie in einem Arbeitszimmer in Ihrer Wohnung? Dann können Sie die Kosten für das häusliche Arbeitszimmer von der Steuer absetzen. Leider gilt das nicht in jedem Fall. Und die Kosten sind auch nicht unbedingt in vollem Umfang. Nutzen Sie aber alle Möglichkeiten!

Diese Voraussetzungen muss das Arbeitszimmer erfüllen

Damit überhaupt ein Steuerabzug für ein Arbeitszimmer in Frage kommt, müssen in Ihrer Wohnung Räumlichkeiten zur Verfügung stehen, die bestimmte Kriterien erfüllen. Die prüft das Finanzamt gelegentlich sogar mittels persönlichem Besuch eines Finanzamtsmitarbeiters:

- **Abgeschlossener Raum:** Als häusliches Arbeitszimmer wird nur ein separater, abgeschlossener Raum anerkannt. Eine Arbeitsecke etwa im Wohn- oder Schlafzimmer wird nicht akzeptiert, genauso wenig eine Empore oder Galerie. Auch ein Durchgangszimmer ist kritisch. Führt es allerdings zu einem selten genutzten Raum (z. B. Schlafzimmer), wird es aber als Arbeitszimmer anerkannt (BFH, 19. 8. 1988, Az: VI R 69/85).

- **Keine private Mitbenutzung:** Ein Arbeitszimmer praktisch ausschließlich beruflich und betrieblich nutzen. Max. 10 % private Mitbenutzung sind unschädlich. Es dürfen sich im Arbeitszimmer auch keine privaten Gegenstände oder Möbelstücke befinden. Unschädlich ist aber, wenn Sie darin eine Couch haben (BFH, 26. 4. 1985, Az: VI R 68/82).

- **Angemessener Wohnraum:** Die Größe des Arbeitszimmers sollte außerdem in einem angemessenen Verhältnis zur Gesamtgröße der Wohnung/des Hauses stehen. Das Finanzamt prüft, ob noch genügend Wohnraum verbleibt. Z. B. akzeptierte das Finanzamt kein 25 qm großes Arbeitszimmer in einer 70 qm großen Wohnung einer 3-köpfigen Familie (FG Hamburg, 29. 5. 1991, Az: I 355/86).

Diese Voraussetzungen gelten für die Nutzung des Arbeitszimmers

Der Abzug für ein häusliches Arbeitszimmer soll denjenigen vorbehalten bleiben, die unbedingt auf ein Heimbüro angewiesen sind. Deshalb ist der Abzug auf folgende Fälle beschränkt:

- Die auf ein häusliches Arbeitszimmer entfallenden Kosten sind vollständig von der Steuer absetzbar, wenn der Raum Mittelpunkt Ihrer betrieblichen und beruflichen Tätigkeit ist.

BETRIEBSAUSGABEN — 6. KAPITEL

- Eingeschränkt können Sie die Arbeitszimmerkosten steuerlich geltend machen, wenn Ihnen für Ihre Tätigkeit keine anderen Räumlichkeiten zur Verfügung stehen. Diese Abzugsmöglichkeit hat das Bundesverfassungsgericht Bundesverfassungsgerichts wieder möglich gemacht (BVerfG, 6.7.2010, Az: 2 BvL 13/09). Der Abzug ist nach derzeitigem Stand auf 1.250 € pro Jahr gedeckelt. Der Gesetzgeber kann ihn aber noch anders gestalten – also evtl. auch weiter einschränken.

Lassen Sie sich den Steuerabzug für Ihr beruflich genutzte Räume in Ihrer Wohnung nicht entgehen. Mit folgenden Gestaltungsmöglichkeiten holen Sie das Maximum für sich heraus:

Strategie 1: Sie nutzen das Büro als Mittelpunkt Ihrer Arbeit

Dass das häusliche Arbeitszimmer Mittelpunkt Ihrer Tätigkeit sein muss, heißt nicht, dass Sie sich den ganzen Tag dort aufhalten müssen. Wo Sie den überwiegenden Teil Ihrer Arbeitszeit verbringen, wird vom Finanzamt nur als Indiz herangezogen. Entscheidend ist: Sie üben im Arbeitszimmer den prägenden Teil Ihrer beruflichen und betrieblichen Tätigkeit aus und erbringen dort die zentralen Leistungen. Was darunter fällt, muss jeweils im Einzelfall entschieden werden.

> **z.B.** Ein Ingenieur erarbeitet in seinem Heim-Büro komplexe Konstruktionspläne. Das ist der Schwerpunkt seiner Arbeit. Dass er nebenbei auch Kunden im Außendienst betreut, ist unschädlich. Das häusliche Arbeitszimmer ist dennoch Mittelpunkt seiner Tätigkeit (BFH, 13.11.2002, Az: VI R 28/02).

> **TIPP** Prüfen Sie selbst, ob Sie die prägenden Arbeiten in Ihrem Heim-Büro erledigen. Wenn ja, beschreiben Sie dem Finanzamt die Tätigkeit ausführlich und heben dabei die Schwerpunkte hervor. Aber: Seien Sie ehrlich! Denn Ihre Angaben werden vom Finanzamt kontrolliert – ggf. bekommen Sie Besuch von einem Prüfer.

Strategie 2: Ihnen steht kein anderer Büroraum zur Verfügung

Selbst wenn das Arbeitszimmer nicht Mittelpunkt Ihrer Tätigkeit ist, kann Ihnen immer noch ein Abzug bis zu 1.250 € pro Jahr zustehen. Eine qualitative Beurteilung Ihrer Tätigkeit im Arbeitszimmer spielt dabei keine Rolle. Voraussetzung ist stattdessen, dass Ihnen kein anderer Raum für Ihre Bürotätigkeit zur Verfügung steht.

> **z.B.** Der Tätigkeitsschwerpunkt eines Kurierfahrers liegt sicherlich nicht im Arbeitszimmer. Er erledigt dort aber seine Buchführung. Dafür steht ihm kein anderer Arbeitsplatz zur Verfügung. Er kann Arbeitszimmerkosten bis maximal 1.250 € pro Jahr als Betriebsausgaben geltend machen.

> **TIPP** Haben Sie das Arbeitszimmer nur wenige Monate in einem Jahr genutzt – etwa weil Sie mit Ihrer Selbstständigkeit erst im Oktober begonnen haben – können Sie die 1.250 € in voller Höhe ausschöpfen! Sie müssen den Höchstbetrag also nicht monatsanteilig berechnen.

Strategie 3: Sie nutzen den Arbeitsraum als sonstigen Betriebsraum

Die Auflagen für den Steuerabzug gelten nur, wenn Sie Räume als Arbeitszimmer nutzen. Das ist der Fall, wenn Sie dort vorwiegend gedankliche, schriftstellerische oder verwaltungsorganisatorische Arbeiten erledigen – typische Bürotätigkeiten eben. Nutzen Sie Räume in Ihrer Wohnung oder Ihrem Haus auf andere Weise für Ihre Selbstständigkeit, ist ein Steuerabzug weiter möglich. Bei diesen Nutzungen kann Ihnen ein uneingeschränkter Steuerabzug zustehen:

- Behandlungsraum einer Praxis (BFH, 5.12.2002, Az: IV R 7/01),
- Lagerraum (BFH, 19.3.2003, Az: VI R 40/01)
- Tonstudio (BFH, 28.8.2003, Az: IV R 53/01)
- Werkstatt (BFH, 19.8.1998, Az: XI R 90/96)

JETZT BIN ICH SELBSTSTÄNDIG

> **TIPP** Selbst wenn Sie einen Lagerraum – auf den Sie angewiesen sind – in untergeordnetem Umfang als Büroraum mit nutzen, bleibt der Steuerabzug erhalten (BFH, 22.11. 2006, Az: X R 1/05). Aus dem Arbeitszimmer kann auch ein Besucherraum werden, wenn Sie dort regelmäßig Kunden und Geschäftspartner empfangen (FG Niedersachsen, 4.4. 2004, Az: 3 K 10594). Das müssen sie aber darlegen und möglichst z. B. durch Eintragungen im Terminkalender nachweisen.

Strategie 4: Der Raum liegt außerhalb der häuslichen Sphäre

Der Steuerabzug bleibt Ihnen unabhängig von Umfang und Art der Nutzung ebenfalls erhalten, wenn der Raum nicht zur „häuslichen Sphäre" zählt. Das ist immer der Fall, wenn sich das Arbeitszimmer in einem anderen Gebäude als Ihrer Wohnung befindet und einen separaten Eingang hat. Aber auch unter demselben Dach kann Ihr Arbeitszimmer „außerhäuslich" sein. Das ist unter folgenden Voraussetzungen der Fall:

- Ihr Arbeitszimmer ist ein separat angemieteter Raum im Dachgeschoss eines Mehrfamilienhauses, in dem sich auch Ihre Wohnung befindet (BFH, 18.8. 2005, Az: VI R 39/04).
- Ihr Arbeitszimmer ist ein Raum in Ihrem eigenen Mehrfamilienhaus. Er hat einen eigenen Zugang und befindet sich in einer anderen Etage als Ihre selbst genutzte Wohnung (FG Köln, 29.8. 2007, Az: 10 K 839/04).
- Ihr Arbeitszimmer befindet sich direkt neben Ihrem Verkaufsraum (BFM, 7.1. 2004, Az: IV A 6 – S 2145–71/03).
- Sie beschäftigen mindestens einen familienfremden Teilzeitmitarbeiter, der seinen Arbeitsplatz im häuslichen Arbeitszimmer hat (BFH, 9.11. 2006, Az: IV R 2/06).

So geben Sie die Arbeitszimmerkosten in der Steuererklärung an

Dürfen Sie Ihre Arbeitszimmerkosten steuerlich geltend machen, setzen Sie sie als Betriebsausgaben in der EÜR an. Zu den Raumkosten zählen alle Kosten, die Sie für die gesamte Wohnung bzw. das gesamte Haus haben und nicht direkt dem Arbeitszimmer zuordnen können, u. a.:

- Miete bzw. Gebäudeabschreibung, Hypothekenzinsen und Grundsteuer, wenn Sie Eigentümer sind,
- Heizung, Strom, Wasser,
- Nebenkosten wie Müllabfuhr, Schornsteinfeger, Versicherungen,
- Kosten für einen Putzdienst, der Ihre gesamte Wohnung reinigt,
- Kosten für die Gartengestaltung.

Die absetzbaren Raumkosten berechnen Sie anteilig zur Fläche des Arbeitszimmers an der gesamten Wohnung bzw. dem gesamten Haus. Nicht zur Wohnfläche rechnen dabei Nebenräume wie Keller, Dachboden, Vorratskammer, Trockenräume, Garagen etc. Befindet sich aber das Arbeitszimmer in einem ausgebauten Nebenraum (Keller, Dach), wird dessen Fläche bei der Berechnung der anteiligen Kosten zur Wohnfläche geschlagen. Der Steuererklärung fügen Sie ein Erklärungsblatt bei, auf dem sämtliche auf den Raum entfallenden Kosten aufgelistet sind.

BETRIEBSAUSGABEN   **6. KAPITEL**

Muster für eine Kostenzusammenstellung

Für *Heiner Baumann*   Steuer-Nr. *123/123 456 789*
Größe der Wohnung insgesamt   *100* qm
Größe des Arbeitszimmers   *15* qm = *15* % der Wohnfläche

Kostenzusammenstellung

1. Raumkosten	Netto in € (USt.-frei)	Netto in € (USt.-pflichtig)	Vorsteuer in €
Miete	12.000		
Abschreibungen (linear mit 2 %*)			
Stromkosten		4.200	798
Heizungskosten		300	57
Wasserkosten		420	80
Hausratversicherung		275	52
Gebäudeversicherung			
Reinigungskosten		1.000	190
Renovierungskosten (allgemein)			
Grundbesitzabgaben		200	38
Schornsteinfeger			
Müllabfuhr		625	119
sonstige Kosten		1.650	314
Gesamtaufwand	12.000	8.670	798
auf das Arbeitszimmer entfallen 15 %	1.800	1.300,50	119,70
zzgl. ausschließlich auf das Arbeitszimmer entfallende Kosten (z. B. für Renovierung)		300	57
Kosten des Arbeitszimmers		1.600,50	176,70
2. Kosten der Einrichtung des Arbeitszimmers (immer uneingeschränkt abziehbar)			
Einrichtungsgegenstände, geringwertige Wirtschaftsgüter (bis 150 € netto bzw. bis 410 € netto)		1.800	342
Abschreibung von Einrichtungsgegenständen		–	–
Steuerlich abziehbare Kosten des Arbeitszimmers	1.800	3.400,50	518,70

* Bei Zugehörigkeit zum Betriebsvermögen 3 % (Anschaffung/Herstellung vor 1.1.2001 = 4 %)

Hinweis zum Arbeitszimmer in einer Mietwohnung: Sie ermitteln den Anteil an der Wohnfläche (siehe oben). Die Kosten des Arbeitszimmers erhalten Sie, indem Sie den %-Satz auf die Summe aller Mietzahlungen eines Jahres einschließlich Umlagen anwenden. Den prozentualen Anteil der Kosten, die Sie für die gesamte Wohnung selbst tragen, addieren Sie hinzu. Kosten, die nur auf das Arbeitszimmer entfallen, rechnen Sie insgesamt hinzu. Vorsteuerabzug ist prozentual möglich, soweit Sie Adressat der Rechnung sind, in der die Umsatzsteuer offen ausgewiesen ist.

Download unter: **www.jetzt-selbststaendig.info**
Kapitel 6, Stichwort: **Arbeitszimmer, Kostenzusammenstellung**

Telefonkosten –
Alle Kosten rund um den Telefonanschluss optimal geltend machen

> **Quick-Tipp**
>
> **Kosten** Die notwendigen Aufzeichnungen und Berechnungen können Sie selbst vornehmen. Kosten fallen dann nicht an.
>
> **Zeit** Solange Sie die laufenden Betriebsausgaben für Telekommunikationsgeräte pauschal berechnen, erledigen Sie die notwendigen Aufzeichnungen für die Steuererklärung innerhalb von 30 Minuten. Kommen noch Umsatzsteuer und Abschreibungen dazu, benötigen Sie ca. 1 Stunde.
>
> **Anspruch** Entscheiden Sie über die steuerliche Einordnung von Telekommunikationskosten einmal gemeinsam mit Ihrem Steuerberater. Danach können Sie die Abrechnungen nach demselben Muster selbst erledigen.

Als Unternehmer werden Sie ein oder mehrere Telefone und Handys, Faxgeräte sowie einen Internet-Zugang besitzen. Es fallen für Sie also an:

- Anschaffungskosten für die Geräte sowie
- laufende Kosten (z. B. die Grundgebühren, Verbindungsentgelte, Internet-Flatrates, Prepaid-Karten, Mieten für Geräte, die Sie nicht gekauft haben).

Da Telekommunikationsgeräte gemischt genutzte Wirtschaftsgüter sind – das heißt, sie werden von Ihnen sowohl für betriebliche als auch für private Zwecke genutzt –, können Sie die Anschaffungskosten und die laufenden Kosten nicht einfach in voller Höhe als Betriebsausgaben absetzen. Es gibt genaue Regeln dafür, welche Anteile Sie geltend machen können.

Tipp 1: Ermitteln Sie Ihre laufenden betrieblichen Kosten per Schätzung oder pauschal

Dieser Tipp ist für Sie wichtig, um die Rechnungen Ihres Telekommunikations-Anbieters im richtigen Verhältnis in betriebliche und private Kosten aufzuteilen. Nach dem Anteil der betrieblichen Nutzung richtet sich zudem, wie Sie mit den Anschaffungskosten umgehen.

Externes Büro:
Privatnutzung mit z. B. 10 % schätzen

Sie haben ein Büro, das von Ihrer Privatwohnung getrennt ist? Dann geht das Finanzamt davon aus, dass Sie die Telekommunikations-Anlagen überwiegend betrieblich nutzen. Allerdings wird angenommen, dass Sie die betrieblichen Telekommunikations-Anlagen teilweise auch privat benutzen. Da Sie ein externes Büro aber vorwiegend zur Arbeit aufsuchen und Ihre Familie die Geräte nicht privat nutzt, ist es glaubwürdig, wenn Sie den privaten Anteil der Kosten als sehr gering einschätzen.

Üblich ist etwa ein Anteil von 10 % Privatnutzung. Sind Ihre Telefonrechnungen aber durchschnittlich höher als 150 € pro Monat, schätzen Sie den Prozentsatz niedriger, damit Ihr Privatanteil nicht viel mehr als durchschnittlich 15 € im Monat beträgt – das reicht aus.

So gehen Sie vor: Setzen Sie die gesamte Telefonrechnung als Betriebsausgabe ab. Den Privatanteil erfassen Sie zudem als Einnahme. Zur umsatzsteuerlichen Behandlung lesen Sie mehr unter „Tipp 3: Sichern Sie sich den Vorsteuerabzug" ab Seite 171.

BETRIEBSAUSGABEN — 6. KAPITEL

Heim-Büro:
Kostenanteil schätzen, wenn Sie viel betrieblich telefonieren und surfen

Sind Sie von zu Hause aus selbstständig, nutzen Sie und Ihre Familie den Telefon- und Internet-Anschluss betrieblich und privat. Auch dann dürfen Sie den Betriebsausgaben-Anteil an den laufenden Kosten laut Telefonrechnung schätzen (FG München, 23.7.1992, AZ: 10 K 10292/86; BFH, 21.11.1980, AZ: VI R 202/79).

Die Schätzung ist schwieriger als bei einem externen Büro, weil sie sehr stark von Ihrer persönlichen Lebens- und Arbeitssituation abhängt:

- Sind Sie ein „Arbeitstier" und bestreiten durch die Selbstständigkeit Ihren Lebensunterhalt, liegt eine hohe betriebliche Nutzung auf der Hand.

- Haben Sie privat noch einen Vereinsposten inne und mehrere größere Kinder, spricht viel für eine umfangreiche private Nutzung der Telekommunikation.

So gehen Sie vor: Wenn Sie die Telekommunikations-Geräte Ihrem Betriebsvermögen zuordnen, setzen Sie die gesamte Telefonrechnung als Betriebsausgabe ab. Den Privatanteil erfassen Sie als Einnahme. Ordnen Sie die Geräte hingegen Ihrem Privatvermögen zu, erfassen Sie nur den betrieblichen Anteil der Kosten als Betriebsausgabe.

z.B. Sie haben sich von zu Hause aus im Marketing-Bereich selbstständig gemacht. Sie telefonieren zur Anwerbung von Kunden und recherchieren im Internet – im Durchschnitt etwa die Hälfte Ihrer Arbeitszeit von rund 32 Stunden, also 16 Stunden pro Woche. Privat nutzen Sie und außer Ihnen noch 2 schulpflichtige Kinder Telefon und Internet zusammen etwa 3 Stunden pro Tag, und Ihr berufstätiger Partner telefoniert und surft nur etwa 3 Stunden pro Woche. Somit entfallen auf die betriebliche Nutzung der Anschlüsse etwa 16 Stunden pro Woche, auf die private Nutzung 24 Stunden pro Woche. Sie teilen die Kosten laut Telefonrechnung im Verhältnis 40 % (betrieblich) zu 60 % (privat) auf. Bei dieser Schätzung bleiben Sie, bis sich die Verhältnisse ändern. Mit einer Rechnung über 80 € netto gehen Sie so um:

Fall 1: Sie ordnen die Geräte Ihrem Betriebsvermögen zu, setzen 80 € als Betriebsausgabe ab und erfassen (80 € × 60 % =) 48 € als Einnahme.

Fall 2: Sie ordnen die Geräte Ihrem Privatvermögen zu und setzen 40 % von 80 €, also 32 €, als Betriebsausgabe ab.

Zu dem Netto-Betrag von 80 € kommen noch 15,20 € Umsatzsteuer. Wie Sie damit verfahren, lesen Sie ab Seite 172.

Heim-Büro:
Bei sehr geringer betrieblicher Nutzung Pauschale absetzen

Wenn Sie ein externes Büro haben, werden Sie Ihren Telefon- und Internet-Anschluss zu Hause nur gelegentlich für betriebliche Zwecke nutzen. Gleiches gilt, wenn Sie von zu Hause aus nur nebenberuflich selbstständig sind oder etwas machen, wozu Sie Telefon, Fax und Internet kaum brauchen.

In beiden Fällen bietet es sich an, die betrieblichen Kosten für den (privaten) Anschluss zu Hause pauschal abzurechnen: Sie dürfen monatlich bis zu 20 % der Brutto-Rechnung, höchstens jedoch 20 €, als Betriebsausgaben absetzen (analog R 9.1 Abs. 5 LStR).

Zudem gilt: Sie müssen nicht von jeder Rechnung 20 % ermitteln und absetzen, sondern können einen Durchschnittsbetrag aus einem zusammenhängenden 3-Monatszeitraum bilden und ihm für das ganze Jahr verwenden. Den Höchstbetrag von 20 € pro Monat schöpfen Sie also aus, wenn Sie in einem 3-Monatszeitraum mindestens Aufwendungen von insgesamt 300 € haben.

6. KAPITEL BETRIEBSAUSGABEN

z.B. Ihre Rechnung für Ihren privaten Telefon- und Internet-Anschluss zu Hause beträgt im Monat

Januar:	44 €	Juli:	130 €
Februar:	41 €	August:	110 €
März:	39 €	September:	42 €
April:	48 €	Oktober:	51 €
Mai:	50 €	November:	40 €
Juni:	90 €	Dezember:	38 €

Die Rechnungsbeträge der 3 zusammenhängenden Monate Juni, Juli und August belaufen sich auf 330 €, also durchschnittlich 110 €. Davon 20 % sind 22 €.

Sie machen also das ganze Jahr über monatlich 20 € (20 % von 110 € = 22 €, gekürzt auf die maximal zulässigen 20 €) als Betriebsausgaben geltend. ∎

Beachten Sie: Das Finanzamt kann wegen der Formulierung „bis zu" auch weniger als 20 % der Kosten als Betriebsausgaben anerkennen. Da es hierbei aber um einen maximalen Steuerspar-Effekt von 100,80 € pro Jahr (= 12 × 20 € × 42 % Steuersatz) und in der Praxis meist um noch viel weniger Geld geht, lohnt sich der Streit mit dem Finanzamt – für beide Seiten – kaum.

TIPP Unklar ist, ob durch den Pauschalabzug nur die laufenden Kosten (Grund- und Gesprächsgebühr) oder auch die Anschaffungskosten für die Geräte abgedeckt sind. Versuchen Sie einfach, auch 20 % Ihrer Brutto-Anschaffungskosten zusätzlich zu den laufenden Kosten abzuschreiben/abzusetzen.

Einzelnachweise: Mehr Sicherheit, aber zu großer Aufwand

Die Schwachstelle der bisher vorgestellten Methoden ist der Unsicherheitsfaktor: Sie wissen nie genau, ob das Finanzamt Ihre Schätzung akzeptiert oder nicht – dann wird es den Privatanteil heraufsetzen, und ohne weitere Aufzeichnungen können Sie sich nicht dagegen wehren. Der große Vorteil ist jedoch, dass die Methoden einfach und ohne mühsame Aufzeichnungen zu handhaben sind. Sie ermöglichen es Ihnen, sämtliche laufenden Kosten, also

- Grundgebühren,
- Gesprächs- und Faxgebühren sowie
- Internetgebühren

nach einem einheitlichen Maßstab aufzuteilen. Bei vernünftiger Begründung ist – auch wegen der Arbeitsbelastung in den Finanzämtern – nicht mit Ärger zu rechnen.

Wollen Sie den Unsicherheitsfaktor bei der Schätzung und/oder der Pauschale trotzdem nicht akzeptieren, müssen Sie den betrieblichen Anteil der Telefon- und Internet-Kosten an den Gesamtkosten exakt nachweisen. Dazu sind getrennte Nachweise per Einzelverbindungsnachweis für jedes Telefon, Fax und die Internet-Nutzung erforderlich.

TIPP Die Aufteilung der Telekommunikations-Aufwendungen durch Einzelnachweis ist nicht praxisgerecht. Sie haben Besseres zu tun, als ständig Angaben über Telefonate und Besuche im Internet zu notieren. Verwenden Sie besser die Schätzung und/oder Pauschale.

Handy: Betrieblichen Kostenanteil schätzen

Die Gesprächsgebühren, die für Ihr Handy anfallen, teilen Sie auch in einen privaten und betrieblichen Anteil auf. Dafür gelten dieselben Regeln wie zuvor ausgeführt. Empfehlung: Ersparen Sie sich mühsame Aufzeichnungen und wählen Sie die Schätzung. Je besser die Argumente sind, die Sie dafür haben, warum Sie Geschäftspartner und Kunden viel von unterwegs aus anrufen müssen, desto höher schätzen Sie den betrieblichen Anteil.

Tipp 2: Auch aus den Anschaffungskosten haben Sie stets einen anteiligen Kostenabzug

Sie haben nun ermittelt, zu wie viel Prozent Sie Ihre Telekommunikations-Geräte privat und betrieblich nutzen. Nunmehr sind Sie in der Lage, die Geräte dem Privat- oder dem Betriebsvermögen zuzuordnen.

Zuordnung gemischt genutzter Telekommunikations-Geräte

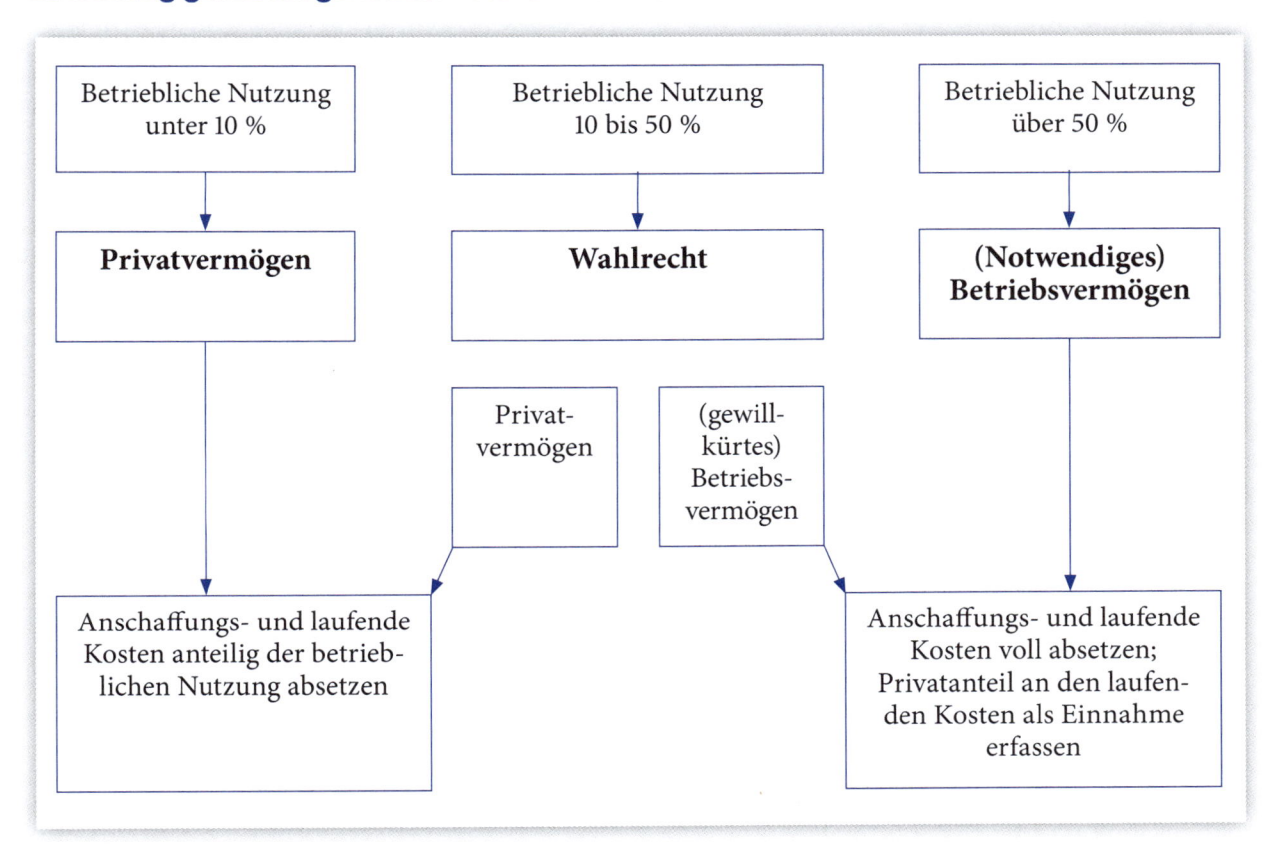

Betriebliche Nutzung unter 10 %	Betriebliche Nutzung 10 bis 50 %	Betriebliche Nutzung über 50 %
Privatvermögen	**Wahlrecht**	**(Notwendiges) Betriebsvermögen**
	Privatvermögen / (gewillkürtes) Betriebsvermögen	
Anschaffungs- und laufende Kosten anteilig der betrieblichen Nutzung absetzen		Anschaffungs- und laufende Kosten voll absetzen; Privatanteil an den laufenden Kosten als Einnahme erfassen

Liegt Betriebsvermögen vor, können Sie neben den laufenden Kosten auch die Anschaffungskosten in voller Höhe abschreiben bzw. wenn es sich um geringwertige Wirtschaftsgüter handelt, sofort absetzen. Im Gegenzug müssen Sie aber den Anteil, der auf die Privatnutzung entfällt, als Einnahme erfassen.

Liegt Privatvermögen vor, dürfen Sie neben dem Anteil an den laufenden Kosten auch den Anteil an den Anschaffungskosten abschreiben/absetzen, der auf die betriebliche Nutzung entfällt (BFH, 7.6.1984, Az: IV R 81/82).

Ihre Telefonanlage im Heim-Büro mit 8-jähriger Nutzungsdauer nutzen Sie zu 40 % betrieblich. Gekauft haben Sie sie im Januar für 600 €. Der Einfachheit halber bleibt die Umsatzsteuer in diesem Beispiel zunächst außen vor (wie Sie als umsatzsteuerpflichtiger Unternehmer damit umgehen, lesen Sie ab Seite 172).

Fall 1: Sie ordnen die Telefonanlage Ihrem Betriebsvermögen zu. Dann setzen Sie (600 €/5 Jahre =) 120 € als Abschreibung ab. Für Ihre Privatnutzung erfassen Sie in dem Jahr (120 € × 60 % =) 72 € als Einnahme. Der Betriebsausgabenabzug aus den Anschaffungskosten beträgt somit unter dem Strich 48 €.

Fall 2: Sie ordnen die Telefonanlage Ihrem Privatvermögen zu. Dann setzen Sie (600 €/8 Jahre × 40 % =) 30 € als Abschreibung ab.

6. KAPITEL — BETRIEBSAUSGABEN

TIPP Liegt die betriebliche Nutzung im Bereich zwischen 10 und 50 %, müssen Sie sich entscheiden:

- Sind Sie nicht umsatzsteuerpflichtig, sollten Sie die Telekommunikations-Geräte dem Privatvermögen zuordnen. Sie müssen die Wirtschaftsgüter dann nicht in ein Anlagenverzeichnis aufnehmen. Bei einem späteren Verkauf brauchen Sie keine stillen Reserven zu versteuern (= Differenz zwischen dem Verkaufswert und dem Buchwert).

- Sind Sie umsatzsteuerpflichtig, sollten Sie die Zuordnung zum Betriebsvermögen und zum unternehmerischen Bereich wählen, denn damit sichern Sie sich den Vorsteuerabzug und können ggf. auch Ihren Angestellten ein steuer- und sozialversicherungsfreies Gehaltsextra gewähren.

Tipp 3: Sichern Sie sich den Vorsteuerabzug

Sind Sie nicht umsatzsteuerpflichtig, benötigen Sie die Informationen in diesem Abschnitt nicht. Sie setzen oder schreiben stets die Brutto-Beträge der Anschaffungs- und laufenden Kosten ab.

Als umsatzsteuerpflichtiger Unternehmer müssen Sie hingegen wissen: Die Zuordnung von gemischt genutzten Wirtschaftsgütern zum unternehmerischen oder nicht unternehmerischen Bereich erfolgt nach anderen Spielregeln als die Zuordnung zum Betriebsvermögen oder zum Privatvermögen. Der Einfachheit halber ordnen Sie Ihre Telekommunikationsgeräte jedoch am besten dann umsatzsteuerlich Ihrem Unternehmen zu, wenn Sie das auch hinsichtlich des Betriebsausgabenabzugs tun.

z.B. So ziehen Sie Umsatzsteuer aus laufenden Kosten

Sie sind umsatzsteuerpflichtig und Ihre Telefonrechnung beläuft sich auf 80 € zuzüglich 15,20 € Umsatzsteuer. Sie nutzen Ihre Telekommunikations-Geräte zu 40 % betrieblich und zu 60 % privat.

Fall 1: Sie ordnen die Geräte dem unternehmerischen Bereich zu. Dann machen Sie 15,20 € als Vorsteuer geltend. Für die private Mitbenutzung zahlen Sie (60 % × 80 € =) 48 € Umsatzsteuer. Das heißt, Sie führen (48 € × 19 % =) 9,12 € Umsatzsteuer ans Finanzamt ab. Im Endeffekt bleibt Ihnen eine Vorsteuererstattung von (15,20 € − 9,12 € =) 6,08 €.

Fall 2: Sie ordnen die Geräte Ihrem privaten Bereich zu. Dann machen Sie direkt (40 % × 15,20 € =) 6,08 € als Vorsteuer geltend.

Sie sehen: Unter dem Strich ergibt sich rein rechnerisch derselbe Betrag. Doch füllen Sie Ihre Umsatzsteuer-Voranmeldung jeweils anders aus.

z.B. So ziehen Sie Vorsteuer aus den Anschaffungskosten

Sie sind umsatzsteuerpflichtig und kaufen sich eine neue Telefonanlage für 600 € zzgl. 114 € Umsatzsteuer, die Sie zu 40 % betrieblich und zu 60 % privat nutzen.

Fall 1: Sie ordnen die Anlage dem unternehmerischen Bereich zu. Dann machen Sie 114 € als Vorsteuer geltend. Den Anteil, den Sie für Ihre Privatnutzung zu versteuern haben, verteilen Sie auf 5 Jahre. Somit beträgt er im Anschaffungsjahr, wenn die Anschaffung im Januar erfolgt (600 € × 60 % = 360 € × 1/5 = 72 € × 19 % =) 13,68 €.

Fall 2: Sie ordnen die umsatzsteuerliche Anlage Ihrem privaten Bereich zu. Dann können Sie keine Vorsteuern geltend machen. Die Privatnutzung unterliegt dafür auch nicht der Umsatzsteuer. Die Umsatzsteuer erhöht die Anschaffungskosten auf 714 €; diesen Betrag schreiben Sie dann ab.

BETRIEBSAUSGABEN — **6. KAPITEL**

TIPP Sichern Sie sich den Vorsteuerabzug aus den Anschaffungskosten, indem Sie Geräte Ihrem Unternehmen zuordnen. Das bringt Ihnen bares Geld. Im Beispiel gewinnen Sie dadurch (114 € – 13,68 € =) 100,32 €.

Zwar müssen Sie dann Umsatzsteuer auf Ihre Privatnutzung abführen. Im Beispiel wären das 68,40 €, verteilt auf 5 Jahre (5 × 13,68 €). Es bleibt Ihnen aber immer ein Liquiditätsvorteil, und letztlich werden Sie stets zumindest ein wenig sparen. Im Beispiel bleibt von der Ersparnis nach Abzug der jährlichen Umsatzsteuerzahlungen auf die Privatnutzung immer noch ein Betrag von (114 € – 68,40 € =) 45,60 € als Vorteil übrig. Beachten Sie: Weil die Umsatzsteuer nicht zum Anschaffungspreis zählt, beläuft sich der Abschreibungsbetrag auf 600 € und nicht auf 714 €.

Konsequenzen aus der Zuordnung

Kostenart	Zuordnung zum Privatvermögen	Zuordnung zum Unternehmen
Laufende Kosten	Vorsteuer ist in Höhe des Anteils der unternehmerischen Nutzung abzugsfähig	Vorsteuer ist voll abzugsfähig; die Privatnutzung unterliegt der Umsatzsteuer
Anschaffungskosten	Vorsteuer ist nicht abzugsfähig	Vorsteuer ist voll abzugsfähig; die Privatnutzung unterliegt der Umsatzsteuer*

* Bei Anschaffungskosten unter 500 € wird die Privatnutzung in voller Höhe im Anschaffungsjahr besteuert. Bei Anschaffungskosten ab 500 € wird sie auf 5 Jahre verteilt (BMF, 13.4.2004, Az: IV B 7 – S 7206–3/04).

Tipp 4: So setzen Sie für einzelne Geräte den vollen Abzug der laufenden Kosten durch

Die aufgezeigten Möglichkeiten zur Ermittlung des betrieblichen Anteils der laufenden Kosten für Telekommunikation gelten, wenn Sie die Geräte sowohl betrieblich als auch privat (= gemischt) nutzen. Das ist der Regelfall, den die Finanzverwaltung unterstellt. Aber auch ohne den viel zu komplizierten Einzelverbindungsnachweis können Sie glaubhaft argumentieren, dass Sie einzelne Geräte zu 100 % betrieblich nutzen. Sind Ihre Ausführungen plausibel, können Sie damit durchkommen. Gute Chancen haben Sie in den folgenden 2 Fällen:

Ein zweiter Telefonanschluss im Heim-Büro

Im zeitlichen Zusammenhang mit der Aufnahme Ihrer selbstständigen Tätigkeit lassen Sie sich für Ihr betriebliches Arbeitszimmer zu Hause einen gesonderten Telefonanschluss legen (der ISDN-Anschluss mit mehreren Telefonnummern reicht aber nicht, das ist nur 1 Anschluss). Da Ihnen in den anderen Zimmern der private Anschluss zur Verfügung steht, ist es glaubhaft, dass Sie den betrieblichen Anschluss auch zu 100 % betrieblich nutzen. Setzen Sie die vollen Kosten dafür ab, ohne einen Anteil für die Privatnutzung als Einnahme zu erfassen.

Ein zweites Handy nur für betriebliche Gespräche

Um Ihre Geschäftspartner und Kunden jederzeit erreichen zu können, kaufen Sie sich ein betriebliches Handy, dessen Nummer Sie an Ihre Geschäftspartner und Kunden weitergeben (z.B. auf dem Geschäftspapier veröffentlichen). Haben Sie ein weiteres Handy für Privatgespräche, setzen Sie die vollen Kosten für das betriebliche Handy ab.

JETZT BIN ICH SELBSTSTÄNDIG

6. KAPITEL — BETRIEBSAUSGABEN

Muster für die Abrechnung von Telekommunikationskosten

Telekommunikationskosten*

Jahr: 20__

Kosten	Gesamtbetrag
Anschaffungskosten (Telefonanlage, Handy, Fax, Modem etc.), jährliche AfA 1. Gerät: _Router, Modell Fireline X 11_ 2. Gerät: _Telefonanlage Tomag 123_ 3. Gerät: _____ 4. Gerät: _____ 5. Gerät: _____	 10 Euro 50 Euro
Telekommunikationsdienstleistungen (Gesprächsgebühren, Onlinekosten, Anschlusskosten, Grundgebühr etc.) _Anschlussgebühren Teliakom_	 600 Euro
Gesamtbetrag	660 Euro

* Ordnen Sie die Telekommunikationsgeräte dem Betriebsvermögen zu, machen Sie als Gewerbetreibender oder Freiberufler den vollen Betriebsausgabenabzug geltend. Für die private Mitbenutzung setzen Sie die Kosten in der EÜR als Betriebseinnahmen an (sonstige Sach-, Nutzungs- und Leistungsentnahmen).

Download unter: **www.jetzt-selbststaendig.info**
Kapitel 6, Stichwort: **Telekommunikationskosten**

BETRIEBSAUSGABEN — **6. KAPITEL**

Geschäftswagen –
Lassen Sie das Finanzamt Ihr Auto mitfinanzieren

> **Quick-Tipp**
>
> **Kosten**
> Wollen Sie ein Fahrtenbuch führen, nutzen Sie dafür am besten gebundene Heftchen, die Sie im Schreibwarenhandel für weniger als 5 € erhalten.
>
> **Zeit**
> Wenn Sie ein Fahrzeug zu mehr als 50 % betrieblich nutzen, können Sie den zu versteuernden privaten Nutzungsanteil schnell nach der 1-%-Methode berechnen. Das ist innerhalb weniger Minuten erledigt. Bei betrieblicher Nutzung zwischen 10 und 50 % weisen Sie den betrieblichen Nutzungsanteil mithilfe vereinfachter Aufzeichnungen der betrieblichen Fahrten nach. Am besten schreiben Sie Anlass und gefahrene Kilometer nach jeder Fahrt auf. Aufwändiger ist ein Fahrtenbuch. Dafür benötigen Sie nach jeder Fahrt einige Minuten.
>
> **Anspruch**
> Klären Sie zunächst mit Ihrem Steuerberater, welche Methode für die Berechnung der privaten Kosten für Sie am besten geeignet ist. Wollen Sie ein Fahrtenbuch führen, brauchen Sie viel Disziplin, da das Finanzamt fehlerhafte und unvollständige Fahrtenbücher nicht anerkennt. Nehmen Sie sich dann nach jeder Fahrt die Zeit, um sie sofort im Fahrtenbuch zu notieren.

Selbstständige können ein tolles Auto als Geschäftswagen fahren und sämtliche Kosten dafür von der Steuer absetzen – diese weit verbreitete Einschätzung ist leider nur die halbe Wahrheit. Denn die private Nutzung Ihres Geschäftswagens müssen Sie versteuern, sodass Sie unter dem Strich kaum besser als jeder Angestellte dastehen. Allerdings haben Sie mehr Gestaltungsspielraum.

Wann ein Pkw ein Geschäftswagen ist

Ein Geschäftswagen ist ein Pkw, der zu Ihrem betrieblichen Anlagevermögen gehört.

- Das ist zwingend der Fall, wenn Sie Ihr Auto zu mehr als 50 % für betriebliche Fahrten einsetzen (= „notwendiges Betriebsvermögen"). Der Prozentsatz der betrieblichen Nutzung ergibt sich aus dem Verhältnis der Jahreskilometerleistung des Pkw zu den betrieblich gefahrenen Kilometern.

- Bei 10 bis 50 % betrieblicher Nutzung haben Sie ein Wahlrecht: Entweder Sie legen den Pkw als Geschäftswagen in Ihr Betriebsvermögen ein (= „gewillkürtes Betriebsvermögen"). Oder Sie belassen ihn als Privatwagen in Ihrem Privatvermögen.

- Bei einer betrieblichen Nutzung von weniger als 10 % kann das Auto kein Geschäftswagen sein und verbleibt in Ihrem Privatvermögen.

In 2 Fallgruppen geht das Finanzamt automatisch davon aus, dass Sie die 50-%-Marke überschreiten, Ihr Pkw also notwendiges Betriebsvermögen ist:

- wenn offensichtlich ist, dass Sie aus betrieblichen Gründen auf Ihren Pkw angewiesen sind, z. B. als Taxiunternehmer, Handelsvertreter, Landtierarzt oder im Bau- und Baunebengewerbe,

- wenn schon Ihre Fahrten zwischen Wohnung und dem Betrieb und/oder Familienheimfahrten mehr als 50 % der Jahreskilometer-

JETZT BIN ICH SELBSTSTÄNDIG

6. KAPITEL — BETRIEBSAUSGABEN

leistung Ihres Pkw ausmachen (solche Fahrten sind betriebliche Fahrten).

Zählen Sie nicht zu einer dieser beiden Gruppen und soll Ihr Auto dennoch ein Geschäftswagen sein, müssen Sie dem Finanzamt den betrieblichen Nutzungsanteil glaubhaft machen. Das kann durch ein Fahrtenbuch geschehen. Ausreichend ist aber auch, wenn Sie z.B. Ihre Geschäftsfahrten über 3 Monate aufzeichnen. Vorsicht: Legen Sie dem Finanzamt keine Aufzeichnungen vor, wird es den betrieblichen Nutzungsanteil mit nur 10 bis 20 % schätzen!

z.B. Ein Handelsvertreter behandelt seinen Pkw als (notwendiges) Betriebsvermögen. Das Finanzamt wird auch ohne Vorlage von Aufzeichnungen keine Einwände erheben, weil sich bereits aus der Art seiner Tätigkeit ergibt, dass er den Pkw zu mehr als 50 % betrieblich nutzt. ∎

Die Zuordnung zum Betriebsvermögen nehmen Sie vor, indem Sie den Pkw zeitnah, spätestens bis zum Jahresende, in Ihr Anlagenverzeichnis aufnehmen (BMF, 17.11.2004, Az: IV B2 – S 2134–2/04). Sie sollten Ihr Finanzamt zudem schriftlich über die Zuordnung informieren.

Beachten Sie: Einen geleasten Pkw nehmen Sie nicht in Ihr Anlagevermögen auf, da er ja weiterhin der Leasing-Gesellschaft gehört. Trotzdem müssen Sie den betrieblichen Nutzungsanteil wie beschrieben darlegen, sodass er entweder wie ein Geschäfts- oder wie ein Privatwagen behandelt werden kann.

Aufzeichnungen zum Nachweis der betrieblichen Nutzung eines Geschäftswagens

Kennzeichen des Pkw: BN – XY 123

Zeitraum: 1.9.20__ bis 30.11.20__

Kilometerstand am 1.9.20__	55.220 km
Anlass	gefahrene km
Besprechung mit dem Steuerberater	25 km
Einkauf Büromaterial	18 km
...	...
Wohnung – Betrieb	8 km
Kilometerstand am 30.11.20__	58.970 km
insgesamt gefahren	3.750 km

Download unter: **www.jetzt-selbststaendig.info**
Kapitel 6, Stichwort: **Geschäftswagen, Nachweis betriebliche Nutzung**

BETRIEBSAUSGABEN — 6. KAPITEL

Die Vorteile der steuerlichen Behandlung als Geschäftswagen

Der große Vorteil eines Geschäftswagens ist, dass sämtliche Kosten Betriebsausgaben sind – ganz gleich, ob sie auf Privat-, Urlaubs- oder Geschäftsfahrten anfallen. Im Gegenzug müssen Sie Ihre private Nutzung des Geschäftswagens versteuern.

Demgegenüber können Sie bei einem Privatwagen jedoch nur den Kostenanteil absetzen, der auf Ihre betrieblichen Fahrten entfällt. Dafür gibt es zwar eine unbürokratische Pauschale von 0,30 € pro Kilometer, die Ihre tatsächlichen Kosten aber oft gar nicht deckt. Die tatsächlichen Kosten abzusetzen ist aufwändiger.

Anschaffungskosten werden abgeschrieben (Abschreibung)

Ist Ihr Pkw ein Geschäftswagen, schreiben Sie die Anschaffungskosten ab. Sie gehen vom Netto-Betrag aus, wenn Sie die Vorsteuer erstattet erhalten, anderenfalls vom Brutto-Betrag. Der Abschreibungszeitraum beträgt bei einem Neuwagen laut amtlicher AfA-Tabelle 6 Jahre bzw. 5 Jahre, wenn Sie ihn ganzjährig im Lade- oder Kurzstreckenverkehr nutzen. Bei einem Gebrauchtfahrzeug müssen Sie den Abschreibungszeitraum schätzen.

Berechnung der Abschreibung:

z.B. Sie kaufen im Januar einen neuen Geschäftswagen für 20.000 € zzgl. 19 % Umsatzsteuer, also 3.800 €. Die Vorsteuer holen Sie sich vom Finanzamt im Rahmen Ihrer Umsatzsteuer-Voranmeldung zurück. Die Netto-Anschaffungskosten schreiben Sie monatsgenau linear über 6 Jahre ab. Sie machen (20.000 € / 6 =) 3.333,33 € für die 12 Monate als Betriebsausgaben geltend. ■

Beachten Sie: Bei einem geleasten Fahrzeug setzen Sie statt der Abschreibung die Leasing-Raten ab sowie eine eventuelle Leasing-Sonderzahlung (Einnahmen-Überschuss-Rechner in voller Höhe, wenn die Sonderzahlung bis zu 30 % des Brutto-Listenneupreises des Pkw beträgt und der Vertrag weniger als 5 Jahre läuft; sonst Verteilung über die Vertragslaufzeit).

z.B. Sie leasen einen 3er BMW mit einem Brutto-Listenneupreis von 44.000 €. Ihr alter Pkw wird mit 9.500 € netto als Leasing-Sonderzahlung in Zahlung genommen. Anschließend zahlen Sie eine monatliche Leasing-Rate von 277 € netto. Der Leasing-Vertrag läuft über 3 Jahre:

	1. Jahr	2. Jahr	3. Jahr
Leasing-Sonderzahlung	9.500 €	—	—
Rate/Monat 277 €	3.324 €	3.324 €	3.324 €
Betriebsausgaben	12.824 €	3.324 €	3.324 €

Laufende Pkw-Kosten setzen Sie sofort ab

Ist Ihr Pkw ein Geschäftswagen, sind die laufenden Kosten Betriebsausgaben – egal, ob das Auto Ihnen gehört oder geleast ist. Abzugsfähig sind somit Ihre sämtlichen Kosten für Benzin/Diesel, Reparaturen, Wagenpflege, Garagenmiete, Steuern, Versicherung etc. Wenn Sie die Vorsteuer zurückerhalten, setzen Sie die Netto-Beträge ab, ansonsten die Brutto-Beträge.

Beachten Sie diese steuerlichen Nachteile eines Geschäftswagens

Der Fiskus unterstellt, dass Sie mit Ihrem Geschäftswagen auch privat unterwegs sind, und verlangt, dass Sie den Wert dieser Privatnutzung als Privatentnahme erfassen und versteuern. So soll sichergestellt werden, dass Sie unter dem Strich keinen ungerechtfertigten Vorteil gegenüber Privatleuten erzielen, die ihre Autokosten anders als Selbstständige nicht absetzen können. Die Berechnung der Privatentnahme erfolgt bei einem Geschäftswagen im

JETZT BIN ICH SELBSTSTÄNDIG

6. KAPITEL — BETRIEBSAUSGABEN

Musterformulierung für eine Mitteilung an das Finanzamt

Siegbert Steuer, Kurierdienst
Schnellstraße 8
12345 Beispielstadt

An das
Finanzamt Beispielstadt
Postfach 12345
12345 Beispielstadt   Beispielstadt, 20. 1. 20__

Steuernummer: 123/456/78910

Anschaffung von gewillkürtem Betriebsvermögen

Sehr geehrter Damen und Herren,

entsprechend dem Schreiben des Bundesfinanzministeriums vom 17. 11. 2004 (Az IV B 2 – S 2134–2/04) teile ich Ihnen mit, dass ich am __.__.____ einen PKW erworben habe, der zu meinem Betriebsvermögen gehört. Da die betriebliche Nutzung voraussichtlich nicht mehr als 50 % beträgt, gehört das Fahrzeug zum gewillkürten Betriebsvermögen,

Mit freundlichen Grüßen

Siegbert Steuer

Download unter: **www.jetzt-selbststaendig.info**, Kapitel 6, Stichwort: **Pkw als gewillkürtes Betriebsvermögen, Mitteilung an das Finanzamt**

BETRIEBSAUSGABEN — **6. KAPITEL**

- notwendigen Betriebsvermögen (> 50 % betrieblicher Nutzungsanteil) per Fahrtenbuch oder mittels der pauschalen 1-%-Methode,

- gewillkürten Betriebsvermögen (10 % bis 50 % betrieblicher Nutzungsanteil) per Fahrtenbuch oder anhand einer vereinfachten Aufzeichnung (siehe Muster auf Seite 179 bzw. 174). Die pauschale Ermittlung mithilfe der 1-%-Methode ist in diesem Fall nicht zulässig (BMF, 18. 11. 2009, Az: IV C 6 – S 2177/07/10004)

z.B. Sie haben durch eine vereinfachte Aufzeichnung dargelegt, dass Sie Ihren Pkw zu 45 % betrieblich nutzen, und setzen sämtliche Kosten als Betriebsausgaben ab. Das waren im betreffenden Jahr inklusive Abschreibung (oder Leasing-Raten) 8.628 €. Für Ihre Privatnutzung müssen Sie (55 % × 8.628 € =) 4.745,40 € als Betriebseinnahmen erfassen und versteuern.

Unter dem Strich bleibt Ihnen also eine Betriebsausgabe von nur 3.882,60 €. ∎

Beachten Sie: Die Finanzverwaltung stellt strenge Anforderungen an Fahrtenbücher. Halten Sie diese nicht ein, kann das Finanzamt die Anerkennung versagen und die Besteuerung (zu Ihren Ungunsten) schätzen. Die Aufzeichnungen für ein ordnungsgemäßes Fahrtenbuch müssen handschriftlich (nicht als Excel-Tabelle) und in einem gebundenen Buch geführt werden oder elektronisch so, dass die Aufzeichnungen nachträglich nicht veränderbar sind bzw. Änderungen eindeutig dokumentiert werden (BFH, 16. 11. 2005, Az: VI R 64/04; 9. 11. 2005, Az: VI R 27/05).

Jede betriebliche Fahrt in einem Kalenderjahr (1. 1. bis 31. 12.) müssen Sie zudem so aufzeichnen, dass sie einfach überprüfbar ist. Dafür sind im Einzelnen folgende Angaben erforderlich:

1. Datum jeder Fahrt

2. Kilometerstand am Beginn und am Ende jeder Fahrt

3. Ziel jeder betrieblichen Fahrt; bei Umwegen sind auch Angaben zum Fahrtweg zu machen

4. Name des Geschäftspartners oder Kunden, zu dem Sie gefahren sind, bzw. Zweck der Fahrt (BFH, 16. 3. 2006, Az: VI R 87/04)

TIPP Am besten kaufen Sie sich im Schreibwarenhandel ein Fahrtenbuch als gebundenes Büchlein. Das kostet nur wenige Euro. Für die notwendigen Angaben sind darin bereits Felder in Tabellenform vorgesehen. Die Fahrtenbücher lassen Sie dann im Pkw. So haben Sie sie für jede Fahrt zur Hand.

So werden Fahrten zwischen Wohnung und Betrieb steuerlich behandelt

Wenn Sie mit Ihrem Geschäftswagen von Ihrer Wohnung zu Ihrem Betrieb fahren, sind das betriebliche Fahrten. Somit setzen Sie die darauf entfallenden Kosten zunächst in voller Höhe ab. Allerdings sollen Sie als Unternehmer keine höheren Kosten geltend machen dürfen als jeder Arbeitnehmer, für den die sogenannte Entfernungspauschale gilt.

Ein Arbeitnehmer kann für Fahrten zwischen Wohnung und Betrieb 0,30 € je Entfernungskilometer und Arbeitstag absetzen.

Wenn Sie als Unternehmer in einem Jahr Fahrten zwischen Wohnung und Betrieb mit Ihrem Geschäftswagen zurückgelegt haben, müssen Sie ausrechnen, ob der Kostenanteil, der diesen Fahrten entspricht, über oder unter der in diesem Jahr zulässigen Entfernungspauschale liegt. Entsprechend haben Sie Ihren Betriebsausgabenabzug zu verringern oder zu erhöhen.

Wie Sie rechnen, hängt davon ab, ob Sie die Privatnutzung Ihres Geschäftswagens nach der 1-%-Methode, per Fahrtenbuch oder mit dem vereinfachten Nachweis versteuern.

JETZT BIN ICH SELBSTSTÄNDIG

6. KAPITEL — BETRIEBSAUSGABEN

Beispiel für Fahrtenbuchaufzeichnungen

Datum	Km-Stand Beginn	gefahrene Km betrieblich	gefahrene Km privat	gefahrene Km Wohnung/Betrieb	Km-Stand Ende	Ziel/Route	Reisezweck/Geschäftspartner
10.11.	12.101			4	12.105	WB	
10.11.	12.105	122			12.227	Köln Beispielstraße 1 via Wesseling, Beispielstraße 2	Computer abgeholt im Lager Wesseling und installiert bei Fa. Carl Müller in Köln
10.11.	12.227			4	12.231	WB	
10.11.	12.231		20		12.251	Privatfahrt	
11.11.	12.251	33			12.284	Beispielstraße 3 Rheinbach	Besprechung Netzwerk Installation mit Klaus Klein, Fa. Paul Schmidt
11.11.	12.284			4	12.288	WB	

WB = Fahrt zwischen Wohnung und Betrieb

Welche Steuern bei Verkauf oder Entnahme des Geschäftswagens anfallen

Wenn Sie Ihren Geschäftswagen wieder verkaufen, ist die Sachlage sehr einfach: Sie erfassen den Verkaufserlös (netto, wenn Sie umsatzsteuerpflichtig sind, ansonsten brutto) als Betriebseinnahme. Der verbleibende Restbuchwert ist zugleich Betriebsausgabe. Im Ergebnis versteuern Sie also den Unterschiedsbetrag zwischen Buchwert und Verkaufspreis.

z.B. Sie verkaufen Ihren Geschäftswagen im Dezember für 20.000 €. Sein Buchwert lag in diesem Monat entsprechend Ihrer monatsgenauen Berechnung der Abschreibung bei 12.000 €. Dann erfassen Sie in Ihrer EÜR den Verkaufspreis als Einnahme und den Restbuchwert als Ausgabe. Im Ergebnis erhöht sich Ihr Gewinn um 8.000 €. ■

Entnehmen Sie Ihren Geschäftswagen aus Ihrem Betriebsvermögen in Ihr Privatvermögen, so ist der Entnahmewert realistisch zu schätzen (er ist nicht identisch mit dem Restbuchwert!). Naturgemäß werden Sie ihn möglichst gering ansetzen wollen, damit Sie einen entsprechend geringen Betrag versteuern müssen. Sie können sich vorstellen, dass dies immer den Argwohn des Fiskus weckt. Daher sollten Sie den Entnahmewert nachweisen können. Hierfür bieten sich an:

1. Gutachten eines Sachverständigen,
2. Online-Bewertung bei Schwacke, DEKRA, TÜV,
3. Internet-Recherche (z. B. unter www.autoscout24.de oder unter www.mobile.de) mit Ausdruck aktueller vergleichbarer Angebote.

BETRIEBSAUSGABEN — 6. KAPITEL

Erstattet das Finanzamt die Vorsteuer aus den Anschaffungskosten sofort?

Sie können Ihren Pkw umsatzsteuerlich Ihrem Unternehmen zuordnen, sofern Sie ihn mehr als 10 % betrieblich nutzen. Das geht auch, wenn Sie den Wagen einkommensteuerlich als Privatvermögen behandeln – beides ist unabhängig voneinander.

Großer Vorteil, wenn Sie Ihren Pkw auch umsatzsteuerlich als Geschäftswagen führen: Der Fiskus erstattet Ihnen die gesamte Vorsteuer aus dem Kaufpreis sofort. Die Voraussetzungen sind lediglich, dass

- Sie zum Vorsteuerabzug berechtigt sind und
- Ihnen eine ordnungsgemäße Rechnung vorliegt, auf der die Umsatzsteuer ausgewiesen ist.

Faktisch erfolgt die Zuordnung zum Unternehmensvermögen dadurch, dass Sie in der Umsatzsteuer-Voranmeldung für den Zeitraum, in dem Sie den Wagen für Ihren Betrieb gekauft haben, die Vorsteuer geltend machen.

Unter den gerade genannten Voraussetzungen können Sie auch aus sämtlichen laufenden Pkw-Kosten die Vorsteuer ziehen. Das heißt, Sie erhalten aus jeder ordentlichen Rechnung/Quittung die Vorsteuer zurück. Bewahren Sie solche Belege also gut auf.

Ist auf die Privatnutzung Umsatzsteuer abzuführen?

Ja. Da Sie den Geschäftswagen auch privat fahren, müssen Sie Umsatzsteuer auf die Privatnutzung abführen (BMF, 7.7.2006, Az: IV B 2 – S 2177–44/06 und IV A 5 – S 7206–7/06). Sie ermitteln die Bemessungsgrundlage für die abzuführende Umsatzsteuer je nach Umfang Ihrer betrieblichen Nutzung des Geschäftswagens, nämlich bei

- mehr als 50 % betrieblicher Nutzung per Fahrtenbuch oder 1-%-Methode bzw.
- 10 bis zu 50 % betrieblicher Nutzung per Fahrtenbuch oder vereinfachtem Nachweis.

z.B. Sie haben durch eine vereinfachte Aufzeichnung dargelegt, dass Sie Ihren Pkw zu 45 % betrieblich nutzen.

Berechnungsweg	Beispiel
mit Umsatzsteuer belastete Netto-Kosten Pkw (Jahreswert)	7.260 €
× 55 % Anteil Privatnutzung (= Bemessungsgrundlage)	3.993 €
× Umsatzsteuer-Satz	19 %
= für die Privatnutzung abzuführende Umsatzsteuer	758,67 €

Umsatzsteuer bei Entnahme oder Verkauf des Geschäftswagens

Führen Sie Ihren Pkw umsatzsteuerlich als Geschäftswagen, kommt auch bei einem späteren Verkauf oder einer Entnahme ins Privatvermögen die Umsatzsteuer mit ins Spiel. Verkaufen Sie das Auto, müssen Sie die im erzielten Brutto-Verkaufspreis enthaltene Umsatzsteuer ans Finanzamt abführen. Dabei spielt es keine Rolle, ob Sie aus den Anschaffungskosten Vorsteuer geltend machen konnten oder nicht, weil Sie das Auto z.B. gebraucht von privat gekauft haben oder von einem Händler, der die Umsatzsteuer wegen Anwendung der Differenzbesteuerung nicht ausweisen durfte.

Entnehmen Sie das Auto aber zunächst in Ihr Privatvermögen, bevor Sie es verkaufen, müssen Sie den Entnahmewert schätzen.

Dann gilt:

- Einkauf ehemals mit Vorsteuerabzug: Sie müssen auf den Entnahmewert Umsatzsteuer abführen.
- Einkauf ehemals ohne Vorsteuerabzug: Die Entnahme ins Privatvermögen ist nicht umsatzsteuerpflichtig (§ 3 Abs. 1b Satz 2 UStG)!

6. KAPITEL — BETRIEBSAUSGABEN

So wirkt sich die betriebliche Nutzung eines Privatwagens steuerlich aus

Einkommensteuerlich können Sie die Kosten für einzelne betriebliche Fahrten mit einem Privatwagen absetzen, und zwar auf 2 Wegen:

- **Kilometerpauschale:** Sie erfassen für jeden gefahrenen Kilometer 0,30 € als Betriebsausgabe.

- **Tatsächliche Kosten:** Sie ermitteln die tatsächlichen Kosten je gefahrenen Kilometer für Ihren Pkw und setzen diese anstelle der Pauschale von 0,30 € an. Dafür müssen Sie allerdings sämtliche Belege über Ihre Pkw-Kosten sammeln und die Kosten zusammenrechnen. Dass sich dieser Aufwand auch lohnen kann, zeigt die Vergleichsrechnung unten.

Für beide Möglichkeiten müssen Sie die betrieblich gefahrenen Kilometer aufzeichnen, aber kein Fahrtenbuch führen. Am besten notieren Sie zu jeder betrieblichen Fahrt die folgenden Angaben in einem Heft:

- Datum,
- Ort,
- Zweck der Reise,
- ggf. den Gesprächspartner und
- die betrieblich gefahrenen Kilometer.

z.B. Sie sind mit Ihrem Privatwagen in einem Jahr 26.000 km gefahren. Aufgezeichnet haben Sie 12.500 km betriebliche Fahrten. Die jährlichen Brutto-Kosten des Pkw betragen einschließlich einer fiktiven Abschreibung (Sie setzen den Betrag an, der bei einem Geschäftswagen abzuschreiben wäre) insgesamt 12.000 €. Im Vergleich geben die beiden Berechnungsmethoden mit Ansatz der Kilometerpauschale und der tatsächlichen Kosten Folgendes:

	Tatsächliche Kosten	Kilometerpauschale €
Kosten brutto	12.000 €	
Gesamtkilometer	26.000	
Kosten je Kilometer	(12.000 €/ 26.000 km =) 0,46 €	0,30 €
betriebliche Kilometer	12.500	12.500
abzugsfähig	5.750 €	3.750 €
Differenz	2.000 €	

Setzen Sie die Pauschale an, brauchen Sie sich nicht die Mühe zu machen, die Kosten Ihres Privatwagens zusammenzustellen. Wenn die tatsächlichen Kosten gering sind – z. B. bei einem abgeschriebenen Kleinwagen –, kann die Pauschale sogar günstiger sein.

BETRIEBSAUSGABEN — **6. KAPITEL**

Reisekosten – Die Regeln für den Abzug betrieblicher Auswärtsaufenthalte

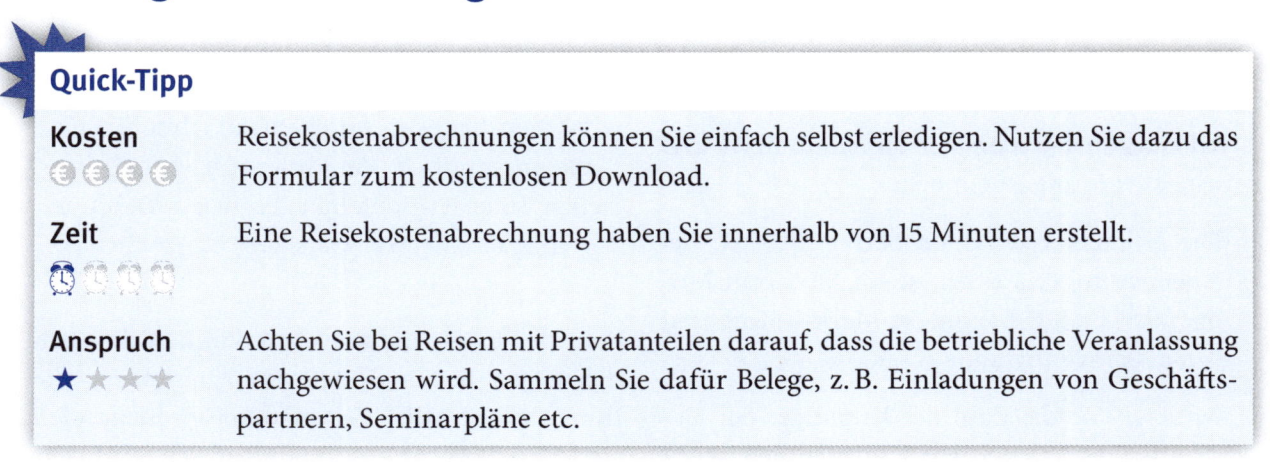

> **Quick-Tipp**
>
> **Kosten** €€€€
> Reisekostenabrechnungen können Sie einfach selbst erledigen. Nutzen Sie dazu das Formular zum kostenlosen Download.
>
> **Zeit**
> Eine Reisekostenabrechnung haben Sie innerhalb von 15 Minuten erstellt.
>
> **Anspruch** ★☆☆☆
> Achten Sie bei Reisen mit Privatanteilen darauf, dass die betriebliche Veranlassung nachgewiesen wird. Sammeln Sie dafür Belege, z. B. Einladungen von Geschäftspartnern, Seminarpläne etc.

Eine Auswärtstätigkeit liegt vor, wenn Sie vorübergehend außerhalb Ihrer Wohnung und an keiner Ihrer regelmäßigen Arbeitsstätten beruflich tätig werden, also z. B. einen Kunden oder Geschäftspartner aufsuchen, eine Einkaufsfahrt unternehmen, eine Messe besuchen oder zu einem Seminar fahren. Die Grundregeln für die Absetzbarkeit einer solchen Auswärtstätigkeit sind relativ einfach (R 9.4 ff. LStR).

Sie können folgende Kosten geltend machen:

- Fahrtkosten
- Verpflegungs-Pauschalen, wenn Sie mindestens 8 Stunden abwesend sind (nicht aber Ihren tatsächlichen Mehraufwand durchs Essengehen auf Reisen)
- Übernachtungskosten
- Reisenebenkosten wie z. B. Parkgebühren.

So machen Sie Ihre Fahrtkosten geltend

Unternehmen Sie eine Geschäftsreise, entstehen Ihnen zunächst Fahrtkosten. Welches Verkehrsmittel Sie benutzen, ist Ihnen freigestellt. Die entstehenden Kosten machen Sie auf folgende Weise geltend:

Fahrtkosten laut Ticket/Quittung/Rechnung

Wenn Sie per Flugzeug, Bahn, Bus, Taxi, Schiff/Fähre etc. oder mit einem Mietwagen unterwegs waren, haben Sie die Tickets, Quittungen oder Rechnungen als Belege für Ihre Fahrtkosten. Sind Sie umsatzsteuerpflichtig, holen Sie sich ausgewiesene Umsatzsteuer zurück und setzen die Netto-Beträge als Betriebsausgabe ab – ansonsten die Brutto-Beträge.

> **TIPP** Bei Fahrten unter 50 km mit öffentlichen Verkehrsmitteln oder Taxen muss die Umsatzsteuer (dann 7 %) nicht in den Tickets/Quittungen ausgewiesen sein. Sie dürfen sie aber trotzdem ziehen (Brutto-Betrag × 7/107 = Umsatzsteuer). Versäumen Sie das, verschenken Sie bares Geld!

Fahrten mit dem Geschäftswagen

Waren Sie mit einem Auto auf Geschäftsreise, das Sie ohnehin als Geschäftswagen absetzen? Dann dürfen Sie die Fahrtkosten nicht zusätzlich geltend machen. Diese Position entfällt also in Ihrer Reisekosten-Abrechnung. Wenn Sie ein Fahrtenbuch führen, tragen Sie die auf der Geschäftsreise zurückgelegten Kilometer unter den betrieblichen Fahrten ein. Einen eventuell privat veranlassten Umweg müssen Sie dabei als Privatfahrt ausweisen, da Sie diese Kosten nicht absetzen können.

6. KAPITEL — BETRIEBSAUSGABEN

Fahrten mit einem Privatwagen oder einem anderen Fahrzeug

Wenn Sie mit Ihrem Privatauto unterwegs waren oder sich ein solches von jemandem geliehen haben, können Sie die Fahrtkosten entweder pauschal oder in tatsächlicher Höhe absetzen. Die pauschale Lösung ist einfach:

- Die Kilometerpauschale beträgt 0,30 € bei einem Auto, 0,13 € bei einem Motorrad/Motorroller, 0,08 € bei einem Moped/Mofa und 0,05 € beim Fahrrad.
- Notieren Sie die Zahl der Kilometer der Geschäftsreise hin und zurück (eventuell privat veranlasste Umwege rechnen Sie heraus).
- Multiplizieren Sie die Kilometerzahl mit der Kilometerpauschale, dann haben Sie den absetzbaren Betrag.

z.B. Konrad Hellner fährt mit seinem Privatwagen von Bonn nach Köln zu einem Kunden und wieder zurück. Er wählt den direkten, verkehrsgünstigsten Weg, der laut seinem Tacho 88 km (Hin- und Rückfahrt) beträgt. In seiner Reisekosten-Abrechnung notiert er unter „Fahrtkosten" (88 × 0,30 € =) 26,40 €.

TIPP Wenn Sie private Umwege fahren oder etwa ein Fahrrad ohne Tacho nutzen, ermitteln Sie Entfernungen mithilfe eines Internet-Routenplaners wie z. B. unter www.map24.de, www.falk.de.

Statt der Kilometerpauschale können Sie auch die tatsächlichen Fahrtkosten absetzen, die Ihnen durch die Geschäftsreise entstanden sind (zur Berechnung mehr auf Seite ##). Zur Abrechnung Ihrer Geschäftsreisen dürfen Sie dann den Kilometersatz zugrunde legen, den Sie so ermittelt haben – und zwar so lange, bis sich die Verhältnisse wesentlich ändern. Das ist wichtig, weil Sie ansonsten Ihre tatsächlichen Fahrtkosten für eine Geschäftsreise ja erst nach Jahresende konkret ermitteln und auch dann erst in die Reisekosten-Abrechnung schreiben könnten.

Das gilt für die Verpflegung auf Ihrer Geschäftsreise

Müssen Sie sich auswärts verpflegen, ist das meist teurer als zuhause. Diesen Mehraufwand dürfen Sie steuerlich geltend machen. Der Fiskus akzeptiert zwar nicht, dass Sie Ihre tatsächlichen Kosten für Speisen und Getränke absetzen. Aber er gesteht Ihnen je nach Dauer Ihrer Geschäftsreise pauschale Absetzungsbeträge zu.

Pauschalen für Verpflegungsmehraufwendungen (Inland)

Zeitraum	Pauschale
weniger als 8 Stunden Abwesenheit	0 €
weniger als 14 Stunden, aber mindestens 8 Stunden Abwesenheit	6 €
weniger als 24 Stunden, aber mindestens 14 Stunden Abwesenheit	12 €
24 Stunden Abwesenheit (von 0 bis 24 Uhr auf mehrtägigen Reisen)	24 €

Beachten Sie: Auch wenn Sie Ihre tatsächlichen Verpflegungskosten nicht absetzen dürfen, sollten Sie als umsatzsteuerpflichtiger Unternehmer sämtliche Rechnungen/Quittungen für Speisen und Getränke auf Geschäftsreisen sammeln. Daraus dürfen Sie nämlich die Vorsteuer ziehen (BMF, 28. 3. 2001, Az: IV B 7 – S-7303a – 20/01).

z.B. Werbetexterin Beate West trifft sich mit Kollegen zum Erfahrungsaustausch in Frankfurt/M. Sie startet in Wiesbaden um 17 Uhr, übernachtet in Frankfurt/M. und ist am nächsten Tag um 9 Uhr wieder zuhause. Am Abend hat sie im Restaurant für 46 € gut gespeist. Für ihre Verpflegung absetzen kann sie

- für den 1. Tag nichts, weil zwischen 17 und 24 Uhr nur 7 Stunden liegen, und
- für den 2. Tag 6 €, weil zwischen 0 und 9 Uhr 9 Stunden liegen.

BETRIEBSAUSGABEN — **6. KAPITEL**

Ihre tatsächlichen Kosten für das Essen kann sie nicht absetzen. Aus den 46 € holt sie sich aber (46 €/119 × 19) = 7,34 € Vorsteuer zurück. ▪

TIPP Laden Sie während Ihrer Reise einen Geschäftsfreund aus betrieblichem Anlass zum Essen ein, können Sie Ihre Kosten laut Restaurantquittung – also auch die für Ihr eigenes Essen – zu 70 % absetzen und ggf. die volle Vorsteuer daraus ziehen. Es gelten dann die üblichen Regeln für die Bewirtung von Geschäftsfreunden. Auf die Verpflegungspauschale hat die Bewirtung keinen Einfluss – die bekommen Sie trotzdem und ungekürzt.
Wichtig: Bewirtungskosten und -anlass müssen Sie getrennt aufzeichnen. Bewirten Sie in einer Gaststätte, lassen Sie sich dafür den maschinell erstellten Bewirtungsbeleg geben, auf dem die Registrierkassenummer abgedruckt ist. Darauf sind in der Regel Felder für die notwendigen Angaben vorgegeben. Sie können aber auch das folgende Formular verwenden (der Kassenbeleg der Gaststätte wird dann angeheftet).

Nachweis der Höhe und der betrieblichen Veranlassung von Bewirtungsaufwendungen gem. § 4 Abs. 5 Nr. 2 EStG

Tag der Bewirtung:	25. 1. 20__
Ort der Bewirtung (genaue Bezeichnung, Anschrift):	Restaurant „Quitte" Elbestraße 55, 01234 Ort
bewirtete Person (inklusive der Person, die einlädt):	Regina Schmitt, Vertriebsleiterin Glaskunst GmbH Beate Beispiel
konkreter Anlass der Bewirtung:	Verhandlung der Einkaufskonditionen Saison 20__
Höhe der Aufwendung (brutto) laut angehefteter maschineller Rechnung:	121,38 Euro

Berechnung Betriebsausgaben- und Vorsteuerabzug:

	zum Vorsteuerabzug berechtigte Unternehmen:		nicht zum Vorsteuerabzug berechtigte Unternehmen:	
Betriebsausgabenabzug:	70 % des Netto-Rechnungsbetrags:	71,40 Euro	70 % des Brutto-Rechnungsbetrags:	—
Vorsteuerabzug:	ausgewiesene USt.:	19,38 Euro		
Ort, Datum, Unterschrift:	Beispielort, 25. 1. 20__, Beate Beispiel			

Download unter: **www.jetzt-selbststaendig.info**
Kapitel 6, Stichwort: **Bewirtungskostenbeleg**

6. KAPITEL — BETRIEBSAUSGABEN

Die Berechnungs-Regeln im Detail

Sind Sie an einem Tag mehrfach auswärts tätig, rechnen Sie die Abwesenheitszeiten zusammen.

z.B. Sie sind am Vormittag von 8 bis 12 Uhr bei einem Kunden, und nehmen dann noch einmal von 18 bis 23 Uhr an einem Geschäftsessen teil. Damit waren Sie an diesem Tag 9 Stunden abwesend und können die Pauschale von 6 € für Ihren Verpflegungsmehraufwand absetzen.

Beginnt Ihre Reise an einem Tag nach 16 Uhr und kehren Sie vor 8 Uhr des folgenden Tages zurück, ohne zu übernachten? Dann rechnen Sie die gesamte Abwesenheitsdauer dem Tag der überwiegenden Abwesenheit zu.

z.B. Sie sind ab Mittwoch, 17 Uhr, bis Donnerstag, 1 Uhr, unterwegs. Damit kommen Sie auf 8 Stunden Abwesenheit, da die Zeit nach Mitternacht noch mitzählt, und können für den Mittwoch 6 € geltend machen. Starten Sie vor 16 Uhr oder kommen Sie nach 8 Uhr des Folgetages zurück oder übernachten Sie auf Ihrer Geschäftsreise, beginnt um 0 Uhr die Zeit neu zu laufen.

Führt Ihre Reise Sie an einem Tag ins Inland und ins Ausland, ist für diesen Tag das entsprechende Auslandstagegeld maßgeblich. Das ist unabhängig davon, wo Sie länger waren. Bei Flugreisen gilt ein Land zu dem Zeitpunkt als erreicht, zu dem das Flugzeug dort landet; Zwischenlandungen bleiben unberücksichtigt, es sei denn, durch dadurch werden Übernachtungen notwendig.

So setzen Sie Übernachtungskosten ab

Übernachten Sie während einer Geschäftsreise auswärts, können Sie

- im Inland Ihre tatsächlichen Kosten laut Rechnung absetzen und
- im Ausland Nacht für Nacht entweder auch die tatsächlichen Kosten abrechnen oder die für das Land geltende Übernachtungspauschale.

TIPP Verwechseln Sie das Gesagte nicht mit folgender Regelung: Arbeitgeber dürfen ihren Arbeitnehmern für Übernachtungen im Inland ohne Nachweis einen Pauschalbetrag von 20 € steuerfrei auszahlen. Sie als Unternehmer dürfen Übernachtungskosten im Inland aber nur in nachgewiesener Höhe absetzen.

Sind Sie umsatzsteuerpflichtig, können Sie aus dem Brutto-Rechnungsbetrag für eine Übernachtung im Inland die volle Vorsteuer ziehen!

z.B. Klaus Nies unternimmt eine Geschäftsreise von Mittwoch, 8 Uhr, bis Donnerstag, 18 Uhr, bei der er in Bochum übernachtet. Er setzt als Verpflegungspauschalen 12 € für den Mittwoch und 12 € für den Donnerstag ab. Zudem hat er eine Hotelrechnung über 119 € brutto für die Übernachtung sowie 10 € für 1 Frühstück erhalten. Die Übernachtungskosten in Höhe von 119 € macht er als Betriebsausgaben geltend. Zudem holt er sich die Vorsteuer (119/119 × 100 =) 100 € für die Übernachtung sowie (10/107 × 100 =) 9,34 € vom Finanzamt zurück.

Vergessen Sie die Reisenebenkosten nicht

Als Reisenebenkosten absetzbar sind Ihre tatsächlichen Aufwendungen, u. a. für

- die Beförderung und Aufbewahrung von Gepäck,
- Maut/Straßenbenutzungsgebühren,
- Parkplatzkosten,
- geschäftliche Telefonate,
- Schadenersatzleistungen infolge von Verkehrsunfällen (R 9.8 LStR).

Sammeln Sie sämtliche Belege zusammen mit der Reisekosten-Abrechnung. Sie können ggf. auch die Vorsteuer daraus ziehen.

BETRIEBSAUSGABEN — 6. KAPITEL

Nicht abzugsfähig sind Kosten für Bekleidung, Koffer und andere Reiseausrüstungen. Auch Strafzettel und Bußgelder, die Sie sich während einer Geschäftsreise einhandeln, tragen Sie rein privat.

So bekommen Sie Zweifelsfälle bei der Reisekostenabrechnung in den Griff

Dokumentieren Sie den betrieblichen Reisezweck genau

Kosten für eine Auswärtstätigkeit sind nur dann absetzbar, wenn es für Ihre Reise einen konkreten betrieblichen Anlass gibt. Dokumentieren Sie deshalb genau, wen Sie wann aus welchem geschäftlichen Grund und an welchem Ort (genaue Adresse) besucht haben. Notieren Sie das am besten in einer Reisekosten-Abrechnung, die Sie für jede einzelne Geschäftsreise anfertigen sollten.

Allgemeine Gründe wie „Recherchefahrt", „Verschaffung eines Marktüberblicks" oder „Informationsreise" sind nicht konkret genug. Damit verbundene Kosten wird der Fiskus nicht als Betriebsausgaben anerkennen. Sie müssen dann damit rechnen, dass ein trotzdem vorgenommener Abzug im Rahmen einer Betriebsprüfung wieder gestrichen wird.

Mit diesen Unterlagen weisen Sie eine betriebliche Veranlassung nach:

- Eintrittskarten, z. B. von Messen
- Einladungsschreiben von Kunden oder Geschäftspartnern
- Tagesordnungen von Veranstaltungen
- Seminarpläne bei Fortbildungen
- Terminpläne

Trennen Sie Kosten im Zweifel in privat und betrieblich veranlasste auf

Problematisch kann die Anerkennung Ihrer Reisekosten werden, wenn Ihre Reise erkennbar aus einem privaten Grund mitveranlasst war. Dann gilt:

- Gingen Sie Privatangelegenheiten in einem „geringfügigen Umfang" nach, ist das unschädlich. Sie können trotzdem die vollen Reisekosten absetzen. Beispiel: Besuch einer privaten Abendveranstaltung nach einem 8-stündigen Seminartag.

- War der Privatanteil mehr als „geringfügig", müssen Sie die Reisekosten in einen betrieblich absetzbaren und einen privat veranlassten und somit nicht absetzbaren Teil trennen. In der Regel wird das Finanzamt einen Anteil von geschätzt 50 % der tatsächlich angefallenen Kosten anerkennen.

- Ist die Trennung nicht leicht und einwandfrei möglich – auch nicht durch Schätzung –, erlaubt das Finanzamt keinen Kostenabzug (§ 12 EStG), was aber umstritten ist (BFH, 20.7.2006, Az: VI R 94/01).

TIPP Bewerten Sie das Problem der privaten Mitveranlassung nicht über. Es gibt zwar eine Fülle von Urteilen hierzu, trotzdem brauchen Sie den Abzug von Reisekosten nicht in „vorauseilendem Gehorsam" zu unterlassen. Eindeutig betriebliche Aufwendungen (z. B. Seminargebühren) sind ohnehin voll abziehbar. Gemischt veranlasste Kosten (z. B. ein Bahnticket, wenn Sie nach dem Seminar noch einen Urlaubstag angehängt haben) können Sie z. B. nach dem Zeitfaktor aufteilen. Das muss Ihnen der Fiskus erst einmal streitig machen!

JETZT BIN ICH SELBSTSTÄNDIG

6. KAPITEL — BETRIEBSAUSGABEN

Reisekostenabrechnung

Teilnehmer:	Reinhold Reisig		
von:	Eigenheimstraße 3, 12345 Beispielstadt	nach:	Fa. Netzwerk, Hauptgasse 1, 12346 Ausflugsdorf
Zweck der Reise:	Besprechung neuer Internet-Auftritt Fa. Netzwerk		

Abwesenheit	Datum	Uhrzeit Beginn	Uhrzeit Ende	Abwesenheitsstunden
1. Tag	2.1.20_	5.30 Uhr	24.00 Uhr	18,5
2. Tag	3.1.20_	24.00 Uhr	16.00 Uhr	16
3. Tag				

Abzugsfähiger Aufwand	Betrag
Verpflegungsmehraufwendungen	
1. Tag	12,00 Euro
2. Tag	12,00 Euro
3. Tag	
Übernachtungskosten (Originalbelege beigefügt)	
1. Tag	121,50 Euro
2. Tag	
3. Tag	
Fahrtkosten	
☐ laut Rechnung (Originalbelege beigefügt)	
☒ pauschal 0,30 €/km — gefahrene km: 240	72,00 Euro
Reisenebenkosten (Originalbelege beigefügt)	
Telefon	
Parken	5,50 Euro
Taxi	
Summe Reisekosten	223,00 Euro

Download unter: **www.jetzt-selbststaendig.info**
Kapitel 6, Stichwort: **Reisekostenabrechnung**

BETRIEBSAUSGABEN — 6. KAPITEL

Mit diesen 16 Betriebsausgaben senken Sie Ihre Steuerlast zusätzlich

Betriebsausgabe	Hinweis für die Praxis
Arbeitsmittel	Aufwendungen für alles, was Sie unmittelbar für Ihre Arbeit als Selbstständiger benötigen, können Sie als Betriebsausgaben absetzen. Betragen die Kosten nicht mehr als 150 € netto, können Sie diese im selben Jahr vollständig steuerlich geltend machen. Arbeitsmittel ist also alles von der Arbeitsmappe bis zum Zollstock.
Berufsbekleidung	Typische Berufskleidung können Sie voll als Betriebsausgabe absetzen. Dazu gehört Arbeitsschutzkleidung (Blaumann, Sicherheitsschuhe, Helm) sowie Kleidung mit Ihrem fest angebrachten Firmenlogo. Alles, was Sie auch privat tragen könnten – z. B. der Anzug fürs Bankgespräch oder Jeans mit weißem T-Shirt als Arbeitskleidung –, erkennt das Finanzamt aber nicht als Berufsbekleidung an.
Betriebsveranstaltungen	Die Kosten für beispielsweise den Betriebsausflug und die Weihnachtsfeier können Sie voll absetzen. Allerdings sollte es keinen privaten Anlass dafür geben, wie z. B. Ihren Geburtstag.
Büroausstattung	Ob Sie sich Designermöbel oder Antiquitäten ins Büro stellen, ist eine Frage Ihres Geschmacks und Ihres Geldbeutels. Steuerlich sind die Kosten dafür auf jeden Fall Betriebsausgaben.
Fachliteratur	Ausgaben für Zeitungen, Zeitschriften und Bücher, die Sie nur für Ihre Tätigkeit als Selbstständiger lesen, werden steuerlich anerkannt – so auch dieser Ratgeber. Abzugsfähig sind z. B. Fachzeitschriften. Tageszeitungen und allgemeine Magazine (z. B. Spiegel, Focus) werden dagegen regelmäßig nicht als Betriebsausgabe akzeptiert.
Fortbildungskosten	Wenn die Fortbildung direkt mit Ihrer selbstständigen Tätigkeit zusammenhängt, können Sie die Kosten inkl. Fahrt- und Übernachtungskosten sowie Kosten für Unterlagen vollständig absetzen. Für eine erstmalige berufliche Ausbildung dürfen Sie maximal 4.000 € pro Jahr als Sonderausgaben absetzen. Nachteil: Der Abzug geht verloren, wenn Sie in dem Jahr keinen Gewinn erwirtschaftet haben.
Geschenke	Machen Sie Ihren Mitarbeitern Geschenke, werden die Kosten steuerlich voll anerkannt. **Achtung:** Kostet das Geschenk mehr als 40 € brutto je Anlass, werden auf den gesamten Wert allerdings Steuern und Sozialabgaben fällig. Geschenke an Lieferanten oder Kunden dürfen Sie ebenfalls als Betriebsausgaben abziehen. Hier gelten unterschiedliche Freigrenzen: • Darf der Empfänger Vorsteuer abziehen, gilt ein Höchstbetrag von 35 € netto (ohne Umsatzsteuer). • Ist der Empfänger von der Umsatzsteuer befreit, z. B. weil er Kleinunternehmer ist, gilt ein Höchstbetrag von 35 € brutto (inkl. Umsatzsteuer). **Achtung:** Die Beträge gelten jeweils für 1 Kalenderjahr! Wird der Freibetrag nur um 1 Cent überschritten, sind die Kosten nicht als Betriebsausgaben absetzbar.

JETZT BIN ICH SELBSTSTÄNDIG

6. KAPITEL — BETRIEBSAUSGABEN

Betriebsausgabe	Hinweis für die Praxis
Instandhaltungskosten	Alle Kosten, die Ihnen für die laufende Instandhaltung und Instandsetzung betrieblicher Gegenstände entstehen, können Sie sofort in voller Höhe absetzen. **Achtung bei Immobilien:** Instandhaltungsarbeiten kurz nach dem Kauf werden als nachträgliche Anschaffungskosten gewertet; diese dürfen Sie nicht sofort absetzen, sondern müssen Sie zusammen mit dem Kaufpreis abschreiben.
Kinderbetreuungskosten	Haben Sie erwerbsbedingte Kinderbetreuungskosten, weil Ihr Kind z. B. in einen Kindergarten geht, damit Sie Ihrer Tätigkeit als Selbstständiger nachgehen können, können Sie die Kosten wie Betriebsausgaben geltend machen. Abzugsfähig sind allerdings nur 2/3 der Gesamtkosten und maximal 4.000 € pro Kind und Jahr. Die Voraussetzungen: Sie sind erwerbstätige/r Alleinerziehende/r oder beide Eltern sind berufstätig und das Kind ist nicht älter als 13 Jahre.
Mitgliedsbeiträge	Beiträge an Berufsverbände (Innung, Bund junger Unternehmer u. Ä.) sind Betriebsausgaben. Nicht abziehbar sind Beiträge an Sportvereine oder z. B. an Rotary- und Lions-Clubs – auch, wenn Sie dort vor allem Mitglied sind, um berufliche Kontakte zu knüpfen.
Software	Programme, die als geringwertige Wirtschaftsgüter gelten (Kosten netto bis 150 € bzw. bis 410 €) können Sie sofort voll absetzen. Teurere Programme schreiben Sie ab.
Sponsoring	Zahlen Sie z. B. dem örtlichen Fußballverein die Trikots, weil Ihr Logo darauf prangt, ist das eine Betriebsausgabe. Zahlen Sie die Trikots ohne Gegenleistung, handelt es sich um eine Spende. Die Kosten sind dann als Sonderausgaben abziehbar. Sie brauchen allerdings eine Spendenbestätigung.
Steuern	Rein betriebliche Steuern dürfen Sie als Betriebsausgaben geltend machen, z. B. Umsatzsteuer, Kfz-Steuer für Geschäftswagen, pauschale Lohnsteuer. Auch Nebenleistungen zu diesen Steuern wie Verspätungs- und Säumniszuschläge, Stundungszinsen und Gebühren für eine verbindliche Auskunft des Finanzamts zählen dazu.
Versicherungsbeiträge	Versicherungsbeiträge sind nur dann als Betriebsausgaben abzugsfähig, wenn sie eindeutig betrieblich veranlasst sind (z. B. für eine Betriebsunterbrechungs- oder Betriebshaftpflichtversicherung oder die Kfz-Versicherung für Ihren Geschäftswagen). Bei teilweise privat veranlassten Versicherungen (z. B. private Unfallversicherung) schätzen Sie den betrieblichen Anteil und setzen die Kosten dafür ab. **Achtung:** Werden die Beiträge als Betriebsausgaben abgezogen, müssen evtl. Leistungen bei einem Schadensfall versteuert werden.
Werbung	Kosten für Anzeigen, aber auch Werbeveranstaltungen, den Druck von Aufklebern etc. können Sie sofort vollständig als Betriebsausgaben absetzen. Werbeeinrichtungen dürfen Sie sofort abschreiben, wenn es geringwertige Wirtschaftsgüter sind.
Zinsen	Betrieblich veranlasste Schuldzinsen sind voll abzugsfähig, private aber nicht. Auch als Kleinunternehmer sollten Sie deswegen betriebliche und private Konten strikt trennen.

BETRIEBSAUSGABEN — **6. KAPITEL**

Abschreibung – So senken Investitionen Ihre Steuerlast

Quick-Tipp

Kosten
Wollen Sie Abschreibungen selbst vornehmen, benötigen Sie dafür eine Steuer- bzw. Buchführungssoftware. Gute Buchführungsprogramme gibt es bereits für rund 50 €. Es gibt auch kostenlose Angebote im Internet wie www.freefibu.de, www.scopevisio.com oder www.der-online-steuerberater.de. Soll der Steuerberater die Abschreibungen für Sie erledigen, berechnet er das im Rahmen des Jahresabschlusses.

Zeit
Müssen Sie mehrere Wirtschaftsgüter abschreiben und nutzen Sie zusätzlich auch besondere Abschreibungsmethoden wie Sonderabschreibungen oder bilden Investitionsabzugsbeträge, brauchen Sie je nach Übung und Umfang der Abschreibungen mehrere Stunden Zeit. Da sich die Abschreibungen meistens nicht am Stück erledigen lassen, sollten Sie mehrere Tage dafür einplanen.

Anspruch
Abschreibungen können Sie mit den Tipps und Hinweisen auf den folgenden Seiten und eine Steuer- bzw. Buchführungssoftware selbst vornehmen.

Kosten für Wirtschaftsgüter, die für länger als 1 Jahr im Betriebsvermögen bleiben, können Sie in der Regel nicht sofort als Betriebsausgaben geltend machen. Stattdessen müssen Sie sie über die gewöhnliche Nutzungsdauer abschreiben (§ 7 EStG). Sie machen jährlich jeweils Teilbeträge mittels Absetzungen für Abnutzungen (AfA) geltend. Wie lang die Nutzungsdauer und wie hoch damit der jährliche Abschreibungsbetrag ist, dürfen Sie allerdings nicht selbst bestimmen. Dafür macht die Finanzverwaltung konkrete Vorgaben.

> Die allgemeine AfA-Tabelle finden Sie zum Download unter:
> **www.jetzt-selbststaendig.info**, Kapitel 6, Stichwort: **AfA – Allgemeine Tabelle**

So werden die Abschreibungsbeträge ermittelt

Ausgangspunkt für Abschreibungen (Bemessungsgrundlage) sind die

- Anschaffungskosten, wenn Sie fertige Waren einkaufen (das ist der Regelfall), bzw.
- Herstellungskosten, wenn Sie Wirtschaftsgüter herstellen lassen, z. B. eine Maschine oder ein Gebäude.

Sind Sie zum Abzug von Vorsteuer berechtigt, rechnen Sie mit Netto-Beträgen. Die Vorsteuer holen Sie sich nach den üblichen Regeln voll vom Fiskus zurück – sie ist nicht etwa über Jahre abzuschreiben. Sind Sie nicht zum Abzug von Vorsteuer berechtigt, sind Ihre Brutto-Kosten die Bemessungsgrundlage für die Abschreibung.

Anschaffungskosten als Bemessungsgrundlage

Zur Bemessungsgrundlage bei den Anschaffungskosten gehören auch Anschaffungsnebenkosten. Das sind alle Ausgaben, die notwendig sind, um das Wirtschaftsgut in einen betriebsbereiten Zustand zu versetzen, z. B. Transportkosten und Montagekosten. Von den Anschaffungskosten abgezogen werden dagegen Skonti und sonstige Rabatte. Sie rechnen so:

Kaufpreis (für umsatzsteuerpflichtige Unternehmer netto)
\+ Anschaffungsnebenkosten
\- Anschaffungspreisminderungen
= Anschaffungskosten

6. KAPITEL — BETRIEBSAUSGABEN

z.B. Ein umsatzsteuerpflichtiger Werbegrafiker kauft im Versandhandel einen Schreibtisch für 600 € zzgl. 80 € Fracht, Versicherung und Montage (jeweils netto). Er zahlt mit 3 % Skonto. Dann betragen die Anschaffungskosten:

Kaufpreis (netto)	600,00 €
+ Anschaffungsnebenkosten	80,00 €
− Skonto	20,40 €
= Bemessungsgrundlage für AfA	659,60 €

Herstellungskosten als Bemessungsgrundlage

Die Herstellungskosten sind die Bemessungsgrundlage für die Abschreibung selbst hergestellter Wirtschaftsgüter Ihres Anlagevermögens. Sie sind schwieriger zu bestimmen. In die Bemessungsgrundlage sind alle Ausgaben einzurechnen, die für die Herstellung nötig waren, u. a. Materialkosten, Fertigungskosten (u. a. gezahlte Löhne, nicht aber Ihr eigener Zeitaufwand), anteilige Gemeinkosten (Kosten, die in Ihrem Unternehmen für die Produktion anfallen, aber dem hergestellten Wirtschaftsgut nicht direkt zuzuordnen sind, z. B. Kosten für Personalverwaltung, nicht aber für den Vertrieb).

z.B. Eine umsatzsteuerpflichtige Tischlerin baut sich selbst einen neuen Schreibtisch. Dafür verwendet sie Holz, das im Einkauf 400 € netto gekostet hat, sowie Verbrauchsmaterial im Wert von 80 € netto. Ihren eigenen Zeitaufwand kann sie nicht geltend machen. Weitere Kosten entstehen nicht. Somit betragen die Herstellungskosten 480 € netto.

Beachten Sie: Möglicherweise haben Sie Material- bzw. andere Verbrauchsgüter, die Sie für die Herstellung eines Wirtschaftsguts für Ihr Betriebsvermögen verwenden, bereits als sofort absetzbare Betriebsausgaben gebucht. In diesem Fall müssen Sie die Kosten nachträglich als abzuschreibende Beträge umbuchen.

Sonderfall: Herabsetzung der Bemessungsgrundlage bei Auflösung eines Investitionsabzugsbetrags

Wenn Sie aber für ein Wirtschaftsgut einen Investitionsabzugsbetrag gebildet hatten, dürfen Sie die Bemessungsgrundlage herabsetzen. Sie dürfen nämlich den früher gebildeten Investitionsabzugsbetrag gewinnmindernd von den Kosten abziehen. Entscheiden Sie sich dafür, mindert das die Bemessungsgrundlage für die Abschreibung. Genauere Erläuterungen dazu finden Sie unter „Investitionsabzugsbetrag" ab Seite 196.

z.B. Für den Kauf seines Schreibtisches hatte der Werbegrafiker einen Investitionsabzugsbetrag von 240 € (= 40 % von voraussichtlich 600 € Netto-Anschaffungskosten) geltend gemacht. Er kauft den Schreibtisch für 650 € netto und rechnet die 240 € seinem Gewinn wieder hinzu. Um in dem Jahr dennoch möglichst viel Steuern zu sparen, wählt er die Herabsetzung der Bemessungsgrundlage. Das heißt: Er zieht 240 € sofort als Betriebsausgabe ab. Deshalb mindert sich die Bemessungsgrundlage für die Abschreibung des Schreibtischs um diesen Betrag:

Anschaffungskosten	650 €
− Investitionsabzugsbetrag	240 €
= Bemessungsgrundlage für AfA	410 €

Welche Art der Abschreibung bei welchen Anschaffungskosten vorgeschrieben ist

Nach der Höhe der Netto-Anschaffungs-/-Herstellungskosten entscheidet sich, wie die Abschreibung erfolgt. **Beachten Sie:** Der Nettobetrag ist unabhängig davon ausschlaggebend, ob Sie umsatzsteuerpflichtig sind und Vorsteuer geltend machen können oder nicht. Die Grenzwerte sind dadurch für alle Selbstständigen einheitlich.

BETRIEBSAUSGABEN — 6. KAPITEL

Bemessungsgrundlage bis 150 € netto: Sofortabschreibung als GWG

Geringwertige Wirtschaftsgüter (GWG) sind abnutzbare, bewegliche, selbstständig nutzbare Güter Ihres Anlagevermögens, die 150 € oder 410 € netto kosten. Für welche Grenze Sie sich entscheiden, bleibt Ihnen überlassen. Sie gilt allerdings einheitlich für sämtliche Geringwertigen Wirtschaftsgüter, die Sie innerhalb eines Wirtschaftsjahres anschaffen.

Nettobetrag	Bruttobetrag (19 % USt.)	Bruttobetrag (7 % USt.)
150 €	178,50 €	160,50 €
410 €	487,90 €	438,70 €

Beachten Sie: Möglich ist eine sofortige Abschreibung als GWG generell nur bei selbstständig nutzbaren Wirtschaftsgütern. Das sind solche, die nicht nur zusammen mit weiteren Wirtschaftsgütern funktionsfähig sind, z. B. eine Lampe oder ein Schreibtischstuhl

Sie haben die Wahl: GWG bis 150 € oder bis 410 €

Für welche Wertgrenze Sie sich entscheiden, hat auch Auswirkungen auf die Abschreibungen für teurere Wirtschaftsgüter:

- Sollen Wirtschaftsgüter bis 410 € netto als Geringwertige Wirtschaftsgüter behandelt werden, schreiben Sie Wirtschaftsgüter mit einem höheren Wert ganz normal nach der AfA-Tabelle ab (§ 6 Abs. 2 EStG). Diese Regelung galt bereits bis Ende 2007 und wurde ab 2010 wieder eingeführt.

- Behandeln Sie nur Wirtschaftsgüter bis zu einem Wert von 150 € netto als Geringwertige Wirtschaftsgüter, schreiben Sie teurere Wirtschaftsgüter dann generell linear über 5 Jahre ab. Erst ab einem Wert über 1.000 € greift die Abschreibungen gemäß AfA-Tabelle (§ 6 Abs. 2a EStG). Dies kann von Vorteil sein, wenn Wirtschaftsgüter im Wert von bis zu 1.000 € angeschafft werden, deren betriebliche Nutzungsdauer mehr als 5 Jahre beträgt, wie z. B. Büromobiliar (Nutzungsdauer: 13 Jahre). Andererseits darf der Sammelposten innerhalb dieses Zeitraums auch dann nicht verringert werden, wenn ein Wirtschaftsgut zerstört oder veräußert wird.

Übersicht: Wertgrenzen und Abschreibungsmethoden für GWG

Abschreibungs-methode	Geringwertigkeitsgrenze	
	a) 410 €	b) 150 €
Sofortabschreibung	bis 410 €	bis 150 €
Sammelposten (Abschreibung über 5 Jahre)	—	> 150 € bis 1.000 €
Abschreibung nach AfA	> 410 €	> 1.000 €

z.B. Ein Selbstständiger, der zum Vorsteuerabzug berechtigt ist, kauft u. a. einen PC im Wert von 780 €. Entscheidet er sich für die GWG-Grenze von 410 €, könnte er den PC gemäß AfA-Tabelle über 3 Jahre abschreiben. Würde er die 150-€-Grenze wählen, müsste der PC über 5 Jahre abgeschrieben werden.

TIPP Die Entscheidung, welche der beiden Geringwertigkeitsgrenzen Ihre GmbH nutzen soll, kann erst zum Ende des Jahres getroffen werden. Um sich einen Überblick über die für die Entscheidung relevanten Wirtschaftsgüter zu verschaffen, lassen Sie die GWG nach folgenden Werten getrennt auflisten:

- Immer sofort abziehbar (bis 150 €)

- Je nach Entscheidung sofort abziehbar oder in einem Sammelposten über 5 Jahre (> 150 € bis 410 €)

- In einen Sammelposten über 5 Jahre oder nach AfA-Tabelle abzuschreiben (> 410 € bis 1.000 €)

Anteilige Abschreibungen im Jahr der Anschaffung und zum Ende der Abschreibung

Abschreibungen nehmen Sie nur für die Zeit vor, in der ein Wirtschaftsgut Ihnen zur Verfügung steht. Im Jahr der Anschaffung dürfen Sie deshalb nur anteilige Abschreibungen für die verbleibenden Monate von der Anschaffung bis zum Jahresende vornehmen (§ 7 Abs. 1 Satz 4 EStG). Schaffen Sie ein Wirtschaftsgut vor dem 15. eines Monats an, zählt dieser Monat noch mit. Bei Anschaffung ab dem 15. darf dieser Monat nicht mehr mitgerechnet werden.

Für den Beginn der Abschreibung kommt es auf den Tag an, an dem Ihnen das Wirtschaftsgut übergeben/geliefert wurde, die Montage durch den Verkäufer beendet ist, soweit auch sie vertraglich vereinbart war, oder Sie das Wirtschaftsgut seinem Zweck entsprechend nutzen, wenn Sie es selbst hergestellt haben.

Sie beenden die Abschreibung – abgesehen von den Wirtschaftsgütern, die in einem Pool über 5 Jahre abgeschrieben werden –, wenn das Wirtschaftsgut

- voll abgeschrieben ist (es bleibt dann noch so lange mit dem Restbuchwert 1 € in Ihrem Anlageverzeichnis stehen, wie es weiterhin Ihrem Betrieb dient) oder
- zerstört bzw. gestohlen wird (Sie setzen dann den verbleibenden Restbuchwert ab) oder
- von Ihnen entnommen oder verkauft wird (Sie setzen dann den verbleibenden Restbuchwert ab, müssen aber den Wert des Gutes bzw. den Verkaufspreis als Einnahme versteuern).

z.B. Sie kaufen am 3. März einen Pkw für 24.000 €. Im ersten Jahr nutzen Sie ihn also lediglich 10 Monate (= 10/12). Die Kosten schreiben Sie linear über 6 Jahre ab.

Zeitraum	Abschreibung
Jahr 1 (1/6 × [24.000 € × 10/12])	3.333 €
Jahre 2 bis 6 (je 1/6 × 24.000 €)	4.000 €
Jahr 7 (1/6 × [24.000 € × 2/12])	667 €

Wann Abweichungen von den AfA-Tabellen zulässig sind

Eine längere oder kürzere als die amtliche Nutzungsdauer dürfen Sie Ihren Abschreibungen nur dann zugrunde legen, wenn Sie das anhand der besonderen Verhältnisse in Ihrem Unternehmen glaubhaft begründen können. Das durchzusetzen ist in der Praxis aber sehr schwierig.

Gebrauchtes Wirtschaftsgut

Erwerben Sie für Ihr Unternehmen ein gebrauchtes Wirtschaftsgut – z. B. einen gebrauchten Pkw –, gibt es keine allgemeine Regel dafür, über wie viele Jahre Sie die Abschreibung ansetzen müssen. Sie können auch nicht einfach von der Nutzungsdauer laut AfA-Tabelle die seit dem Erstkauf verstrichenen Jahre abziehen. Das Finanzamt verlangt eine realistische Schätzung, die Sie sicherheitshalber gut begründen sollten.

Leistungsabschreibung und Absetzung für außergewöhnliche Abnutzung

In Ausnahmefällen wird eine lineare Abschreibung den besonderen Umständen in Ihrem Unternehmen nicht gerecht. Dann können Sie

- bewegliche Wirtschaftsgüter entsprechend der im Voraus zu schätzenden Leistungs- oder Zeiteinheiten abschreiben (z.B. Kilometer-Leistung eines Lkw oder Arbeitsstunden einer Maschine), sofern das wirtschaftlich begründet ist und Sie den Umfang der Nutzung in den einzelnen Jahren glaubhaft machen (§ 7 Abs. 1 Satz 6 EStG),
- außergewöhnliche Wertminderungen geltend machen (AfaA – Absetzung für außergewöhnliche Abnutzung nach § 7 Abs. 1 Satz 7 EStG), wenn es außergewöhnliche Umstände gibt,

die die wirtschaftliche Nutzbarkeit des Gutes in einem Jahr haben sinken lassen (BFH, 8.7.1980, Az: VIII R 176/78), z. B. eine Beschädigung oder objektive technische Veralterung.

Keine Abschreibung bei nicht abnutzbaren Wirtschaftsgütern

Gar nicht abschreiben können Sie nicht abnutzbare Wirtschaftsgüter (vor allem: Grundstücke), da diese ihren Wert durch die Nutzung nicht verlieren. Für das Abschreiben von Gebäuden gibt es besondere Regeln (Details in § 7 Abs. 4, 5, 5a EStG).

Sie haben grob gesagt die Wahl, Ihr Gebäude mit einem einheitlichen Prozentsatz abzuschreiben oder eine gesetzlich festgelegte Staffelung zu nutzen.

Sonderabschreibung zusätzlich zur linearen Abschreibung

Für abnutzbare bewegliche Wirtschaftsgüter des Anlagevermögens, die Sie weder als GWG noch im „Pool" abschreiben, dürfen Sie neben der linearen AfA noch eine Sonderabschreibung ansetzen (§ 7g Abs. 5 EStG). Das gilt auch für gebraucht gekaufte Güter, die ab 2008 angeschafft wurden.

Eine Sonderabschreibung gibt es für bewegliche Wirtschaftsgüter Ihres Anlagevermögens, die Sie mindestens im Anschaffungs-/Herstellungsjahr sowie im Folgejahr zu mindestens 90 % betrieblich nutzen.

Zudem darf Ihr Betrieb zum Schluss des Jahres, das der Anschaffung/Herstellung voranging, nicht mehr als 100.000 € Gewinn laut Einnahmen-Überschuss-Rechnung gehabt haben.

Sind diese Bedingungen erfüllt, dürfen Sie bis zu 20 % der AfA-Bemessungsgrundlage innerhalb der ersten 5 Jahre zusätzlich zur linearen Abschreibung geltend machen – also z. B. im 1. Jahr 20 % und in den folgenden Jahren nur noch die lineare Abschreibung, aber auch jede andere Verteilung ist möglich.

Über die Sonderabschreibungen müssen Sie in Ihrer Buchhaltung gesonderte Aufzeichnungen führen (§ 7a Abs. 8 EStG). Die Aufzeichnungen müssen enthalten:

- den Tag der Anschaffung,
- die Anschaffungskosten,
- die Nutzungsdauer,
- die jährlichen Abschreibungen sowie
- die Sonderabschreibungen.

z. B. Ein umsatzsteuerpflichtiger Handelsvertreter kauft im Januar einen Geschäftswagen für 24.000 € netto. Der Wagen wird über 6 Jahre mit (24.000 € / 6 =) 4.000 € pro Jahr abgeschrieben:

Jahr	Abschreibungsart	Abschreibungsbetrag	Restbuchwert
1	gewöhnliche Abschreibung = 4.000 € + Sonderabschreibung (24.000 € × 20 %) = 4.800 €	8.800 €	15.200 €
2	gewöhnliche Abschreibung	4.000 €	11.200 €
3	gewöhnliche Abschreibung	4.000 €	7.200 €
4	gewöhnliche Abschreibung	4.000 €	3.200 €
5	verbleibende Abschreibung	3.199 €	1 €
6	keine Abschreibung	—	1 €

6. KAPITEL — BETRIEBSAUSGABEN

Investitionsabzugsbetrag – Steuerabzug für künftige Anschaffungen geltend machen

Quick-Tipp

Kosten
Investitionsabzugsbeträge können Sie direkt in der Anlage EÜR bilden und auch wieder auflösen. Kosten fallen dafür nur an, wenn das der Steuerberater für Sie übernimmt.

Zeit
Die Bildung und Auflösung von Ansparabschreibungen an sich ist schnell erledigt. Dafür brauchen Sie ggf. nur 30 Minuten. Wichtiger ist aber die Planung dafür, wann und in welchem Umfang sich ein Investitionsabzugsbetrag für Sie wirklich lohnt. Dafür sollten Sie eine umfassende Steuerplanung aufstellen.

Anspruch
Besprechen Sie die Bildung und Auflösung von Investitionsabzugsbeträgen mit Ihrem Steuerberater. Erläutern Sie Ihre Pläne und schauen Sie gemeinsam, ob und wie Sie einen Investitionsabzugsbetrag berücksichtigen.

Normalerweise dürfen Sie Betriebsausgaben steuerlich frühestens in dem Jahr geltend machen, in dem Sie die Ausgaben dafür getätigt haben. Eine Ausnahme davon gilt nur, wenn Sie einen Investitionsabzugsbetrag bilden (§ 7g EStG). Dann dürfen Sie Investitionskosten schon im Voraus absetzen, ohne auch nur 1 € ausgegeben zu haben. Der konkrete Vorteil für Sie: Schon bis zu 3 Jahre vor der tatsächlichen Investition senken Sie Ihre Steuerlast und gewinnen dadurch zusätzliche Liquidität.

So bilden Sie einen Investitionsabzugsbetrag

Als Investitionsabzugsbetrag geltend machen können Sie

- bis zu 40 % der voraussichtlichen Anschaffungs- oder Herstellungskosten,
- abnutzbare bewegliche Wirtschaftsgüter des Anlagevermögens (neue oder gebrauchte Güter),
- die Sie in dem Jahr des Abzugs oder in den darauf folgenden 3 Jahren anschaffen werden und
- die Sie mindestens in dem Jahr der Anschaffung beziehungsweise Herstellung und im Folgejahr fast ausschließlich (mindestens 90 %) betrieblich sowie in einer inländischen Betriebsstätte Ihres Betriebs nutzen werden.

Sie bilden einen Investitionsabzugsbetrag, indem Sie in der Anlage EÜR unter der Überschrift „Investitionsabzugsbeträge" die geplanten Anschaffungen nebst voraussichtlichen Kosten und dem darauf entfallenden Investitionsabzugsbetrag aufführen. (Wollen Sie mehrere Investitionsabzugsbeträge bilden, für die der Platz im Formular nicht ausreicht, nutzen Sie zusätzlich die unten abgebildete Übersicht.) Den Betrag selbst müssen Sie nicht in Geld zurücklegen, also auch nicht etwa für die spätere Investition auf einem Konto „parken". Im Jahr der Bildung verringert sich Ihr zu versteuernder Gewinn um den Investitionsabzugsbetrag. Sie zahlen dann auch entsprechend weniger Steuern.

Höchstbetrag für Ihre Investitionsabzugsbeträge: 200.000 €

Die Summe all Ihrer Investitionsabzugsbeträge darf im Jahr der Bildung und den vorangegangenen 3 Jahren höchstens 200.000 € betragen. Beträge, die in diesem 4-Jahres-Zeitraum gebildet, aber wieder hinzugerechnet oder rückgängig gemacht wurden, zählen allerdings nicht mit. In Vorjahren bis 2006 gebildete und noch nicht wieder aufgelöste Ansparabschreibungen verringern den Höchstbetrag.

BETRIEBSAUSGABEN — **6. KAPITEL**

Wenn Sie ein Wirtschaftsgut anschaffen oder herstellen

In dem Jahr, in dem Sie ein Wirtschaftsgut tatsächlich anschaffen oder herstellen, müssen Sie den früher hierfür gebildeten Investitionsabzugsbetrag Ihrem Jahresergebnis wieder hinzurechnen. Das erhöht den Gewinn, sodass Ihre Steuerlast steigt.

Das können Sie abfedern, indem Sie den Investitionsabzugsbetrag gleich wieder gewinnmindernd von den Anschaffungs- oder Herstellungskosten abziehen. Der Herabsetzungsbetrag wird dabei als Betriebsausgabe behandelt und im Anlagenverzeichnis von den Anschaffungskosten abgezogen. So gleichen Sie die Gewinnerhöhung in dem Jahr aus. Dadurch sinkt aber zugleich die Bemessungsgrundlage für die Abschreibung des Wirtschaftsgutes. Sie zahlen Ihre frühere Steuerersparnis also nicht sofort an den Fiskus zurück, sondern verteilt auf die Nutzungsdauer des Wirtschaftsgutes in Form von geringeren Abschreibungen.

z.B. Sie wollen in den kommenden Jahren ein Wirtschaftsgut mit einer 5-jährigen Nutzungsdauer für 20.000 € anschaffen. Machen Sie im Voraus davon 40 % = 8.000 € als geltend, sparen Sie bei einem individuellen Steuersatz von 30 % immerhin 2.400 € an Steuern.

Kaufen Sie das Gut innerhalb von 3 Jahren tatsächlich, lösen Sie in der Steuererklärung den Investitionsabzugsbetrag gewinnerhöhend auf. Dann haben Sie die Wahl:

- Sie können die entsprechende Steuererhöhung in Kauf nehmen und nur die „normalen" Abschreibungen (AfA) geltend machen.
- Oder Sie setzen Ihre Anschaffungskosten in der EÜR auch noch um den Investitionsbe-

Formular zur Bildung von Investitionsabzugsbeträgen gem. § 7g Abs. 1 EStG für das Jahr …

Wenn Sie das Wirtschaftsgut, für das Sie einen Investitionsabzugsbetrag bilden, bereits angeschafft haben, tragen Sie in der rechten Spalte das tatsächliche Datum ein.

Bezeichnung der Wirtschaftsgüter	Voraussichtliche Anschaffungs- und Herstellungskosten	Investitionsabzugsbetrag		Termin der Anschaffung
		höchstmöglicher Betrag (40 %) in €	tatsächlich beansprucht in €	
Büroausstattung	10.000 Euro	4.000	3.000	2013
Lieferwagen	25.000 Euro	10.000	10.000	2013
…	…	…	…	…
Summe		14.000	13.000	

Download unter: **www.jetzt-selbststaendig.info**, Kapitel 6, Stichwort: **Investitionsabzugsbetrag**

JETZT BIN ICH SELBSTSTÄNDIG

trag herab, was Ihren Gewinn und somit Ihre Steuerlast mindert – dann wird aber auch die Bemessungsgrundlage für Ihre Abschreibungen um 8.000 € herabgesetzt, sodass die Abschreibungen über die Jahre der Nutzung des Gutes geringer ausfallen.

z.B. Wie im Beispiel oben erläutert, planen Sie eine Investition. Die soll bereits im Folgejahr vorgenommen werden (Jahr 2). So werden die Abschreibungen berechnet

a) wenn Sie keinen Investitionsabzugsbetrag geltend machen,

b) wenn Sie einen Investitionsabzugsbetrag geltend machen und ihn mit der Anschaffung im Jahr darauf wieder auflösen,

c) wenn Sie einen Investitionsabzugsbetrag geltend machen, ihn mit der Anschaffung im Jahr darauf wieder auflösen und die Anschaffungskosten in der EÜR herabsetzen.

z.B. Beispiel für Abschreibungsverlauf bei Nutzung eines Investitionsabzugsbetrags

Jahr	Beträge, die den Gewinn mindern		
	a) ohne IA	AfA mit IA b) ohne Herabsetzung	c) mit Herabsetzung
1	–	Bildung IA: 8.000 €	Bildung IA: 8.000 €
2	4.000 €	Auflösung IA: – 8.000 € AfA: 4.000 €	Auflösung IA: – 8.000 € Herabsetzung: 8.000 € AfA: 2.400 €
3	4.000 €	4.000 €	2.400 €
4	4.000 €	4.000 €	2.400 €
5	4.000 €	4.000 €	2.400 €
6	4.000 €	4.000 €	2.400 €
Summe	20.000 €	20.000 €	20.000 €

IA = Investitionsabzugsbetrag

Wenn Sie die Auflagen nicht einhalten

Investieren Sie nicht oder nutzen Sie das Wirtschaftsgut nicht so wie vorgeschrieben, geschieht Folgendes: Die Steuerfestsetzung, die sich auf das Jahr der Bildung des Investitionsabzugsbetrags bezieht, wird rückwirkend geändert. Sie haben dann Steuern nachzuzahlen. Zusätzlich verlangt das Finanzamt Zinsen für die ungerechtfertigte Steuerstundung.

KAPITEL 7
Buchführung und Steuern

Wie Sie Ihre Steuererklärungen schnell erledigen und keinen Cent zu viel an das Finanzamt zahlen

Am Ende eines Jahres freuen Sie sich – hoffentlich – über einen ordentlichen Gewinn. Doch diesen dürfen Sie leider nicht vollständig für sich behalten: Das Finanzamt verlangt seinen Anteil für das Staatssäckel. Dafür teilen Sie dem Finanzamt Ihre Einnahmen und Ausgaben mit. Leider ist es aber mit einer Steuererklärung nicht getan. Zum einen haben Sie als Selbstständiger für jede einzelne Steuerart Erklärungen abzugeben – für die Einkommensteuer, die Gewerbesteuer und die Umsatzsteuer. Zum anderen verlangt das Finanzamt auch schon im laufenden Jahr regelmäßig Erklärungen und Steuerzahlungen von Ihnen, für die Umsatzsteuer z. B. meistens sogar monatlich.

Den Aufwand dafür können Sie allerdings mit einer guten Organisation Ihrer Buchführung relativ gering halten. In diesem Kapitel lernen Sie, wie Sie

- alle **Aufzeichnungs- und Aufbewahrungsvorschriften des Finanzamts einhalten**,
- keine Frist für die Abgabe von Steuererklärungen **verpassen**, aber **Zahlungen legal** so lange wie möglich **hinauszögern**,
- **Umsatzsteuer-Vorauszahlungen erstellen** und direkt per Internet an das Finanzamt schicken,
- **Steuervorauszahlungen senken** können und dadurch Liquidität gewinnen,
- einen für Ihre Bedürfnisse passenden **Steuerberater finden**.

Dazu finden Sie jeweils Hinweise auf zahlreiche Formulare und Musterbriefe an das Finanzamt, mit denen Sie Ihr Anliegen beim Fiskus durchsetzen.

7. KAPITEL — BUCHFÜHRUNG UND STEUERN

Buchführung organisieren – Warum Belege und Aufzeichnungen für Ihre Steuererklärung so wichtig sind

> **Quick-Tipp**
>
> **Kosten**
> Sie erleichtern sich die Buchführung erheblich, wenn Sie sie elektronisch erledigen. Die Daten werden dann gleich so gebucht, dass sie für die Steuererklärung übernommen werden können. Gute Programme bekommen Sie bereits für unter 40 €, z. B. die Software WISO EÜR & Kasse. Es gibt auch kostenlose Angebote im Internet wie www.freefibu.de, www.scopevisio.com oder www.der-online-steuerberater.de. Bei diesen Angeboten können Sie kostenpflichtige Zusatzleistungen und Beratung je nach Bedarf dazubuchen.
>
> **Zeit**
> Zumindest einmal wöchentlich sollten Sie sich 1 bis 2 Stunden Zeit für Ihre Buchführung nehmen. Verbuchen Sie dann alle Einnahmen und Ausgaben in Ihrer Buchungstabelle bzw. mithilfe Ihrer Software.
>
> **Anspruch**
> Viele Selbstständige überlassen die Buchführung einem Steuerberater. Das ist nicht nur teuer, sondern auch gefährlich. Die Buchführung ist nämlich eine wichtige Controlling-Aufgabe: Sie behalten damit Ihre Finanzen immer im Blick. Erledigen Sie die Buchführung am besten selbst. Stimmen Sie vorher mit dem Steuerberater ab, wie Sie dabei am besten vorgehen.

Als Selbstständiger müssen Sie am Ende des Geschäftsjahrs Ihren Gewinn versteuern. Da Sie nicht zur Buchführung verpflichtet sind, dürfen Sie ihn mithilfe einer Einnahmen-Überschuss-Rechnung (EÜR) ermitteln. Die notwendigen Daten stellen Sie aus Ihren Buchführungsunterlagen zusammen. Sind Sie umsatzsteuerpflichtig, geben Sie zudem regelmäßig Umsatzsteuer-Voranmeldungen ab. Auch hierfür rechnen Sie die Beträge anhand Ihrer Belegsammlung (Rechnungen und Quittungen) aus.

Auch ohne Verpflichtung brauchen Sie also eine korrekte Buchführung, damit Sie dem Finanzamt im Falle von Nachfragen oder Betriebsprüfungen nachweisen können, dass Sie den Gewinn bzw. die Umsatzsteuer richtig berechnet haben. Sind Belege verschwunden oder Ihre Aufzeichnungen fehlerhaft, kommen Steuernachzahlungen auf Sie zu. Das vermeiden Sie nur durch das richtige Buchführungssystem!

Natürlich können Sie einfach alle Belege aus Ihrer unternehmerischen Tätigkeit in einem Schuhkarton sammeln und Ihrem Steuerberater oder Buchführungshelfer übergeben. Dieser sortiert und rechnet dann für Sie – gegen ein entsprechendes Honorar.

Aber:

- Sie sparen Kosten, wenn Sie zumindest für die grundlegende Ordnung selbst sorgen.
- Buchführungskenntnisse gehören für jeden Unternehmer zum Rüstzeug. Nur wenn Sie wissen, welche Einnahme oder Ausgabe wie zu verbuchen ist und sich wie auf Ihren Gewinn auswirkt, können Sie den Erfolg Ihres Unternehmens steuern.
- Aus Ihren Aufzeichnungen können Sie selbst ersehen, wie Ihr Unternehmen aktuell wirtschaftlich dasteht – auch im Vergleich zu anderen oder im Vergleich zu den Vorjahren.

BUCHFÜHRUNG UND STEUERN   7. KAPITEL

Achten Sie auf die vollständige Sammlung aller Belege

Ihre Buchführung beginnt mit der Belegsammlung. Keine Buchung ohne Beleg! Diesen Grundsatz sollten Sie jederzeit beherzigen. Denn Sie müssen dem Finanzamt im Zweifel beweisen, welche betrieblichen Ausgaben Sie hatten, die Ihren Gewinn mindern. Können Sie das nicht, kommen Steuernachzahlungen auf Sie zu.

Archivieren Sie Einnahmen- und Kostenbelege

Sammeln Sie zunächst alle Belege über Einnahmen und Ausgaben. Das sind z. B.

- Ihre Eingangs- und Ausgangsrechnungen,
- Quittungen über Barzahlungen, Kassenberichte,
- Verträge, die Zahlungsverpflichtungen nennen,
- Eigenbelege, die Sie über solche Einnahmen und Ausgaben anfertigen, für die Ihnen niemand eine Rechnung oder Quittung ausstellt (Umbuchungen, Ausbuchungen, Einlagen, Entnahmen, Kilometer- und Tagegelder bei Geschäftsreisen etc.).

Ihre Belege sammeln Sie in einen Ordner, am besten nach Monaten sortiert. So haben Sie sie übersichtlich zur Hand, wenn es darum geht

- besondere Aufzeichnungen für das Finanzamt zu erledigen z. B. gesonderte Auflistung von Arbeitszimmerkosten, Bewirtungskosten und Geschenke an Geschäftsfreunde,
- die pro Monat aufgelaufenen Kosten zu verbuchen,
- als umsatzsteuerpflichtiger Selbstständiger Ihre Umsatzsteuer-Voranmeldungen zu erstellen sowie
- nach Abschluss des Jahres Ihre Einnahmen-Überschuss-Rechnung zu erstellen und Ihr Anlageverzeichnis und Verzeichnis der geringwertigen Wirtschaftsgüter zu aktualisieren bzw. alles für Ihren Steuerberater vorzubereiten.

Beachten Sie: Ihre Belege werden nur anerkannt, wenn sie korrekte und vollständige Angaben enthalten (s. Tabelle auf der folgenden Seite).

Kontoauszüge als Zahlungsbelege aufheben

Zum Beweis dafür, dass die in den Belegen aufgeführten Beträge auch wirklich an Sie bzw. von Ihnen gezahlt wurden, heben Sie auch die Zahlungsbelege auf. Als Zahlungsbelege gelten Ihre Kontoauszüge.

> **TIPP** Führen Sie Ihr privates Konto getrennt vom betrieblichen. Dann müssen Sie nur die betrieblichen Kontoauszüge zu Ihren Buchführungsunterlagen nehmen und bei einer Betriebsprüfung Ihres Unternehmens vorzeigen.
>
> Ihre privaten Auszüge gehen den Prüfer zunächst nichts an. Heben Sie aber auch diese auf, denn im Zweifel sollten Sie auch Ihre private Finanzsituation offenlegen können.

Eigenbelege für Ausgaben ohne Rechnung erstellen

Nicht für alle Ausgaben werden Sie Nachweise haben. Möglicherweise haben Sie Kostennachweise verloren – was z. B. leicht passiert, wenn Sie geschäftlich unterwegs sind. Oder Sie haben gar keine Rechnung oder Quittung bekommen. Bei

- Telefongebühren in öffentlichen Telefonzellen,
- Trinkgeldern, etc.

ist das die Regel. In solchen Fällen ersetzt ein Eigenbeleg einen Fremdbeleg.

Aber Vorsicht: Die Beweiskraft eines Eigenbelegs ist gering. Legen Sie dem Finanzamt mehr Eigenbelege als originale Fremdbelege vor, wird es Ihre Angaben nicht anerkennen.

JETZT BIN ICH SELBSTSTÄNDIG

7. KAPITEL — BUCHFÜHRUNG UND STEUERN

So prüfen Sie Ihre Belege

Prüfpunkt	☑
Ist der Beleg rechnerisch richtig, unmissverständlich und wird klar, dass es sich um einen Geschäftsvorgang handelt? Wenn nicht: vom Geschäftspartner eine Korrektur verlangen.	☐
Stehen auf Rechnungen alle Pflichtangaben, die den Empfänger zum Vorsteuer-Abzug berechtigen? Bei Rechnungen über mehr als 150 € brutto müssen angegeben sein:	
1. vollständiger Name + Anschrift des Leistenden	☐
2. Steuernummer oder Umsatzsteuer-Identifikationsnummer	☐
3. vollständiger Name + Anschrift des Kunden (= Leistungsempfänger)	☐
4. Ausstellungsdatum der Rechnung	☐
5. einmalige, fortlaufende Rechnungsnummer	☐
6. Zeitpunkt der Lieferung oder sonstigen Leistung (Monatsangabe)	☐
7. Menge und Art der Lieferung oder Umfang und Art der sonstigen Leistung	☐
8. (Netto-)Entgelt für die Lieferung oder sonstige Leistung, ggf. nach Steuersätzen aufgeschlüsselt, ggf. abzüglich vereinbarter Preisminderungen	☐
9. auf das Netto-Entgelt entfallender Umsatzsteuersatz (7 % oder 19 %) bzw. Hinweis auf Umsatzsteuerbefreiung	☐
10. auf das Netto-Entgelt entfallender Umsatzsteuer-Betrag	☐
Bei Kleinbetragsrechnungen bis 150 € brutto müssen angegeben sein:	
1. vollständiger Name + Anschrift des Leistenden (z. B. Gaststätte)	☐
2. Ausstellungsdatum der Rechnung	☐
3. Menge und Art der Lieferung oder Umfang und Art der sonstigen Leistung Brutto-Entgelt (= Netto-Entgelt + Umsatzsteuerbetrag in einer Summe)	☐
4. im Brutto-Entgelt enthaltener Umsatzsteuersatz (7 % oder 19 %) bzw. Hinweis auf Umsatzsteuerbefreiung	☐
Ist der Beleg zur dauerhaften Aufbewahrung geeignet? Quittungen auf Thermopapier (z. B. Tankquittungen) verblassen schnell. Fertigen Sie eine Kopie an, die Sie an das Original heften.	☐

TIPP Wenn Sie umsatzsteuerpflichtig sind, prüfen Sie vor allem, ob sämtliche Pflichtangaben gem. § 14 Abs. 4 UStG enthalten sind. Wenn Rechnungen unvollständig sind, bitten Sie den Aussteller um eine Korrektur. Darauf haben Sie einen Anspruch. Weigert sich der Rechnungsaussteller, die Umsatzsteuer zutreffend auszuweisen, dürfen Sie den Betrag, den Sie ansonsten als Vorsteuer abziehen könnten, vom Rechnungsbetrag einbehalten (Rückbehaltungsrecht nach den §§ 273, 320 BGB).

BUCHFÜHRUNG UND STEUERN — 7. KAPITEL

Musterformulierung für die Anforderung einer Rechnungskorrektur

Friedhelm Feierlich, Eventmanagement
Partygasse 8
12345 Beispielstadt

Herrn
Sven Glücklich, Musiker
Trommelweg 3
12345 Beispielstadt   Beispielstadt, 1. 3. 20__

Korrektur der Rechnung Nr. _____ vom __.__.____

Sehr geehrter Herr _____,

Ihre Rechnung Nr. _____ vom __.__.____ habe ich erhalten. Leider musste ich feststellen, dass sie nicht den umsatzsteuerlichen Vorschriften gem. § 14 Abs. 4 UStG entspricht. Da ich einen Vorsteuerabzug nur in Anspruch nehmen kann, wenn alle vorgeschriebenen Angaben enthalten sind, bitte ich Sie die beigefügte Rechnung wie folgt zu ändern bzw. zu ergänzen:

1. Angabe Ihres vollständigen Namens einschließlich Anschrift
2. Meinen vollständigen Namen einschließlich Anschrift als Abnehmer bzw. Empfänger der Lieferung oder Leistung.
3. Angabe der Steuernummer bzw. der USt-Identifikationsnummer
4. Angabe des Rechnungsdatums
5. Angabe der laufenden Rechnungsnummer
6. Mengenangabe bzw. handelsübliche Bezeichnung der Liefergegenstände bzw. der sonstigen Leistung
7. Angabe des Zeitpunkts (Monats) der Lieferung oder sonstigen Leistung
8. Angabe des Nettoentgelts bzw. Aufschlüsselung des Entgelts nach Steuersätzen
9. Angabe des Steuersatzes
10. Betrag der Umsatzsteuer, der auf das Entgelt entfällt

Bitte senden Sie mir eine berichtigte Rechnung zusammen mit diesem Vordruck innerhalb von 14 Tagen zurück. Ich weise darauf hin, dass ich die Umsatzsteuer erst zahlen werde, wenn mir eine korrigierte Rechnung vorliegt, die mir den Vorsteuerabzug ermöglicht.

Mit freundlichen Grüßen

Friedhelm Feierlich

Download unter: **www.jetzt-selbststaendig.info**
Kapitel 7, Stichwort: **Rechnungskorrektur, Anforderung**

7. KAPITEL — BUCHFÜHRUNG UND STEUERN

In Ihrem Eigenbeleg notieren Sie möglichst alle Angaben, die glaubhaft machen,

- in welcher Höhe Sie Kosten hatten (haben Sie einen Nachweis für Ihre Zahlung, etwa einen Kontoauszug, bezeichnen Sie diesen in dem Eigenbeleg; ansonsten legen Sie – wenn möglich – eine Preisliste des Verkäufers o. Ä. bei) und

- dass Ihnen die Kosten aus betrieblichen Gründen entstanden sind.

Beachten Sie: Vorsteuer können Sie allerdings aus einem Eigenbeleg nicht ziehen. Dafür brauchen Sie stets die Originalrechnung als Nachweis. Trösten Sie sich damit, dass Sie zumindest den Brutto-Betrag als Betriebsausgabe ansetzen können.

Diese Angaben sollte Ihr Eigenbeleg enthalten

Inhalt	☑
Zahlungsempfänger mit Anschrift und ggf. Rechtsform	☐
Art der Aufwendung (z. B. „Toner für Drucker [Bezeichnung]")	☐
Datum der Aufwendung	☐
Bruttopreis ggf. durch eine Preisliste belegen	☐
Versicherung, dass keine Vorsteuer geltend gemacht wurde	☐
Grund für den Eigenbeleg (z. B. „Original-Beleg verloren")	☐
Datum und Unterschrift	☐

So buchen Sie Ihre Einnahmen (Beispiel auf Seite 207)

Als Einnahmen-Überschuss-Rechner sind Sie zudem verpflichtet, Ihre Einnahmen einzeln und getrennt nach Umsatzsteuer-Sätzen aufzuzeichnen (§ 22 Abs. 2 Nr. 1 UStG),

- mit 19 % USt.,
- mit 7 % USt. oder
- als steuerfreie Umsätze.

Ausnahme: Bareinnahmen müssen Sie nicht einzeln aufzeichnen, es genügen die Tagessummen.

Sind Sie umsatzsteuerlicher Kleinunternehmer, zeichnen Sie nur die Brutto-Beträge auf, müssen aber für sich selbst auch steuerfreie Beträge gesondert erfassen, da Sie in der Anlage EÜR zu Ihrer Einkommensteuererklärung aufzuführen sind.

Beachten Sie: Für die Umsatzsteuer ist zudem wichtig, die Einnahmen zum richtigen Datum zu buchen. Hierfür ist Ihr umsatzsteuerlicher Status entscheidend:

- Als sogenannter umsatzsteuerlicher Soll-Versteuerer verbuchen Sie jeden einzelnen Betrag im selben Monat, in dem Sie ihn in Rechnung stellen.

- Als sogenannter Ist-Versteuerer und als nicht umsatzsteuerpflichtiger Unternehmer erfassen Sie eine Einnahme in dem Monat, in dem Sie das Geld erhalten.

Ausführliche Erläuterungen zur Umsatzsteuer und zur Umsatzsteuer-Voranmeldung lesen Sie im Abschnitt „Umsatzsteuer selbst berechnen" ab Seite 214.

TIPP Wenn Sie die Einnahmen von vornherein nach Sachbereichen gegliedert aufzeichnen, haben Sie eine bessere Übersicht. Sie erleichtern sich bzw. dem Steuerberater zudem die Erstellung der Steuererklärungen. Legen Sie am besten eine Tabelle je Sachbereich an. Orientieren Sie sich dabei an den Zeilen der EÜR. So können Sie die Eintragungen für die Steuererklärung später einfach übernehmen.

BUCHFÜHRUNG UND STEUERN — 7. KAPITEL

Muster für einen Eigenbeleg

Eigenbeleg

Leistungsempfänger	Bruno Beispiel Musterstraße 3 12345 Beispielstadt
Zahlungsempfänger	ProMarkt Beispielstraße 50 12345 Beispielstadt
Art und Menge der Leistung	1 Laptop: HP Compaq EVO N 1050 V
Datum der Aufwendung	12. 5. 20__
Kosten (brutto)	1.500,00 € Barzahlung aus Kasse am 12. 5. 20__; Preisliste des Händlers (gültig bis Juni 20__), beigefügt
Grund für Eigenbeleg	Originale Rechnung nicht mehr auffindbar. Kosten sind tatsächlich betrieblich entstanden, denn der Laptop befindet sich in meinem Büro (Foto in der Anlage).

Aus dem Eigenbeleg wurde keine Vorsteuer geltend gemacht.

Beispielstadt, 13. 5. 20__   *B. Beispiel*
Ort, Datum   Unterschrift

Download unter: **www.jetzt-selbststaendig.info**
Kapitel 7, Stichwort: **Eigenbeleg**

JETZT BIN ICH SELBSTSTÄNDIG

So buchen Sie Ihre Ausgaben (Beispiel auf Seite 207)

Auch Ihre Ausgaben müssen Sie aufzeichnen. Eine generelle Pflicht gibt es zwar nicht, aber schon um in der Einkommensteuererklärung Betriebsausgaben geltend machen zu können, sind Aufzeichnungen unumgänglich. Vorgeschrieben sind gesonderte Aufzeichnungen zudem für folgende Betriebsausgaben mit Bezug zur privaten Lebensführung (§ 4 Abs. 5 EStG):

- Bewirtungskosten (nur zu 70 % abzugsfähig),
- Geschenke,
- Aufwendungen für ein häusliches Arbeitszimmer sowie
- Entnahmen/Einlagen, wenn Sie mehr als 2.050 € betriebliche Schuldzinsen geltend machen wollen (§ 4 Abs. 4a Satz 7 EStG).

Gesonderte Verzeichnisse müssen Sie darüber hinaus für bestimmte Anlagegüter und Abschreibungen führen:

- Als Einnahmen-Überschuss-Rechner müssen Sie Wirtschaftsgüter des Anlage- und Umlaufvermögens separat erfassen (§ 4 Abs. 3 Satz 5 EStG).
- Wirtschaftsgüter, für die Sie Sonderabschreibungen nach § 7g EStG in Anspruch nehmen, sind ebenfalls getrennt aufzulisten (§ 7a Abs. 8 EStG).

Buchung von Wareneingängen und -ausgängen

Sind Sie gewerblicher Unternehmer, sind Sie verpflichtet, Ihren Wareneingang aufzuzeichnen (§ 143 AO). Für Freiberufler entfällt diese Pflicht. Der Wareneingang umfasst Waren, die zur Weiterveräußerung bestimmt sind, sowie Material, das verbraucht oder verarbeitet wird. Aufzuzeichnen sind:

- Tag des Wareneingangs oder Datum der Rechnung
- Name/Firma und Anschrift des Lieferanten
- Handelsübliche Bezeichnung der Ware
- Preis der Ware (netto, wenn Sie umsatzsteuerpflichtig sind)
- Hinweis auf den dazugehörigen Beleg, also die Rechnung (= Belegnummer)

Wichtig: Ergeben sich diese Angaben aus Ihrer Belegsammlung, wie es meist der Fall sein wird, können Sie sich zusätzliche Aufzeichnungen ersparen. Ein Wareneingangsbuch brauchen Sie dann nicht zu führen. Großhändler müssen darüber hinaus auch den Warenausgang aufzeichnen (§ 144 AO). Es gelten dieselben Regeln wie für den Wareneingang.

Ihre Archivierungs- und Aufbewahrungspflichten

Sie müssen alle Buchungsbelege, Konten, Jahresabschlüsse und andere wichtige Unterlagen 10 Jahre lang aufbewahren.

Beachten Sie: Seit 1.1.2002 darf das Finanzamt bei Prüfungen auf Ihre elektronisch gespeicherten Daten zugreifen (§ 147 AO). Erledigen Sie Ihre Buchführung auf dem PC, reicht zur Archivierung während der 10 Jahre also weder ein Ausdruck auf Papier noch eine Mikro-Verfilmung. Sie müssen Ihre Buchführungsdaten so aufbewahren, dass diese bei einer Betriebsprüfung am PC aufgerufen und ausgewertet werden können. Wenn Sie zwischenzeitlich Ihr Programm ändern, müssen Sie also die Daten konvertieren oder aber das alte System aufrechterhalten.

BUCHFÜHRUNG UND STEUERN — 7. KAPITEL

z.B. Übersicht Einnahmen

Sachbereich: Betriebseinnahmen 19 % **Jahr:** 20___ **Zeile EÜR:** 10

Datum		Name des Kunden	Rechnung Nr.	Bruttobetrag in €	Umsatzsteuer in €	Nettobetrag in €
Rechnung	Zahlung					
09.01.	16.01.	Voigt KG	1/10	1.190,00	190,00	1.000,00
22.01.	06.02.	Krause, Franz	2/10	2.975,00	475,00	2.500,00
...						
			Gesamtbetrag:	52.145,00	8.325,68	43.819,32

z.B. Übersicht Ausgaben

Sachbereich: Porto, Telefon, Büromaterial **Jahr:** 20___ **Zeile EÜR:** 48

Belegnr.	Belegdatum	Name des Lieferanten/ Dienstleisters	Bruttobetrag in €	Vorsteuer in €	Nettobetrag in €
1	04.01.	Schreibwaren Fiedler	120,00	19,16	100,84
7	02.02.	Telekom	50,00	7,08	42,02
...					
		Gesamtbetrag:	3.152,80	503,39	2.649,41

Download unter: **www.jetzt-selbststaendig.info**
Kapitel 7, Stichwort: **Einnahme, Übersicht / Ausgaben, Übersicht**

JETZT BIN ICH SELBSTSTÄNDIG

7. KAPITEL — BUCHFÜHRUNG UND STEUERN

So lange müssen Sie geschäftliche Unterlagen aufbewahren

Belege, die Sie 10 Jahre aufbewahren müssen

- Angestelltenversicherung (Belege)
- Anlagekarteien
- Anlagevermögensbücher
- Arbeitsanweisungen für die EDV-Buchführung
- Ausgangsrechnungen
- Außendienstabrechnungen
- Bankbelege
- Beitragsabrechnungen der Sozialversicherungsträger
- Belege mit Buchungsfunktion
- Bilanzen (Jahresbilanzen)
- Bilanzunterlagen
- Buchungsanweisungen
- Debitorenlisten (soweit sie Bilanzunterlagen sind)
- Einfuhrunterlagen
- Eingangsrechnungen
- Einnahmen-Überschuss-Rechnung
- Eröffnungsbilanzen
- Exportunterlagen
- Fahrtkostenerstattungen
- Gehaltslisten
- Geschenknachweise
- Gewinn- und Verlust-Rechnungen
- Grundstücksverzeichnis (zum Inventar gehörend)
- Gutschriftsanzeigen
- Handelsbücher
- Hauptabschlussübersicht
- Inventar
- Jahresabschlüsse
- Journale für Hauptbuch und Kontokorrent
- Kassenberichte
- Kassenbücher und -blätter
- Kassenzettel
- Kontenpläne und Kontenplanänderungen
- Kontenregister
- Kontoauszüge
- Konzernabschlüsse
- Lageberichte
- Lagerbuchführung
- Magnetbänder mit Buchungsfunktion
- Organisationsunterlagen für EDV-Buchführung
- Rechnungen
- Rechnungsdoppel
- Registrierkassenstreifen
- Reisekostenabrechnung
- Sachkonten
- Saldenbilanzen
- Scheck- und Wechselunterlagen
- Speicherbelegungsplan der EDV-Buchführung
- Verbindlichkeiten (Zusammenstellungen)
- Verkaufsbücher
- Vermögensverzeichnis
- Wareneingangsbücher und -ausgangsbücher
- Zahlungsanweisungen
- Zollbelege

Belege, die Sie nach Ablauf von 6 Jahren vernichten dürfen

- Aktenvermerke
- Angebote
- Bahnfrachtbriefe
- Bankbürgschaften
- Betriebsprüfungsberichte
- Börsenaufträge
- Darlehensunterlagen
- Handelsbriefe
- Kreditunterlagen
- Lohnkonten
- Mietunterlagen
- Preislisten
- Schriftwechsel
- Unterlagen nach der MaBV
- Versand- und Frachtunterlagen
- Versicherungspolicen
- Verträge ohne Belegfunktion

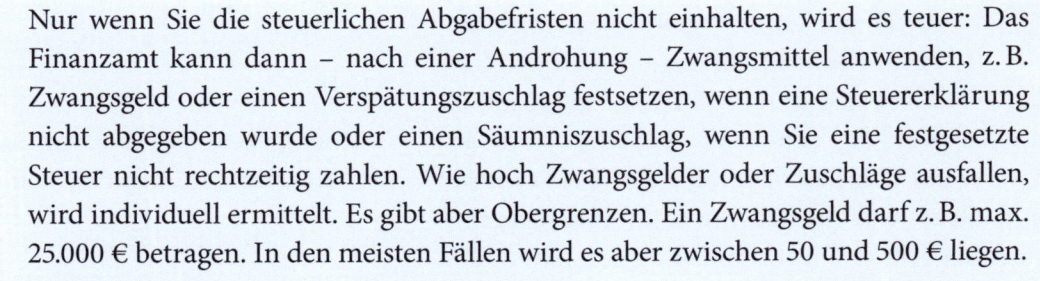

BUCHFÜHRUNG UND STEUERN — 7. KAPITEL

Abgabefristen einhalten –
Wie Sie Ihre Steuerzahlungen ganz legal hinauszögern

> **Quick-Tipp**
>
> **Kosten** €€€€
> Nur wenn Sie die steuerlichen Abgabefristen nicht einhalten, wird es teuer: Das Finanzamt kann dann – nach einer Androhung – Zwangsmittel anwenden, z. B. Zwangsgeld oder einen Verspätungszuschlag festsetzen, wenn eine Steuererklärung nicht abgegeben wurde oder einen Säumniszuschlag, wenn Sie eine festgesetzte Steuer nicht rechtzeitig zahlen. Wie hoch Zwangsgelder oder Zuschläge ausfallen, wird individuell ermittelt. Es gibt aber Obergrenzen. Ein Zwangsgeld darf z. B. max. 25.000 € betragen. In den meisten Fällen wird es aber zwischen 50 und 500 € liegen.
>
> **Zeit**
> Kontrollieren Sie regelmäßig, ob Steuerfristen ablaufen. Das dauert nur wenige Minuten, kann Ihnen aber eine Menge Ärger und Geld sparen.
>
> **Anspruch** ★
> Tragen Sie sich wichtige Steuertermine am besten gleich zu Anfang des Jahres in einen Terminkalender ein. Nutzen Sie einen elektronischen Kalender, lassen Sie sich rechtzeitig vorher automatisch an den Termin erinnern.

Das Steuerrecht kennt eine Vielzahl von Fristen und Terminen. Das Finanzamt erwartet von Ihnen, dass Sie diese einhalten. Tun Sie das nicht, kann das erhebliche Folgen haben. Zunächst bekommen Sie in der Regel nur ein Erinnerungsschreiben. Reagieren Sie darauf nicht, drohen Konsequenzen:

- Ein Steuerbescheid wird nach Ablauf der Einspruchsfrist rechtskräftig, Sie können dann keine Änderungen mehr zu Ihren Gunsten durchsetzen und verschenken dadurch möglicherweise Geld.
- Ein Verspätungszuschlag kann fällig werden, wenn Sie Ihre Steuererklärungen verspätet abgeben.
- Ein Säumniszuschlag droht, wenn Sie die Steuer nicht bis zum Ablauf des Fälligkeitstages entrichten.
- Eine Geldbuße kann Sie treffen, wenn Sie einer Pflicht nicht rechtzeitig nachgekommen sind.
- Wenn keine Steuererklärungen abgegeben werden, darf das Finanzamt den zu versteuernden Gewinn – inklusive eines Sicherheitszuschlags – schätzen.

TIPP Sie sollten sich nicht nur mit Fristen auskennen, um Verspätungszuschläge etc. zu vermeiden. Nutzen Sie Ihre Kenntnisse auch dazu, Steuerzahlungen hinauszuzögern – jedenfalls, wenn Sie Nachzahlungen erwarten. In der zusätzlichen Zeit sparen Sie dann Geld an, um die Steuerschuld begleichen zu können. Erwarten Sie dagegen eine Steuererstattung, sollten Sie Ihre Steuererklärungen so schnell wie möglich abgeben, um das Geld vom Finanzamt zu erhalten.

Wann Fristen beginnen und enden

Setzt das Finanzamt eine Frist, beginnt deren Lauf mit dem Tag, der auf die Bekanntgabe der Frist folgt. Ausnahmen von diesem Grundsatz bestehen nur, wenn Ihnen die Behörde etwas anderes mitteilt (§ 108 Abs. 2 AO).

Bekannt geben kann das Finanzamt die Frist durch Übergabe eines Schreibens. Weitaus üblicher ist jedoch, dass Fristen durch die Übersendung von Bescheiden per Post zu laufen beginnen. In einem solchen Fall gilt der Bescheid

Ihnen gegenüber am 3. Tag nach der Aufgabe zur Post (= Poststempel) als bekannt gegeben (§ 122 Abs. 2 Nr. 1 AO), und die Frist zum Einlegen eines Einspruchs beginnt am darauffolgenden Tag.

z.B. Das Finanzamt übergibt Ihnen am 1. Juli einen Bescheid, in dem eine Frist für Ihren Einspruch genannt ist. Diese Frist beginnt am nächsten Tag, dem 2. Juli, zu laufen. Gibt das Finanzamt den Bescheid am 1. Juli bei der Post auf, gilt er kraft Gesetzes am 4. Juli Ihnen gegenüber als bekannt gegeben. Die Frist beginnt am 5. Juli zu laufen.

Eine nach Tagen bestimmte Frist endet mit dem Ablauf des letzten Tags der Frist. Eine Frist, die nach Wochen oder Monaten bemessen ist, endet mit dem Ablauf desjenigen Tags der letzten Woche oder des letzten Monats, der durch seine Benennung oder seine Zahl dem Anfangstag der Frist entspricht (§ 188 BGB).

z.B. Ein Steuerbescheid gilt am Montag, 7. Juli, als bekannt gegeben, da das Finanzamt ihn am Freitag, 4. Juli, zur Post gegeben hat. Der Anfangstag der Frist ist also Dienstag, 8. Juli. Beträgt die Frist

- 7 Tage, endet sie am Montag, 14. Juli, 24 Uhr,
- 2 Wochen, endet sie am Dienstag, 22. Juli, 24 Uhr (Dienstag = Anfangs- und Endtag der Frist),
- 1 Monat, endet sie am 8. August, 24 Uhr (8. = Anfangs- und Endtag der Frist).

Gewisse Fristen werden Ihnen nicht bekannt gegeben, sondern sind gesetzlich bestimmt und für alle Steuerzahler gleich. So müssen Sie z. B. Ihre Umsatzsteuer-Voranmeldungen bis zum 10. des auf den Anmeldezeitraum folgenden Monats abgeben. Anders ausgedrückt: Die Frist für die Abgabe läuft an einem bestimmten Termin, nämlich dem 10. um 24 Uhr, ab.

Beachten Sie: Fällt das Ende einer Frist auf einen Samstag, Sonntag oder gesetzlichen Feiertag, endet die Frist erst mit Ablauf des folgenden Werktags (§ 108 Abs. 3 AO).

In welcher Form Sie Unterlagen beim Finanzamt einreichen

Einkommen-, Umsatzsteuer- und Gewerbesteuer-Erklärungen und andere Dokumente, die Sie eigenhändig unterschreiben müssen, reichen Sie schriftlich – per Brief – beim Finanzamt ein. Sie dürfen sie auch mit einer qualifizierten elektronischen Signatur versehen und online übermitteln. Durch die Signatur steht der Zeitpunkt der Übermittlung fest. Diese Methode erbringt also einen Beweis, ob Sie die Frist für die Angelegenheit eingehalten haben, ist aber (noch) recht aufwändig.

Steuererklärungen, die Sie nicht eigenhändig unterschreiben müssen – z.B. Voranmeldungen –, dürfen Sie dem Finanzamt auch faxen (BMF, 20.1.2003, Az: IV D 2 – S 0321–4/03). Als Hinweis auf die Fristwahrung heben Sie am besten Ihren Sendebeleg auf. Allerdings ist auch das kein Beweis – Ihr Fax könnte ja falsch eingestellt sein. Noch einfacher ist es für Sie, wenn Sie sie elektronisch per Internet übermitteln. Diese Möglichkeit können Sie mit dem kostenlosen Programm „Elster-Formular" oder dem Internet-Angebote „Elster-Online" der Finanzverwaltung nutzen.

Weitere Informationen dazu finden Sie unter www.elster.de.

Zahlen Sie rechtzeitig, um Säumniszuschläge zu vermeiden

Steuerzahlungen gehen fristgerecht ein, wenn das Geld am Tag des Fristablaufs dem Finanzamt-Konto gutgeschrieben wird. Wenn Sie per Überweisung bezahlen, können Sie eine 3-tägige Schonfrist in Anspruch nehmen (§ 240 Abs. 3 AO). Das Geld muss aber spätestens am 3. Tag nach dem Fälligkeitstag dem Konto der Finanzkasse gutgeschrieben sein (§ 224 Abs. 2 Nr. 2 AO).

BUCHFÜHRUNG UND STEUERN — 7. KAPITEL

Erst danach darf das Finanzamt einen Säumniszuschlag erheben. Dieser beträgt für jeden angefangenen Monat der Säumnis 1% des rückständigen Steuerbetrags (abgerundet auf den nächsten durch 50 € teilbaren Betrag). Endet die Schonfrist an einem Samstag, Sonntag oder Feiertag, verlängert sie sich bis zum darauffolgenden Arbeitstag.

z.B. Ihre nächste Einkommensteuer-Vorauszahlung ist am 10.6. fällig. Die Schonfrist beträgt 3 Tage und würde am 13.6. enden. Da der 13.6. ein Sonntag ist, endet die Frist erst am 14.6. Geht Ihre Vorauszahlung an diesem Tag auf dem Konto der Finanzkasse ein, wird kein Säumniszuschlag erhoben.

Wichtig: Die Zahlungsschonfrist gilt nur für Überweisungen. Zahlen Sie dagegen per Scheck, gilt die Zahlung erst 3 Tage nach dem Tag des Eingangs beim Finanzamt als entrichtet (§ 224 Abs. 2 Nr. 1 AO). Erteilen Sie dem Finanzamt eine Einzugsermächtigung, gilt die Steuer als am Fälligkeitstag gezahlt, egal wann das Finanzamt abbucht (§ 224 Abs. 2 Nr. 3 AO).

Die wichtigsten Fristen und Termine im Überblick

Bezeichnung	Fristen/Termine
• Abgabe der Einkommensteuer-Erklärung, • Umsatzsteuer-Erklärung, • Erklärung zur Festsetzung des Gewerbesteuer-Messbetrags*	5 Monate (bei Abgabe durch den Steuerberater 12 Monate) nach Ende des Kalenderjahrs (§ 149 Abs. 2 AO, § 16 Abs. 1 UStG, § 14a GewStG)
Nachzahlung von Umsatzsteuer**	1 Monat nach Eingang der Umsatzsteuer-Jahreserklärung beim Finanzamt
Vorauszahlungen für Einkommen- und Kirchensteuer sowie Solidaritätszuschlag	10.3., 10.6., 10.9., 10.12. (§ 37 Abs. 1 EStG)
Gewerbesteuer-Vorauszahlungen	15.2., 15.5., 15.8., 15.11. (§ 19 GewStG)
Umsatzsteuer-Voranmeldungen und -Vorauszahlungen	Bis 10. Tag nach Ablauf eines Voranmeldungszeitraums (§ 18 Abs. 1 UStG)
Lohnsteuer-Abführung	Spätestens am 10. Tag nach Ablauf des Lohnsteuer-Anmeldungszeitraums (§ 41a EStG)
Einspruch gegen Steuerbescheide	1 Monat nach Bekanntgabe des Bescheids (§ 355 Abs. 1 AO)

* für steuerpflichtige Gewerbebetriebe; ggf. Zerlegungserklärung, wenn Sie Betriebsstätten in mehreren Gemeinden unterhalten
** wenn die zu zahlende Umsatzsteuer laut Ihrer Erklärung zugunsten des Finanzamts von den Voranmeldungen abweicht

So erhalten Sie eine Fristverlängerung für die Abgabe von Steuererklärungen

Unter bestimmten Umständen erlaubt Ihnen das Finanzamt, Steuererklärungen ausnahmsweise noch nach Ablauf der generell vom Gesetz vorgesehen Frist abzugeben:

Dauerfristverlängerung für Umsatzsteuer-Jahreserklärungen

Um für die Abgabe der monatlichen bzw. vierteljährlichen Umsatzsteuer-Voranmeldungen mehr Zeit zu gewinnen, können Sie eine Dauerfristverlängerung beantragen. Statt am 10. des auf den Veranlagungszeitraum folgenden Monats müssen Sie die Voranmeldungen dann erst einen Monat später einreichen. Mehr dazu lesen Sie ab Seite 216.

Antrag auf Fristverlängerung für Jahressteuererklärungen

Arbeiten Sie mit einem Steuerberater, müssen die Jahreserklärungen nicht schon zum 31.5. des Folgejahres abgegeben werden. Sie haben dann

7. KAPITEL BUCHFÜHRUNG UND STEUERN

Zeit bis zum 31.12. Der Steuerberater erhält für Sie in Ausnahmefällen auch eine Fristverlängerung bis zum 28. bzw. 29. Februar des folgenden Jahres.

Erstellen Sie Ihre Steuererklärungen selbst, können Sie ebenfalls eine Fristverlängerung in Anspruch nehmen. Diese müssen Sie allerdings schriftlich beim Finanzamt beantragen. Der Fiskus gewährt die Verlängerung in der Regel problemlos bis zum 31.12. des Jahres, wenn Sie einen triftigen Grund für eine Fristverlängerung haben.

Beachten Sie: Krankheit oder Zeitmangel ist kein ausreichender Grund dafür, dass Sie Ihren Pflichten gegenüber dem Finanzamt nicht nachkommen können. Führen Sie besser Gründe an, auf die Sie als Unternehmer wenig oder keinen Einfluss hatten, z. B.

- längere Krankheit des Buchführungshelfers, sodass die Unterlagen nun selbst neu aufbereitet werden müssen,
- Brandschaden, der Unterlagen vernichtet hat, die nun neu zusammengetragen werden müssen,
- noch nicht abgeschlossene Umstrukturierungen des Betriebs, sodass die Abgrenzung schwierig ist,
- Umstellung des verwendeten Buchführungsprogramms, da die alte Software vom Hersteller nicht mehr gepflegt wurde.

Allerspätester Abgabetermin ist der 30. 4. des übernächsten Jahres

Der absolut späteste Abgabetermin für Ihre Steuererklärungen ist der 30. April des folgenden Jahres. Bis dahin hält das Finanzamt unter Umständen noch still. Danach wird – vor allem im Wiederholungsfall – ein Verspätungszuschlag erhoben. Dieser Zuschlag darf bis zu 10 % der festgesetzten Steuer, höchstens jedoch 25.000 € betragen (§ 152 AO). Zudem wird das Finanzamt Steuernachforderungen – gerechterweise auch Steuererstattungen – ab dem 1. 4. des übernächsten Jahres bis zum Tag der Steuerfestsetzung verzinsen (§ 233a Abs. 2 AO).

Geben Sie keine Steuererklärungen ab, wird der Gewinn und damit Ihre Steuerschuld geschätzt und der Verspätungszuschlag erhoben. Damit fahren Sie zumeist sehr schlecht.

BUCHFÜHRUNG UND STEUERN — 7. KAPITEL

Muster für eine Fristverlängerung

Gisela Großmann, Programmiererin
Große Freiheit 100
12345 Beispielstadt

An das
Finanzamt Beispielstadt
Postfach 12345
12345 Beispielstadt   Beispielstadt, den 1.1.20__

Steuernummer: _____

**Antrag auf Fristverlängerung zur Abgabe der Steuererklärungen
für** _____

Sehr geehrte Damen und Herren,

wegen Arbeitsüberlastung (Krankheit, Ausfall von Arbeitnehmern, Geschäftserweiterung, Hausbau, Umzug usw.) beantrage ich die Frist für die Abgabe der Steuererklärungen _____ bis zum 31.12. zu verlängern.

Wenn ich innerhalb der nächsten 14 Tage keine andere Nachricht von Ihnen erhalte, gehe ich davon aus, dass Sie meinen Antrag genehmigt haben.

Mit freundlichen Grüßen

Gisela Großmann

Download unter: **www.jetzt-selbststaendig.info**
Kapitel 7, Stichwort: **Steuererklärung, Fristverlängerung**

7. KAPITEL — BUCHFÜHRUNG UND STEUERN

Umsatzsteuer selbst berechnen – So machen Sie bei Vorauszahlungen und der Jahreserklärung alles richtig

Quick-Tipp

Kosten — Umsatzsteuer-Voranmeldungen müssen Sie per Internet an das Finanzamt schicken. Dafür können Sie die kostenlose Software Elster-Formular bzw. das Online Angebot Elster-Online nutzen. Einfacher geht es jedoch, wenn Sie eine Buchführungssoftware haben. Gute Programme bekommen Sie bereits für unter 40 €. Es gibt auch kostenlose Angebote im Internet. Beim Steuerberater zahlen Sie für die reine Erstellung einer Umsatzsteuer-Voranmeldung ab ca. 15 €, für die Erstellung der Umsatzsteuer-Jahreserklärung ab ca. 140 €.

Zeit — Wenn Sie die Umsatzsteuer-Voranmeldungen einige Male erledigt haben und über eine übersichtliche Buchführung verfügen, brauchen Sie dafür rund 30 Minuten. Schneller geht es mit einem Buchführungsprogramm, das die Buchungen automatisch übernimmt.

Anspruch — Umsatzsteuer-Voranmeldungen können Sie selbst erledigen. Die Umsatzsteuer-Jahreserklärung sollten Sie dagegen Ihrem Steuerberater überlassen. Bereiten Sie die Daten aber weitgehend vor, damit der Steuerberater sie ohne viele Nachfragen einfach übernehmen kann.

Neben der Einkommensteuer haben Sie als Selbstständiger auch mit der Umsatzsteuer zu tun. Diese wird umgangssprachlich auch Mehrwertsteuer genannt. Gemeint ist aber dasselbe. Umsatzsteuer müssen Sie von Ihren Kunden erheben, wenn Sie Waren verkaufen oder Leistungen erbringen, die mit Umsatzsteuer belegt sind. Sie schlagen die Steuer auf den Verkaufspreis auf. Der jeweilige Umsatzsteuersatz und der Betrag werden in der Rechnung ausgewiesen.

- Der Regelsatz beträgt 19 %, z. B. auf Handwerkerleistungen oder den Verkauf von Waren.
- Der begünstigte Satz beträgt 7 %, z. B. auf journalistische Leistungen (Übertragung von Urheberrechten) oder den Verkauf von Lebensmitteln.
- Einige Verkäufe sind von der Umsatzsteuer befreit, z. B. Leistungen von Ärzten oder Physiotherapeuten.

Befreiung von der Umsatzsteuerpflicht für Kleinunternehmer

Keine Umsatzsteuer müssen Sie verlangen, solange Sie Kleinunternehmer im Sinne von § 19 UStG sind. Umsatzsteuerlicher Kleinunternehmer sind Sie automatisch, wenn

- Sie im Gründungsjahr voraussichtlich nicht mehr als 17.500 € Gesamtumsatz machen werden (dabei ist der voraussichtliche Umsatz auf 12 Monate hochzurechnen) bzw.
- Ihr Gesamtumsatz – Brutto-Entgelt für Lieferungen und Leistungen – im vorangegangenen Kalenderjahr 17.500 € nicht überschritten hat und Ihr voraussichtlicher Gesamtumsatz im neu beginnenden Jahr nicht mehr als 50.000 € betragen wird. Ob Sie diese beiden Werte einhalten, müssen Sie zum 1.1. eines jeden Jahres prüfen.

Sind Sie umsatzsteuerlicher Kleinunternehmer, sind Ihre Waren und Leistungen für Ihre Kunden – wenn sie überwiegend Privatpersonen sind – günstiger. Schließlich entfällt die Belastung mit in der Regel 19 % Steuer. Allerdings birgt die

BUCHFÜHRUNG UND STEUERN — 7. KAPITEL

Umsatzsteuerbefreiung auch einen Nachteil: Sie selbst können sich die Umsatzsteuer, die Sie an andere Unternehmer zahlen (= Vorsteuer), auch nicht vom Finanzamt erstatten lassen. Wenn Sie häufig und teuer Waren einkaufen, kann das für Sie teuer werden.

TIPP Sie können freiwillig auf die Kleinunternehmer-Regelung verzichten (in der Fachsprache heißt das „zur Umsatzsteuer optieren").

Das tun Sie, indem Sie in Ihren Rechnungen Umsatzsteuer ausweisen und sie an das Finanzamt abführen. Im Gegenzug lassen Sie sich vom Finanzamt Vorsteuer aus Ihren Eingangsrechnungen erstatten.

Achtung: Sie sind in diesem Fall allerdings für mindestens 5 Jahre an die Umsatzsteuerpflicht gebunden, können also nicht einfach wieder zur Kleinunternehmerregelung zurückwechseln!

Umsatzsteuer-Voranmeldungen: So berechnen Sie Ihre Vorauszahlungen

Anders als die Einkommensteuer ist die Umsatzsteuer eine sogenannte Anmeldesteuer. Das bedeutet: Sie ermitteln die Steuer selbst. Sie rechnen die geschuldete Umsatzsteuer und ziehen davon die Vorsteuer auf Ausgaben für Ihren Betrieb ab. Dazu erstellen Sie unterjährig Umsatzsteuer-Voranmeldungen und nach Ablauf des Geschäftsjahres eine Umsatzsteuer-Jahreserklärung und zahlen die Umsatzsteuerschuld an das Finanzamt.

Die Voranmeldungstermine

Wie oft Sie eine Umsatzsteuer-Voranmeldung einreichen, richtet sich nach der Höhe der im Vorjahr gezahlten bzw. vom Finanzamt erstatteten Umsatzsteuer. Eine Ausnahme gilt für das Gründungsjahr und das darauffolgende Jahr: In diesem Zeitraum müssen Sie Umsatzsteuer-Voranmeldungen in jedem Fall monatlich abgeben.

Ihre Umsatzsteuer-Voranmeldung reichen Sie bis zum 10. Tag nach Ablauf des Voranmeldungszeitraums beim Finanzamt ein.

- Bei monatlicher Abgabe muss die Voranmeldung also jeweils zum 10. des Folgemonats (z. B. am 10. Februar für Januar) beim Finanzamt vorliegen.
- Bei quartalsweiser Abgabe ist der letzte Termin der 10.4. für das 1. Quartal, der 10.7. für das 2. Quartal, 10.10. für das dritte Quartal und der 10.1. für das 4. Quartal.

Fällt der letzte Abgabetermin allerdings auf einen Samstag, Sonntag oder gesetzlichen Feiertag, verlängert sich die Frist bis zum darauffolgenden Werktag (§ 108 Abs. 3 AO).

Zahlung bis Ende der Abgabefrist

Ergibt Ihre Voranmeldung eine Umsatzsteuer-Zahllast, muss der Betrag auch spätestens mit Ende der Abgabefrist für die Voranmeldung bei der Finanzkasse eingegangen sein. Wenn Sie es nicht ganz pünktlich schaffen, Ihre Steuern zu zahlen, müssen Sie allerdings nicht gleich mit Zwangsmaßnahmen des Finanzamts rechnen. Das Finanzamt räumt Ihnen die bereits erwähnte Zahlungsschonfrist von maximal 3 Arbeitstagen ein. Endet die Schonfrist an einem Samstag, Sonntag oder Feiertag, verlängert sie sich bis zum darauffolgenden Arbeitstag.

TIPP Erteilen Sie dem Finanzamt eine Einzugsermächtigung. So gehen Sie sicher, dass das Finanzamt Ihre Umsatzsteuer-Vorauszahlungen immer pünktlich erhält, denn Ihre Zahlung gilt dann am Fälligkeitstag als geleistet (§ 224 Abs. 2 Nr. 3 AO).

Wie oft Sie Umsatzsteuer-Voranmeldungen einreichen

Umsatzsteuer im Vorjahr	Voranmeldungszeitraum
> 7.500 € Erstattung vom Finanzamt	monatlich oder quartalsweise (Wahlrecht)
0 bis 7.500 € Erstattung vom oder 0 bis 1.000 € Zahlung an das Finanzamt	keine Voranmeldung nötig; nur Umsatzsteuer-Jahreserklärung
> 1.000 € bis 7.500 € Zahlung an das Finanzamt	quartalsweise
> 7.500 € Zahlung an das Finanzamt	monatlich

Dauerfristverlängerung: Gewinnen Sie einen Monat Zeit für die Voranmeldung und Zahlung

Einen zusätzlichen Monat Zeit haben Sie, wenn Sie bis zum nächsten Abgabetermin eine Dauerfristverlängerung beim Finanzamt beantragen (§ 18 Abs. 6 UStG i. V. m. § 46 UStDV). Den Antrag auf Dauerfristverlängerung müssen Sie ab 2011 elektronisch beantragen (§ 48 EStDV). Dafür nutzen Sie entweder eine Buchführungssoftware oder die kostenlose ElsterFormular bzw. das Web-Angebot Elsteronline der Finanzverwaltung.

Als Monatszahler zahlen Sie mit Ihrem Antrag auf Dauerfristverlängerung eine Sondervorauszahlung in Höhe von 1/11 der im Vorjahr gezahlten Umsatzsteuer-Vorauszahlungen bzw. als Gründer im ersten Jahr 1/11 der geschätzten Umsatzsteuer-Zahllast für das laufende Jahr. Diese verrechnen Sie am Jahresende. Hatten Sie im Vorjahr bereits eine Dauerfristverlängerung beantragt, müssen Sie die Sondervorauszahlung für das laufende Jahr bis spätestens 10. 2. anmelden und zahlen (§ 48 Abs. 2 UStDV).

z.B. Ein Unternehmer ist zu monatlichen Voranmeldungen verpflichtet. Am 10. 2. wären eigentlich die Voranmeldung und Zahlung für den Monat Januar fällig. Stattdessen gibt er am 10. 2. seinen Antrag auf Dauerfristverlängerung bei seinem Finanzamt ab und überweist zum selben Termin die Sondervorauszahlung von 909,09 € (= 1/11 von 10.000 € Umsatzsteuerzahllast für das Vorjahr). Jetzt kann er sich mit der Umsatzsteuer-Voranmeldung und -Zahlung für Januar bis zum 10.3. Zeit lassen. ∎

Beachten Sie: Über die Genehmigung einer Dauerfristverlängerung erhalten Sie keinen Bescheid. Sie können sie deshalb in Anspruch nehmen, wenn das Finanzamt Ihnen keine ausdrückliche Ablehnung schickt und solange die Dauerfristverlängerung nicht widerrufen wird.

Ist-Besteuerung: Zahlen Sie Umsatzsteuer erst, wenn Sie das Geld vom Kunden haben

Normalerweise müssen Sie als Selbstständiger Umsatzsteuer für den Monat anmelden, in dem Sie eine Rechnung ausstellen. Ob der Kunde sofort zahlt oder sich damit monatelang Zeit lässt, interessiert das Finanzamt nicht. Sie müssen den Betrag dann so lange „vorstrecken". Das kann Ihre Liquidität bei hohen Rechnungen erheblich belasten und Sie im Extremfall sogar in Zahlungsschwierigkeiten bringen.

Dieses Risiko können Sie vermeiden, indem Sie beim Finanzamt die sogenannte Ist-Besteuerung beantragen (§ 20 UStG). Sie zahlen Umsatzsteuer erst dann, wenn Sie das Geld vom Kunden bekommen haben.

z.B. Sie sind Monatszahler und stellen im März eine Rechnung über 2.380 € aus. Darin enthalten sind 380 € Umsatzsteuer. Der Kunde zahlt die Rechnung aber erst im Mai. Mit der Ist-Besteuerung müssen Sie die 380 € auch erst mit der Mai-Voranmeldung an das Finanzamt überweisen. Sonst wäre der Betrag schon mit der Umsatzsteuer-Voranmeldung für März fällig gewesen. ∎

Das Finanzamt muss Ihnen die Ist-Besteuerung erlauben. Voraussetzung dafür ist, dass Sie entweder Freiberufler sind oder als gewerblicher Unternehmer bestimmte Umsatzgrenzen nicht überschreiten:

- Für Selbstständige in Westdeutschland liegt die Umsatzgrenze (umsatzsteuerpflichtige Einnahmen im vorherigen Kalenderjahr bzw. für Gründer voraussichtliche Einnahmen im laufenden Jahr) bei 250.000 €. Für Selbstständige in Ostdeutschland gilt eine Umsatzgrenze von 500.000 € (§ 20 UStG). Beachten Sie: Bis Ende 2011 beträgt die Grenze bundesweit vorübergehend 500.000 €.

- Die Ist-Besteuerung können Sie nur für ein ganzes Kalenderjahr beantragen. Das heißt: zum 1.1. eines Jahres.

Umsatzsteuer-Jahreserklärung erstellen

Nach Ablauf des Jahres reichen Sie beim Finanzamt zusätzlich zu den Umsatzsteuer-Voranmeldungen eine Umsatzsteuer-Jahreserklärung ein. Das geschieht zusammen mit der Einkommensteuer-Erklärung. Die zuvor im Jahr abgeführten Umsatzsteuer-Vorauszahlungen werden in der Jahreserklärung auf Ihre endgültige Umsatzsteuer-Zahllast angerechnet.

Leider weicht die Summe der Vorauszahlungen häufig von dem mit der Jahreserklärung berechneten Zahlbetrag ab. Der Grund: Erst in der Jahreserklärung berücksichtigen Sie nachträglich noch vereinzelte Belege, die Sie zuvor übersehen haben, und zusätzliche Umsatzsteuer, die Sie auf Ihren Eigenverbrauch oder Privatentnahmen abführen müssen, z. B. für die Nutzung des Geschäftswagens.

Wichtig: Den mit der Jahreserklärung berechneten Betrag müssen Sie innerhalb eines Monats nach Abgabe der Umsatzsteuer-Jahreserklärung an das Finanzamt zahlen. Sie werden dazu nicht aufgefordert. Warten Sie also nicht auf einen Bescheid, sondern begleichen Sie die Nachzahlung sofort.

7. KAPITEL
BUCHFÜHRUNG UND STEUERN

Antrag auf auf Dauerfristverlängerung (ab 2011 elektronisch zu beantragen, nur in Härtefällen auf Antrag per Formular)

2010

- Bitte weiße Felder ausfüllen, Anleitung auf der Rückseite beachten -

Zeile	Fallart	Steuernummer	Unterfallart	Zeitraum
1-3	11	200/300/500	56	1000

30 Eingangsstempel oder -datum

Finanzamt
Beispielhausen Innenstadt
Beispielstr. 12a
12345 Beispielhausen

Antrag auf Dauerfristverlängerung
Anmeldung der Sondervorauszahlung
(§§ 46 bis 48 UStDV)

Unternehmer - ggf. abweichende Firmenbezeichnung -
Anschrift - Telefon - E-Mail-Adresse

Thorsten Taxmann
Am Schuldenstand 1
12345 Beispielhausen

Zur Beachtung
für Unternehmer, die ihre Voranmeldungen **vierteljährlich** abzugeben haben:
Der Antrag auf Dauerfristverlängerung ist nicht zu stellen, wenn Dauerfristverlängerung bereits gewährt worden ist. Er ist nicht jährlich zu wiederholen. Eine Sondervorauszahlung ist nicht zu berechnen und anzumelden.

I. Antrag auf Dauerfristverlängerung
(Dieser Abschnitt ist gegenstandslos, wenn Dauerfristverlängerung bereits gewährt worden ist.)
Ich beantrage, die Fristen für die Abgabe der Umsatzsteuer-Voranmeldungen und für die Entrichtung der Umsatzsteuer-Vorauszahlungen um einen Monat zu verlängern.

II. Berechnung und Anmeldung der Sondervorauszahlung auf die Steuer für das Kalenderjahr 2010 von Unternehmern, die ihre Voranmeldungen monatlich abzugeben haben

Berichtigte Anmeldung (falls ja, bitte eine „1" eintragen) — 10

	volle EUR	Ct
1. Summe der verbleibenden Umsatzsteuer-Vorauszahlungen **zuzüglich** der angerechneten Sondervorauszahlung für das Kalenderjahr 2009	10.000,-	
2. Davon $^1/_{11}$ = Sondervorauszahlung 2010 ... 38	909,-	

Verrechnung des Erstattungsbetrags erwünscht / Erstattungsbetrag ist abgetreten
(falls ja, bitte eine „1" eintragen) — 29

Geben Sie bitte die Verrechnungswünsche auf einem besonderen Blatt an oder auf dem beim Finanzamt erhältlichen Vordruck „Verrechnungsantrag".
Die **Einzugsermächtigung** wird ausnahmsweise (z.B. wegen Verrechnungswünschen) für die Sondervorauszahlung dieses Jahres **widerrufen** (falls ja, bitte eine „1" eintragen) — 26
Ein ggf. verbleibender Restbetrag ist gesondert zu entrichten.

Hinweis nach den Vorschriften der Datenschutzgesetze:
Die mit der Steueranmeldung angeforderten Daten werden auf Grund der §§ 149 ff. der Abgabenordnung und des § 18 des Umsatzsteuergesetzes erhoben.
Die Angabe der Telefonnummer und der E-Mail-Adressen ist freiwillig.

Bei der Anfertigung dieser Steueranmeldung hat mitgewirkt:
(Name, Anschrift, Telefon, E-Mail-Adresse)

- nur vom Finanzamt auszufüllen -

11 | 19

Bearbeitungshinweis
1. Die aufgeführten Daten sind mit Hilfe des geprüften und genehmigten Programms sowie ggf. unter Berücksichtigung der gespeicherten Daten maschinell zu verarbeiten.
2. Die weitere Bearbeitung richtet sich nach den Ergebnissen der maschinellen Verarbeitung.

Datum, Namenszeichen

18.11.20__ Torsten Taxmann
Datum, Unterschrift

Kontrollzahl und/oder Datenerfassungsvermerk

USt 1 H - Antrag auf Dauerfristverlängerung/Anmeldung der Sondervorauszahlung 2010 -

Download unter: **www.jetzt-selbststaendig.info**
Kapitel 7, Stichwort: **Dauerfristverlängerung, Antrag**

BUCHFÜHRUNG UND STEUERN — 7. KAPITEL

Antrag auf Ist-Besteuerung

Henning Hallmann
Am Beispiel 1
12345 Beispielhausen

An das
Finanzamt Beispielhausen
Postfach 12345
12345 Beispielhausen

Beispielhausen, den 1.1.20__

Steuernummer: 123/123456

Antrag auf Besteuerung der Umsätze nach vereinnahmten Entgelten

Sehr geehrte Damen und Herren,

im Jahr ____ hatte ich einen Umsatz von _____ €. Somit ist mein Umsatz unter den Grenzen des § 20 Abs. 1 Nr. 1 UStG von 250.000 €/500.000 €.

Ab ____ werde ich deshalb meine Umsätze nach vereinnahmten Entgelten versteuern.

Ich beantrage, dieses Verfahren zu genehmigen. Wenn ich keine gegenteilige Nachricht von Ihnen erhalte, gehe ich davon aus, dass Sie meinem Antrag zugestimmt haben.

Mit freundlichen Grüßen

Henning Hallmann

Download unter: **www.jetzt-selbststaendig.info**
Kapitel 7, Stichwort: **Ist-Besteuerung, Antrag**

7. KAPITEL — BUCHFÜHRUNG UND STEUERN

Einkommensteuer erklären – Die Abrechnung mit dem Finanzamt über Ihren Gewinn

Quick-Tipp

Kosten
Erledigen Sie die Einkommensteuer selbst, sollten Sie dafür eine Software zu Hilfe nehmen – am besten eine, mit der Sie auch die Buchführung erledigen. Gute Programme gibt es bereits ab unter 40 €. Beim Steuerberater zahlen Sie für die Erstellung der Steuererklärung bei Einkünften von 30.000 € ca. 270 € (Mittelgebühr). Für die EÜR kommt dann noch einmal etwa derselbe Betrag hinzu. Je nach Höhe der Einkünfte und dem vom Steuerberater gewählten Gebührenanteil können die Werte jedoch stark abweichen.

Zeit
Wie lange Sie selbst für Ihre Steuererklärung mit EÜR brauchen, hängt von Ihrer Buchführung und Ihren Kenntnissen ab. In der Regel werden Sie aber einige Tage brauchen, um alle Daten zusammenzutragen und in die Formulare zu übernehmen.

Anspruch
Wenn Sie nicht gerade viel Erfahrung in der Erstellung von Steuererklärungen haben, beauftragen Sie damit besser einen Steuerberater – vor allem, wenn es um Ihre erste Steuererklärung als Selbstständiger geht. Sie würden damit zu viel Zeit verbringen und zudem Gefahr laufen, wichtige Angaben zu übersehen. Wollen Sie die Steuererklärung dennoch selbst erstellen, geben Sie sie dem Steuerberater anschließend zumindest zur Prüfung.

Auf Ihr Einkommen – das sind in erster Linie Ihre Einkünfte aus Ihrer Tätigkeit als Selbstständiger abzüglich der Betriebsausgaben – zahlen Sie Einkommensteuer sowie Solidaritätszuschlag und ggf. Kirchensteuer. Während der Steuerabzug bei Angestellten automatisch vom Arbeitgeber einbehalten und abgeführt wird, müssen Sie sich selbst darum kümmern.

Im laufenden Jahr geschieht das durch die Einkommensteuer-Vorauszahlungen (mit Solidaritätszuschlag und ggf. Kirchensteuer). Deren Höhe wird vom Finanzamt pauschal für ein Jahr festgelegt. Vorauszahlungen werden immer fällig, wenn sie jährlich mindestens 200 € betragen. Die Höhe legt das Finanzamt im Vorauszahlungsbescheid fest. Anders als bei der Umsatzsteuer müssen Sie unterjährig also keine Voranmeldungen einreichen. Bescheide erhalten Sie aus 2 Anlässen:

- Haben Sie gerade gegründet, haben Sie im Betriebseröffnungsbogen Ihren voraussichtlichen Gewinn für das laufende Jahr angegeben. Auf dieser Grundlage berechnet das Finanzamt die Vorauszahlungen, bis ein erster Jahresabschluss vorliegt.

- Nachdem ein Einkommensteuerbescheid ergangen ist, setzt das Finanzamt die Vorauszahlungen neu fest.

Weitere Bescheide oder Zahlungsaufforderungen erhalten Sie nicht. Zu diesen 4 Fälligkeitsterminen müssen Sie die festgelegten Beträge von sich aus ans Finanzamt abführen am 10. 3., 10. 6., 10. 9. und 10. 12.

Fällt der (letzte) Abgabetermin allerdings auf einen Samstag, Sonntag oder gesetzlichen Feiertag, verlängert sich die Frist bis zum darauffolgenden Werktag (§ 108 Abs. 3 AO).

BUCHFÜHRUNG UND STEUERN — 7. KAPITEL

Antrag auf Herabsetzung der Einkommensteuervorauszahlungen

Michael Muster
Beispielbach 12
12345 Beispielhausen

An das
Finanzamt Beispielhausen
Postfach 12345
12345 Beispielhausen

Beispielhausen, den 1.1.20__

Steuernummer _____

Antrag auf Herabsetzung der Steuervorauszahlungen

Sehr geehrte Damen und Herren,

ich beantrage, die mit Bescheid vom __.__.____ festgesetzten Steuervorauszahlungen (Einkommen-, Kirchensteuer, Solidaritätszuschlag) in Höhe von _____ € jeweils zum __.__.____ auf _____ € zu verringern.

Begründung:

1. Meine Umsätze sind nach dem Verlust eines Großkunden / wegen sinkender Nachfrage meiner Kunden in den vergangenen Monaten spürbar zurückgegangen. Das ergibt sich auch aus meinen verringerten Umsatzsteuerzahlungen.

2. Ich plane in den kommenden 3 Jahren größere Anschaffungen. Dafür mache ich bereits jetzt einen Investitionsabzugsbetrag geltend. Dadurch sinkt mein Gewinn.

3. Ich mache Sonderausgaben für _____ geltend.

Bitte bestätigen Sie mir die Herabsetzung der Vorauszahlungen ab dem nächsten Vorauszahlungstermin.

Mit freundlichen Grüßen

Michael Muster

Download unter: **www.jetzt-selbststaendig.info**
Kapitel 7, Stichwort: **Einkommensteuervorauszahlungen, Anpassung**

7. KAPITEL — BUCHFÜHRUNG UND STEUERN

Schonen Sie Ihre Liquidität durch Herabsetzung der Vorauszahlungen

Weil sich die Vorauszahlungen nicht immer an Ihrer aktuellen Ertragslage orientieren, kann es vorkommen, dass sie im laufenden Jahr deutlich zu hoch angesetzt sind und nicht Ihr tatsächliches Einkommen widerspiegeln. Die überhöhten Steuerzahlungen belasten dann unnötig Ihre Liquidität. Überzahlte Beträge bekommen Sie zwar mit dem Jahressteuerbescheid zurück, solange gewähren Sie dem Fiskus aber ein zinsloses Darlehen.

Wenn Sie schon absehen können, dass Ihre Steuerschuld niedriger ausfallen wird als in der Vergangenheit, sollten Sie Ihre Vorauszahlungen anpassen lassen. Dazu müssen Sie den neuen Steuerbetrag selbst berechnen und mit angeben. Einen Änderungsantrag können Sie jederzeit schriftlich beim Finanzamt stellen, denn die Vorauszahlungsbescheide stehen immer unter dem Vorbehalt der Nachprüfung (§ 164 Abs. 1 Satz 2 AO). Eine Herabsetzung müssen Sie allerdings begründen und ggf. belegen. Wenn bei Ihnen einer oder sogar mehrere der folgenden Anlässe vorliegen, kann eine Herabsetzung sinnvoll sein:

Verringertes Einkommen wegen sinkender Umsätze

Ihr Gewinn liegt im laufenden Jahr vielleicht deutlich unter dem der Vorjahre, weil Sie evtl. einen Großkunden und damit auch Umsätze verloren haben, allgemein die Konjunktur schwächer wird und sich das voll auf Ihre Umsätze auswirkt oder weil Sie wegen einer Erkrankung längere Zeit nicht arbeiten konnten.

Höhere Ausgaben drücken den Gewinn

Sie können auch auf gestiegene Ausgaben verweisen, die Ihren Gewinn im laufenden Geschäftsjahr mindern. Vielleicht haben Sie bereits eine größere Anschaffung getätigt, z. B. eine Maschine. Es genügt aber schon, wenn Sie eine Anschaffung in nächster Zeit planen. Dann bilden Sie dafür einen Investitionsabzugsbetrag in Höhe von 40 % des Kaufpreises. Das wirkt sich dann schon im laufenden Jahr auf Ihre Steuervorauszahlungen aus.

> **TIPP** Bei Einzelunternehmern werden bei der Steuer auch private Ausgaben berücksichtigt. Sonderausgaben und außergewöhnliche Belastungen senken deshalb ebenfalls Ihre Vorauszahlungen. Sie müssen sich allerdings auf mindestens 600 € jährlich belaufen. Zu den Sonderausgaben zählen z. B. Spenden und Mitgliedsbeiträge an Vereine, Parteien oder Wohltätigkeitsorganisationen sowie Versicherungsbeiträge. Außergewöhnliche Belastungen können z. B. Kosten wegen einer Erkrankung sein.

Einkommensteuererklärung nach Ablauf des Jahres

Bis zum 31. 5. bzw. 31. 12. (bei Einschaltung eines Steuerberaters) des Folgejahres reichen Sie Ihre Einkommensteuererklärung beim Finanzamt ein. Damit erklären Sie dem Finanzamt abschließend Ihre Einnahmen und Ausgaben für das abgelaufene Jahr.

Als Selbstständiger reichen Sie neben dem Mantelbogen vor allem die Anlagen G bzw. S (Einkünfte aus gewerblicher bzw. selbstständiger Tätigkeit) und EÜR ein. Letztere ist der amtliche Vordruck für die Einnahmen-Überschuss-Rechnung. Hier fassen Sie also die Einnahmen und Betriebsausgaben zusammen und errechnen den zu versteuernden Gewinn. Dieser wird dann in die Anlage G für Gewerbetreibende bzw. S für Freiberufler übernommen. **Achtung:** Erstmals für 2011 müssen Sie als Selbstständiger die Einkommensteuererklärung elektronisch einreichen (§ 25 Abs. 4 EStG).

Sobald Ihre Einnahmen in einem Jahr mehr als 17.500 € einschließlich Umsatzsteuer betragen haben, müssen Sie Ihre EÜR zwingend auf dem amtlichen Vordruck zur Einkommensteuer-Erklärung erstellen. Hier werden alle erforderlichen Positionen vorgegeben.

Welche Einnahmen und Ausgaben im Jahr berücksichtigt werden

Für Einnahmen-Überschuss-Rechner gilt bei der Einkommensteuer das Zufluss-/Abfluss-Prinzip. Grundsätzlich ordnen Sie eine Einnahme oder Ausgabe dem Geschäftsjahr zu, in dem der Zu- oder Abfluss in Geld tatsächlich erfolgt ist:

- Bei Barzahlung/Scheck gilt das Datum der Übergabe.
- Bei Überweisung gilt das Datum der Gutschrift (= Abgabe beim Kreditinstitut), nicht die Wertstellung.

Ausnahme 1: Zum Jahresende fällige regelmäßig wiederkehrende Einnahmen und Ausgaben (z. B. Zinsen, Mieten, Arbeitslöhne, Versicherungsbeiträge, Umsatzsteuer-Zahlungen an den Fiskus), die Sie 10 Tage vor oder nach Ende des Jahres eingenommen/gezahlt haben, ordnen Sie dem Jahr zu, zu dem sie wirtschaftlich angehören.

z. B. Sie zahlten Ihre Büromiete für Dezember. Je nach Tag der Zahlung kann die Ausgabe folgendermaßen zugeordnet werden:

- Zahlung am 28.12.: Die Ausgabe gehört dann in die EÜR für das abgelaufene Jahr (Regelfall: Zuordnung zum Jahr des Zahlungszuflusses).
- Zahlung am 10.1.: Die Ausgabe gehört in die EÜR für das abgelaufene Jahr (maximal 10 Tage nach Jahresende; hier gilt der Ausnahmefall: Zuordnung nach der wirtschaftlichen Zugehörigkeit).
- Zahlung am 11.1.: Die Ausgabe gehört in die EÜR des nächsten Jahres (mehr als 10 Tage nach Jahresende; die Ausnahmeregel greift nicht; es gilt der Regelfall der Zuordnung zum Jahr des Zahlungszuflusses).

Ausnahme 2: Wenn Sie Wirtschaftsgüter anschaffen, die über mehrere Jahre abgeschrieben werden, kommt es auf den Anschaffungszeitpunkt an: Ab wann können Sie wie ein Eigentümer über das Gerät verfügen?

z. B. Am 14.12. bekommen Sie auf Rechnung einen Computer für 1.200 € geliefert. Den Rechnungsbetrag überweisen Sie erst am 4.1. des Folgejahres. Der PC gilt trotzdem im Dezember als angeschafft. Sie können somit in der EÜR die Abschreibung für einen Monat des abgelaufenen Jahres als Ausgabe erfassen.

Entnahmen erhöhen den Gewinn

Haben Sie etwas aus Ihrem Betrieb entnommen (Sach-, Nutzungs- und Leistungsentnahmen), werten Sie das als Einnahmen, die zu versteuern sind. Im EÜR-Vordruck sind diese Einnahmen in 3 Kategorien aufgeteilt:

Entnahme	Anzusetzender Wert
Veräußerung oder Entnahme von Anlagevermögen	Erlöse aus Verkäufen bzw. die Teilwerte von entnommenen Gütern (schätzen oder durch Angebote/Gutachten belegen!)
private Nutzung des Geschäftswagens	• privater Nutzungsanteil • pauschal nach 1-%-Methode • per Fahrtenbuch ermittelt bzw. geschätzt und durch Aufzeichnungen belegt (bei geschäftlicher Nutzung des Pkw < 50 %)
Sach-, Nutzungs- und Leistungsentnahmen (z. B. T-Shirts aus der Verkaufskollektion zur Selbstnutzung; Pauschalen für den Lebensmittel-Eigenverbrauch, die private Telefon- und Internet-Nutzung)	Wert der Entnahme bzw. amtliche Sachbezugswerte für Verpflegung

7. KAPITEL — BUCHFÜHRUNG UND STEUERN

Gewerbesteuer – Wann Sie die Steuer zahlen müssen

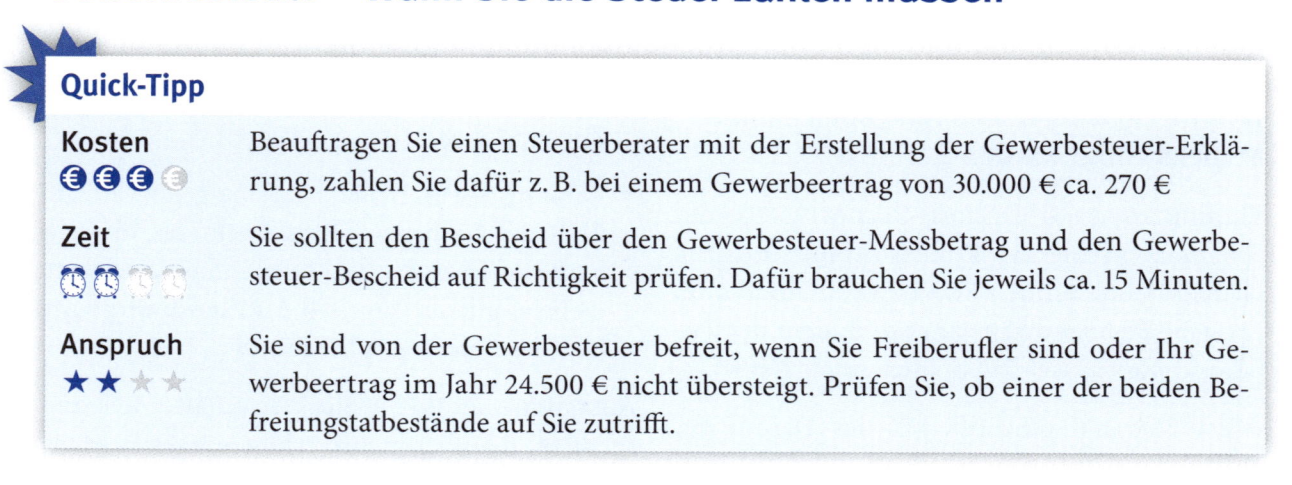

Quick-Tipp

Kosten €€€€	Beauftragen Sie einen Steuerberater mit der Erstellung der Gewerbesteuer-Erklärung, zahlen Sie dafür z. B. bei einem Gewerbeertrag von 30.000 € ca. 270 €
Zeit ⏰⏰⏰⏰	Sie sollten den Bescheid über den Gewerbesteuer-Messbetrag und den Gewerbesteuer-Bescheid auf Richtigkeit prüfen. Dafür brauchen Sie jeweils ca. 15 Minuten.
Anspruch ★★☆☆	Sie sind von der Gewerbesteuer befreit, wenn Sie Freiberufler sind oder Ihr Gewerbeertrag im Jahr 24.500 € nicht übersteigt. Prüfen Sie, ob einer der beiden Befreiungstatbestände auf Sie zutrifft.

Der Gewerbesteuerpflicht unterliegt jeder Gewerbebetrieb. Wenn Sie hingegen als Landwirt oder Freiberufler selbstständig sind, bleiben Sie davon verschont.

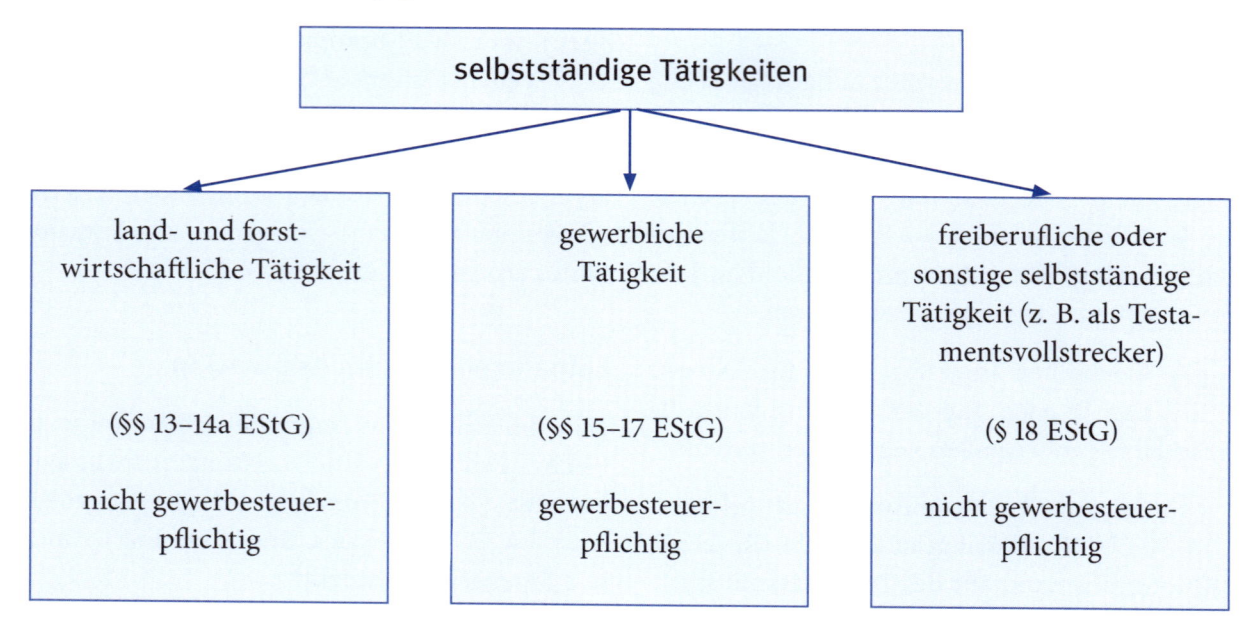

selbstständige Tätigkeiten

- land- und forstwirtschaftliche Tätigkeit (§§ 13–14a EStG) — nicht gewerbesteuerpflichtig
- gewerbliche Tätigkeit (§§ 15–17 EStG) — gewerbesteuerpflichtig
- freiberufliche oder sonstige selbstständige Tätigkeit (z. B. als Testamentsvollstrecker) (§ 18 EStG) — nicht gewerbesteuerpflichtig

Die Gewerbesteuer wird von den Städten und Gemeinden erhoben. Um einen doppelten Arbeitsaufwand in der Verwaltung zu vermeiden, ermittelt jedoch das Finanzamt – sofern es Sie für gewerbesteuerpflichtig hält – Ihren steuerpflichtigen Gewerbeertrag und auf dessen Grundlage den Gewerbesteuer-Messbetrag. Hierüber erhalten sowohl Sie als auch die Kommune eine Mitteilung des Finanzamts. Für Sie ist damit noch keine Zahlungsaufforderung verbunden. Das Gewerbesteueramt der Kommune schickt Ihnen dann einen Gewerbesteuer-Bescheid. Den darin genannten Gewerbesteuer-Betrag müssen Sie bezahlen.

TIPP Erhalten Sie von Ihrem Finanzamt einen Gewerbesteuer-Messbescheid, obwohl Sie selbst sich als Freiberufler sehen, können Sie innerhalb eines Monats beim Finanzamt Einspruch gegen diese Einordnung einlegen. Warten Sie stattdessen keinesfalls auf den Gewerbesteuer-Bescheid Ihrer Stadt, denn gegen diesen können Sie sich nicht mehr wehren. Fragen Sie Ihren Steuerberater, ob es zu Ihrem Beruf womöglich ein neues Finanzgerichtsurteil gibt, das eine „Ähnlichkeit" Ihrer Tätigkeit mit einem der Katalogberufe festgestellt hat.

BUCHFÜHRUNG UND STEUERN — 7. KAPITEL

So wird der Gewerbeertrag ermittelt

Das Finanzamt ermittelt Ihren Gewerbeertrag auf Grundlage des in der Einkommensteuer- und Gewerbesteuer-Erklärung ausgewiesenen Gewinns. Der Gewinn ist jedoch nicht automatisch die Bemessungsgrundlage der Gewerbesteuer. Er wird um Hinzurechnungen und Kürzungen korrigiert. Außerdem kann ein Verlustvortrag aus Vorjahren abgezogen werden.

Dem Gewerbeertrag werden bestimmte Finanzierungskosten anteilig hinzugerechnet (Hinzurechnungsanteile siehe Tabelle) – von gezahlten Zinsen für einen Kredit z. B. 25 %. Betragen die Zinsen 10.000 € pro Jahr, würden 2.500 € dem Gewinn hinzugerechnet werden. Eine Hinzurechnung wird allerdings nur vorgenommen, wenn die Finanzierungskosten insgesamt einen Freibetrag von 100.000 € überschreiten (§ 8 GewStG). In der Regel werden Sie solch hohe Summen nicht erreichen und deshalb von Hinzurechnungen verschont bleiben.

Hinzuzurechnende Finanzierungsanteile

Betroffene Zahlungen	Hinzurechnungsanteil
Entgelt für Zinsen	25 %
Miet-, Pacht- und Leasinggebühren für bewegliche Wirtschaftsgüter des Anlagevermögens (pauschaler Ansatz mit 20 %; also: Wert × 20 % × 25 %)	5 %
Miet-, Pacht- und Leasinggebühren für unbewegliche Wirtschaftsgüter des Anlagevermögens (pauschaler Ansatz mit 65 %; also: Wert × 65 % × 25 %)	16,25 %

Der Gewerbeertrag wird gekürzt um Spenden, ausländische Gewinnanteile und 1,2 % des Einheitswerts von Grundbesitz im Betriebsvermögen. Schließlich wird noch ein Freibetrag in Höhe von 24.500 € abgezogen. Der verbleibende Gewerbeertrag wird mit der Messzahl 3,5 % multipliziert. Das Ergebnis ist der Gewerbesteuer-Messbetrag.

z. B. Einzelhändler Guido Gelb weist in seiner Gewerbesteuer-Erklärung einen Gewerbeertrag von 68.500 € aus. Das Finanzamt errechnet daraus folgenden Gewerbesteuer-Messbetrag:

Gewerbeertrag	68.500 €
– Freibetrag	–24.500 €
= verbleibender Gewerbeertrag	44.000 €
× Gewerbesteuer-Messzahl	× 3,5 %
= Gewerbesteuer-Messbetrag	**1.540 €**

TIPP Wenn Ihr Gewerbeertrag 24.500 € oder weniger beträgt, zahlen Sie also keine Gewerbesteuer. Trifft das auf Sie zu, beantragen Sie beim Finanzamt, von der Abgabe einer Gewerbesteuer-Erklärung befreit zu werden. Die Freistellung gilt dann allerdings nur so lange, wie der Gewerbeertrag tatsächlich nicht den Freibetrag überschreitet. Liegt er darüber, müssen Sie unaufgefordert wieder eine Gewerbesteuer-Erklärung abgeben.

Aus dem Gewerbesteuer-Messbetrag errechnet schließlich das Gewerbesteueramt die Gewerbesteuer. Dazu wird der Messbetrag mit dem örtlichen Gewerbesteuer-Hebesatz multipliziert.

z. B. Bei einem Hebesatz von 400 % erhält der Einzelhändler Robert Reich einen Gewerbesteuer-Bescheid über 6.160 € (= 1.540 € × 400 %).

Wichtig: Gewerbesteuer-Zahlungen mindern Ihren Gewinn nicht; Erstattungen erhöhen ihn nicht.

So leisten Sie Gewerbesteuer-Vorauszahlungen

Wenn Sie nicht nur ganz geringe Gewerbesteuern zahlen müssen, wird das Gewerbesteueramt mit dem Gewerbesteuer-Bescheid auch noch einen Vorauszahlungs-Bescheid erlassen. Das heißt: Es legt fest, welche Gewerbesteuer-Beträge Sie regelmäßig schon im laufenden Jahr für dieses Jahr vorauszuzahlen haben. Diese werden dann mit dem endgültigen Gewerbesteuer-Zahlbetrag für das Jahr verrechnet. Gewerbesteuer-Vorauszahlungen leisten Sie alle 3 Monate zu festgelegten Terminen (§ 19 GewStG): 15. 2., 15. 5., 15. 8., 15. 11.

Liegt Ihr Gewerbeertrag im laufenden Jahr voraussichtlich wesentlich niedriger als in den Vorjahren, können Sie Ihre Vorauszahlungen herabsetzen lassen. Dafür reichen Sie Ihrem Finanzamt eine Berechnung Ihres voraussichtlichen Gewerbesteuer-Messbetrags ein und beantragen einen Bescheid, auf dessen Basis Ihre Stadt oder Gemeinde einen neuen Vorauszahlungsbescheid erlassen muss.

Steuervorteil: Anrechnung des Gewerbesteuer-Messbetrags auf die Einkommensteuer

Personenunternehmen müssen die Gewerbesteuerlast nicht in vollem Umfang tragen: Das 3,8-fache Ihres Gewerbesteuer-Messbetrags zieht das Finanzamt von Ihrer Einkommensteuer-Schuld ab (§ 35 EStG). Die Entlastung für Sie als Einzelunternehmer funktioniert in der Praxis so: Ihr Sachbearbeiter beim Finanzamt hat Ihre Steuererklärung geprüft und den Gewerbesteuer-Messbetrag errechnet, den er in den Gewerbesteuer-Messbescheid übertragen wird. Danach wendet er sich noch einmal Ihrer Einkommensteuer-Erklärung für dasselbe Jahr zu und ergänzt den Gewerbesteuer-Messbetrag dort in der Anlage G bzw. S (falls Sie den Betrag nicht bereits selbst errechnet und dort eingetragen haben). Das führt dazu, dass die für Sie festgesetzte Einkommensteuer ermäßigt wird.

Prüfen Sie also in Ihrem Einkommensteuer-Bescheid, ob Ihre Einkommensteuer-Last tatsächlich reduziert wurde. Dazu betrachten Sie den Punkt „Berechnung der Einkommensteuer". Der dort unter der Bezeichnung „Ermäßigung für Einkünfte aus Gewerbebetrieb" stehende Betrag muss das 3,8-fache Ihres Gewerbesteuer-Messbetrags ausmachen.

z.B. Für Robert Reich hat das Finanzamt einen Gewerbesteuer-Messbetrag von 1.540 € ermittelt. Bei der Einkommensteuer werden 5.852 € angerechnet (= 3,8 × 1.540 €). Um diesen Betrag verringert sich also das zu versteuernde Einkommen. ∎

Wichtig: Die Anrechnung erfolgt nur bis zur Höhe der tatsächlich festgesetzten Einkommensteuer, die auf die gewerblichen Einkünfte entfällt, und sie ist der Höhe nach auf die von Ihnen zu zahlende Gewerbesteuer beschränkt!

BUCHFÜHRUNG UND STEUERN — 7. KAPITEL

Muster für einen Antrag auf Herabsetzung der Gewerbesteuervorauszahlungen

Robert Reich
Geldstraße 18
12345 Reichenstadt

An das
Finanzamt Reichenstadt
Postfach 12345
12345 Reichenstadt

Reichenstadt, den 1.1.20___

Steuernummer: _____

**Antrag auf Herabsetzung des Gewerbesteuermessbetrags
für Zwecke der Vorauszahlungen**

Sehr geehrte Damen und Herren,

nach der beigefügten betriebswirtschaftlichen Auswertung (vorläufigen Gewinnermittlung) für die Zeit vom __.__.____ beträgt mein Gewinn _____ €.

Der voraussichtliche Gewinn für ____ wird somit (_____ =) _____ € betragen. Der Gewerbesteuer-Messbetrag beträgt dann 3,5 % von _____ € (_____ € Freibetrag).

Ich beantrage somit, den Gewerbesteuermessbetrag _____ für Zwecke der Herabsetzung der Vorauszahlungen auf _____ € herabzusetzen.

Mit freundlichen Grüßen

Robert Reich

Download unter: **www.jetzt-selbststaendig.info**
Kapitel 7, Stichwort: **Gewerbesteuervorauszahlung, Antrag auf Herabsetzung**

JETZT BIN ICH SELBSTSTÄNDIG

7. KAPITEL — BUCHFÜHRUNG UND STEUERN

Steuerberater finden – Der Weg zum Berater Ihres Vertrauens

> **Quick-Tipp**
>
> **Kosten** €€€€
> Bevor Sie sich für einen Steuerberater entscheiden, sollten Sie persönliche Gespräche mit 2 bis 3 möglichen Beratern führen. Klären Sie vorab, dass dieses Gespräch für Sie kostenlos ist.
>
> **Zeit** ⏰⏰⏰⏰
> Die Suche nach einem Steuerberater kann langwierig sein. Es nützt aber nichts, aus Bequemlichkeit den erstbesten zu nehmen. Immerhin ist der Steuerberater in geschäftlichen Angelegenheiten ein wichtiger Berater. Sie müssen ihm also voll und ganz vertrauen können und von seiner Kompetenz überzeugt sein.
>
> **Anspruch** ★★☆☆
> Einen Steuerberater sollten Sie sich auf jeden Fall suchen. Der Steuerberater kann Ihnen viele steuerliche Pflichten abnehmen oder erleichtern. Aber auch wenn Sie die meisten Steuerangelegenheiten selbst erledigen, gewinnen Sie Sicherheit, wenn Sie einen Steuerberater haben, der z. B. Ihre Steuererklärungen vor der Abgabe prüft oder Sie bei Zweifelsfällen berät.

Um einen guten Steuerberater zu finden, brauchen Sie natürlich ein wenig Glück. Denn ob die Zusammenarbeit mit ihm erfolgreich ist, zeigt sich erst im Laufe der Zeit. Sie sollten Ihre Suche dennoch gezielt angehen.

Gezielte Suche

Fragen Sie bei anderen Selbstständigen oder Ihrem Berufs-/Branchenverband nach Steuerberatern, die Mandanten in Ihrer Branche vertreten. Auch die IHK oder Handwerkskammer kann Ihnen solche Steuerberater nennen.

Der Deutsche Steuerberaterverband bietet zudem eine Online-Datenbankabfrage im Internet an: www.steuerberater-suchservice.de. Dort sind Steuerberater bundesweit gelistet. Sie können u.a. nach Branchenerfahrung und nach Tätigkeitsschwerpunkten suchen. Beachten Sie aber: Die Berater tragen sich selbst in die Datenbank ein. Die Angaben werden nicht kontrolliert.

Gezielte Auswahl

Sammeln Sie 2 bis 3 Adressen von Beratern, die Ihnen geeignet erscheinen. Für die weitere Auswahl sollten Sie mit den Steuerberatern persönlich sprechen. Vereinbaren Sie jeweils ein Informationsgespräch. Das sollte für Sie natürlich kostenlos sein. In dem Gespräch merken Sie in der Regel sehr schnell, ob Sie mit dem Steuerberater zusammenarbeiten wollen. Lassen Sie sich allerdings nicht nur von Ihrer Sympathie leiten. Achten Sie auch auf Folgendes:

- Ein guter Berater muss Ihnen fachliche Fragen so beantworten, dass Sie die Antworten ohne große Vorkenntnisse verstehen. Testen Sie ihn im Informationsgespräch, indem Sie sich vorab einige fachliche Fragen überlegen, deren Antworten Sie kennen.

- Um Sie gut betreuen zu können, muss der Berater möglichst viel über Sie und Ihr Unternehmen wissen. Es ist daher positiv, wenn er Ihnen viele Fragen stellt.

BUCHFÜHRUNG UND STEUERN — 7. KAPITEL

Checkliste: Mit diesen Fragen testen Sie einen Steuerberater im Erstgespräch

Frage	☑
Betreut der Steuerberater Sie in wichtigen Angelegenheiten persönlich? Welche Aufgaben übernehmen Mitarbeiter?	☐
Mit welchem Mitarbeiter werden Sie außerdem zu tun haben? Lassen Sie ihn sich vorstellen.	☐
Werden Sie als Mandant regelmäßig durch Rundschreiben über Neuerungen im Steuerrecht informiert?	☐
Bietet Ihr Steuerberater auch eine betriebswirtschaftliche Beratung an, etwa bei anstehenden Investitionen, Finanzierung und Erweiterungsplänen?	☐
Hat der Steuerberater weitere Mandanten aus Ihrer Branche und kennt die Branche damit gut?	☐
Wie ist die Mandantenstruktur? Hat er überwiegend Selbstständige und Gewerbetreibende als Mandanten, die eine ähnliche Größe haben wie Ihr Unternehmen?	☐
Reagiert der Steuerberater positiv (prüfend) auf Vorschläge zur steuerlichen Gestaltung, über die Sie zum Beispiel in Fachzeitschriften gelesen haben?	☐
Können Sie den Berater in Notfällen am Wochenende erreichen?	☐
Bespricht Ihr Berater die Einnahmen-Überschuss-Rechnung mit Ihnen persönlich vor der endgültigen Erstellung?	☐
Erstellt Ihr Berater Honorarabrechnungen so, dass Sie ohne größeren Aufwand erkennen können, für welche Leistungen wie viel Gebühren angefallen sind (Muster zeigen und erklären lassen)?	☐

Können Sie die meisten der Fragen mit „Ja" beantworten, ist das ein positives Indiz. Der Steuerberater könnte dann gut zu Ihnen passen.

Der richtige Vertrag

Wenn der Steuerberater Ihre positiven Erwartungen erfüllt, lassen Sie sich ein schriftliches Angebot machen. Die einzelnen Beratungsleistungen sollten darin klar abgegrenzt und der Preis dafür eindeutig sein. Schließen Sie dann einen schriftlichen Vertrag. Diese Vertragsarten sind dafür möglich:

- **Pauschales Mandat:** Wenn der Steuerberater Sie in allen steuerlichen Angelegenheiten – von der Buchführung bis zur Gestaltungsberatung betreuen soll, sollten Sie sich für diese Variante entscheiden. Da alle vereinbarten Leistungen pauschal abgerechnet werden, ist das oft die günstigste Variante.

- **Einzelauftrag:** Wenn Sie nur wenige bestimmte Aufgaben vom Steuerberater erledigen lassen, er z. B. nur Ihre Steuererklärung erledigen soll, erteilen Sie ihm dafür einen Einzelauftrag.

Prüfen Sie selbst, für welche Leistungen Sie Ihrem Steuerberater ein Mandat erteilen möchten:

Steuerberater-Gebühren – 7 Tipps, mit denen Sie Kosten Sparen

Der Steuerberater berechnet seine Gebühren in der Regel nach dem Gegenstandswert seiner Arbeit (Wertgebühr). Der richtet sich nach den Einkünften (= Einnahmen – Betriebsausgaben). In der Steuerberatergebührenverordnung (StBGebV) sind dafür entsprechende Gebühren-

7. KAPITEL — BUCHFÜHRUNG UND STEUERN

Leistungen, die Ihr Steuerberater für Sie erledigen kann

Leistungen	☑
Buchführungsarbeiten	☐
Erstellen der Buchführung mit/ohne Kontokorrentkonten	☐
Offene-Posten-Buchführung (ohne Grundaufzeichnungen wie z. B. Kassenbuch, Kassenberichte, Wareneingangs- und -ausgangsbuch) mit Aufbereitung und Bearbeitung der Belege und Unterlagen	☐
Überwachung der Buchführung, die von Ihnen selbst erstellt worden ist	☐
Umsatzsteuer-Voranmeldung	☐
Erstellen der monatlichen/vierteljährlichen Umsatzsteuer-Voranmeldung	☐
Wer reicht die Umsatzsteuer-Voranmeldung beim Finanzamt ein? Sie oder Ihr Steuerberater?	☐
Lohn- und Gehaltskonten	☐
Führen der Lohn- und Gehaltskonten	☐
Erstellen der Lohnsteueranmeldungen und der Sozialversicherungsnachweise	☐
Abrechnungsunterlagen für Ihre Arbeitnehmer	☐
Wer übersendet die Unterlagen ans Finanzamt und die Krankenkasse? Sie oder Ihr Steuerberater?	☐
Erstellen der Jahresabschlüsse	☐
Erstellen der Einnahmen-Überschuss-Rechnung mit Anlagenverzeichnis	☐
Steuererklärungen	☐
Erstellen der Jahreserklärungen zur Umsatz-, Gewerbe-, Körperschaft- und Einkommensteuer	☐
Erstellen der Erklärung zur einheitlichen und gesonderten Gewinnfeststellung (bei Personengesellschaften)	☐
Anträge auf Steuerermäßigungen bzw. Zulagen (z. B. Investitionszulage)	☐
Sonstige Leistungen	☐
Überprüfung aller Steuerbescheide unter der Voraussetzung, dass der Steuerberater sie rechtzeitig erhält (vor Ablauf der Einspruchsfrist)	☐
Vertretung beim Finanzamt und den Finanzgerichten	☐
Mitwirkung und Vertretung bei Betriebsprüfungen, Steuerfahndungsprüfungen sowie Ordnungswidrigkeiten- oder Strafverfahren wegen Steuergefährdung, Steuerverkürzung und Steuerhinterziehung	☐
Beratung in steuerlichen Angelegenheiten und deren Bearbeitung (nach Ihren Vorgaben)	☐

BUCHFÜHRUNG UND STEUERN — 7. KAPITEL

sätze vorgeschrieben. Der Berater hat aber eine relativ große Ermessensfreiheit bei seiner Berechnung.

z.B. Steuerberater Schmitz fertigt für Unternehmer Schulz eine Einkommensteuererklärung mit einer Summe der Einkünfte von 90.000 € an, ohne die einzelnen Einkünfte selbst ermittelt zu haben. Bei einem Gegenstandswert von 90.000 € beträgt der volle Gebührensatz 1.277 €. Davon darf der Berater zwischen 1/10 bis 6/10 an Gebühren berechnen, also zwischen 127 € und 766 € – eine Spanne von 639 €. ∎

Daneben gibt es Tätigkeiten, die der Berater ausschließlich nach seinem jeweiligen Zeitaufwand berechnen kann (Zeitgebühr). Dazu zählt z. B. das Einrichten einer Buchführung. Pro angefangener halber Stunde berechnet der Berater dafür 19 € bis 46 €.

z.B. Steuerberater Schmitz richtet Unternehmer Schulz ein Buchführungssystem ein. Er ist dafür 5 Stunden tätig und berechnet den Arbeitsaufwand mit 30 € pro angefangener halben Stunde. Somit fallen Kosten von 300 € an. ∎

Die meisten Selbstständigen vertrauen ihrem Steuerberater „blind". Das komplizierte deutsche Steuersystem lässt auch kaum eine andere Möglichkeit. Doch die Steuerberater lassen sich Ihre Arbeit auch sehr gut bezahlen. Häufig können Sie bei den Steuerberatergebühren mehrere Hundert Euro pro Jahr einsparen:

1. Gewerbesteuer-Erklärung umgehen

Auch wenn Sie als Selbstständiger gewerbliche Einkünfte erzielen, sind Sie oft gar nicht verpflichtet, eine Gewerbesteuer-Erklärung abzugeben. Der Grund: Selbstständige mit einem Gewerbeertrag von weniger als 24.500 € werden nicht zur Gewerbesteuer herangezogen. Viele Steuerberater übersehen das und erstellen für Ihre Mandanten trotzdem eine Gewerbesteuer-Erklärung. Bei einem Gewerbeertrag unter 24.500 € macht die Gewerbesteuer-Erklärung nur Sinn, wenn Sie Verluste erwirtschaftet haben. Dann nämlich stellt das Finanzamt einen Verlust fest, der mit dem Gewinn des Folgejahres verrechnet werden kann.

Fragen Sie Ihr Finanzamt, ob Sie von der Abgabe einer Gewerbesteuer-Erklärung entbunden werden können. Verweisen Sie im Gespräch mit Ihrem Sachbearbeiter auf den Freibetrag von 24.500 € (§ 11 Abs. 1 Nr. 1 GewStG). Wenn Sie von der Abgabe freigestellt werden, weisen Sie Ihren Steuerberater ausdrücklich darauf hin. Ersparnis: bis zu 300 €.

2. Pauschalen vereinbaren

Wenn Sie Leistungen Ihres Steuerberaters regelmäßig in Anspruch nehmen, z. B. Erstellung und Besprechung von betriebswirtschaftlichen Auswertungen (BWA), kann dafür eine Pauschalvereinbarung günstiger sein als Einzelabrechnungen. Monatliche Beratungsgespräche für ein mittelständisches Unternehmen sollten im Schnitt nicht mehr als 950 € pro Jahr kosten.

3. Umsatzsteuerfreiheit nutzen

Viele Selbstständige wählen den Weg in die Umsatzsteuerpflicht, obwohl sie als Kleinunternehmer von der Umsatzsteuer befreit sind. Steuerberater nennen folgende Gründe für die Optierung zur Umsatzsteuerpflicht: Das Unternehmen soll im Geschäftsverkehr nicht als Kleinunternehmen wahrgenommen und der Vorsteuerabzug für größerer Anschaffungen gesichert werden. Das Umsatzsteuerrecht ist aber kompliziert und der Aufwand für Umsatzsteuer-Voranmeldungen und -Erklärungen hoch.

Steuerbefreit sind alle Selbstständigen, die im vorangegangenen Kalenderjahr Umsätze von weniger als 17.500 € erwirtschaftet haben und die im laufenden Jahr voraussichtlich weniger als 50.000 € Umsatz erreichen (§ 19 UStG). Die Befreiung lohnt sich, wenn Sie nur geringe Vorsteuerbeträge geltend machen können und Sie viele Privatkunden haben. Ihre Leistungen können Sie dann bis zu 19 % günstiger anbieten. Achtung: Verzichten Sie auf die Umsatzsteuerbefreiung (indem Sie auf Rechnungen Umsatzsteuer ausweisen und eine Umsatzsteuer-Erklärung abgeben), sind Sie daran 5 Jahre gebunden (§ 19 Abs. 2 UStG)!

4. Mehrere Angebote einholen

Obwohl die Gebühren für Steuerberater gesetzlich festgeschrieben sind, bestehen Ermessensspielräume bei der Abrechnung. Bevor Sie einen Berater mit Ihren steuerlichen Belangen beauftragen, holen Sie sich daher unbedingt mehrere Angebote ein.

5. Leistungen hinterfragen

Hinterfragen Sie die Leistungen des Steuerberaters. Nur wer selbst mitreden kann, schützt sich vor falschen Abrechnungen. Wer Interesse zeigt, wird vom Steuerberater genauer aufgeklärt und erkennt schneller die steuerlichen Konsequenzen für sein eigenes Unternehmen. Im Gespräch ergibt sich häufig, dass steuerliche Tätigkeiten vereinfacht werden können oder gar nicht erforderlich sind.

6. Steuerkenntnisse selbst aneignen

Haben Sie ruhig den Mut, sich selbst mit dem Thema Steuern auseinanderzusetzen. Viele Selbstständige brauchen ihren Steuerberater nur in den ersten Jahren und eignen sich das notwendige Steuer-Know-how durch gezielte Nachfragen selbst an. Später nehmen sie dann ihre steuerlichen Pflichten zum Teil selbst in die Hand. Z.B. erstellen die die Anlage EÜR. Fragen Sie also immer nach, wenn Sie etwas nicht verstehen und machen Sie sich ggf. Notizen.

7. Das persönliche Gespräch

Geben Sie sich nicht damit zufrieden, einfach den fertigen Jahresabschluss zugeschickt zu bekommen, sondern vereinbaren Sie ein persönliches Abschlussgespräch. Dort können Sie die Fragen klären, wofür Sie sonst extra einen kostenpflichtigen Beratungstermin vereinbaren müssten.